# Direito do Ordenamento do Território e do Urbanismo

LEGISLAÇÃO BÁSICA

**2022 • 13ª Edição**

Fernando Alves Correia
Professor Catedrático Jubilado da Faculdade de Direito
da Universidade de Coimbra

ALMEDINA

**DIREITO DO ORDENAMENTO**
**DO TERRITÓRIO E DO URBANISMO**
AUTOR
Fernando Alves Correia
1ª Edição: 1998
EDITOR
EDIÇÕES ALMEDINA, S.A.
Avenida Emídio Navarro, 81, 3D
3000-151 Coimbra
Tel.: 239 851 904 · Fax: 239 851 901
www.almedina.net · editora@almedina.net
DESIGN DE CAPA
EDIÇÕES ALMEDINA, S.A.
PRÉ-IMPRESSÃO
João Jegundo
IMPRESSÃO E ACABAMENTO

Novembro, 2022
DEPÓSITO LEGAL



ALMEDINA | GRUPOALMEDINA

BIBLIOTECA NACIONAL DE PORTUGAL – CATALOGAÇÃO NA PUBLICAÇÃO

CORREIA, Fernando Alves

Direito do ordenamento do território e do
urbanismo. – 13ª ed. – (Coletâneas de legislação)
ISBN 978-989-40-0903-0

CDU 349

## NOTA PRÉVIA À 13ª EDIÇÃO

Mantendo-se fiel à estrutura e aos objetivos que presidiram à anterior edição da *Legislação Básica de Direito do Ordenamento do Território e do Urbanismo*, esta nova edição pretende dar conta das inovações ocorridas durante o arco temporal de cerca de dois anos nos principais textos normativos do ordenamento do território e do urbanismo – novidades que são indicadas com a preocupação de não ampliar excessivamente a dimensão da presente compilação legislativa.

Coimbra, 17 de outubro de 2022

F. Alves Correia

# Parte I
# Textos Normativos Fundamentais

# I. Normas Constitucionais

## Constituição da República Portuguesa

**(Versão da Lei Constitucional nº 1/2005, de 12 de agosto)**

**Artigo 9º –Tarefas fundamentais do Estado**

São tarefas fundamentais do Estado:

...

*e)* Proteger e valorizar o património cultural do povo português, defender a natureza e o ambiente, preservar os recursos naturais e assegurar um correcto ordenamento do território;

...

*g)* Promover o desenvolvimento harmonioso de todo o território nacional, tendo em conta, designadamente, o carácter ultraperiférico dos arquipélagos dos Açores e da Madeira;

**Artigo 52º – Direito de petição e direito de acção popular**

...

3 – É conferido a todos, pessoalmente ou através de associações de defesa dos interesses em causa, o direito de acção popular nos casos e termos previstos na lei, incluindo o direito de requerer para o lesado ou lesados a correspondente indemnização, nomeadamente para:

*a)* Promover a prevenção, a cessação ou a perseguição judicial das infracções contra a saúde pública, os direitos dos consumidores, a qualidade de vida e a preservação do ambiente e do património cultural;

...

**Artigo 62º – Direito de propriedade privada**

1 – A todos é garantido o direito à propriedade privada e à sua transmissão em vida ou por morte, nos termos da Constituição.

2 – A requisição e a expropriação por utilidade pública só podem ser efectuadas com base na lei e mediante o pagamento de justa indemnização.

**Artigo 65º – Habitação e urbanismo**

1 – Todos têm direito, para si e para a sua família, a uma habitação de dimensão adequada, em condições de higiene e conforto e que preserve a intimidade pessoal e a privacidade familiar.

2 – Para assegurar o direito à habitação, incumbe ao Estado:

*a)* Programar e executar uma política de habitação inserida em planos de ordenamento geral do território e apoiada em planos de urbanização que garantam a existência de uma rede adequada de transportes e de equipamento social;

*b)* Promover, em colaboração com as autarquias locais, a construção de habitações económicas e sociais;

*c)* Estimular a construção privada, com subordinação ao interesse geral, e o acesso à habitação própria ou arrendada;

*d)* Incentivar e apoiar as iniciativas das comunidades locais e das populações, tendentes a resolver os respectivos problemas habitacionais e a fomentar a criação de cooperativas de habitação e a autoconstrução.

3 – O Estado adoptará uma política tendente a estabelecer um sistema de renda compatível com o rendimento familiar e de acesso à habitação própria.

4 – O Estado, as regiões autónomas e as autarquias locais definem as regras de ocupação, uso e transformação dos solos urbanos, designadamente através de instrumentos de planeamento, no quadro das leis respeitantes ao ordenamento do território e ao urbanismo, e procedem às expropriações dos solos que se revelem necessárias à satisfação de fins de utilidade pública urbanística.

5 – É garantida a participação dos interessados na elaboração dos instrumentos de planeamento urbanístico e de quaisquer outros instrumentos de planeamento físico do território.

## Artigo 66º – Ambiente e qualidade de vida

1 – Todos têm direito a um ambiente de vida humano, sadio e ecologicamente equilibrado e o dever de o defender.

2 – Para assegurar o direito ao ambiente, no quadro de um desenvolvimento sustentável, incumbe ao Estado, por meio de organismos próprios e com o envolvimento e a participação dos cidadãos:

*a)* Prevenir e controlar a poluição e os seus efeitos e as formas prejudiciais de erosão;

*b) Ordenar e promover o ordenamento do território, tendo em vista uma correcta localização das actividades, um equilibrado desenvolvimento sócio-económico e a valorização da paisagem;*

*c)* Criar e desenvolver reservas e parques naturais e de recreio, bem como classificar e proteger paisagens e sítios, de modo a garantir a conservação da natureza e a preservação de valores culturais de interesse histórico ou artístico;

*d)* Promover o aproveitamento racional dos recursos naturais, salvaguardando a sua capacidade de renovação e a estabilidade ecológica, com respeito pelo princípio da solidariedade entre gerações;

*e)* Promover, em colaboração com as autarquias locais, a qualidade ambiental das povoações e da vida urbana, designadamente no plano arquitectónico e da protecção das zonas históricas;

*f)* Promover a integração de objectivos ambientais nas várias políticas de âmbito sectorial;

*g)* Promover a educação ambiental e o respeito pelos valores do ambiente;

*h)* Assegurar que a política fiscal compatibilize desenvolvimento com protecção do ambiente e qualidade de vida.

## Artigo 80º – Princípios fundamentais

A organização económico-social assenta nos seguintes princípios:

...

*c)* Liberdade de iniciativa e de organização empresarial no âmbito de uma economia mista;

*d)* Propriedade pública dos recursos naturais e de meios de produção, de acordo com o interesse colectivo;

...

**Artigo 81º – Incumbências prioritárias do Estado**

Incumbe prioritariamente ao Estado no âmbito económico e social:

*a)* Promover o aumento do bem-estar social e económico e da qualidade de vida das pessoas, em especial das mais desfavorecidas, no quadro de uma estratégia de desenvolvimento sustentável;

...

**Artigo 83º – Requisitos de apropriação pública**

A lei determina os meios e as formas de intervenção e de apropriação pública dos meios de produção, bem como os critérios de fixação da correspondente indemnização.

**Artigo 112º – Actos normativos**

1 – São actos legislativos as leis, os decretos-leis e os decretos legislativos regionais

...

4 – Os decretos legislativos têm âmbito regional e versam sobre matérias enunciadas no estatuto político-administrativo da respectiva região autónoma que não estejam reservadas aos órgãos de soberania, sem prejuízo do disposto nas alíneas *b)* e *c)* do nº 1 do artigo 227º.

...

**Artigo 165º – Reserva relativa de competência legislativa**

1 – É da exclusiva competência da Assembleia da República legislar sobre as seguintes matérias, salvo autorização ao Governo:

...

*e)* Regime geral da requisição e da expropriação por utilidade pública;

...

*g)* Bases do sistema de protecção da natureza, do equilíbrio ecológico e do património cultural; .

...

*l)* Meios e formas de intervenção, expropriação, nacionalização e privatização dos meios de produção e solos por motivo de interesse público, bem como critérios de fixação, naqueles casos, de indemnizações;

...

*z)* Bases do ordenamento do território e do urbanismo;

...

**Artigo 168º – Discussão e votação**

...

6 – Carecem de aprovação por maioria de dois terços dos Deputados presentes, desde que superior à maioria dos Deputados em efectividade de funções:

...

*f)* As disposições dos estatutos político-administrativos das regiões autónomas que enunciem as matérias que integram o respectivo poder legislativo.

**Artigo 227º – Poderes das regiões autónomas**

1 – As regiões autónomas são pessoas colectivas territoriais e têm os seguintes poderes, a definir nos respectivos estatutos:

*a)* Legislar no âmbito regional em matérias enunciadas no respectivo estatuto político-administrativo e que não estejam reservadas aos órgãos de soberania;

*b)* Legislar em matérias de reserva relativa da Assembleia da República, mediante autorização desta, com excepção das previstas nas alíneas *a)* a *c)*, na primeira parte da alínea *d*), nas alíneas *f)* e *i)*, na segunda parte da alínea *m*) e nas alíneas *o), p), q), s), t), v), x)* e *aa)* do nº 1 do artigo 165º;

*c)* Desenvolver para o âmbito regional os princípios ou as bases gerais dos regimes jurídicos contidos em lei que a eles se circunscrevam;

*d)* Regulamentar a legislação regional e as leis emanadas dos órgãos de soberania que não reservem para estes o respectivo poder regulamentar;

...

**Artigo 228º – Autonomia legislativa**

1 – A autonomia legislativa das regiões autónomas incide sobre as matérias enunciadas no respectivo estatuto político-administrativo que não estejam reservadas aos órgãos de soberania.

2 – Na falta de legislação regional própria sobre matéria não reservada à competência dos órgãos de soberania, aplicam-se nas regiões autónomas as normas legais em vigor.

**Artigo 241º – Poder regulamentar**

As autarquias locais dispõem de poder regulamentar próprio nos limites da Constituição, das leis e dos regulamentos emanados das autarquias locais de grau superior ou das autoridades com poder tutelar.

# II. Bases Gerais da Política Pública de Solos, de Ordenamento do Território e de Urbanismo

## Lei nº 31/2014, de 30 de maio, alterada pela Lei nº 74/2017, de 16 de agosto, e pelos Decretos-Leis nºs 3/2021, de 7 de janeiro, e 52/2021, de 15 de junho

A Assembleia da República decreta, nos termos da alínea *c)* do artigo 161º da Constituição, o seguinte:

### TÍTULO I – Disposições gerais

### CAPÍTULO I – Objeto, fins e princípios gerais

**Artigo 1º –Objeto**

1 – A presente lei estabelece as bases gerais da política pública de solos, de ordenamento do território e de urbanismo.

2 – A presente lei não se aplica ao ordenamento e à gestão do espaço marítimo nacional, sem prejuízo da coerência, articulação e compatibilização da política de solos e de ordenamento do território com a política do ordenamento e da gestão do espaço marítimo nacional.

**Artigo 2º – Fins**

Constituem fins da política pública de solos, de ordenamento do território e de urbanismo:

*a)* Valorizar as potencialidades do solo, salvaguardando a sua qualidade e a realização das suas funções ambientais, económicas, sociais e culturais, enquanto suporte físico e de enquadramento cultural para as pessoas e suas atividades, fonte de matérias-primas e de produção de biomassa, reservatório de carbono e reserva de biodiversidade;

*b)* Garantir o desenvolvimento sustentável, a competitividade económica territorial, a criação de emprego e a organização eficiente do mercado fundiário, tendo em vista evitar a especulação imobiliária e as práticas lesivas do interesse geral;

*c)* Reforçar a coesão nacional, organizando o território de modo a conter a expansão urbana e a edificação dispersa, corrigindo as assimetrias regionais, nomeadamente dos territórios de baixa densidade, assegurando a igualdade de oportunidades dos cidadãos no acesso às infraestruturas, equipamentos, serviços e funções urbanas, em especial aos equipamentos e serviços que promovam o apoio à família, à terceira idade e à inclusão social;

*d)* Aumentar a resiliência do território aos efeitos decorrentes de fenómenos climáticos extremos, combater os efeitos da erosão, minimizar a emissão de gases com efeito de estufa e aumentar a eficiência energética e carbónica;

*e)* Evitar a contaminação do solo, eliminando ou minorando os efeitos de substâncias poluentes, a fim de garantir a salvaguarda da saúde humana e do ambiente;

*f)* Salvaguardar e valorizar a identidade do território nacional, promovendo a integração das suas diversidades e da qualidade de vida das populações;

*g)* Racionalizar, reabilitar e modernizar os centros urbanos, os aglomerados rurais e a coerência dos sistemas em que se inserem;

*h)* Promover a defesa, a fruição e a valorização do património natural, cultural e paisagístico;

*i)* Assegurar o aproveitamento racional e eficiente do solo, enquanto recurso natural escasso e valorizar a biodiversidade;

*j)* Prevenir riscos coletivos e reduzir os seus efeitos nas pessoas e bens;

*k)* Salvaguardar e valorizar a orla costeira, as margens dos rios e as albufeiras;

*l)* Dinamizar as potencialidades das áreas agrícolas, florestais e silvo-pastoris;

*m)* Regenerar o território, promovendo a requalificação de áreas degradadas e a reconversão de áreas urbanas de génese ilegal;

*n)* Promover a acessibilidade de pessoas com mobilidade condicionada aos edifícios, equipamentos e espaços verdes ou outros espaços de utilização coletiva.

**Artigo 3º – Princípios gerais**

1 – As políticas públicas e as atuações administrativas em matéria de solos, de ordenamento do território e de urbanismo estão subordinadas aos seguintes princípios gerais:

*a)* Solidariedade intra e intergeracional, assegurando às gerações presentes e futuras qualidade de vida e um equilibrado desenvolvimento socioeconómico;

*b)* Responsabilidade, garantindo a prévia avaliação das intervenções com impacte relevante no território e estabelecendo o dever de reposição ou de compensação de danos que ponham em causa o património natural, cultural e paisagístico;

*c)* Economia e eficiência, assegurando a utilização racional e eficiente dos recursos naturais e culturais, bem como a sustentabilidade ambiental e financeira das opções adotadas pelos programas e planos territoriais;

*d)* Coordenação e compatibilização das diversas políticas públicas com incidência territorial com as políticas de desenvolvimento económico e social, assegurando uma adequada ponderação dos interesses públicos e privados em presença;

*e)* Subsidiariedade, simplificando e coordenando os procedimentos dos diversos níveis da Administração Pública, com vista a aproximar o nível decisório ao cidadão;

*f)* Equidade, assegurando a justa repartição dos benefícios e dos encargos decorrentes da aplicação dos programas e planos territoriais e dos instrumentos de política de solos;

*g)* Participação dos cidadãos, reforçando o acesso à informação e à intervenção nos procedimentos de elaboração, execução, avaliação e revisão dos programas e planos territoriais;

*h)* Concertação e contratualização entre interesses públicos e privados, incentivando modelos de atuação baseados na vinculação recíproca entre a iniciativa pública e a privada na concretização dos programas e planos territoriais;

*i)* Segurança jurídica e proteção da confiança, garantindo a estabilidade dos regimes legais e o respeito pelos direitos preexistentes e juridicamente consolidados.

2 – As políticas públicas e as atuações administrativas contribuem, ainda, para a preservação do ambiente e estão subordinadas aos seguintes princípios ambientais:

*a)* Do desenvolvimento sustentável, que obriga à satisfação das necessidades do presente sem comprometer as das gerações futuras, para o que concorrem a preservação de recursos naturais e a herança cultural, a capacidade de produção dos ecossistemas a longo prazo, o ordenamento racional e equilibrado do território com vista ao combate às assimetrias regionais, a promoção da coesão territorial, a produção e o consumo sustentáveis de energia, a salvaguarda da biodiversidade, do equilíbrio biológico, do clima e da estabilidade geológica, harmonizando a vida humana e o ambiente;

*b)* Da prevenção e da precaução, que obrigam à adoção de medidas antecipatórias com o objetivo de obviar ou minorar os impactes adversos no ambiente;

*c)* Da transversalidade e da integração de políticas ambientais nas políticas de ordenamento do território e urbanismo, nomeadamente mediante a realização de avaliação ambiental que identifique e monitorize efeitos significativos no ambiente que resultem de um programa ou plano territorial;

*d)* Do poluidor-pagador e do utilizador-pagador, que obriga o responsável pela poluição ou o utente de serviços públicos a assumir os custos da atividade poluente ou os custos da utilização dos recursos;

*e)* Da responsabilidade, que obriga à responsabilização de todos os que direta ou indiretamente, com dolo ou negligência, provoquem ameaças ou danos ao ambiente;

*f)* Da recuperação, que obriga o causador do dano ambiental à restauração do estado do ambiente tal como se encontrava anteriormente à ocorrência do facto danoso.

## CAPÍTULO II – Direitos e deveres gerais

### Artigo 4º – Direito de propriedade privada do solo

1 – O direito de propriedade privada do solo é garantido nos termos da Constituição e da lei.

2 – O direito de propriedade privada e os demais direitos relativos ao solo são ponderados e conformados no quadro das relações jurídicas de ordenamento do território e de urbanismo, com princípios e valores cons-

titucionais protegidos, nomeadamente nos domínios da defesa nacional, do ambiente, da cultura e do património cultural, da paisagem, da saúde pública, da educação, da habitação, da qualidade de vida e do desenvolvimento económico e social.

3 – A imposição de restrições ao direito de propriedade privada e aos demais direitos relativos ao solo está sujeita ao pagamento da justa indemnização, nos termos e de acordo com o previsto na lei.

**Artigo 5º – Direito ao ordenamento do território**

Todos têm o direito a um ordenamento do território racional, proporcional e equilibrado, de modo a que a prossecução do interesse público em matéria de solos, ordenamento do território e urbanismo, se faça no respeito pelos direitos e interesses legalmente protegidos.

**Artigo 6º – Outros direitos**

1 – Todos têm o direito a:

*a)* Usar e fruir o solo, no respeito pelos usos e utilizações previstos na lei e nos programas e planos territoriais;

*b)* Beneficiar, nos termos da lei, dos bens do domínio público e usar as infraestruturas de utilização coletiva;

*c)* Aceder, em condições de igualdade, a espaços coletivos e de uso público, designadamente equipamentos, espaços verdes e outros espaços de utilização coletiva.

2 – Todos gozam dos direitos de intervir e participar nos procedimentos administrativos relativos ao solo, ordenamento do território e urbanismo, nomeadamente:

*a)* O direito de participação efetiva nos procedimentos com incidência na ocupação, uso e transformação dos solos através da apresentação de propostas, sugestões e reclamações, bem como o direito a obter uma resposta fundamentada da administração nos termos da lei;

*b)* O direito de acesso à informação de que as entidades públicas disponham e aos documentos que integram os procedimentos referidos na alínea anterior.

**Artigo 7º – Deveres gerais**

Todos têm o dever de:

*a)* Utilizar de forma sustentável e racional o território e os recursos naturais;

*b)* Respeitar o ambiente, o património cultural e a paisagem;

*c)* Utilizar de forma correta os bens do domínio público, as infraestruturas, os serviços urbanos, os equipamentos, os espaços verdes ou outros espaços de utilização coletiva, bem como abster-se de realizar quaisquer atos ou de desenvolver quaisquer atividades que comportem um perigo de lesão dos mesmos.

**Artigo 8º – Deveres do Estado, das regiões autónomas e das autarquias locais**

1 – O Estado, as regiões autónomas e as autarquias locais têm o dever de promover a política pública de solos, de ordenamento do território e de urbanismo, no âmbito das respetivas atribuições e competências, previstas na Constituição e na lei.

2 – Para efeitos disposto no número anterior, o Estado, as regiões autónomas e as autarquias locais têm, designadamente, o dever de:

*a)* Planear e programar o uso do solo e promover a respetiva concretização;

*b)* Garantir a igualdade e transparência no exercício dos direitos e no cumprimento dos deveres relacionados com o solo, designadamente, através do direito de participação e do direito à informação dos cidadãos;

*c)* Garantir o uso do solo, de acordo com o desenvolvimento sustentável e de modo a prevenir a sua degradação;

*d)* Garantir a existência de espaços públicos destinados a infraestruturas, equipamentos e espaços verdes ou outros espaços de utilização coletiva, acautelando que todos tenham acesso aos mesmos em condições de igualdade;

*e)* Garantir a sustentabilidade económica das obras indispensáveis à instalação e à manutenção de infraestruturas e equipamentos;

*f)* Assegurar a fiscalização do cumprimento das regras relativas ao uso, ocupação e transformação do solo e aplicar medidas de tutela da legalidade.

# TÍTULO II - Política de solos

## CAPÍTULO I - Estatuto jurídico do solo

### SECÇÃO I - Disposições comuns

**Artigo 9º – Regime de uso do solo**

1 – O uso do solo realiza-se no âmbito dos limites previstos na Constituição, na lei, nos planos territoriais de âmbito intermunicipal ou municipal em vigor e em conformidade com a respetiva classificação e qualificação.

2 – O regime de uso do solo define a disciplina relativa à respetiva ocupação, utilização e transformação.

3 – O regime de uso do solo é estabelecido pelos planos territoriais de âmbito intermunicipal ou municipal através da classificação e qualificação do solo.

**Artigo 10º – Classificação e qualificação do solo**

1 – A classificação do solo determina o destino básico do solo, com respeito pela sua natureza, e assenta na distinção entre solo rústico e solo urbano.

2 – Para efeitos do disposto no número anterior, entende-se por:

*a)* «Solo rústico», aquele que, pela sua reconhecida aptidão, se destine, nomeadamente, ao aproveitamento agrícola, pecuário, florestal, à conservação, valorização e exploração de recursos naturais, de recursos geológicos ou de recursos energéticos, assim como o que se destina a espaços naturais, culturais, de turismo, recreio e lazer ou à proteção de riscos, ainda que seja ocupado por infraestruturas, e aquele que não seja classificado como urbano;

*b)* «Solo urbano», o que está total ou parcialmente urbanizado ou edificado e, como tal, afeto em plano territorial à urbanização ou à edificação;

3 – A classificação e reclassificação do solo como urbano traduzem uma opção de planeamento, nos termos e condições previstos na lei.

4 – A qualificação do solo define, com respeito pela sua classificação, o conteúdo do seu aproveitamento por referência às potencialidades de desenvolvimento do território.

### Artigo 11º – Restrições de utilidade pública

1 – Sem prejuízo da definição do regime de uso do solo pelos planos territoriais de âmbito intermunicipal ou municipal, para a prossecução de finalidades genéricas de interesse público relativas à política pública de solos, podem ser estabelecidas, por lei, restrições de utilidade pública ao conteúdo do direito de propriedade, prevalecendo sobre as demais disposições de regime de uso do solo.

2 – Quando tenham caráter permanente e expressão territorial suscetíveis de impedir ou condicionar o aproveitamento do solo, as restrições de utilidade pública são obrigatoriamente traduzidas nos planos territoriais de âmbito intermunicipal ou municipal, sem prejuízo do disposto no número seguinte.

3 – No âmbito dos procedimentos de elaboração, alteração ou revisão dos planos territoriais de âmbito intermunicipal ou municipal, podem ser propostas desafetações ou alterações dos condicionamentos do aproveitamento específico do solo resultantes das restrições de utilidade pública, em função da respetiva avaliação e ponderação, nos termos e condições previstos na lei.

### Artigo 12º – Áreas territoriais a reabilitar e a regenerar

1 – O Estado, as Regiões Autónomas e as autarquias locais identificam, nos programas e planos territoriais, as áreas territoriais a reabilitar e a regenerar e promovem as ações adequadas à prossecução desses objetivos.

2 – As áreas referidas no número anterior podem abranger solo classificado como rústico ou urbano.

## SECÇÃO II – Direitos e deveres relativos ao solo

### Artigo 13º – Direitos dos proprietários

1 – Os proprietários do solo têm o direito a utilizar o solo de acordo com a sua natureza, e com observância do previsto nos programas e planos territoriais.

2 – Os proprietários do solo rústico têm o direito de utilizar os solos de acordo com a sua natureza, traduzida na exploração da aptidão produtiva desses solos, diretamente ou por terceiros, preservando e valorizando os bens culturais, naturais, ambientais e paisagísticos e de biodiversidade.

3 – Os proprietários do solo urbano têm, designadamente, os seguintes direitos, nos termos e condições previstos na lei:

*a)* Reestruturar a propriedade;

*b)* Realizar as obras de urbanização;

*c)* Edificar;

*d)* Promover a reabilitação e regeneração urbanas;

*e)* Utilizar as edificações.

**Artigo 14º – Deveres dos proprietários**

1 – Os proprietários têm o dever de preservar e valorizar os bens naturais, ambientais, paisagísticos, culturais e de biodiversidade.

2 – Os proprietários têm, designadamente, os seguintes deveres:

*a)* Utilizar, conservar e reabilitar imóveis, designadamente, o edificado existente;

*b)* Ceder áreas legalmente exigíveis para infraestruturas, equipamentos, espaços verdes e outros espaços de utilização coletiva, ou, na ausência ou insuficiência da cedência destas áreas, compensar o município;

*c)* Realizar infraestruturas, espaços verdes e outros espaços de utilização coletiva;

*d)* Comparticipar nos custos de construção, manutenção, reforço ou renovação das infraestruturas, equipamentos e espaços públicos de âmbito geral;

*e)* Minimizar o nível de exposição a riscos coletivos.

**Artigo 15º – Aquisição gradual das faculdades urbanísticas**

1 – A aquisição das faculdades urbanísticas que integram o conteúdo do aproveitamento do solo urbano é efetuada de forma sucessiva e gradual e está sujeita ao cumprimento dos ónus e deveres urbanísticos estabelecidos na lei e nos planos territoriais de âmbito intermunicipal ou municipais aplicáveis.

2 – A inexistência das faculdades urbanísticas referidas no número anterior não prejudica o disposto na lei em matéria de justa indemnização devida por expropriação.

**Artigo 16º – Imposição da realização de operações urbanísticas**

1 – A administração pode impor ao proprietário do imóvel a realização das operações urbanísticas necessárias à execução de um plano territorial

de âmbito intermunicipal ou municipal, incluindo, nomeadamente, a obrigação de nele construir, de conservar, reabilitar e demolir as construções e edificações que nele existam ou de as utilizar em conformidade com o previsto em plano territorial.

2 – Sem prejuízo do disposto em lei especial, caso o proprietário não cumpra a obrigação no prazo estabelecido, ou manifeste a sua oposição à mesma, a sua execução apenas pode ter lugar mediante expropriação ou venda forçada do imóvel, nos termos do artigo 35º da presente lei.

### Artigo 17º – Sacrifício de direitos preexistentes e juridicamente consolidados

1 – O sacrifício de direitos preexistentes e juridicamente consolidados só pode ter lugar nos casos expressamente previstos na lei ou nos planos territoriais aplicáveis e mediante o pagamento de compensação ou indemnização.

2 – A compensação ou indemnização a que se refere o número anterior é prevista, obrigatoriamente e de forma expressa, no plano territorial de âmbito intermunicipal ou municipal que fundamenta a imposição do sacrifício, nomeadamente através da definição de mecanismos de perequação deles resultantes.

3 – Independentemente do disposto nos números anteriores são indemnizáveis quaisquer sacrifícios impostos aos proprietários do solo que tenham efeito equivalente a uma expropriação.

### Artigo 18º – Reserva de solo

1 – A reserva de solo para infraestruturas urbanísticas, equipamentos e espaços verdes e outros espaços de utilização coletiva, que tenha por objeto propriedade privada determina a obrigatoriedade da respetiva aquisição pela Administração Pública no prazo estabelecido no plano territorial ou no instrumento de programação, findo o qual aquela reserva caduca, desde que o atraso não seja imputável à falta de iniciativa do proprietário ou ao incumprimento dos respetivos ónus ou deveres urbanísticos.

2 – Na falta de fixação do prazo a que se refere o número anterior, a reserva do solo caduca no prazo de cinco anos contados da data da entrada em vigor do respetivo plano territorial.

3 – As associações de municípios e as autarquias locais são obrigadas a declarar a caducidade da reserva de solo, nos termos dos números ante-

riores, e a proceder à redefinição do uso do solo, salvo se o plano territorial vigente tiver previsto o regime de uso do solo supletivamente aplicável.

SECÇÃO III – Estruturação da propriedade

**Artigo 19º – Estruturação da propriedade**

1 – O dimensionamento, fracionamento, emparcelamento e reparcelamento da propriedade do solo realiza-se de acordo com o previsto nos planos territoriais, devendo as unidades prediais ser adequadas ao aproveitamento do solo neles estabelecido.

2 – Sem prejuízo da fixação legal de unidades mínimas de cultura em solo rústico, os planos territoriais de âmbito intermunicipal ou municipal podem estabelecer critérios e regras para o dimensionamento dos prédios, nomeadamente para os lotes ou parcelas resultantes das operações de transformação fundiária realizadas no âmbito da sua execução.

3 – As associações de municípios e as autarquias locais podem promover, por sua iniciativa ou em cooperação com os proprietários de prédios, a reestruturação da propriedade, nos termos da lei, com vista a:

*a)* Reduzir ou eliminar os inconvenientes socioeconómicos da fragmentação e da dispersão da propriedade;

*b)* Viabilizar a reconfiguração de limites cadastrais de terrenos;

*c)* Contribuir para a execução de operações de reabilitação e regeneração;

*d)* Assegurar a implementação da política pública de solos prevista nos programas e planos territoriais;

*e)* Ajustar a dimensão e a configuração dos prédios à estrutura fundiária definida pelo programa ou plano territorial;

*f)* Distribuir equitativamente, entre os proprietários, os benefícios e encargos resultantes da entrada em vigor do plano territorial;

*g)* Localizar adequadamente as áreas necessárias à implantação de infraestruturas, equipamentos, espaços verdes ou outros espaços de utilização coletiva, designadamente as áreas de cedência obrigatória.

4 – Os proprietários do solo rústico podem, individualmente ou em associação, promover a reestruturação da propriedade, nomeadamente para reduzir ou eliminar os inconvenientes socioeconómicos da fragmentação e da dispersão da propriedade.

5 – Os proprietários do solo urbano podem reestruturar a propriedade, nomeadamente promovendo o fracionamento ou reparcelamento de pré-

dios destinados à construção urbana, mediante operações urbanísticas de loteamento que definam a edificabilidade e os prazos da sua concretização.

Artigo 20º – Uso do solo e edificabilidade

1 – O uso do solo é definido exclusivamente pelos planos territoriais de âmbito intermunicipal ou municipal, através da definição de áreas de construção ou, na impossibilidade dessa definição, pela aplicação de parâmetros e índices quantitativos e qualitativos, de aproveitamento ou de edificabilidade, nos termos da lei.

2 – A edificabilidade pode ser objeto de direitos subjetivos autónomos do solo, nomeadamente para viabilizar a transferência de edificabilidade, nos termos da lei.

**Artigo 21º – Transferência de edificabilidade**

1 – Os planos territoriais de âmbito intermunicipal ou municipal podem permitir que a edificabilidade por eles atribuída a um lote ou a uma parcela de terreno seja transferida para outros lotes ou parcelas, visando prosseguir, designadamente, as seguintes finalidades:

*a)* Conservação da natureza e da biodiversidade;

*b)* Salvaguarda do património natural, cultural ou paisagístico;

*c)* Prevenção ou minimização de riscos coletivos inerentes a acidentes graves ou catástrofes e de riscos ambientais;

*d)* Reabilitação ou regeneração;

*e)* Dotação adequada em infraestruturas, equipamentos, espaços verdes ou outros espaços de utilização coletiva;

*f)* Habitação com fins sociais;

*g)* Eficiência na utilização dos recursos e eficiência energética.

2 – Para efeitos do disposto no número anterior, os planos territoriais de âmbito intermunicipal ou municipal regulam a previsão da edificabilidade transferida, definindo os termos e condições em que os valores do direito concreto de construir podem ser utilizados, bem como os mecanismos para a respetiva operacionalização, de acordo com o procedimento previsto na lei.

3 – A transferência de edificabilidade deve ser objeto de inscrição no registo predial do lote ou parcela de terreno a que essa edificabilidade estava atribuída, nos termos a definir em legislação específica.

## CAPÍTULO II – Propriedade pública do solo e intervenção do Estado, das regiões autónomas e das autarquias locais

### SECÇÃO I – Propriedade pública do solo

**Artigo 22º – Espaços de uso público, equipamentos e infraestruturas de utilização coletiva**

1 – Os espaços de uso público e os equipamentos e infraestruturas de utilização coletiva integram o domínio público ou privado da administração.

2 – O disposto no número anterior pode ser afastado no âmbito de uma operação urbanística, mediante decisão fundamentada das autarquias locais, quando existir acordo do proprietário e seja comprovadamente mais adequada, do ponto de vista urbanístico, a manutenção ou integração das áreas referidas no número anterior em titularidade privada.

3 – Nas situações previstas no número anterior as autarquias locais asseguram a utilização coletiva das áreas que se mantenham ou sejam integradas em titularidade privada, e regulam os respetivos termos, através de regulamento municipal e de contrato celebrado com os proprietários.

4 – A cessação de restrições de utilidade pública ou servidões administrativas de utilidade pública e a desafetação de imóveis do domínio público ou dos fins de utilidade pública a que se encontravam adstritos, designadamente os do domínio privado indisponível do Estado, mesmo que integrem o património de institutos públicos ou de empresas públicas, têm como efeito a caducidade do regime de uso do solo para eles especificamente previsto nos planos territoriais de âmbito intermunicipal ou municipal, caso estes não tenham estabelecido o regime de uso do solo aplicável em tal situação.

5 – Sempre que ocorra a caducidade do regime de uso do solo nos termos do número anterior, as associações de municípios ou as autarquias locais devem redefinir o uso do solo mediante a elaboração ou alteração de instrumento de planeamento territorial.

**Artigo 23º – Domínio privado e políticas públicas de solos**

Sem prejuízo de outras finalidades previstas na lei, os bens imóveis do domínio privado do Estado, das regiões autónomas e autarquias locais podem ser afetos à prossecução de finalidades de política pública de solos, com vista, designadamente, à:

*a)* Regulação do mercado do solo, tendo em vista a prevenção da especulação fundiária e a regulação do respetivo valor;

*b)* Aplicação de princípios supletivos associados aos mecanismos de redistribuição de benefícios e encargos;

*c)* Localização de infraestruturas, de equipamentos e de espaços verdes ou de outros espaços de utilização coletiva;

*d)* Realização de intervenções públicas ou de iniciativa pública, nos domínios da proteção civil, da agricultura, das florestas, da conservação da natureza, da habitação com fins sociais e da reabilitação e regeneração urbana;

*e)* Execução programada dos programas e planos territoriais.

**Artigo 24º – Autonomização de bens imóveis de titularidade ou afetação pública**

1 – O Estado, as regiões autónomas e as autarquias locais devem autonomizar, nos seus planos de atividades e orçamento e nos documentos de prestação de contas, os bens imóveis integrantes do seu domínio público ou privado e outros ativos patrimoniais, que ficam afetos à prossecução de finalidades de política fundiária.

2 – Os bens imóveis podem ingressar na titularidade pública ou ser afetos à prossecução das finalidades das entidades referidas no número anterior por qualquer meio legalmente admitido, nomeadamente:

*a)* Aquisição originária;

*b)* Reafetação de terrenos de titularidade pública;

*c)* Compra e venda, permuta, arrendamento, locação financeira e outros contratos de natureza análoga;

*d)* Sucessão, doação e renúncia;

*e)* Expropriação por utilidade pública;

*f)* Cedências no âmbito de operações urbanísticas e compensações perequativas.

**Artigo 25º – Cedência de bens imóveis**

Os bens imóveis que tenham sido cedidos pelos particulares, para fins de utilidade pública, no âmbito de operações urbanísticas e integrem o domínio das autarquias locais, não podem deixar de ser afetos a fins de utilidade pública, ainda que distintas das que motivaram a cedência sob pena de reversão, nos termos da lei.

## SECÇÃO II - Meios de intervenção administrativa no solo

### Artigo 26º - Instrumentos de política de solos

O Estado, as regiões autónomas e as autarquias locais conduzem a política pública de solos, no quadro das respetivas atribuições e das competências dos seus órgãos, para prossecução das finalidades que lhe são cometidas, no respeito da Constituição e da lei.

### Artigo 27º - Gestão territorial

A gestão territorial é um meio de intervenção administrativa no solo e contribui para a realização dos objetivos de política pública de solos e de regulação fundiária ao nível nacional, regional e local.

### Artigo 28º - Transação de bens do domínio privado

Salvo se o contrário resultar da lei, da natureza ou do objeto do ato a praticar, o Estado, as regiões autónomas e as autarquias locais podem, para a prossecução de finalidades de política pública de solos, adquirir ou alienar bens imóveis ou direitos reais sobre eles incidentes, pelos meios previstos no direito privado, nomeadamente compra, venda ou permuta.

### Artigo 29º - Direito de preferência

O Estado, as regiões autónomas e as autarquias locais têm o direito de exercer, nos termos legalmente previstos, o direito de preferência nas transmissões onerosas de prédios entre particulares, tendo em vista a prossecução de objetivos de política pública de solos para as finalidades seguintes:

*a)* Execução dos programas e planos territoriais;

*b)* Reabilitação e regeneração de áreas territoriais rústicas e urbanas;

*c)* Reestruturação de prédios rústicos e urbanos;

*d)* Preservação e valorização do património natural, cultural e paisagístico.

*e)* Prevenção e redução de riscos coletivos.

**Artigo 30º – Direito de superfície**

1 – O Estado, as regiões autónomas e as autarquias locais podem constituir o direito de superfície sobre bens imóveis integrantes do seu domínio privado para a prossecução de finalidades de política pública de solos, nos termos da lei.

2 – O direito de superfície é, em regra, constituído a título oneroso.

**Artigo 31º – Cedência de utilização de bens do domínio privado**

1 – O Estado, as regiões autónomas e as autarquias locais podem ceder, a título precário e com caráter oneroso, a utilização de bens do respetivo domínio privado, para assegurar a prossecução de finalidades de política pública de solos.

2 – A cedência é devidamente fundamentada e procura garantir a conservação, a valorização e a rentabilização dos bens cedidos.

3 – A lei estabelece o procedimento de cedência e as condições em que se realizam a fiscalização da atividade do cessionário e a restituição dos bens imóveis cedidos.

**Artigo 32º – Concessão da utilização e exploração do domínio público**

1 – O Estado, as regiões autónomas e as autarquias locais podem celebrar contratos de concessão ou conceder licenças de uso privativo de bens que integrem o seu domínio público, designadamente para efeitos de utilização, exploração ou gestão de infraestruturas urbanas e de espaços e equipamentos de utilização coletiva.

2 – A lei estabelece as regras a observar quanto ao prazo de vigência da concessão, à fixação dos critérios para o pagamento de taxas pelo concessionário, às obrigações e aos direitos do concessionário, aos bens afetos à concessão, às garantias a prestar, ao sequestro, ao resgate e à responsabilidade perante terceiros.

**Artigo 33º – Servidões administrativas**

1 – Para a prossecução de finalidades concretas de interesse público relativas à política fundiária podem, nos termos legalmente previstos, ser constituídas servidões administrativas sobre bens imóveis que, com carácter real, limitem o direito de propriedade ou outros direitos reais, por lei, ato administrativo ou contrato, prevalecendo sobre as demais restrições de uso do solo.

2 – Para efeitos do disposto no número anterior, podem, designadamente, ser impostas aos titulares dos direitos reais sobre bens imóveis, obri-

gações de não adotar condutas que prejudiquem as finalidades de interesse público prosseguidas pelo Estado, regiões autónomas e autarquias locais, na medida estritamente necessária para a prossecução dessas finalidades.

3 – A constituição, ampliação ou alteração de uma servidão administrativa por ato administrativo deve ser precedida de audiência prévia dos interessados e de participação em termos análogos aos previstos para a participação nos programas especiais.

4 – As participações poderão ter por objeto a ilegalidade ou a inutilidade da constituição, ampliação ou alteração da servidão ou a sua excessiva amplitude ou onerosidade.

5 – Quando tenham caráter permanente e expressão territorial suscetíveis de impedir ou condicionar o aproveitamento do solo, as servidões administrativas são obrigatoriamente traduzidas nos planos territoriais de âmbito intermunicipal ou municipal podendo, no âmbito dos procedimentos de elaboração, alteração ou revisão destes planos, ser ponderadas desafetações ou alterações.

6 – As servidões administrativas que tenham efeito análogo à expropriação são constituídas mediante pagamento de justa indemnização, nos termos da lei.

**Artigo 34º – Expropriações por utilidade pública**

1 – Para a prossecução de finalidades concretas de interesse público relativas à política pública de solos podem ser realizadas expropriações por utilidade pública de bens imóveis, mediante o pagamento de justa indemnização, nos termos da lei.

2 – As expropriações por utilidade pública visam, nomeadamente, a prossecução das seguintes finalidades:

*a)* Realização de operações urbanísticas;
*b)* Reabilitação e regeneração de áreas territoriais rústicas e urbanas;
*c)* Realização de intervenções públicas ou de iniciativa pública;
*d)* Instalação de infraestruturas e equipamentos de utilização coletiva;
*e)* Integração de terrenos na titularidade pública do solo;
*f)* Execução de programas e planos territoriais.

3 – A expropriação só pode ter lugar quando a constituição de uma servidão de direito administrativo ou de outros meios menos lesivos não seja suficiente para assegurar a prossecução das finalidades de interesse público em causa.

### Artigo 35º – Venda forçada

1 – Os proprietários que não cumpram os ónus e deveres decorrentes de operação de regeneração prevista em plano territorial de âmbito intermunicipal ou municipal ou de operação de reabilitação urbana podem ser sujeitos a venda forçada, nos termos da lei, em alternativa à expropriação, por motivo de utilidade pública.

2 – Os edifícios em estado de ruína ou sem condições de habitabilidade, bem como as parcelas de terrenos resultantes da sua demolição, podem ser sujeitos a venda forçada, nos termos da lei.

3 – Os adquirentes dos edifícios e parcelas de terrenos referidos nos números anteriores estão vinculados aos mesmos ónus e deveres, no prazo e programação estipulados no ato de venda forçada.

4 – No caso de o adquirente em venda forçada não cumprir os ónus e deveres previstos nos planos territoriais e na respetiva programação no prazo da respetiva execução temporal, pode haver lugar a expropriação ou à retoma do procedimento de venda forçada.

5 – A venda forçada só pode ter lugar quando outros meios menos lesivos não sejam suficientes para assegurar a prossecução das finalidades de interesse público em causa.

6 – Na falta de acordo do proprietário quanto ao valor do bem em procedimento de venda forçada é assegurado ao proprietário do imóvel o valor de justa indemnização.

### Artigo 36º[1] – Arrendamento forçado e disponibilização de prédios na bolsa de terras

1 – Os edifícios e as frações autónomas objeto de ação de reabilitação podem ser sujeitos a arrendamento forçado, nos casos e nos termos previstos na lei.

2 – Os prédios rústicos objeto de operação integrada de gestão da paisagem podem ser objeto de arrendamento forçado, nos casos e nos termos previstos na lei.

3 – Os prédios rústicos e os prédios mistos sem dono conhecido e que não estejam a ser utilizados para fins agrícolas, florestais, silvo-pastoris ou de conservação da natureza, podem ser disponibilizados na bolsa nacional de terras, nos termos da lei.

[1] Redação do Decreto-Lei nº 52/2021, de 15 de junho.

# TÍTULO III – Sistema de gestão territorial

## CAPÍTULO I – Gestão territorial

### Artigo 37º – Objetivos da gestão territorial

A gestão territorial visa executar a política de solos, de ordenamento do território e de urbanismo e garantir:

*a)* A melhoria das condições de vida e de trabalho das populações;

*b)* A correta distribuição e localização no território das atividades económicas, das funções de habitação, de trabalho, de cultura e de lazer;

*c)* A criação de oportunidades diversificadas de emprego como meio para a fixação das populações, particularmente nas áreas menos desenvolvidas;

*d)* A preservação e defesa de solos com potencialidade para aproveitamento com atividades agrícolas, pecuárias ou florestais, de conservação da natureza, de turismo e lazer, de produção de energias renováveis ou de exploração de recursos geológicos, de modo a que a afetação daqueles solos a outros usos se restrinja às situações em que seja efetivamente necessária e se encontre devidamente comprovada;

*e)* A adequação de níveis de densidade urbana, impedindo a degradação da qualidade de vida, bem como o desequilíbrio da organização económica e social;

*f)* A rentabilização de infraestruturas, evitando a extensão desnecessária das redes e dos perímetros urbanos e racionalizando o aproveitamento das áreas intersticiais;

*g)* A aplicação de uma política de habitação que permita resolver as carências existentes;

*h)* A reabilitação e a revitalização dos centros históricos e dos elementos do património cultural classificados, bem como do respetivo parque habitacional em detrimento de nova construção;

*i)* Promover a acessibilidade de todos os cidadãos aos edifícios, bem como aos espaços públicos e de uso coletivo;

*j)* A recuperação e regeneração de áreas degradadas;

*k)* A prevenção e redução de riscos coletivos;

### Artigo 38º – Estrutura do sistema de gestão territorial

1 – A política de solos, de ordenamento do território e de urbanismo é desenvolvida, nomeadamente, através de instrumentos de gestão territorial que se materializam em:

*a)* Programas, que estabelecem o quadro estratégico de desenvolvimento territorial e as suas diretrizes programáticas ou definem a incidência espacial de políticas nacionais a considerar em cada nível de planeamento;

*b)* Planos, que estabelecem opções e ações concretas em matéria de planeamento e organização do território bem como definem o uso do solo.

2 – O sistema de gestão territorial organiza-se num quadro de interação coordenada que se reconduz aos âmbitos nacional, regional, intermunicipal e municipal, em função da natureza e da incidência territorial dos interesses públicos prosseguidos.

### Artigo 39º – Ponderação de interesses públicos e privados

1 – Os programas e planos territoriais identificam, graduam e harmonizam os vários interesses públicos e privados com tradução no ordenamento do território.

2 – Os programas e planos territoriais asseguram a harmonização dos vários interesses públicos com expressão espacial, tendo em conta a defesa nacional, a segurança, a saúde pública, a proteção civil e as estratégias de desenvolvimento, bem como a sustentabilidade territorial, em termos económicos, sociais, culturais e ambientais, a médio e longo prazo.

3 – As entidades responsáveis pela elaboração, aprovação, alteração, revisão, execução e avaliação dos programas e planos territoriais devem assegurar, nos respetivos âmbitos de intervenção, a necessária coordenação entre as diversas políticas com incidência territorial e a política de ordenamento do território e urbanismo, mantendo uma estrutura orgânica e funcional apta a prosseguir uma efetiva articulação, cooperação e concertação no exercício das várias competências.

### Artigo 40º – Âmbito nacional

1 – Os programas territoriais de âmbito nacional definem o quadro estratégico para o ordenamento do espaço nacional e para a sua integração na União Europeia, estabelecendo as diretrizes a considerar a nível regional e a compatibilização das políticas públicas sectoriais do Estado, bem como, na medida do necessário, a salvaguarda de valores e recursos de reconhecido interesse nacional, nos termos dos números seguintes.

2 – O programa nacional da política de ordenamento do território estabelece, em concretização das opções europeias de desenvolvimento territorial e do quadro de referência europeu:

*a)* As opções estratégicas de organização do território nacional e o modelo de estruturação territorial tendo em conta o sistema urbano, as infraestruturas e os equipamentos de utilização coletiva de interesse nacional, bem como as áreas de interesse nacional em termos de defesa nacional e segurança pública, agrícolas, florestais, ambientais, patrimoniais e económicos, de exploração de recursos geológicos e de aproveitamento das energias renováveis;

*b)* As grandes opções de investimento público, com impacte territorial significativo, suas prioridades e programação, em articulação com as estratégias definidas para a aplicação dos fundos europeus e nacionais.

3 – Os programas sectoriais estabelecem, no âmbito nacional e de acordo com as políticas sectoriais da União Europeia, a incidência territorial da programação ou concretização de políticas públicas dos diversos sectores da administração central do Estado, nomeadamente, nos domínios da defesa, segurança pública, prevenção de riscos, ambiente, recursos hídricos, conservação da natureza e da biodiversidade, transportes, comunicações, energia, cultura, saúde, turismo, agricultura, florestas, comércio ou indústria.

4 – Os programas especiais constituem um meio de intervenção do Governo e visam a prossecução de objetivos considerados indispensáveis à tutela de interesses públicos e de recursos de relevância nacional com repercussão territorial, estabelecendo exclusivamente regimes de salvaguarda de recursos e valores naturais, através de medidas que estabeleçam ações permitidas, condicionadas ou interditas em função dos objetivos de cada programa, prevalecendo sobre os planos territoriais de âmbito intermunicipal e municipal.

5 – Os programas especiais compreendem os programas da orla costeira, programas das áreas protegidas, programas de albufeiras de águas públicas e os programas dos estuários.

## Artigo 41º – Âmbito regional

1 – Os programas regionais estabelecem:

*a)* As opções estratégicas de organização do território regional e o respetivo modelo de estruturação territorial, tendo em conta o sistema urbano, as infraestruturas e os equipamentos de utilização coletiva de interesse regional, bem como as áreas de interesse regional em termos agrícolas, florestais, ambientais, ecológicos e económicos, integrando as redes nacionais de infraestruturas, de mobilidade e de equipamentos de utilização coletiva com expressão regional;

*b)* As grandes opções de investimento público, com impacte territorial significativo, suas prioridades e programação, em articulação com as estratégias definidas para a aplicação dos fundos europeus e nacionais.

2 – Os programas regionais constituem o quadro de referência estratégico para a elaboração dos programas intermunicipais e dos planos territoriais de âmbito intermunicipal e municipal.

**Artigo 42º – Âmbito intermunicipal**

1 – O programa intermunicipal é de elaboração facultativa e abrange dois ou mais municípios territorialmente contíguos integrados na mesma comunidade intermunicipal, salvo situações excecionais, autorizadas pelo membro do Governo responsável pela área do ordenamento do território, após parecer das comissões de coordenação e desenvolvimento regional.

2 – O programa intermunicipal assegura a articulação entre o programa regional e os planos territoriais de âmbito intermunicipal ou municipal, no caso de áreas que, pela interdependência estrutural ou funcional ou pela existência de áreas homogéneas de risco, necessitem de uma ação integrada de planeamento.

3 – O programa intermunicipal estabelece as opções estratégicas de organização do território intermunicipal e de investimento público, suas prioridades e programação, em articulação com as estratégias definidas nos programas territoriais de âmbito nacional, sectorial e regional, definindo orientações para os planos territoriais de âmbito intermunicipal ou municipal.

4 – Os planos territoriais de âmbito intermunicipal são o plano diretor intermunicipal, o plano de urbanização intermunicipal e o plano de pormenor intermunicipal.

5 – O plano diretor intermunicipal estabelece, de modo coordenado, a estratégia de desenvolvimento territorial intermunicipal, o modelo territorial intermunicipal, as opções de localização e de gestão de equipamentos de utilização pública locais e as relações de interdependência entre dois ou mais municípios territorialmente contíguos, e a sua aprovação dispensa a elaboração de planos diretores municipais, substituindo-os.

6 – Os planos de urbanização e os planos de pormenor intermunicipais abrangem parte do território contíguo dos concelhos a que respeitam.

7 – A existência de um plano intermunicipal não prejudica o direito de cada município gerir autonomamente o seu território, de acordo com o previsto nesse plano.

## Artigo 43º – Âmbito municipal

1 – Os planos territoriais de âmbito municipal estabelecem, nos termos da Constituição e da lei, de acordo com as diretrizes estratégicas de âmbito regional, e com opções próprias de desenvolvimento estratégico local, o regime de uso do solo e a respetiva execução.

2 – Os planos territoriais de âmbito municipal são o plano diretor municipal, o plano de urbanização e o plano de pormenor.

3 – O plano diretor municipal é de elaboração obrigatória, salvo se houver um plano diretor intermunicipal, e estabelece, nomeadamente, a estratégia de desenvolvimento territorial municipal, o modelo territorial municipal, as opções de localização e de gestão de equipamentos de utilização coletiva e as relações de interdependência com os municípios vizinhos.

4 – O plano de urbanização desenvolve e concretiza o plano diretor municipal e estrutura a ocupação do solo e o seu aproveitamento, definindo a localização das infraestruturas e dos equipamentos coletivos principais.

5 – O plano de pormenor desenvolve e concretiza o plano diretor municipal, definindo a implantação e a volumetria das edificações, a forma e organização dos espaços de utilização coletiva e o traçado das infraestruturas.

## Artigo 44º – Relações entre programas e planos territoriais

1 – O programa nacional da política de ordenamento território, os programas sectoriais e os programas especiais prosseguem objetivos de interesse nacional e estabelecem os princípios e as regras orientadoras da disciplina a definir pelos programas regionais.

2 – Os programas regionais prosseguem os objetivos de interesse regional e respeitam o disposto nos programas territoriais de âmbito nacional.

3 – Os planos territoriais de âmbito intermunicipal e municipal devem desenvolver e concretizar as orientações definidas nos programas territoriais preexistentes de âmbito nacional ou regional, com os quais se devem compatibilizar.

4 – Os planos territoriais de âmbito municipal devem ainda atender às orientações definidas nos programas intermunicipais preexistentes.

5 – A existência de um plano diretor, de um plano de urbanização ou de um plano de pormenor de âmbito intermunicipal exclui a possibilidade de existência, ao nível municipal, de planos territoriais do mesmo tipo, na área por eles abrangida, sem prejuízo das regras relativas à dinâmica de planos territoriais.

6 – Sempre que entre em vigor um programa territorial de âmbito nacional ou regional, é obrigatória a alteração ou atualização dos planos territoriais de âmbito intermunicipal e municipal, que com ele não sejam compatíveis, nos termos da lei.

7 – O programa ou o plano territorial posterior avalia e pondera as regras dos programas ou planos preexistentes ou em preparação, identificando expressamente as normas incompatíveis a alterar ou a revogar nos termos da lei.

### Artigo 45º – Articulação de programas e planos territoriais com os planos de ordenamento do espaço marítimo[1]

1 – Os programas e os planos territoriais asseguram a respetiva articulação e compatibilização com os planos de ordenamento do espaço marítimo nacional, sempre que incidam sobre a mesma área ou sobre áreas que, pela interdependência estrutural ou funcional dos seus elementos, necessitem de uma coordenação integrada de planeamento.

2 – A articulação e a compatibilização dos programas e dos planos territoriais com os planos de ordenamento do espaço marítimo nacional são feitas nos termos da lei.

### Artigo 46º – Vinculação

1 – Os programas territoriais vinculam as entidades públicas.

2 – Os planos territoriais de âmbito intermunicipal e municipal vinculam as entidades públicas e ainda, direta e imediatamente, os particulares.

3 – O disposto no nº 1 do presente artigo não prejudica a vinculação direta e imediata dos particulares relativamente a normas legais ou regulamentares em matéria de recursos florestais.

4 – Os programas territoriais que prossigam objetivos de interesse nacional ou regional, cujo conteúdo em função da sua incidência territorial urbanística deva ser vertido em plano diretor intermunicipal ou muni-

[1] O Plano de Situação de Ordenamento do Espaço Marítimo Nacional para as Subdivisões Continente, Madeira e Plataforma Continental Estendida foi aprovado pela Resolução do Conselho de Ministros nº 203-A/2019, de 30 de dezembro.

cipal e em outros planos territoriais estabelecem, ouvidos a associação de municípios ou os municípios abrangidos, o prazo para a atualização destes planos e indicam expressamente as normas a alterar, nos termos da lei.

5 – Findo o prazo estabelecido nos termos do número anterior, se a associação de municípios ou o município não tiver procedido à referida atualização, suspendem-se as normas do plano territorial intermunicipal ou municipal que deveriam ter sido alteradas, não podendo, na área abrangida, haver lugar à prática de quaisquer atos ou operações que impliquem a alteração do uso do solo, enquanto durar a suspensão.

6 – Sem prejuízo de outras sanções previstas na lei, a falta de iniciativa, por parte de associação de municípios ou município, tendente a desencadear o procedimento de atualização do plano intermunicipal ou municipal referida no número anterior, bem como o atraso da mesma atualização por facto imputável às referidas entidades, implica a rejeição de candidaturas de projetos a benefícios ou subsídios outorgados por entidades ou serviços públicos nacionais ou comunitários, bem como a não celebração de contratos-programa, até à regularização da situação.

**Artigo 47º – Contratualização do planeamento**

1 – A elaboração, a alteração, e a revisão, a suspensão e a execução de planos territoriais de âmbito intermunicipal ou municipal pode ser precedida da celebração de contratos entre o Estado, as regiões autónomas e as autarquias locais.

2 – Os contratos referidos no número anterior podem ter por objeto, nomeadamente, as formas e os prazos para adequação dos planos existentes em relação a programas supervenientes com os quais aqueles devam ser conformes ou compatíveis.

3 – Os particulares interessados na elaboração, alteração ou revisão de um plano de urbanização ou de plano de pormenor podem apresentar propostas de contratos para planeamento aos municípios.

4 – A contratualização prevista no número anterior não prejudica o exercício dos poderes públicos de planeamento, as garantias procedimentais de intervenção de outras entidades públicas ou de participação dos interessados, nem a observância das disposições legais e regulamentares aplicáveis.

5 – Os procedimentos de formação dos contratos referidos nos números anteriores asseguram uma adequada publicitação e a realização de discussão pública.

## CAPÍTULO II – Formação e dinâmica dos programas e planos territoriais

### Artigo 48º – Elaboração e aprovação

1 – O programa nacional da política de ordenamento do território é elaborado pelo Governo e aprovado por lei da Assembleia da República.

2 – Os programas regionais de ordenamento do território são elaborados e aprovados pelo Governo, sob coordenação do membro responsável pela área do ordenamento do território.

3 – Os programas especiais e sectoriais são elaborados e aprovados pelo Governo, sob coordenação do membro responsável pela área cujo interesse público é tutelado no programa a título principal, em articulação com o membro do Governo responsável pela área do ordenamento do território.

4 – Os programas e planos territoriais de âmbito intermunicipal são elaborados pelas câmaras municipais dos municípios associados para o efeito ou pelo conselho executivo da associação de municípios e são aprovados, respetivamente, pelas assembleias municipais interessadas ou pela assembleia intermunicipal.

5 – Os planos territoriais de âmbito municipal são elaborados pela câmara municipal e aprovados pela assembleia municipal.

### Artigo 49º – Informação e participação

O procedimento de elaboração, alteração ou revisão dos programas e planos territoriais assegura aos particulares as garantias gerais que a lei lhes confere, nomeadamente, a informação e os meios de participação pública efetiva, bem como o direito de apresentação de observações e sugestões à entidade responsável pela sua elaboração e de consulta do respetivo processo, nos termos da lei.

### Artigo 50º – Dinâmica

1 – Os programas e planos territoriais podem ser objeto de revisão, alteração, suspensão ou revogação, em razão da evolução ou reponderação das condições económicas, sociais, culturais e ambientais subjacentes à sua elaboração, com fundamento em relatório de avaliação a elaborar nos termos estabelecidos na lei.

2 – A atualização de planos territoriais decorrentes da entrada em vigor de normas legais e regulamentares, que não implique uma decisão autónoma de planeamento, é obrigatória e depende de declaração da entidade responsável pela elaboração do plano.

**Artigo 51º – Ratificação de planos territoriais de âmbito intermunicipal e municipal**

1 – A ratificação pelo Governo do plano diretor intermunicipal ou do plano diretor municipal é excecional, ocorrendo nas situações em que, no âmbito do respetivo procedimento de elaboração e aprovação, seja suscitada pela associação de municípios ou pelo município a sua incompatibilidade com programa especial, regional ou sectorial.

2 – A ratificação pelo Governo do plano diretor intermunicipal ou do plano diretor municipal tem como efeito a revogação ou alteração das normas do programa regional, sectorial ou especial incompatíveis com as opções municipais ou intermunicipais ratificadas.

3 – A ratificação pelo Governo do plano diretor intermunicipal ou do plano diretor municipal pode ser total ou parcial, aproveitando apenas a parte objeto de ratificação.

## CAPÍTULO III – Medidas preventivas e normas provisórias

**Artigo 52º – Medidas preventivas**

1 – As associações de municípios e as autarquias locais podem, pelo prazo máximo a definir em lei, estabelecer as medidas preventivas necessárias para evitar a alteração das circunstâncias de facto existentes em determinada área do território, de modo a garantir a liberdade na elaboração de programas e planos territoriais de âmbito intermunicipal ou municipal a ele relativos, e evitar que a sua execução fique comprometida ou se torne excessivamente onerosa.

2 – Para salvaguardar situações excecionais de reconhecido interesse nacional ou regional ou garantir a elaboração dos programas especiais, o Governo pode estabelecer medidas preventivas destinadas a evitar a alteração de circunstâncias e das condições existentes que possam comprometer a respetiva execução ou torná-la mais onerosa.

3 – A adoção de medidas preventivas por motivo de revisão ou alteração de um plano territorial de âmbito intermunicipal ou municipal, ou para salvaguarda de situações excecionais de reconhecido interesse nacional ou regional e garantia de elaboração de programas especiais, determina a suspensão da eficácia deste na área abrangida por aquelas medidas e, ainda, quando assim seja determinado no ato que as adota, a suspensão dos demais programas e planos em vigor na mesma área.

4 – A adoção de medidas preventivas dá lugar a indemnização, nos termos da lei.

### Artigo 53º – Normas provisórias

1 – Quando a salvaguarda de interesses públicos a prosseguir não possa obter-se mediante a imposição das proibições e limitações a que se refere o artigo anterior, podem ser adotadas, pelo prazo máximo e procedimento a definir em lei, normas provisórias que definam o regime transitoriamente aplicável a uma determinada área do território e se revelem necessárias para a salvaguarda daqueles interesses.

2 – Só pode haver lugar à adoção de normas provisórias quando o procedimento de elaboração ou revisão do plano diretor intermunicipal ou do plano diretor municipal que o substitua se encontre em estado avançado de elaboração que permita a adoção fundamentada de regras regulamentares específicas.

3 – A adoção de normas provisórias é precedida dos pareceres das entidades da Administração Pública com competências específicas e de discussão pública, nos termos aplicáveis ao plano territorial de âmbito intermunicipal ou municipal a que respeitam.

4 – As normas provisórias caducam com a entrada em vigor do plano territorial de âmbito intermunicipal ou municipal para a área em questão.

5 – A adoção de normas provisórias pode dar lugar a indemnização quando destas resulte sacrifício de direitos preexistentes e juridicamente consolidados, nos termos da lei.

## CAPÍTULO IV – Execução dos programas e planos territoriais

### Artigo 54º – Promoção pública da execução

1 – A promoção da execução dos programas e planos territoriais é uma tarefa pública, cabendo ao Estado, às regiões autónomas ou às autarquias locais, a sua programação e coordenação.

2 – Os particulares têm o dever de concretizar e adequar as suas pretensões aos objetivos e prioridades definidos nos planos territoriais de âmbito intermunicipal e municipal e nos respetivos instrumentos de programação.

3 – A realização de infraestruturas na execução de planos territoriais é precedida de contrato de urbanização, nos termos da lei.

**Artigo 55º - Execução sistemática e não sistemática**

1 - A execução sistemática consiste na realização, mediante programação municipal, de operações urbanísticas integradas, tendo em vista a transformação, reabilitação ou regeneração ordenada do território abrangido.

2 - A execução não sistemática é efetuada sem necessidade de prévia delimitação de unidades de execução, por intermédio de operações urbanísticas a realizar nos termos da lei.

3 - A execução sistemática dos planos territoriais de âmbito intermunicipal ou municipal é concretizada através de políticas urbanas integradas, nomeadamente, mediante a aquisição ou disponibilização de terrenos, operações de transformação fundiária e formas de parceria ou contratualização que incentivem a concertação dos diversos interesses em presença, no âmbito de unidades de execução delimitadas nos termos da lei.

**Artigo 56º - Programação da execução**

1 - Os programas e planos territoriais estabelecem as orientações sobre a forma da respetiva execução, incluindo, designadamente:

*a)* A explicitação dos respetivos objetivos e a identificação das intervenções consideradas estratégicas ou estruturantes;

*b)* A descrição e a estimativa dos custos individuais e da globalidade das ações previstas bem como dos respetivos prazos de execução;

*c)* A ponderação da respetiva sustentabilidade ambiental e social, da viabilidade jurídico-fundiária e da sustentabilidade económico-financeira das respetivas propostas;

*d)* A definição dos meios, dos sujeitos responsáveis pelo financiamento da execução e dos demais agentes a envolver;

*e)* A estimativa da capacidade de investimento público relativa às propostas do plano territorial em questão, tendo em conta os custos da sua execução.

2 - Os elementos referidos no número anterior integram, de forma autónoma, o programa de execução e o plano de financiamento dos programas e planos territoriais.

3 - A programação da execução dos programas e planos territoriais obedece às orientações referidas no nº 1, estabelece as ações tendentes à sua execução, define o modo e os prazos em que estas se processam e identifica os responsáveis pela execução e respetivas responsabilidades.

4 – São instrumentos de programação, designadamente, as unidades de execução e as operações de reabilitação urbana delimitadas pela câmara municipal nos termos previstos na lei.

5 – A programação dos planos territoriais de âmbito intermunicipal ou municipal é obrigatoriamente inscrita nos planos de atividades e nos orçamentos municipais, nos termos e condições previstos na lei.

**Artigo 57º – Monitorização e avaliação**

1 – Todos os programas e planos territoriais devem definir parâmetros e indicadores que permitam monitorizar a respetiva estratégia, objetivos e resultados da sua execução.

2 – O Estado, as regiões autónomas e as autarquias locais recolhem a informação referida no número anterior e promovem a elaboração dos respetivos relatórios de execução, bem como a normalização de fontes de dados e de indicadores comuns, no prazo e condições a definir na lei.

3 – A informação referida no número anterior é disponibilizada publicamente, através dos meios informáticos adequados e que promovam a interoperabilidade e a articulação a nível nacional, regional e local.

4 – A necessidade da alteração, revisão ou revogação de um programa ou plano territorial fundamenta-se no respetivo relatório de execução.

## TÍTULO IV – Operações urbanísticas

**Artigo 58º – Controlo administrativo das operações urbanísticas**

1 – O controlo administrativo das operações urbanísticas destina-se a assegurar a conformidade das operações urbanísticas com as disposições legais e regulamentares aplicáveis e a prevenir os perigos ou danos que da sua realização possam resultar para a saúde pública e segurança de pessoas e bens, bem como a garantir uma efetiva responsabilização dos técnicos legalmente qualificados e dos particulares responsáveis pelos eventuais prejuízos causados por tais operações.

2 – A realização de operações urbanísticas depende, em regra, de controlo prévio vinculado à salvaguarda dos interesses públicos em presença e à definição estável e inequívoca da situação jurídica dos interessados.

3 – Quando a salvaguarda dos interesses públicos em causa seja compatível com a existência de um mero controlo sucessivo, a lei pode isentar de controlo prévio a realização de determinadas operações urbanísticas,

desde que as condições de realização sejam suficientemente definidas em plano municipal.

4 – A realização de quaisquer operações urbanísticas está sujeita a controlo sucessivo, independentemente da sua sujeição a controlo prévio.

5 – A lei estabelece mecanismos com vista a assegurar a efetiva responsabilização dos diversos intervenientes nos processos de urbanização e de construção, bem como a garantia da qualidade.

6 – O Estado, as regiões autónomas e as autarquias locais podem determinar medidas de tutela da legalidade em quaisquer ações ou operações urbanísticas realizadas em desconformidade com a lei ou planos territoriais.

**Artigo 59º – Regularização de operações urbanísticas**

1 – A lei estabelece um procedimento excecional para a regularização de operações urbanísticas realizadas sem o controlo prévio a que estavam sujeitas bem como para a finalização de operações urbanísticas inacabadas ou abandonadas pelos seus promotores.

2 – A regularização das operações urbanísticas não prejudica a aplicação de sanções e de medidas de tutela da legalidade urbanística, bem como o cumprimento dos planos intermunicipais e municipais e demais normas legais e regulamentares em vigor à data em que tenham lugar.

3 – Sem prejuízo do disposto no número anterior, a lei pode dispensar o cumprimento de requisitos de legalidade relativos à construção cuja aplicação se tenha tornado impossível ou que não seja razoável exigir, assegurando o cumprimento dos requisitos atinentes à saúde pública e à segurança de pessoas e bens.

**Artigo 60º – Utilização e conservação do edificado**

1 – As edificações devem respeitar as condições de segurança, salubridade e estéticas necessárias ao fim a que se destinam.

2 – Os proprietários têm o dever de manter as edificações existentes em boas condições de utilização, realizando as obras de conservação ou de outra natureza que se revelem indispensáveis a essa finalidade, nos termos da lei.

**Artigo 61º – Reabilitação e regeneração**

1 – A reabilitação é a forma de intervenção territorial integrada que visa a valorização do suporte físico de um território, através da realização

de obras de reconstrução, recuperação, beneficiação, renovação e modernização do edificado, das infraestruturas, dos serviços de suporte e dos sistemas naturais, bem como de correção de passivos ambientais ou de valorização paisagística.

2 – A regeneração é a forma de intervenção territorial integrada que combina ações de reabilitação com obras de demolição e construção nova e com medidas adequadas de revitalização económica, social e cultural e de reforço da coesão e do potencial territorial.

3 – Sem prejuízo do disposto na alínea *a)* do nº 2 do artigo 14º, incumbe ao Estado, às regiões autónomas e às autarquias locais promover a reabilitação ou regeneração das áreas urbanas que dela careçam, programando ou conduzindo a realização das respetivas operações de reabilitação urbana ou concedendo apoios e outros incentivos financeiros e fiscais.

## TÍTULO V – Regime económico e financeiro

## CAPÍTULO I – Financiamento de infraestruturas urbanísticas

### Artigo 62º – Princípios gerais

1 – A execução de infraestruturas urbanísticas e de equipamentos de utilização coletiva pelo Estado, pelas regiões autónomas e pelas autarquias locais obedecem a critérios de eficiência e sustentabilidade financeira, sem prejuízo da coesão territorial.

2 – Para efeitos do número anterior, qualquer decisão de criação de infraestruturas urbanísticas é precedida da demonstração do seu interesse económico e da sustentabilidade financeira da respetiva operação, incluindo os encargos de conservação, justificadas pela entidade competente no âmbito da programação nacional, regional ou intermunicipal.

3 – Os municípios elaboram obrigatoriamente um programa de financiamento urbanístico que integra o programa plurianual de investimentos municipais na execução, na manutenção e no reforço das infraestruturas e a previsão de custos de gestão urbana e identifica, de forma explícita, as fontes de financiamento para cada um dos compromissos previstos.

4 – Os municípios devem constituir um fundo municipal de sustentabilidade ambiental e urbanística, ao qual são afetas receitas resultantes da redistribuição de mais-valias, com vista a promover a reabilitação urbana, a sustentabilidade dos ecossistemas e a prestação de serviços ambientais,

sem prejuízo do município poder afetar outras receitas urbanísticas a este fundo, com vista a promover a criação, manutenção e reforço de infraestruturas, equipamentos ou áreas de uso público.

5 – Os instrumentos tributários podem ter taxas de tributação diferenciadas em função dos custos das infraestruturas territoriais disponibilizadas, da respetiva utilização e de opções de incentivo ou desincentivo justificadas por objetivos de ambiente e ordenamento do território.

### Artigo 63º – Tributação do património imobiliário

1 – A tributação do património imobiliário urbano respeita o princípio da equivalência ou do benefício, atendendo ao investimento realizado em habitação com fins sociais, infraestruturas territoriais, equipamentos de utilização coletiva, ações de regeneração e reabilitação urbana, preservação e qualificação ambientais, que beneficiem o desenvolvimento socioeconómico das populações, nos termos da Constituição e da lei.

2 – A tributação do património imobiliário rústico respeita o princípio da capacidade contributiva, tomando em consideração o rendimento fundiário decorrente de uma utilização eficiente do solo e promovendo o efetivo aproveitamento do mesmo.

## CAPÍTULO II – Instrumentos equitativos

### Artigo 64º – Redistribuição de benefícios e encargos

1 – Todas as operações urbanísticas sistemáticas e não sistemáticas estão sujeitas ao regime económico-financeiro regulado nos termos da lei e dos artigos seguintes.

2 – Os planos territoriais de âmbito intermunicipal ou municipal contêm instrumentos de redistribuição equitativa de benefícios e encargos deles resultantes.

3 – A redistribuição de benefícios e encargos a efetivar no âmbito dos planos territoriais de âmbito intermunicipal ou municipal toma por referência unidades operativas de planeamento e gestão, bem como unidades de execução, considerando a globalidade de território por eles abrangida.

4 – A redistribuição de benefícios e encargos a efetivar nos termos do número anterior, aplica-se a todas as operações urbanísticas sistemáticas e não sistemáticas que ocorram no território em causa, concretizando a afetação das mais-valias decorrentes do plano ou de ato administrativo.

5 – A redistribuição de benefícios e encargos a efetivar no âmbito de unidades de execução ou de outros instrumentos de programação determina a distribuição dos benefícios e encargos pelo conjunto dos respetivos intervenientes.

6 – Para efeitos do disposto nos números anteriores, os planos territoriais de âmbito intermunicipal ou municipal fundamentam o processo de formação das mais-valias fundiárias e definem os critérios para a sua parametrização e redistribuição.

7 – A lei pode ainda estabelecer mecanismos de distribuição de encargos e benefícios destinados a compensar os custos decorrentes da proteção de interesses gerais, nomeadamente, a salvaguarda do património cultural, a valorização da biodiversidade ou da proteção de ecossistemas.

**Artigo 65º – Objetivos da redistribuição de benefícios e encargos**

A redistribuição de benefícios e encargos tem em consideração os seguintes objetivos:

*a)* Garantia da igualdade de tratamento relativamente a benefícios e encargos decorrentes de plano territorial de âmbito intermunicipal ou municipal;

*b)* Disponibilização de terrenos e edifícios ao município para a implementação, instalação ou renovação de infraestruturas, equipamentos, espaços verdes e outros espaços de utilização coletiva, bem como para compensação de particulares nas situações em que tal se revele necessário;

*c)* Garantia da igualdade de tratamento relativamente a benefícios e encargos no âmbito de uma unidade de execução de um plano territorial de âmbito intermunicipal ou municipal.

**Artigo 66º – Tipos de redistribuição de benefícios e encargos**

Constituem tipos de redistribuição de benefícios e encargos:

*a)* Afetação social de mais-valias gerais atribuídas pelo plano territorial de âmbito intermunicipal ou municipal;

*b)* Distribuição dos benefícios e encargos decorrentes do plano territorial de âmbito intermunicipal ou municipal entre os proprietários fundiários;

*c)* Contribuição com áreas para a implementação, instalação e renovação de infraestruturas, equipamentos, espaços verdes e outros espaços de utilização coletiva.

## CAPÍTULO III – Avaliação

### Artigo 67º – Âmbito de aplicação

1 – O disposto no presente capítulo aplica-se à avaliação do solo, das instalações, das construções, edificações e outras benfeitorias, bem como dos direitos legalmente constituídos sobre ou em conexão com o solo e benfeitorias que suporta.

2 – A avaliação, nos termos do número anterior, tem por objeto a determinação:

*a)* Do valor fundiário para efeitos de execução dos planos territoriais de âmbito intermunicipal ou municipal, na ausência de acordo entre os interessados;

*b)* Do preço a pagar ao proprietário na expropriação por utilidade pública e na venda ou no arrendamento forçados, nos termos da lei;

*c)* Do valor dos imóveis para efeitos fiscais.

### Artigo 68º – Valor do solo

1 – O valor do solo obtém-se através da aplicação de mecanismos de regulação económico-financeiros, a definir nos termos da lei, tendo em conta a política pública de solos, do ordenamento do território e de urbanismo, que incluem, designadamente, a redistribuição de benefícios e encargos decorrentes de planos territoriais de âmbito intermunicipal ou municipal, nos termos da lei.

2 – As mais-valias originadas pela edificabilidade estabelecida em plano territorial são calculadas e distribuídas entre os proprietários e o fundo municipal de sustentabilidade ambiental e urbanística.

### Artigo 69º – Critérios gerais para a avaliação do solo

1 – O solo é avaliado pelo método de avaliação mais apropriado, tendo em consideração a sua situação concreta, nos termos dos artigos seguintes.

2 – A avaliação do solo faz-se de acordo com os métodos comparativo de valores de mercado, de capitalização do rendimento ou de custo de reposição, a definir em lei.

3 – A avaliação das edificações tem em conta o respetivo estado de conservação.

**Artigo 70º – Avaliação do solo rústico**

1 – O solo rústico é avaliado mediante a capitalização do rendimento anual, plurianual, real e atual da exploração.

2 – As benfeitorias são avaliadas de forma independente em relação ao solo, mediante a aplicação de critérios diferenciadores de avaliação que atendam à respetiva conformidade com a lei, os programas e os planos territoriais aplicáveis ou mecanismos de controlo prévio ou sucessivo das operações urbanísticas.

3 – As benfeitorias, quando avaliadas de forma independente do solo, são valorizadas pelo método do custo de reposição depreciado no momento a que a avaliação respeita.

4 – As plantações são valorizadas pelo método de capitalização do rendimento.

**Artigo 71º – Avaliação do solo urbano**

1 – O solo urbano é avaliado considerando o valor conjunto do solo e das benfeitorias nele realizadas, nos termos da lei.

2 – A avaliação do solo urbano atende:

*a)* Ao valor correspondente ao aproveitamento ou edificabilidade concreta estabelecidos pelo plano aplicável ou, na sua ausência, ao valor referente à edificabilidade média definida no plano territorial de âmbito intermunicipal ou municipal, deduzidos os valores de cedência média por via perequativa, nos termos legais;

*b)* Ao valor do edificado existente no seu estado atual bem como, quando seja esse o caso, o valor dos ónus e deveres previstos para realização da edificabilidade concreta prevista no plano territorial de âmbito intermunicipal ou municipal.

3 – As benfeitorias são avaliadas de forma independente em relação ao solo mediante a aplicação de critérios diferenciadores de avaliação que atendam à respetiva conformidade com a lei, programas e planos territoriais aplicáveis ou mecanismos de controlo prévio ou sucessivo de operações urbanísticas.

## CAPÍTULO IV – Avaliação de programas e planos territoriais

### Artigo 72º – Relatório sobre o estado do solo, do ordenamento do território e do urbanismo

O Governo apresenta à Assembleia da República, de dois em dois anos, um relatório sobre o estado dos programas e planos territoriais, no qual é feita a avaliação da execução do programa nacional das políticas de ordenamento do território e são discutidos os princípios orientadores e as formas de articulação das políticas sectoriais e regionais com incidência territorial.

### Artigo 73º – Acompanhamento da política de solos, de ordenamento do território e de urbanismo

1 – A lei estabelece formas de acompanhamento permanente e de avaliação técnica da gestão territorial e prevê mecanismos que garantam a eficiência dos instrumentos que a concretizam.

2 – A lei estabelece ainda a criação de um sistema nacional de informação territorial que permita a disponibilização informática de dados sobre o território, articulado aos níveis nacional, regional e local.

3 – A lei estabelece a criação de um sistema nacional de informação cadastral que permita identificar as unidades prediais.

## TÍTULO VI – Publicidade e registo

### Artigo 74º – Publicação e publicitação

Todos os programas e planos territoriais são publicados no Diário da República, acompanhados do respetivo ato de aprovação, e publicitados no Sistema Nacional de Informação Territorial.

### Artigo 75º – Sistema de informação

1 – O Estado, as regiões autónomas e as autarquias locais devem, nos termos legalmente estabelecidos, disponibilizar no respetivo sítio da Internet a informação administrativa relativa à prossecução das suas atribuições em matéria de solos, de ordenamento do território e de urbanismo, sem prejuízo do exercício do direito geral à informação, salvaguardando a necessária reserva face aos interesses da defesa nacional e da segurança pública.

2 – É obrigatória, nos termos e condições previstos na lei, a disponibilização de informação relativa a:

*a)* Regulamentos administrativos e programas e planos territoriais, incluindo todo o conteúdo documental destes;

*b)* Tramitação dos procedimentos de formação e dinâmica de programas e planos territoriais;

*c)* Decisões respeitantes à programação da execução dos planos territoriais;

*d)* Tramitação dos procedimentos de controlo prévio de operações urbanísticas;

*e)* Decisões finais sobre os procedimentos de controlo prévio referidos na alínea anterior;

*f)* Contratos celebrados com o Estado, as regiões autónomas e as autarquias locais ou com particulares;

*g)* Relatórios sobre a execução de programas e planos territoriais e sobre as operações urbanísticas realizadas;

*h)* Ações de fiscalização de atividades de uso, ocupação e transformação do solo.

## TÍTULO VII – Disposições transitórias e finais

### Artigo 76º – Registo predial, inscrição matricial e cadastral

Estão sujeitos a registo predial, a inscrição matricial, bem como a georreferenciação e a inscrição no cadastro predial, os factos que afetem direitos reais relativos a um determinado imóvel ou lhe imponham um ónus, nos termos da lei.

### Artigo 77º – Programa Nacional da Política de Ordenamento do Território

O Programa Nacional da Política de Ordenamento do Território, aprovado pela Lei nº 58/2007, de 4 de setembro, mantém-se em vigor até à sua alteração ou revisão.

### Artigo 78º [1] – Planos especiais

1 – O conteúdo dos planos especiais de ordenamento do território em vigor deve ser transposto, nos termos da lei, para o plano diretor inter-

[1] Redação da Lei nº 74/2017, de 16 de agosto, e do Decreto-Lei nº 3/2021, de 7 de janeiro, este último no uso da autorização legislativa concedida pela Lei nº 68/2020, de 5 de novembro.

municipal ou municipal e outros planos intermunicipais ou municipais aplicáveis à área abrangida pelos planos especiais, até 13 de julho de 2021[1].

2 – Compete às comissões de coordenação e desenvolvimento regional, com o apoio das entidades responsáveis pela elaboração dos planos especiais de ordenamento do território em vigor e das associações de municípios e municípios abrangidos por aqueles, a identificação, no prazo de um ano a contar da data da entrada em vigor da presente lei, das normas relativas aos regimes de salvaguarda de recursos territoriais e valores naturais diretamente vinculativas dos particulares que devam ser integradas em plano intermunicipal ou municipal.

3 – As normas identificadas pelas comissões de coordenação e desenvolvimento regional nos termos do número anterior, são comunicadas à associação de municípios ou município em causa, para efeitos de atualização dos planos intermunicipais e municipais, sendo aplicável o disposto no nº 4 do artigo 46º.

4 – Findo o prazo definido no nº 1, os planos especiais continuam a vigorar mas deixam de vincular direta e imediatamente os particulares, sem prejuízo do disposto nos nºs 5 e 6 do artigo 46º.

5 – Aos planos especiais são aplicáveis, com as devidas adaptações e enquanto estes ainda vigorarem, as disposições relativas à alteração, suspensão e medidas preventivas aplicáveis aos planos intermunicipais e municipais.

6 – Sem prejuízo do disposto no número anterior, a alteração de planos especiais vigentes não pode ter lugar depois do procedimento de transposição determinado nos números anteriores, nem determinar uma dificuldade acrescida para a respetiva integração nos planos intermunicipais e municipais.

## Artigo 79º – Planos regionais de ordenamento do território

Os planos regionais de ordenamento do território aprovados nos termos do Decreto-Lei nº 380/99, de 22 de setembro, continuam em vigor até à sua alteração ou revisão.

[1] O prazo previsto no nº 1 foi suspenso pelo artigo 35º-D, aditado pelo Decreto-Lei nº 20/2020, de 1 de maio, ao Decreto-Lei nº 10º-A/2020, de 13 de março, terminando a suspensão em 9 de janeiro de 2021.

**Artigo 80º – Instrumentos de gestão territorial**

Todos os instrumentos de gestão territorial vigentes devem ser reconduzidos, no âmbito do sistema de planeamento estabelecido pela presente lei e no prazo e condições a estabelecer em legislação complementar, ao tipo de programa ou plano territorial que se revele adequado ao âmbito de aplicação específica.

**Artigo 81º – Legislação complementar**

No prazo de seis meses a contar da data da entrada em vigor da presente lei são aprovados os diplomas legais complementares que reveem o regime jurídico dos instrumentos de gestão territorial, o regime jurídico da urbanização e edificação e o regime aplicável ao cadastro predial e respetivos diplomas regulamentares.

**Artigo 82º – Norma transitória**

1 – A presente lei aplica-se aos procedimentos de elaboração, alteração ou revisão de planos territoriais pendentes à data da sua entrada em vigor que ainda não tenham iniciado o respetivo período de discussão pública, sem prejuízo da salvaguarda dos atos já praticados e dos direitos preexistentes e juridicamente consolidados.

2 – As regras relativas à classificação de solos, previstas na presente lei, são aplicáveis aos procedimentos de elaboração, alteração ou revisão de planos territoriais de âmbito intermunicipal ou municipal, que se iniciem após a data da sua entrada em vigor e aos que ainda se encontrem pendentes um ano após essa data, sem prejuízo do disposto no número seguinte.

3 – Nos procedimentos de elaboração, alteração ou revisão de planos territoriais a que se refere o número anterior, os terrenos que estejam classificados como solo urbanizável ou solo urbano com urbanização programada, mantêm a classificação como solo urbano para os efeitos da presente lei, até ao termo do prazo para execução das obras de urbanização que tenha sido ou seja definido em plano de pormenor, por contrato de urbanização ou de desenvolvimento urbano ou por ato administrativo de controlo prévio.

**Artigo 83º – Norma revogatória**

São revogados:

*a)* A Lei nº 48/98, de 11 de agosto, alterada pela Lei nº 54/2007, de 31 de agosto;

*b)* O Decreto-Lei nº 794/76, de 5 de novembro, alterado pelos Decretos-Leis nºs 313/80, de 19 de agosto, 400/84, de 31 de dezembro, e 307/2009, de 23 de outubro;

*c)* O Decreto-Lei nº 181/70, de 28 de abril;

*d)* O Decreto-Lei nº 152/82, de 3 de maio, alterado pelo Decreto-Lei nº 210/83, de 23 de maio.

**Artigo 84º – Início de vigência**

A presente lei entra em vigor no prazo de 30 dias após a data da sua publicação.

Aprovada em 11 de abril de 2014.

A Presidente da Assembleia da República, *Maria da Assunção A. Esteves.*

Promulgada em 22 de maio de 2014.

Publique-se.

O Presidente da República, ANÍBAL CAVACO SILVA.

Referendada em 23 de maio de 2014.

O Primeiro-Ministro, PEDRO PASSOS COELHO.

# III. Normas Legais sobre Utilização do Solo

## 1. Regime Jurídico da Reserva Agrícola Nacional (RAN)

## Decreto-Lei nº 73/2009, de 31 de março, alterado e republicado pelo Decreto-Lei nº 199/2015, de 16 de setembro

### CAPÍTULO I – Disposições gerais

**Artigo 1º – Objeto**

O presente decreto-lei aprova o regime jurídico da Reserva Agrícola Nacional, abreviadamente designada RAN[1].

**Artigo 2º – Conceito**

1 – A RAN é o conjunto das áreas que em termos agroclimáticos, geomorfológicos e pedológicos apresentam maior aptidão para a atividade agrícola.

2 – A RAN é uma restrição de utilidade pública, à qual se aplica um regime territorial especial, que estabelece um conjunto de condicionamentos à utilização não agrícola do solo, identificando quais as permitidas tendo em conta os objetivos do presente regime nos vários tipos de terras e solos.

**Artigo 3º[2] – Definições**

Para efeitos do presente decreto-lei e legislação complementar, entende-se por:

[1] O Decreto Legislativo Regional nº 18/2011/M, de 11 de agosto, estabelece, ao abrigo do artigo 48º deste diploma, um regime transitório para a aplicação à Região Autónoma da Madeira do regime jurídico da Reserva Ecológica Nacional e da Reserva Agrícola Nacional.

[2] Redação do Decreto-Lei nº 199/2015, de 16 de setembro.

*a)* «Atividade agrícola» a atividade económica do setor primário que tem por fim a produção de bens de origem vegetal, lenhosa ou não lenhosa, ou animal utilizáveis como matérias-primas de diversas indústrias ou que chegam ao consumidor sem qualquer transformação;

*b)* «Atividade conexa ou complementar à atividade agrícola» aquela que sendo realizada na exploração agrícola, utiliza os meios e as infraestruturas à disposição da mesma, mas com objetivos distintos da produção de matérias primárias, nomeadamente as atividades relacionadas com a produção de outros bens ou serviços, que são parte integrante da economia da exploração, ou serviços de preservação do ambiente, do património e do espaço rural;

*c)* «Agricultor» a entidade singular ou coletiva que exerça uma atividade agrícola, com ou sem recurso a trabalho assalariado e utilizando fatores de produção próprios ou de terceiros, assumindo a responsabilidade jurídica e económica, como produtor agrícola, pela gestão de uma ou mais explorações agrícolas;

*d)* «Alteração irreversível da topografia» a ação de aterro ou desaterro que modifique definitivamente a cota dos terrenos e o perfil dos solos, de forma que este deixe de estar apto para suportar determinadas atividades ou usos, nomeadamente os agrícolas;

*e)* «Áreas cujo aproveitamento é determinante da viabilidade económica de explorações agrícolas» as áreas que, embora não correspondendo a solos com elevada ou moderada aptidão para a agricultura, ou seja, às classes A, B, e Ch da capacidade de uso do solo e A1 e A2 da metodologia da Organização das Nações Unidas para a Agricultura e Alimentação (FAO), tenham uma ocupação cultural tal que as torne indispensáveis à economia da exploração;

*f)* «Áreas submetidas a importantes investimentos destinados a aumentar a capacidade produtiva dos solos» as que sejam, ou tenham sido, abrangidas por ações tendentes a atenuar ou eliminar as suas limitações naturais e das quais resultem benefícios evidentes, quer para o empresário agrícola, quer para a comunidade rural, nomeadamente obras de rega, drenagem, enxugo, defesa e conservação do solo e despedregas;

*g)* «Assento de lavoura» a área onde estão implantadas as instalações necessárias para atingir os objetivos da exploração agrícola;

*h)* «Exploração agrícola» a unidade técnico-económica de produção, submetida a uma gestão única, com uma localização determinada, constituída por um ou mais blocos de terras, que integra, além das atividades agrícolas, as outras atividades produtivas diretamente relacionadas com a atividade agrícola e que utilizem terras ou outros recursos da exploração;

*i)* «Habitação para residência própria e permanente» a edificação que se destina a satisfazer as necessidades de habitação própria do proprietário e do agregado familiar, na qual tem centralizada a organização da sua vida pessoal, familiar e social, com carácter de habitualidade e estabilidade;

*j)* «Manchas de estrutura complexa» as áreas constituídas por solos de duas ou de três classes, cuja identificação cartográfica individual não é possível em virtude do seu modo de ocorrência;

*k)* «Prédio misto» o terreno constituído por parte rústica e parte urbana, sem que qualquer das partes possa separadamente ser classificada como prédio rústico ou prédio urbano;

*l)* «Prédio rústico» o terreno situado fora de um aglomerado urbano, que não se possa considerar como terreno para construção e desde que tenha como destino normal uma utilização geradora de rendimentos agrícolas, ou aqueles que não possuindo a afetação indicada, não se encontrem construídos ou disponham apenas de edifícios rurais de caráter acessório, sem autonomia económica e de reduzido valor e ainda as águas, as plantações e os edifícios e construções rurais diretamente afetos à produção de rendimentos agrícolas, pecuários ou florestais, nele localizados, que inclui os assentos de lavoura;

*m)* «Solo» a camada superficial da crosta terrestre situada entre a rocha subjacente e a superfície, sendo composta por partículas minerais, matéria orgânica, água, ar e organismos vivos e eventualmente materiais antropogénicos;

*n)* «Solos de baixas aluvionares» os solos incipientes (aluviossolos), constituídos por depósitos estratificados de aluviões;

*o)* «Solos coluviais» os solos incipientes (coluviossolos), de origem coluvial localizados em vales, depressões ou na base de encostas;

*p)* «Terra» a porção do território, que resulta da interação de todos os elementos do meio que afetam o seu potencial de utilização, incluindo, além do solo, os fatores relevantes do clima, litologia, geomorfologia, hidrologia, coberto vegetal, ocupação agroflorestal, e ainda os resultados da atividade humana;

*q)* «Unidades de terra» as porções do território possuindo elevado grau de homogeneidade no que respeita às suas características físicas, nomeadamente nos aspetos agroclimáticos, morfológicos e pedológicos.

### Artigo 4º – Objetivos

Constituem objetivos da RAN:

*a)* Proteger o recurso solo, elemento fundamental das terras, como suporte do desenvolvimento da atividade agrícola;

*b)* Contribuir para o desenvolvimento sustentável da atividade agrícola;

*c)* Promover a competitividade dos territórios rurais e contribuir para o ordenamento do território;

*d)* Contribuir para a preservação dos recursos naturais;

*e)* Assegurar que a atual geração respeite os valores a preservar, permitindo uma diversidade e uma sustentabilidade de recursos às gerações seguintes pelo menos análogos aos herdados das gerações anteriores;

*f)* Contribuir para a conectividade e a coerência ecológica da Rede Fundamental de Conservação da Natureza;

*g)* Adotar medidas cautelares de gestão que tenham em devida conta a necessidade de prevenir situações que se revelem inaceitáveis para a perenidade do recurso «solo».

### Artigo 5º [1] – Articulação com outros regimes

1 – A RAN articula-se com o quadro estratégico e normativo estabelecido no Programa do Desenvolvimento Rural, no Programa Nacional da Política de Ordenamento do Território, na Estratégia Nacional para as Florestas, nos programas setoriais com incidência territorial e nos programas regionais.

2 – A RAN é uma das componentes da Rede Fundamental de Conservação da Natureza, favorecendo a conectividade entre as áreas nucleares de conservação da natureza e da biodiversidade integradas no Sistema Nacional de Áreas Classificadas.

## CAPÍTULO II – Classificação das terras e dos solos

### Artigo 6º – Classificação das terras

1 – A classificação das terras é feita pela Direção-Geral da Agricultura e do Desenvolvimento Rural (DGADR), com base na metodologia de classificação da aptidão da terra recomendada pela Organização das Nações Unidas para a Agricultura e Alimentação (FAO), que considera as características agroclimáticas, da topografia e dos solos.

[1] Redação do Decreto-Lei nº 199/2015, de 16 de setembro.

2 – De acordo com a classificação referida no número anterior, as terras classificam-se em:

*a)* Classe A1 – unidades de terra com aptidão elevada para o uso agrícola genérico;

*b)* Classe A2 – unidades de terra com aptidão moderada para o uso agrícola genérico;

*c)* Classe A3 – unidades de terra com aptidão marginal para o uso agrícola genérico;

*d)* Classe A4 – unidades de terra com aptidão agrícola condicionada a um uso específico;

*e)* Classe A0 – unidades de terra sem aptidão (inaptas) para o uso agrícola.

3 – A classificação, as respetivas notas explicativas e a informação cartográfica à escala de 1:25 000 são aprovadas por despacho do diretor-geral de Agricultura e Desenvolvimento Rural, a publicar no Diário da República, e são progressivamente disponibilizadas no sítio da Internet da DGADR e da DRAP territorialmente competente, em função da conclusão dos respetivos trabalhos.

4 – A classificação das terras nos termos dos nºs 1 e 2 faz-se de acordo com os critérios técnicos constantes do anexo I do presente decreto-lei, que dele faz parte integrante.

**Artigo 7º – Classificação dos solos**

1 – Nas áreas do País em que não tenha sido publicada a informação cartográfica e as notas explicativas, que materializam a classificação das terras da forma prevista no artigo anterior, e para efeitos de delimitação da RAN, os solos classificam-se segundo a sua capacidade de uso, de acordo com a metodologia definida pelo ex-Centro Nacional de Reconhecimento e Ordenamento Agrário (CNROA).

2 – Para efeitos do número anterior, os solos classificam-se em:

*a)* Classe A – os que têm uma capacidade de uso muito elevada, com poucas ou nenhumas limitações, sem riscos de erosão ou com riscos ligeiros, suscetíveis de utilização intensiva ou de outras utilizações;

*b)* Classe B – os que têm uma capacidade de uso elevada, limitações moderadas, riscos de erosão moderados, suscetíveis de utilização agrícola moderadamente intensiva e de outras utilizações;

*c)* Classe C – os que têm uma capacidade de uso moderada, limitações acentuadas, riscos de erosão elevados, suscetíveis de utilização agrícola pouco intensiva e de outras utilizações;

*d)* Subclasse Ch – os que, pertencendo à classe C, apresentam excesso de água ou uma drenagem pobre, que constitui o principal fator limitante da sua utilização ou condicionador dos riscos a que o solo está sujeito em resultado de uma permeabilidade lenta, de um nível freático elevado ou da frequência de inundações;

*e)* Classe D – os que têm uma capacidade de uso baixa, limitações severas, riscos de erosão elevados a muito elevados, não suscetíveis de utilização agrícola, salvo em casos muito especiais, poucas ou moderadas limitações para pastagem, exploração de matas e exploração florestal;

*f)* Classe E – os que têm uma capacidade de uso muito baixa, limitações muito severas, riscos de erosão muito elevados, não suscetíveis de uso agrícola, severas a muito severas, limitações para pastagens, exploração de matas e exploração florestal, não sendo em muitos casos suscetíveis de qualquer utilização económica, podendo destinar-se a vegetação natural ou floresta de proteção ou recuperação.

3 – Os solos referidos no número anterior são os definidos de acordo com o sistema de classificação publicado pelo ex-CNROA, à escala de 1:25 000, sendo as respetivas notas explicativas e a informação cartográfica disponibilizadas no sítio da Internet da DGADR e da DRAP territorialmente competente.

4 – A classificação dos solos nos termos dos nºs 1 e 2 faz-se de acordo com os critérios técnicos constantes do anexo II do presente decreto-lei, que dele faz parte integrante.

## CAPÍTULO III – Áreas integradas na RAN

### Artigo 8º [1] – Áreas integradas na RAN

1 – Integram a RAN as unidades de terra que apresentam elevada ou moderada aptidão para a atividade agrícola, correspondendo às classes A1 e A2, previstas no artigo 6º[2].

[1] Redação do Decreto-Lei nº 199/2015, de 16 de setembro.

[2] O Acórdão do Supremo Tribunal de Justiça nº 6/2011 uniformizou a jurisprudência nos seguintes termos: "Os terrenos integrados, seja em Reserva Agrícola Nacional (RAN), seja em Reserva Ecológica Nacional (REN), por força do regime legal a que estão sujeitos, não podem ser classificados como «solo apto para construção», nos termos do artigo 25º, nºs 1, alínea *a)*, e 2, do Código das Expropriações, aprovado pelo artigo 1º da Lei nº 168/99, de 18 de Setembro, ainda que preencham os requisitos previstos naquele nº 2".

2 – Na ausência da classificação prevista no artigo 6º, integram a RAN:

*a)* As áreas com solos das classes de capacidade de uso A, B e Ch, previstas no nº 2 do artigo 7º;

*b)* As áreas com unidades de solos classificados como baixas aluvionares e coluviais;

*c)* As áreas em que as classes e unidades referidas nas alíneas *a)* e *b)* estejam maioritariamente representadas, quando em complexo com outras classes e unidades de solo.

3 – As áreas beneficiadas por obras de aproveitamento hidroagrícola não inseridas em solo urbano identificado nos planos territoriais de âmbito intermunicipal ou municipal são classificadas como RAN.

**Artigo 9º [1] – Integração específica**

1 – Quando assumam relevância em termos de economia local ou regional, podem ainda ser integradas na RAN, após a audição dos titulares dos prédios e suas organizações específicas, as terras e os solos de outras classes quando:

*a)* Tenham sido submetidas a importantes investimentos destinados a aumentar com caráter duradouro a capacidade produtiva dos solos ou a promover a sua sustentabilidade;

*b)* O aproveitamento seja determinante para a viabilidade económica de explorações agrícolas existentes;

c) Assumam interesse estratégico, pedogenético ou patrimonial.

2 – A integração específica referida no número anterior pode ser efetuada no âmbito da elaboração, alteração ou revisão dos planos territoriais de âmbito intermunicipal ou municipal.

3 – No caso referido no número anterior, o procedimento aplicável é o previsto nos artigos 13º e seguintes.

4 – A integração específica também pode ser determinada por despacho do membro do Governo responsável pela área da agricultura, depois de ouvidas as entidades administrativas representativas de interesses a ponderar e após parecer favorável da entidade regional da RAN e da câmara municipal em causa.

5 – Nos casos previstos no número anterior, os planos territoriais de âmbito intermunicipal ou municipal de ordenamento do território em

[1] Redação do Decreto-Lei nº 199/2015, de 16 de setembro.

vigor na área em causa são objeto de alteração por adaptação, nos termos previstos no regime jurídico dos instrumentos de gestão territorial.

### Artigo 10º [1] – Solos não integrados na RAN

1 – Não integram a RAN as terras ou solos que integrem o solo urbano identificado nos planos territoriais de âmbito intermunicipal ou municipal.

2 – Quando exista reclassificação de áreas integradas na RAN como solo urbano, aplica-se o procedimento previsto no artigo 14º.

## CAPÍTULO IV – Delimitação da RAN

### Artigo 11º [2] – Identificação das áreas da RAN

As áreas da RAN são obrigatoriamente identificadas nas plantas de condicionantes dos planos territoriais de âmbito intermunicipal ou municipal.

### Artigo 12º – Conteúdo da proposta de delimitação

1 – A proposta de delimitação da RAN a nível municipal deve conter:

*a)* A delimitação das áreas incluídas na RAN, indicando a respetiva classificação nos termos dos artigos 6º e 7º ou motivos de integração, nos termos do artigo 9º;

*b)* As exclusões de áreas que, em princípio, deveriam ser integradas na RAN, incluindo a sua fundamentação e indicação do fim a que se destinam.

2 – Na elaboração da proposta de delimitação da RAN deve ser ponderada a inclusão de áreas que assumam relevância em termos de economia local ou regional, de acordo com o previsto no artigo 9º;

3 – Na elaboração da proposta de delimitação da RAN deve ser ponderada a necessidade de exclusão de áreas com edificações legalmente licenciadas ou autorizadas, bem como das destinadas à satisfação das carências existentes em termos de habitação, atividades económicas, equipamentos e de infraestruturas.

### Artigo 13º [3] – Elaboração

1 – A delimitação da RAN ocorre no âmbito da elaboração, alteração ou revisão dos planos territoriais de âmbito intermunicipal ou municipal.

[1] Redação do Decreto-Lei nº 199/2015, de 16 de setembro.
[2] Redação do Decreto-Lei nº 199/2015, de 16 de setembro.
[3] Redação do Decreto-Lei nº 199/2015, de 16 de setembro.

2 – Em sede de elaboração da proposta de delimitação da RAN, a entidade responsável pela elaboração do plano solicita à DRAP competente em razão do território a disponibilização de uma proposta de áreas classificadas nos termos do disposto nos artigos 6º e 7º, bem como as orientações indispensáveis ao ordenamento agrícola do território, de forma a garantir a preservação do recurso solo e a sua gestão eficaz.

3 – *[Revogado]*.

4 – Compete à DRAP territorialmente competente assegurar o acompanhamento assíduo e continuado da elaboração técnica da proposta de delimitação pelo município.

5 – Em momento prévio à elaboração da proposta, a entidade responsável pela elaboração do plano pode estabelecer um protocolo de execução com a DRAP na qual se definem, designadamente, os prazos e as formas de colaboração técnica a prestar pela DRAP.

**Artigo 14º [1] – Acompanhamento e aprovação da proposta de delimitação da RAN**

1 – A entidade responsável pela proposta de elaboração, alteração ou revisão de plano territorial de âmbito intermunicipal ou municipal, elabora a proposta de delimitação da RAN, incluindo informação relativa aos critérios que presidiram à elaboração da proposta, da exclusão e integração de áreas constantes da delimitação em vigor.

2 – A proposta de delimitação da RAN é apreciada no âmbito da comissão consultiva, à qual compete o acompanhamento da elaboração dos planos territoriais de âmbito intermunicipal ou municipal ou no âmbito da conferência procedimental convocada para o efeito, nos termos do regime jurídico dos instrumentos de gestão territorial.

3 – O parecer da comissão consultiva ou a ata da conferência procedimental previstos no regime jurídico dos instrumentos de gestão territorial incluem a posição final da DRAP sobre a proposta de delimitação da RAN.

4 – *[Revogado]*.

5 – Quando a posição final da DRAP for favorável à proposta de delimitação da câmara municipal, sem que nenhuma das entidades consultadas nos termos do nº 2 a ela se oponha, a posição final referida no nº 3 é considerada como aprovação da proposta de delimitação da RAN.

[1] Redação do Decreto-Lei nº 199/2015, de 16 de setembro.

6 – Quando a DRAP ou alguma das entidades representadas na comissão consultiva ou na conferência procedimental manifestar a sua discordância com a proposta de delimitação, a DRAP comunica essa situação à DGADR, no prazo de cinco dias, para que esta promova uma reunião de concertação, tendo em vista a obtenção de uma solução concertada que permita ultrapassar as objeções formuladas quanto à proposta de delimitação da RAN.

7 – A reunião de concertação prevista no número anterior deve ser convocada nos 20 dias subsequentes à emissão do parecer final e na mesma devem participar as entidades que se pronunciaram desfavoravelmente na comissão consultiva ou na conferência procedimental, a comissão de coordenação e desenvolvimento regional territorialmente competente e a entidade responsável pela elaboração, alteração ou revisão do plano territorial de âmbito intermunicipal ou municipal.

8 – Quando o consenso não for alcançado, a proposta de delimitação é enviada à entidade nacional da RAN, que deve proferir decisão final sobre a delimitação da RAN no prazo de 30 dias.

9 – Quando a decisão referida no número anterior for desfavorável à proposta de delimitação da RAN, a mesma deve identificar as matérias da proposta de delimitação a reformular pela entidade responsável pela proposta de elaboração, alteração ou revisão de plano territorial.

10 – Nos casos em que a entidade responsável pela proposta de elaboração, alteração ou revisão de plano territorial não reformule a proposta de delimitação no prazo de 44 dias, após ter sido notificada da decisão a que se refere o número anterior, cabe à DRAP reformular a proposta e submeter a mesma a aprovação pela entidade nacional da RAN.

11 – Após a aprovação da proposta de delimitação da RAN, nos termos do nº 8 ou do número anterior, a DRAP comunica à entidade responsável pela proposta de elaboração, alteração ou revisão de plano territorial a aprovação da delimitação para efeitos de integração na planta de condicionantes.

12 – A consulta e a comunicação entre entidades públicas prevista no presente artigo efetua-se através da plataforma colaborativa de gestão territorial, prevista na alínea *a)* do nº 2 do artigo 190º do regime jurídico dos instrumentos de gestão territorial.

13 – *[Revogado]*.

14 – *[Revogado]*.

15 – *[Revogado]*.

16 – *[Revogado]*.

## Artigo 15º [1] – Acompanhamento e aprovação da proposta de delimitação da RAN no âmbito da formação de planos especiais de ordenamento do território

*[Revogado].*

## Artigo 16º [2] – Depósito e consulta

1 – A delimitação das áreas da RAN aprovada em definitivo é depositada junto da DGADR.

2 – Para efeitos do disposto no número anterior, a entidade responsável pela elaboração, alteração ou revisão do plano territorial de âmbito intermunicipal ou municipal envia à DGADR e à DRAP territorialmente competente a cartografia da RAN com as respetivas notas explicativas, em formato digital georreferenciado (ETRS 89 – TM6) base SIG.

3 – Os elementos referidos no número anterior são disponibilizados na Internet através do sítio da DGADR, do Sistema Nacional de Informação Territorial, bem como no sistema de pesquisa online de informação pública que indexa todos os conteúdos públicos dos sítios na Internet das entidades públicas, previsto no artigo 49º do Decreto-Lei nº 135/99, de 22 de abril, alterado pelos Decretos-Leis nºs 29/2000, de 13 de março, 72-A/2010, de 18 de junho, e 73/2014, de 13 de maio.

4 – Os erros materiais, patentes e manifestos, na cartografia da RAN são comunicados pela DRAP territorialmente competente ao município, que procede à respetiva retificação no prazo de 90 dias.

## Artigo 17º – Relevante interesse geral

Em casos excecionais de relevante interesse geral, o Governo pode, ouvida a câmara municipal do município abrangido, alterar a delimitação da RAN a nível municipal através de resolução do Conselho de Ministros.

## Artigo 18º [3] – Reintegração

1 – As áreas que tenham sido excluídas da RAN são reintegradas, no todo ou em parte, quando as mesmas não tenham sido destinadas aos fins que fundamentaram a sua exclusão:

[1] Revogado pelo Decreto-Lei nº 199/2015, de 16 de setembro.
[2] Redação do Decreto-Lei nº 199/2015, de 16 de setembro.
[3] Redação do Decreto-Lei nº 199/2015, de 16 de setembro.

*a)* No prazo de cinco anos, quando a exclusão tenha ocorrido no âmbito do artigo 17º para a execução de projetos específicos e a obra ainda não se tenha iniciado;

*b)* No prazo para a execução de plano territorial de âmbito intermunicipal ou municipal, quando a exclusão tenha ocorrido no âmbito da elaboração desse plano e a obra ainda não se tenha iniciado.

2 – Nos casos de projetos com título válido para a sua execução, a reintegração só ocorre com a caducidade do título.

3 – Decorridos os prazos previstos nos números anteriores e para efeitos de reintegração, a câmara municipal promove obrigatoriamente a alteração do plano territorial que contenha a delimitação nos termos da alteração por adaptação prevista no regime jurídico dos instrumentos de gestão territorial.

### Artigo 19º – Direito à informação e participação

Ao longo dos trabalhos de delimitação da RAN, as entidades públicas competentes devem facultar aos interessados, nos respetivos sítios da Internet, todos os elementos relevantes para que estes possam conhecer a evolução dos trabalhos e da respetiva tramitação procedimental, bem como formular observações, sugestões e pedidos de esclarecimento.

## CAPÍTULO V – Regime da RAN

### Artigo 20º – Afetação das áreas da RAN

1 – As áreas da RAN devem ser afetas à atividade agrícola e são áreas non aedificandi, numa ótica de uso sustentado e de gestão eficaz do espaço rural.

2 – Aos assentos da lavoura de explorações ligadas à atividade agrícola ou a atividades conexas ou complementares à atividade agrícola, situados nas áreas da RAN, é aplicável o presente decreto-lei.

### Artigo 21º – Ações interditas

São interditas todas as ações que diminuam ou destruam as potencialidades para o exercício da atividade agrícola das terras e solos da RAN, tais como:

*a)* Operações de loteamento e obras de urbanização, construção ou ampliação, com exceção das utilizações previstas no artigo seguinte;

*b)* Lançamento ou depósito de resíduos radioativos, resíduos sólidos urbanos, resíduos industriais ou outros produtos que contenham substâncias ou microrganismos que possam alterar e deteriorar as características do solo;

*c)* Aplicação de volumes excessivos de lamas nos termos da legislação aplicável, designadamente resultantes da utilização indiscriminada de processos de tratamento de efluentes;

*d)* Intervenções ou utilizações que provoquem a degradação do solo, nomeadamente erosão, compactação, desprendimento de terras, encharcamento, inundações, excesso de salinidade, poluição e outros efeitos perniciosos;

*e)* Utilização indevida de técnicas ou produtos fertilizantes e fitofarmacêuticos;

*f)* Deposição, abandono ou depósito de entulhos, sucatas ou quaisquer outros resíduos.

**Artigo 22º [1] – Utilização de áreas da RAN para outros fins[2]**

1 – As utilizações não agrícolas de áreas integradas na RAN só podem verificar-se quando, cumulativamente, não causem graves prejuízos para os objetivos a que se refere o artigo 4º e não exista alternativa viável fora das terras ou solos da RAN, no que respeita às componentes técnica, económica, ambiental e cultural, devendo localizar-se, preferencialmente, nas terras e solos classificados como de menor aptidão, e quando estejam em causa:

*a)* Obras com finalidade agrícola, quando integradas na gestão das explorações ligadas à atividade agrícola, nomeadamente, obras de edificação, obras hidráulicas, vias de acesso, aterros e escavações, e edificações para armazenamento ou comercialização;

*b)* Construção ou ampliação de habitação para residência própria e permanente de agricultores em exploração agrícola;

*c)* Construção ou ampliação de habitação para residência própria e permanente dos proprietários e respetivos agregados familiares, com os

[1] Redação do Decreto-Lei nº 199/2015, de 16 de setembro.

[2] A Portaria nº 162/2011, de 18 de abril, retificada pela Declaração de Retificação nº 15/2011, de 23 de maio, define os limites e condições para a viabilização das utilizações não agrícolas de áreas integradas na Reserva Agrícola Nacional.

limites de área e tipologia estabelecidos no regime da habitação a custos controlados em função da dimensão do agregado, quando se encontrem em situação de comprovada insuficiência económica e não sejam proprietários de qualquer outro edifício ou fração para fins habitacionais, desde que daí não resultem inconvenientes para os interesses tutelados pelo presente decreto-lei;

*d)* Instalações ou equipamentos para produção de energia a partir de fontes de energia renováveis;

*e)* Prospeção geológica e hidrogeológica e exploração de recursos geológicos, e respetivos anexos de apoio à exploração, respeitada a legislação específica, nomeadamente no tocante aos planos de recuperação exigíveis;

*f)* Estabelecimentos industriais, comerciais ou de serviços complementares à atividade agrícola, tal como identificados no regime de licenciamento de estabelecimentos industriais, comerciais ou de serviços aplicável;

*g)* Empreendimentos de turismo no espaço rural e de turismo de habitação, bem como empreendimentos reconhecidos como turismo de natureza, complementares à atividade agrícola;

*h)* Instalações de recreio e lazer complementares à atividade agrícola e ao espaço rural;

*i)* Instalações desportivas especializadas destinadas à prática de golfe, com parecer favorável pelo Turismo de Portugal, I. P., desde que não impliquem alterações irreversíveis na topografia do solo e não inviabilizem a sua eventual reutilização pela atividade agrícola;

*j)* Obras e intervenções indispensáveis à salvaguarda do património cultural, designadamente de natureza arqueológica, recuperação paisagística ou medidas de minimização determinados pelas autoridades competentes na área do ambiente;

*l)* Obras de construção, requalificação ou beneficiação de infraestruturas públicas rodoviárias, ferroviárias, aeroportuárias, de logística, de saneamento, de transporte e distribuição de energia elétrica, de abastecimento de gás e de telecomunicações, bem como outras construções ou empreendimentos públicos ou de serviço público;

*m)* Obras indispensáveis para a proteção civil;

*n)* Obras de reconstrução e ampliação de construções já existentes, desde que estas já se destinassem e continuem a destinar-se a habitação própria;

*o)* Obras de captação de águas ou de implantação de infraestruturas hidráulicas;

*p)* Obras decorrentes de exigências legais supervenientes relativas à regularização de atividades económicas previamente exercidas.

2 – Apenas pode ser permitida uma única utilização não agrícola das áreas integradas na RAN, no que se refere às alíneas *b)* e *c)* do número anterior.

3 – Compete aos membros do Governo responsáveis pelas áreas do ordenamento do território, do desenvolvimento rural e da tutela respetiva aprovar, por portaria, os limites e as condições a observar para a viabilização das utilizações referidas no nº 1, após audição das entidades regionais da RAN.

4 – As utilizações não agrícolas previstas nas alíneas *b)* e *c)* do nº 1 constituem, respetivamente, o agricultor e o proprietário na obrigação de alteração do domicílio fiscal para a área da residência própria e permanente ali referida.

**Artigo 23º [1] – Parecer prévio**

1 – As utilizações não agrícolas de áreas integradas na RAN para as quais seja necessária concessão, aprovação, licença, autorização administrativa ou comunicação prévia estão sujeitas a parecer prévio vinculativo das respetivas entidades regionais da RAN, a emitir no prazo de 20 dias.

2 – O parecer a que se refere o número anterior é requerido junto das entidades regionais da RAN, nos termos do artigo 1º do anexo I da Portaria nº 162/2011, de 18 de abril, sem prejuízo do disposto no artigo 13º-A do regime jurídico da urbanização e edificação.

3 – A entidade regional da RAN pode solicitar ao requerente ou à entidade competente, consoante o caso, no prazo máximo de 10 dias a contar da data da receção do processo, sempre que tal se mostre necessário e por uma única vez, elementos adicionais relevantes para a decisão, suspendendo-se o prazo para a emissão do parecer referido no nº 1.

4 – Nos casos em que o município é a entidade competente para a concessão, autorização, licença, aprovação ou comunicação prévia, este deve ser ouvido nos termos do número anterior.

5 – Se o parecer não for emitido no prazo previsto no nº 1, considera se o mesmo favorável.

[1] Redação do Decreto-Lei nº 199/2015, de 16 de setembro.

6 – Os interessados dispõem de um prazo de um ano para apresentar o pedido de concessão, aprovação, licença, autorização administrativa ou a comunicação prévia relativos à utilização a que o parecer respeita, findo o qual o mesmo caduca.

7 – Quando a utilização esteja associada a um projeto sujeito a procedimento de avaliação de impacte ambiental em fase de projeto de execução, o parecer prévio vinculativo previsto no nº 1 compreende a pronúncia da entidade regional da RAN nesse procedimento.

8 – A emissão do parecer prévio vinculativo, nos termos do número anterior, tem lugar após o pagamento da respetiva taxa pelo proponente.

9 – Quando a utilização em causa esteja sujeita a procedimento de análise de incidências ambientais, aplica-se o disposto nos nºs 7 e 8, com as necessárias adaptações, nos casos em que a entidade regional da RAN seja chamada a pronunciar-se.

10 – Sem prejuízo da possibilidade de impugnação contenciosa, nos termos do Código de Processo nos Tribunais Administrativos, os interessados podem interpor recurso para a entidade nacional da RAN dos pareceres vinculativos desfavoráveis emitidos pelas entidades regionais da RAN, a emitir no prazo de 20 dias.

### Artigo 24º [1] – Comunicação prévia

*[Revogado].*

### Artigo 25º [2] – Ações de relevante interesse público

1 – Podem ser autorizadas, a título excecional, utilizações não agrícolas de áreas integradas na RAN para a realização de ações de relevante interesse público que sejam reconhecidas como tal por despacho dos membros do Governo responsáveis pela área do desenvolvimento rural e demais áreas envolvidas em razão da matéria, desde que não se possam realizar de forma adequada em áreas não integradas na RAN.

2 – O reconhecimento referido no número anterior é formalizado através de requerimento apresentado na DRAP territorialmente competente e dirigido ao membro do Governo responsável pela área do desenvolvimento rural, conforme modelo previsto no anexo III do presente decreto-lei, que dele faz parte integrante.

[1] Revogado pelo Decreto-Lei nº 199/2015, de 16 de setembro.

[2] Redação do Decreto-Lei nº 199/2015, de 16 de setembro.

3 – O requerimento é acompanhado dos documentos identificados no anexo II da Portaria nº 162/2011, de 18 de abril, e dos seguintes elementos adicionais:

*a)* Declaração emitida pela Assembleia Municipal do concelho onde se pretende realizar a ação, comprovando que o projeto é considerado de interesse público municipal;

*b)* Parecer do serviço competente em razão da matéria que é objeto da pretensão requerida, a emitir no prazo de 20 dias, sem prejuízo do previsto no nº 5;

*c)* Declaração emitida pelo serviço das finanças comprovativa da situação tributária regularizada, ou indicação de consentimento para consulta da situação tributária no respetivo sítio na Internet;

*d)* Declaração emitida pela segurança social comprovativa da situação contributiva regularizada, ou indicação de consentimento para consulta da correspondente situação contributiva no respetivo sítio na Internet;

*e)* Cópia de alvarás de autorização de utilização válidos, anteriormente emitidos, no caso de se tratar de ampliação da área RAN a utilizar.

4 – A memória descritiva e justificativa referida no anexo II da Portaria nº 162/2011, de 18 de abril, deve especificar a natureza da pretensão e o seu âmbito socioeconómico, proceder a uma caracterização dos bens a produzir ou dos serviços a disponibilizar e identificar a mão-de-obra envolvida, os planos de investimento e financiamento, o fundamento sobre a impossibilidade de concretizar a pretensão requerida fora das áreas da RAN, bem como outros elementos eventualmente relevantes para a apreciação do pedido, nomeadamente referentes ao alinhamento da pretensão com a estratégia de desenvolvimento do setor em que se enquadra.

5 – Salvo quando seja apresentado pelo interessado juntamente com o requerimento, cabe à DRAP territorialmente competente, no prazo máximo de 10 dias a contar da data da apresentação do requerimento, solicitar o parecer ao serviço competente em razão da matéria, para que este, no prazo de 20 dias, emita parecer sobre a pretensão requerida.

6 – A DGADR disponibiliza, no seu sítio na Internet, lista exemplificativa e atualizada dos serviços e organismos competentes para emissão do parecer competente em razão da matéria, e elaborada com a cooperação desses serviços e organismos.

7 – Finda a instrução, a DRAP territorialmente competente emite, no prazo de 30 dias, um relatório nos termos do artigo 126º do Código do Procedimento Administrativo.

8 – O relatório referido no número anterior é remetido à entidade nacional da RAN, acompanhado dos elementos instrutórios referidos nos nºs 2 e 3, para, no prazo de 30 dias, emitir parecer fundamentado e elaborar proposta de decisão ao membro do Governo responsável pela área do desenvolvimento rural.

9 – A emissão de pareceres dos serviços competentes em razão da matéria objeto da pretensão requerida não se encontra sujeita ao pagamento de taxa.

### Artigo 26º – Direito de preferência

1 – Sem prejuízo dos direitos de preferência estabelecidos no Código Civil e em legislação complementar, os proprietários de prédios rústicos ou mistos incluídos numa área da RAN gozam do direito de preferência na alienação ou dação em cumprimento de prédios rústicos ou mistos confinantes.

2 – Os proprietários dos prédios rústicos ou mistos inseridos na RAN que os pretendam vender, comunicam por escrito a sua intenção aos confinantes que podem exercer o seu direito nos termos dos artigos 416º a 418º do Código Civil.

3 – No caso de violação do prescrito nos números anteriores é aplicável o disposto no artigo 1410º do Código Civil, exceto se a alienação ou dação em cumprimento tiver sido efetuada a favor de um dos preferentes.

### Artigo 27º – Fracionamento

Para efeitos de fracionamento, nas áreas RAN, a unidade de cultura corresponde ao triplo da área fixada pela lei geral para os respetivos terrenos e região.

### Artigo 28º – Comunicação à administração fiscal

Nos casos em que se destine a construções e edificações, a inutilização de terras e solos para o exercício da atividade agrícola é comunicada oficiosamente pela entidade regional da RAN ao serviço de finanças do respetivo concelho.

### Artigo 29º [1] – Inalienabilidade

1 – No caso da situação prevista na alínea *b)* do nº 1 do artigo 22º, os prédios que constituem a exploração agrícola são inalienáveis por um prazo

[1] Redação do Decreto-Lei nº 199/2015, de 16 de setembro.

de 10 anos subsequentes à construção ou ampliação, salvo por dívidas relacionadas com a aquisição dos bens imóveis da exploração e de que estes sejam garantia ou por dívidas tributárias.

2 – Nas situações previstas nas alíneas *c)* e *n)* do nº 1 do artigo 22º, os prédios são inalienáveis por um prazo de 10 anos subsequentes à construção ou ampliação, ou reconstrução e ampliação, salvo por dívidas tributárias.

3 – O ónus de inalienabilidade não se aplica quando a transmissão de quaisquer direitos reais sobre os prédios que constituem a exploração agrícola e sobre a edificação ocorrer entre agricultores e desde que se mantenha a afetação da edificação ao uso exclusivo da habitação para residência própria e habitual do adquirente.

4 – O ónus de inalienabilidade está sujeito a registo na Conservatória do Registo Predial e cessa ocorrendo a morte ou invalidez permanente e absoluta do proprietário ou quando decorrido o prazo de 10 anos referido no nº 1.

5 – Compete à câmara municipal averbar o ónus de inalienabilidade no título de utilização do edifício ou fração e comunicar à DRAP, no prazo de 15 dias, a emissão do mesmo.

6 – Compete ao interessado efetuar o registo predial do referido ónus no prazo de 30 dias após a emissão do título a que se refere o número anterior, dando conhecimento à DRAP desse ato, preferencialmente por via eletrónica.

## CAPÍTULO VI – Estrutura e entidades da RAN

### Artigo 30º – Estrutura

Para efeitos da sua gestão ordenada, a RAN divide-se em regiões que coincidem com o território de cada unidade de nível II da Nomenclatura de Unidades Territoriais (NUTS).

### Artigo 31º [1] – Entidade nacional da RAN

A entidade nacional da RAN tem a seguinte composição:

*a)* O diretor-geral de agricultura e desenvolvimento rural, que preside e tem voto de qualidade, sem prejuízo da faculdade de delegar essa competência;

[1] Redação do Decreto-Lei nº 199/2015, de 16 de setembro.

*b)* Um representante do membro do Governo responsável pela área da agricultura e do desenvolvimento rural;

*c)* Um representante do membro do Governo responsável pela área do ambiente e do ordenamento do território;

*d)* Um representante do membro do Governo responsável pela área da conservação da natureza;

*e)* Um representante do membro do Governo responsável pela área do património imobiliário do Estado;

*f)* Um representante do membro do Governo responsável pela área das obras públicas;

*g)* Um representante do membro do Governo responsável pela área da economia;

*h)* Um representante do membro do Governo responsável pela administração local;

*i)* Um representante da Associação Nacional dos Municípios Portugueses (ANMP).

**Artigo 32º – Competências**

1 – Compete à entidade nacional da RAN:

*a)* Promover medidas de defesa da RAN;

*b)* Assegurar o cumprimento das normas estabelecidas no presente decreto-lei e a realização das ações com elas relacionadas;

*c)* Propor as medidas legislativas ou regulamentares consideradas necessárias;

*d)* Emitir os pareceres que lhe sejam solicitados pelo membro do Governo responsável pela área do desenvolvimento rural;

*e)* Assegurar, sem prejuízo das especificidades regionais, a uniformidade de critérios de atuação das entidades regionais da RAN, podendo, para o efeito, emitir as orientações genéricas que se mostrem necessárias;

*f)* Proferir a decisão prevista nos nºs 8 e 10 do artigo 14º;

*g)* Conhecer dos recursos previstos no nº 10 do artigo 23º;

*h)* Emitir o parecer e elaborar a proposta referidos no nº 8 do artigo 25º.

2 – As orientações genéricas previstas na alínea *e)* do número anterior são homologadas pelo membro do Governo responsável pela área do desenvolvimento rural.

### Artigo 33º - Entidades regionais da RAN

1 - As entidades regionais da RAN têm a seguinte composição:

*a)* O diretor regional de Agricultura e Pescas territorialmente competente, que presidirá;

*b)* Um representante da CCDR, cuja área de atuação coincida maioritariamente com a região da RAN em causa;

*c)* Um representante da ANMP.

2 - O representante referido na alínea *b)* do número anterior é designado por despacho de dirigente máximo do respetivo serviço.

3 - Participa nas reuniões, sem direito a voto, o técnico da DRAP respetiva, responsável pelo acompanhamento dos pedidos de utilização previstos nos artigos 22º a 24º.

4 - Sempre que necessário, é convocado para participar, sem direito a voto, um representante do serviço, organismo ou autarquia em que corre o respetivo processo administrativo relativo ao pedido de parecer prévio vinculativo a elaborar nos termos do artigo 23º.

5 - Podem ser convocados para participar em reuniões, especialistas dos organismos envolvidos, ou de outros organismos ou entidades, no tocante a matérias cuja especificidade o exija.

6 - As entidades regionais da RAN têm o apoio técnico e logístico das DRAP.

### Artigo 34º [1] - Competências

Compete às entidades regionais da RAN:

*a)* Emitir o parecer previsto no nº 4 do artigo 9º;

*b)* Deliberar sobre os pedidos de parecer prévio vinculativo a elaborar nos termos do artigo 23º;

*c)* *[Revogada]*;

*d)* Comunicar à administração fiscal a inutilização de terras e solos para a atividade agrícola, nos termos do artigo 28º;

*e)* Desenvolver ações de sensibilização da opinião pública relativamente à necessidade de defesa dos solos e das terras integrados na RAN;

*f)* Promover, a nível regional, a cooperação e a colaboração entre todas as entidades públicas, com vista à plena realização dos fins visados com o presente decreto-lei;

[1] Redação do Decreto-Lei nº 199/2015, de 16 de setembro.

*g)* Colaborar com a entidade nacional da RAN nas ações de promoção e defesa da RAN.

**Artigo 35º – Funcionamento da entidade nacional e das entidades regionais da RAN**

1 – A entidade nacional e as entidades regionais da RAN aprovam o respetivo regulamento interno, no qual constam as suas normas de funcionamento.

2 – Os regulamentos internos referidos no número anterior são submetidos a homologação do membro do Governo responsável pela área do desenvolvimento rural.

## CAPÍTULO VII – Sistema e tecnologias de informação

**Artigo 36º [1] – Sistema de informação**

1 – A tramitação dos procedimentos previstos no presente decreto-lei é realizada informaticamente, com recurso a sistema informático próprio, o qual, entre outras funcionalidades, permite:

*a)* A entrega de requerimentos e documentos;

*b)* A consulta pelos interessados do estado dos procedimentos;

*c)* O envio de pareceres;

*d)* O registo da cartografia da RAN;

*e)* A comunicação do registo do ónus de inalienabilidade previsto no nº 6 do artigo 29º.

2 – O sistema informático previsto neste artigo é objeto de portaria do membro do Governo responsável pelo desenvolvimento rural.

3 – As comunicações são realizadas por via eletrónica, nas quais deve ser, preferencialmente, aposta assinatura eletrónica, que, pelo menos, satisfaça as exigências de segurança e fiabilidade mínimas definidas para a assinatura eletrónica avançada.

4 – O fornecimento de informação por parte das diferentes entidades com competência no âmbito do presente decreto-lei e legislação complementar é concretizado de forma desmaterializada através da disponibilização da adequada interligação técnica com a Plataforma de Interoperabilidade da Administração Pública pelos respetivos sistemas de informação.

[1] Redação do Decreto-Lei nº 199/2015, de 16 de setembro.

### Artigo 37º – Videoconferência

1 – As reuniões da entidade nacional e das entidades regionais da RAN, bem como as conferências de serviços a que houver lugar podem realizar-se através do sistema de videoconferência.

2 – A gravação da videoconferência tem o valor de ata da respetiva reunião ou conferência de serviços, desde que obtida a anuência dos diferentes intervenientes.

## CAPÍTULO VIII – Garantias do regime da RAN

### Artigo 38º [1] – Nulidades

São nulos todos os atos administrativos praticados em violação do disposto nos artigos 22º a 25º.

### Artigo 39º [2] – Contraordenações

1 – Sem prejuízo da responsabilidade civil, criminal ou disciplinar, constitui contraordenação:

*a)* A realização de quaisquer ações interditas nos termos do artigo 21º;

*b)* A utilização não agrícola de solos integrados na RAN em infração ao disposto nos nºs 1 e 4 do artigo 22º ou no artigo 25º;

*c)* A utilização não agrícola de solos integrados na RAN sem parecer prévio favorável, em infração ao disposto no artigo 23º;

*d)* O incumprimento do disposto no nº 5 do artigo 29º.

2 – As contraordenações previstas nas alíneas *a)* a *c)* do número anterior são puníveis com coima de (euro) 1000 a (euro) 3500 ou de (euro) 1000 a (euro) 35 000, consoante se trate de pessoa singular ou de pessoa coletiva.

3 – A contraordenação prevista na alínea *d)* do nº 1 é punível com a coima de (euro) 500 a (euro) 1750 ou de (euro) 500 a (euro) 17 500, consoante se trate de pessoa singular ou de pessoa coletiva.

4 – A tentativa e a negligência são puníveis, sendo os limites referidos nos números anteriores reduzidos para metade.

[1] Redação do Decreto-Lei nº 199/2015, de 16 de setembro.

[2] Redação do Decreto-Lei nº 199/2015, de 16 de setembro.

**Artigo 40º [1] – Fiscalização**

1 – A fiscalização do disposto no presente decreto-lei compete às DRAP e aos municípios, sem prejuízo das competências atribuídas por lei às autoridades policiais e demais entidades fiscalizadoras.

2 – As DRAP devem comunicar à Inspeção-Geral de Finanças todas as situações em que verifiquem haver violação do disposto no presente decreto-lei, por parte das autarquias locais.

**Artigo 41º – Instrução e decisão dos processos contraordenacionais**

1 – A instrução dos processos de contraordenações previstas no presente decreto-lei é da competência das DRAP e dos municípios.

2 – Os processos são decididos pelo respetivo diretor regional da agricultura e pescas.

**Artigo 42º – Destino do produto das coimas**

O produto das coimas é repartido da seguinte forma:

*a)* 10 % para a entidade fiscalizadora;

*b)* 20 % para a entidade instrutora;

*c)* 10 % para a DGADR;

*d)* 60 % para o Estado.

**Artigo 43º – Cessação das ações violadoras do regime da RAN**

1 – Independentemente do processamento das contraordenações e da aplicação das coimas, o diretor regional de agricultura e pescas competente pode ordenar a cessação imediata das ações desenvolvidas em violação ao disposto no presente decreto-lei.

2 – O incumprimento da ordem de cessação constitui crime de desobediência, punido nos termos do artigo 348º do Código Penal.

3 – Verificada a situação referida no número anterior, será levantado auto de notícia nos termos previstos no Código de Processo Penal e remetido ao serviço do Ministério Público da área onde tenha sido praticada a infração.

**Artigo 44º [2] – Reposição da legalidade**

1 – Após audição dos interessados e independentemente de aplicação das coimas, compete ao diretor regional de agricultura e pes-

[1] Redação do Decreto-Lei nº 199/2015, de 16 de setembro.

[2] Redação do Decreto-Lei nº 199/2015, de 16 de setembro.

cas territorialmente competente determinar que os responsáveis pelas ações violadoras do regime da RAN procedam à respetiva conformação com a legislação aplicável, fixando o prazo e os termos que devem ser observados.

2 – Os municípios procedem às operações materiais necessárias à reposição da situação anterior à infração quando tal reposição corresponder à conformação com a legislação aplicável e os responsáveis não a tenham efetuado voluntariamente.

3 – Para efeitos do disposto no número anterior, as DRAP comunicam aos municípios as situações de infração.

4 – No caso previsto no número anterior, os municípios remetem ao infrator, para pagamento, a respetiva nota de despesas.

5 – Na falta de pagamento no prazo de 60 dias, a cobrança é efetuada nos termos do processo de execuções fiscais, constituindo a nota de despesas título executivo bastante, devendo dela constar o nome e o domicílio do devedor, a proveniência da dívida e a indicação, por extenso, do seu montante, bem como a data a partir da qual são devidos juros de mora.

6 – No caso de a utilização em causa estar ilegalmente licenciada pela entidade pública competente, incumbe a esta a responsabilidade pelas despesas a que se referem os números anteriores.

## CAPÍTULO IX – Disposições transitórias e finais

### Artigo 45º [1] – Taxas

1 – A emissão de pareceres, bem como outros serviços prestados no âmbito do presente decreto-lei, estão sujeitos a taxas cujo valor é fixado por portaria dos membros do Governo responsáveis pelas áreas das finanças e do desenvolvimento rural.

2 – As taxas correspondem ao custo efetivo dos serviços prestados.

3 – A taxa referida no nº 1 é atualizada anualmente com base no índice de preços ao consumidor, excluída a habitação.

4 – O pagamento a que se refere o nº 1 deve ser efetuado preferencialmente através da Plataforma de pagamentos da Administração Pública.

[1] Redação do Decreto-Lei nº 199/2015, de 16 de setembro.

**Artigo 46º [1] – Posse dos membros e entrada em funções da entidade nacional e das entidades regionais da RAN**

1 – Os membros da entidade nacional e das entidades regionais da RAN são designados no prazo de 30 dias após a publicação do presente decreto-lei, iniciando imediatamente funções.

2 – *[Revogado]*.

**Artigo 47º [2] – Regime transitório**

1 – *[Revogado]*.

2 – No prazo de três anos, contados da data de publicação no Diário da República de despacho do diretor-geral de agricultura e desenvolvimento rural referido no nº 3 do artigo 6º, os planos territoriais de âmbito intermunicipal ou municipal devem ser adaptados à referida classificação.

3 – A adaptação referida no número anterior pode ser feita no âmbito dos procedimentos de elaboração, alteração ou revisão daqueles planos ou mediante a alteração por adaptação prevista no regime jurídico dos instrumentos de gestão territorial.

4 – Enquanto não se proceder à alteração da delimitação nos termos do número anterior, continuam a vigorar as delimitações efetuadas ao abrigo do Decreto-Lei nº 196/89, de 14 de junho.

5 – As alterações às delimitações vigentes previstas no número anterior obedecem ao regime previsto no presente decreto-lei.

6 – Nos municípios sem plano diretor municipal em vigor, as áreas da RAN são as constantes da respetiva portaria.

7 – No caso da inexistência de cartografia em ambas as classificações referidas nos artigos 6º e 7º, aplica-se a constante dos planos territoriais de âmbito intermunicipal ou municipal em vigor.

8 – *[Revogado]*.

9 – Nos procedimentos de avaliação de impacte ambiental ou de análise das incidências ambientais relativos a projetos de utilizações previstas na alínea *l)* do nº 1 do artigo 22º que tenham sido iniciados antes da entrada em vigor do presente decreto-lei, o parecer prévio referido no nº 1 do artigo 23º é solicitado pela entidade licenciadora, devendo este ser-lhe notificado no prazo de 25 dias, findo o qual se considera o mesmo favorável.

[1] Redação do Decreto-Lei nº 199/2015, de 16 de setembro.

[2] Redação do Decreto-Lei nº 199/2015, de 16 de setembro.

10 – Para efeitos do número anterior, a entidade licenciadora envia à entidade regional da RAN competente todos os elementos relevantes do processo.

11 – Enquanto não estiver em funcionamento o sistema de informação a que se refere o artigo 36º, os pedidos de parecer prévio à entidades regionais da RAN são requeridos junto da respetiva DRAP.

**Artigo 48º – Regiões Autónomas**

O disposto no presente decreto-lei aplica-se às Regiões Autónomas dos Açores e da Madeira, sem prejuízo da sua adequação à especificidade regional a introduzir por decreto legislativo regional.

**Artigo 49º – Norma revogatória**

São revogados:

*a)* O Decreto-Lei nº 196/89, de 14 de junho;

*b)* As alíneas *b)* e *d)* do artigo 1º da Portaria nº 528/89, de 11 de julho.

**Artigo 50º – Entrada em vigor**

1 – O presente decreto-lei entra em vigor 10 dias após a data da sua publicação.

2 – Para efeitos de emissão de regulamentação, excetuam-se do disposto no número anterior o nº 2 do artigo 36º e o nº 1 do artigo 45º.

# 2. Disciplina Jurídica da Reserva Ecológica Nacional (REN)

## Decreto-Lei nº 166/2008, de 22 de agosto, alterado e republicado pelo Decreto-Lei nº 239/2012, de 2 de novembro, com as alterações introduzidas pelo Decreto-Lei nº 96/2013, de 19 de julho, e pelo Decreto-Lei nº 80/2015, de 14 de maio, e novamente alterado e republicado pelo Decreto-Lei nº 124/2019, de 28 de agosto

### CAPÍTULO I – Disposições gerais

**Artigo 1º – Objeto**

O presente decreto-lei estabelece o Regime Jurídico da Reserva Ecológica Nacional, abreviadamente designada por REN[1].

**Artigo 2º[2] – Conceito e objetivos**

1 – A REN é uma estrutura biofísica que integra o conjunto das áreas que pela sensibilidade, função e valor ecológicos ou pela exposição e suscetibilidade perante riscos naturais, são objeto de proteção especial.

2 – A REN é uma restrição de utilidade pública, à qual se aplica um regime territorial especial que estabelece um conjunto de condicionamentos à ocupação, uso e transformação do solo, identificando os usos e as ações compatíveis com os objetivos desse regime nos vários tipos de áreas.

[1] O Decreto Legislativo Regional nº 18/2011/M, de 11 de agosto, estabelece, ao abrigo do artigo 48º deste diploma, um regime transitório para a aplicação à Região Autónoma da Madeira do regime jurídico da Reserva Ecológica Nacional e da Reserva Agrícola Nacional.

[2] Redação do Decreto-Lei nº 124/2019, de 28 de agosto.

3 – A REN visa contribuir para a ocupação e o uso sustentáveis do território e tem por objetivos:

*a)* Proteger os recursos naturais água e solo, bem como salvaguardar sistemas e processos biofísicos associados ao litoral e ao ciclo hidrológico terrestre, que asseguram bens e serviços ambientais indispensáveis ao desenvolvimento das atividades humanas;

*b)* Prevenir e reduzir os efeitos da degradação das áreas estratégicas de infiltração e de recarga de aquíferos, dos riscos de inundação marítima, de cheias, de erosão hídrica do solo e de movimentos de massa em vertentes, contribuindo para a adaptação aos efeitos das alterações climáticas e acautelando a sustentabilidade ambiental e a segurança de pessoas e bens;

*c)* Contribuir para a conectividade e a coerência ecológica da Rede Fundamental de Conservação da Natureza;

*d)* Contribuir para a concretização, a nível nacional, das prioridades da Agenda Territorial da União Europeia nos domínios ecológico e da gestão transeuropeia de riscos naturais.

**Artigo 3º[1] – Articulação de regimes**

1 – A REN articula-se com o quadro estratégico e normativo estabelecido no Programa Nacional da Política de Ordenamento do Território, nos programas regionais de ordenamento do território e nos programas setoriais e especiais relevantes.

2 – A REN contribui para a utilização sustentável dos recursos hídricos, em coerência e complementaridade com os instrumentos de planeamento e ordenamento e as medidas de proteção e valorização, nos termos do artigo 17º da Lei da Água, aprovada pela Lei nº 58/2005, de 29 de dezembro.

3 – A REN é uma das componentes da Rede Fundamental de Conservação da Natureza, favorecendo a conectividade entre as áreas nucleares de conservação da natureza e da biodiversidade integradas no Sistema Nacional de Áreas Classificadas.

4 – O regime jurídico da REN constitui um instrumento de regulamentação do disposto na alínea *b)* do nº 3 do artigo 7º e no nº 1 do artigo 7º-C do Decreto-Lei nº 140/99, de 24 de abril, na sua redação atual, sempre que contribuir para a manutenção do estado de conservação favorável de habitats naturais e de espécies da flora e da fauna inscritos nos respetivos anexos.

[1] Redação do Decreto-Lei nº 124/2019, de 28 de agosto.

## Artigo 4º [1] – Áreas integradas em REN

1 – Os objetivos referidos no nº 3 do artigo 2º são prosseguidos mediante a integração na REN de áreas de proteção do litoral, de áreas relevantes para a sustentabilidade do ciclo hidrológico terrestre e de áreas de prevenção de riscos naturais, a delimitar nos termos do capítulo II do presente decreto-lei [2].

2 – As áreas de proteção do litoral são integradas de acordo com as seguintes tipologias:

*a)* Faixa marítima de proteção costeira;

*b)* Praias;

*c)* Barreiras detríticas;

*d)* Tômbolos;

*e)* Sapais;

*f)* Ilhéus e rochedos emersos no mar;

*g)* Dunas costeiras e dunas fósseis;

*h)* Arribas e respetivas faixas de proteção;

*i)* Faixa terrestre de proteção costeira;

*j)* Águas de transição e respetivos leitos, margens e faixas de proteção;

*l)* *[Revogada]*.

3 – As áreas relevantes para a sustentabilidade do ciclo hidrológico terrestre são integradas de acordo com as seguintes tipologias:

*a)* Cursos de água e respetivos leitos e margens;

*b)* Lagoas e lagos e respetivos leitos, margens e faixas de proteção;

*c)* Albufeiras que contribuam para a conectividade e coerência ecológica da REN, bem como os respetivos leitos, margens e faixas de proteção;

*d)* Áreas estratégicas de infiltração e de proteção e recarga de aquíferos.

4 – As áreas de prevenção de riscos naturais são integradas de acordo com as seguintes tipologias:

*a)* Zonas adjacentes;

*b)* Zonas ameaçadas pelo mar;

[1] Redação do Decreto-Lei nº 239/2012, de 2 de novembro, e do Decreto-Lei nº 124/2019, de 28 de agosto.

[2] O Acórdão do Supremo Tribunal de Justiça nº 6/2011 uniformizou a jurisprudência nos seguintes termos: "Os terrenos integrados, seja em Reserva Agrícola Nacional (RAN), seja em Reserva Ecológica Nacional (REN), por força do regime legal a que estão sujeitos, não podem ser classificados como «solo apto para construção», nos termos do artigo 25º, nºs 1, alínea *a)*, e 2, do Código das Expropriações, aprovado pelo artigo 1º da Lei nº 168/99, de 18 de Setembro, ainda que preencham os requisitos previstos naquele nº 2".

*c)* Zonas ameaçadas pelas cheias;
*d)* Áreas de elevado risco de erosão hídrica do solo;
*e)* Áreas de instabilidade de vertentes.

## CAPÍTULO II – Delimitação da REN

### SECÇÃO I – Disposições gerais

**Artigo 5º – Âmbito**

1 – A delimitação da REN compreende dois níveis:
*a)* Nível estratégico;
*b)* Nível operativo.

2 – O nível estratégico é concretizado através de orientações estratégicas de âmbito nacional e regional e de acordo com os critérios constantes do anexo i do presente decreto-lei, que dele faz parte integrante.

3 – O nível operativo é concretizado através da delimitação, em carta de âmbito municipal, das áreas integradas na REN, tendo por base as orientações estratégicas de âmbito nacional e regional e de acordo com os critérios constantes do anexo i do presente decreto-lei, que dele faz parte integrante.

**Artigo 6º – Direito à informação e à participação**

Ao longo da elaboração das orientações estratégicas de âmbito nacional e regional e da delimitação da REN a nível municipal, as entidades públicas competentes devem facultar aos interessados, nos respetivos sítios da Internet, todos os elementos relevantes para que estes possam conhecer o estádio dos trabalhos e a evolução da tramitação procedimental, bem como formular observações, sugestões e pedidos de esclarecimento.

### SECÇÃO II – Nível estratégico

**Artigo 7º[1] – Conteúdo do nível estratégico**

1 – As orientações estratégicas de âmbito nacional e regional são definidas em coerência com o modelo territorial do Programa Nacional da Política de Ordenamento do Território e com as estruturas regionais de proteção e valorização ambiental, estabelecidas nos programas regionais de ordenamento do território.

[1] Redação do Decreto-Lei nº 124/2019, de 28 de agosto.

2 – As orientações estratégicas de âmbito nacional e regional têm ainda em consideração o disposto no Plano Nacional da Água, nos planos de gestão de bacia hidrográfica e em outros programas setoriais e especiais relevantes.

3 – As orientações estratégicas de âmbito nacional e regional compreendem as diretrizes e os critérios para a delimitação das áreas da REN a nível municipal.

4 – (Revogado.)

### Artigo 8º[1] – Procedimento de elaboração das orientações estratégicas

1 – As orientações estratégicas de âmbito nacional são elaboradas pela Comissão Nacional do Território, com a colaboração das comissões de coordenação e desenvolvimento regional.

2 – As orientações estratégicas de âmbito regional são elaboradas pelas comissões de coordenação e desenvolvimento regional, com a colaboração da Agência Portuguesa do Ambiente, I. P., em articulação com os municípios da área territorial abrangida.

3 – Para efeitos do disposto no número anterior, os municípios designam um representante.

4 – A Comissão Nacional do Território e as comissões de coordenação e desenvolvimento regional coordenam os procedimentos de elaboração das orientações de âmbito nacional e regional no sentido de assegurar a coerência dos respetivos conteúdos.

5 – As orientações estratégicas de âmbito nacional e regional são aprovadas por portaria do membro do Governo responsável pela área do ordenamento do território[2].

## SECÇÃO III – Nível operativo

### Artigo 9º[3] – Conteúdo do nível operativo

1 – A delimitação a nível municipal das áreas integradas na REN é obrigatória[4].

[1] Redação do Decreto-Lei nº 124/2019, de 28 de agosto.

[2] As Orientações Estratégicas Nacionais e Regionais previstas no Regime Jurídico da Reserva Ecológica Nacional (REN) foram aprovadas pela Portaria nº 336/2019, de 26 de setembro, alterada pela Portaria nº 264/2020, de 13 de novembro.

[3] Redação do Decreto-Lei nº 124/2019, de 28 de agosto.

[4] A Portaria nº 273/2011, de 23 de setembro, declara que no município de Lisboa não existem áreas a integrar na Reserva Ecológica Nacional.

2 – Na elaboração da proposta de delimitação da REN deve ser ponderada a necessidade de exclusão de áreas com edificações legalmente licenciadas ou autorizadas, bem como das destinadas à satisfação das carências existentes em termos de habitação, atividades económicas, equipamentos e infraestruturas.

3 – As cartas de delimitação da REN a nível municipal são elaboradas à escala de 1:25 000 ou superior, acompanhadas da respetiva memória descritiva, e delas devem constar:

*a)* A delimitação das áreas incluídas na REN, indicando as suas diferentes tipologias de acordo com o artigo 4º;

*b)* As exclusões de áreas, nos termos do número anterior, que, em princípio, deveriam ser integradas na REN, incluindo a sua fundamentação e a indicação do fim a que se destinam.

4 – As áreas da REN são identificadas nas plantas de condicionantes dos planos territoriais de âmbito municipal e intermunicipal e constituem parte integrante das estruturas ecológicas municipais.

### Artigo 10º – Delimitação da REN a nível municipal

1 – Compete à câmara municipal elaborar a proposta de delimitação da REN a nível municipal, devendo as comissões de coordenação e desenvolvimento regional e a Agência Portuguesa do Ambiente, I. P., fornecer-lhe a informação técnica necessária e competindo às primeiras assegurar o acompanhamento assíduo e continuado da elaboração técnica da proposta de delimitação pelo município.

2 – Antes da elaboração da proposta, a câmara municipal pode estabelecer uma parceria com a comissão de coordenação e desenvolvimento regional na qual se definem, designadamente, os termos de referência para a elaboração, os prazos e as formas de colaboração técnica a prestar pela comissão de coordenação e desenvolvimento regional.

### Artigo 11º [1] – Acompanhamento e aprovação da delimitação da REN a nível municipal

1 – A câmara municipal apresenta a proposta de delimitação da REN à comissão de coordenação e desenvolvimento regional que, no prazo de 22 dias, procede à realização de uma conferência procedimental com todas

[1] Redação do Decreto-Lei nº 239/2012, de 2 de novembro, e do Decreto-Lei nº 124/2019, de 28 de agosto.

as entidades administrativas representativas dos interesses a ponderar, a convocar com uma antecedência não inferior a 15 dias, a qual deve ser acompanhada pela câmara municipal.

2 – No âmbito da conferência procedimental, a comissão de coordenação e desenvolvimento regional e as entidades administrativas representativas dos interesses a ponderar em função das áreas da REN em presença pronunciam-se sobre a compatibilidade da proposta de delimitação com os critérios constantes do presente decreto-lei e com as orientações estratégicas de âmbito nacional e regional, bem como sobre as propostas de exclusão de áreas da REN e sua fundamentação.

3 – Finda a conferência procedimental, é emitido um parecer, assinado por todos os intervenientes, com a menção expressa da posição de cada um, que substitui, para todos os efeitos legais, os pareceres que essas entidades devessem emitir sobre a proposta de delimitação, bem como, em conclusão, a posição final da comissão de coordenação e desenvolvimento regional.

4 – Caso o representante de um serviço ou entidade não emita na conferência procedimental o seu parecer relativamente à delimitação ou, apesar de regularmente convocado, não compareça à reunião, considera-se que a entidade por si representada, nada tem a opor à proposta de delimitação.

5 – Quando haja convergência entre a posição final da comissão de coordenação e desenvolvimento regional e a proposta de delimitação da câmara municipal sem que nenhuma das entidades consultadas nos termos do nº 3 a ela se oponha, a conclusão do parecer referido no nº 3 é convertida em aprovação definitiva da delimitação da REN.

6 – Quando haja divergência entre a posição final da comissão de coordenação e desenvolvimento regional e a proposta de delimitação da câmara municipal ou quando haja divergência entre as posições de entidades representadas na conferência procedimental e a posição final favorável da comissão de coordenação e desenvolvimento regional à delimitação proposta, esta promove, no prazo de 15 dias a contar da sua posição final, uma conferência decisória com aquelas entidades e a câmara municipal, para efeitos de decisão final.

7 – A decisão final da conferência decisória prevista no número anterior é tomada por maioria simples e vincula todos os representantes de serviços ou entidades intervenientes na mesma, bem como os que tendo sido regularmente convocados não compareçam àquela conferência.

8 – O disposto no nº 4 é aplicável à conferência decisória.

9 – Caso a decisão final da conferência decisória seja de sentido desfavorável à proposta de delimitação da REN da câmara municipal, esta pode

promover a consulta da Comissão Nacional do Território, para efeitos de emissão de parecer, no prazo de 15 dias a contar da referida decisão.

10 – O parecer da Comissão Nacional do Território referido no número anterior é emitido no prazo de 22 dias, não prorrogável, contado a partir da data do pedido de consulta.

11 – A câmara municipal reformula a proposta de delimitação quando:

*a)* A decisão final da conferência decisória prevista no nº 6 seja desfavorável à delimitação proposta e a câmara municipal não promova a consulta à Comissão Nacional do Território; ou

*b)* O prazo previsto no nº 9 tenha decorrido sem que esta tenha solicitado o parecer aí previsto; ou

*c)* A Comissão Nacional do Território emita, nos termos do número anterior, parecer desfavorável à proposta de delimitação da câmara municipal.

12 – Após a reformulação da proposta de delimitação, a câmara municipal envia-a para aprovação da comissão de coordenação e desenvolvimento regional.

13 – A comissão de coordenação e desenvolvimento regional aprova definitivamente a proposta de delimitação da REN apresentada pela câmara municipal no prazo de 15 dias após:

*a)* A tomada da decisão final favorável pela conferência decisória prevista no nº 6;

*b)* A emissão pela Comissão Nacional do Território de parecer favorável à proposta da câmara municipal, nos termos do nº 10;

*c)* A receção da proposta de delimitação devidamente reformulada, nos termos do número anterior.

14 – Nos casos em que a câmara municipal não reformule a proposta de delimitação no prazo de 44 dias após ter sido notificada para o fazer, cabe à comissão de coordenação e desenvolvimento regional reformular a proposta e aprovar definitivamente a delimitação da REN.

15 – A aprovação da delimitação da REN prevista no número anterior produz efeitos após homologação do membro do Governo responsável pelas áreas do ambiente e do ordenamento do território.

### Artigo 12º[1] – Publicação da delimitação da REN a nível municipal

1 – Após a aprovação da delimitação da REN, a comissão de coordenação e desenvolvimento regional envia a delimitação da REN, com o con-

[1] Redação do Decreto-Lei nº 124/2019, de 28 de agosto.

teúdo mencionado no nº 3 do artigo 9º, para publicação na 2ª série do Diário da República.

2 – O procedimento de submissão para publicação no Diário da República, bem como para efeitos de depósito estabelecido no artigo seguinte, é aprovado por portaria dos membros do Governo responsáveis pelas áreas da modernização administrativa, do ambiente e do ordenamento do território.

**Artigo 13º [1] – Depósito e consulta**

1 – A Direção-Geral do Território procede ao depósito das cartas da REN e da respetiva memória descritiva, bem como das eventuais correções materiais e retificações efetuadas ao abrigo do artigo 19º.

2 – Os elementos referidos no número anterior são disponibilizados na Internet, através do Sistema Nacional de Informação Territorial.

**Artigo 14º [2]**

*[Revogado].*

**Artigo 15º [3] – Delimitação da REN em simultâneo com a formação de planos territoriais de âmbito municipal e intermunicipal**

1 – A delimitação da REN pode ocorrer em simultâneo com a elaboração, alteração ou revisão de planos territoriais de âmbito municipal e intermunicipal.

2 – Sempre que se verifique a situação mencionada no número anterior:

*a)* A conferência procedimental prevista no nº 1 do artigo 11º é realizada no âmbito da comissão consultiva ou pela conferência procedimental, nos termos previstos nos artigos 83º, 84º e 86º do Decreto-Lei nº 80/2015, de 14 de maio;

*b)* O parecer previsto no nº 3 do artigo 11º é emitido em simultâneo com o parecer da comissão consultiva do plano ou com a ata da conferência procedimental, previsto nos artigos 83º, 84º e 86º do Decreto-Lei nº 80/2015, de 14 de maio;

[1] Redação do Decreto-Lei nº 239/2012, de 2 de novembro.

[2] Redação do Decreto-Lei nº 239/2012, de 2 de novembro.

[3] Redação do Decreto-Lei nº 239/2012, de 2 de novembro, e do Decreto-Lei nº 124/2019, de 28 de agosto.

*c)* A delimitação da REN elaborada em simultâneo com o plano territorial de âmbito municipal ou intermunicipal determina a revogação e consequente atualização da carta municipal da REN.

3 – O disposto nos nºs 5 a 13 do artigo 11º e no artigo 12º aplica-se às situações de delimitação da REN que ocorram em simultâneo com a elaboração, alteração ou revisão de plano territorial de âmbito municipal ou intermunicipal.

**Artigo 16º [1] – Alterações da delimitação da REN**

1 – As alterações da delimitação da REN devem salvaguardar a preservação dos valores e funções naturais fundamentais, bem como a prevenção e mitigação de riscos para pessoas e bens.

2 – As propostas de alteração da delimitação da REN devem fundamentar-se na evolução das condições económicas, sociais, culturais e ambientais, nomeadamente as decorrentes de projetos públicos ou privados a executar na área cuja exclusão se pretende.

3 – Para efeitos do disposto nos números anteriores, as alterações à delimitação da REN seguem, com as devidas adaptações, o procedimento previsto nos artigos 10º e 11º ou o procedimento previsto no artigo anterior quando a proposta de alteração de delimitação ocorra em simultâneo com a elaboração, alteração ou revisão de um plano territorial de âmbito municipal ou intermunicipal.

4 – Em casos excecionais e devidamente fundamentados, as alterações da delimitação da REN podem ser elaboradas e aprovadas pela comissão de coordenação e desenvolvimento regional, ouvida a câmara municipal e as entidades administrativas representativas dos interesses a ponderar em função das áreas da REN em presença, sendo homologadas nos termos do nº 15 do artigo 11º.

5 – O disposto no presente artigo pressupõe necessariamente o cumprimento das normas legais e regulamentares aplicáveis, designadamente as constantes nos instrumentos de gestão territorial e nos demais regimes jurídicos de licenciamento.

[1] Redação do Decreto-Lei nº 239/2012, de 2 de novembro, e do Decreto-Lei nº 124/2019, de 28 de agosto.

**Artigo 16º-A [1] – Alterações simplificadas da delimitação da REN**

1 – Estão sujeitas a um regime procedimental simplificado as alterações da delimitação da REN que, tendo por fundamento a evolução das condições económicas, sociais, culturais e ambientais, decorrente de projetos públicos ou privados a executar, cumpram um dos seguintes requisitos:

*a)* Correspondam a ampliações até 100 % das instalações existentes, desde que devidamente licenciadas e cuja atividade licenciada não tenha sido interrompida nos últimos 12 meses;

*b)* Correspondam a 5 % da área total, até ao máximo de 500 m2, em prédio com área até 2 ha;

*c)* Correspondam a 2,5 % da área total, em prédio com área entre 2 ha e até 40 ha;

*d)* Correspondam a 2,5 % da área total, até ao máximo de 2,50 ha, em prédio com área igual ou superior a 40 ha.

2 – As alterações simplificadas à delimitação da REN referidas no número anterior são objeto de proposta da câmara municipal, a apresentar junto da comissão de coordenação e desenvolvimento regional.

3 – No prazo de cinco dias a contar da data da apresentação da proposta da câmara municipal, a comissão de coordenação e desenvolvimento regional solicita a emissão de parecer obrigatório e vinculativo à Agência Portuguesa do Ambiente, I. P.

4 – Excetuam-se da obrigatoriedade de parecer previsto no número anterior as alterações em áreas que integram a tipologia da REN prevista na alínea *e)* do nº 4 do artigo 4º

5 – No prazo de 25 dias a contar da data da apresentação da proposta, deve ser emitido o parecer previsto no nº 3.

6 – No prazo de 40 dias a contar da data da apresentação da proposta, a comissão de coordenação e desenvolvimento regional verifica o cumprimento do disposto nos nºs 1 e 2 do artigo anterior e aprova a alteração simplificada da delimitação da REN quando:

*a)* O parecer previsto no nº 3 for de sentido favorável ou favorável condicionado; ou

*b)* Nas alterações em áreas que integram a tipologia da REN prevista na alínea *e)* do nº 4 do artigo 4º, a comissão de coordenação e desen-

[1] Aditado pelo Decreto-Lei nº 239/2012, de 2 de novembro, e alterado pelo Decreto-Lei nº 124/2019, de 28 de agosto.

volvimento regional comprove que a alteração proposta não prejudica a preservação do valor natural, bem como a prevenção e mitigação de riscos.

7 – Estão igualmente sujeitas a um regime procedimental simplificado as alterações de delimitação da REN decorrentes de projetos públicos ou privados objeto de procedimento de que resulte a emissão de declaração de impacte ambiental ou decisão de incidências ambientais favorável ou condicionalmente favorável.

8 – Nas situações referidas no número anterior, a câmara municipal, tendo em conta a declaração de impacte ambiental ou decisão de incidências ambientais favorável ou condicionalmente favorável, promove as diligências necessárias à alteração da delimitação da REN e apresenta a respetiva proposta de alteração à comissão de coordenação e desenvolvimento regional.

9 – No prazo de 10 dias a contar da apresentação da proposta referida no número anterior, a comissão de coordenação e desenvolvimento regional aprova a alteração simplificada da delimitação da REN com fundamento na declaração de impacte ambiental ou na decisão de incidências ambientais.

10 – À alteração simplificada da delimitação da REN é aplicável o disposto no artigo 12º.

11 – A Comissão Nacional do Território apresenta ao membro do Governo responsável pela área do ordenamento do território, com uma periodicidade anual, um relatório, contendo uma apreciação crítica da aplicação do presente artigo, com base na informação disponibilizada pelas comissões de coordenação e desenvolvimento regional, tendo em conta o disposto no nº 1 do artigo anterior.

12 – O disposto no presente artigo pressupõe necessariamente o cumprimento das normas legais e regulamentares aplicáveis, designadamente as constantes nos instrumentos de gestão territorial e nos demais regimes jurídicos de licenciamento.

**Artigo 17º [1]**

*[Revogado].*

[1] Redação do Decreto-Lei nº 239/2012, de 2 de novembro.

## Artigo 18º[1] – Reintegração

1 – As áreas que tenham sido excluídas da REN são reintegradas, no todo ou em parte, quando as mesmas não tenham sido destinadas aos fins que fundamentaram a sua exclusão:

*a)* No prazo de cinco anos, quando a exclusão tenha ocorrido no âmbito de procedimento de delimitação ou alteração da delimitação para a execução de projetos e a obra ainda não se tenha iniciado;

*b)* No prazo para a execução de plano territorial de âmbito municipal ou intermunicipal, quando a exclusão tenha ocorrido no âmbito da elaboração desse plano e a obra ainda não se tenha iniciado.

2 – Nos casos de projetos com título válido para a sua execução, a reintegração só ocorre com a caducidade do título.

3 – Decorridos os prazos previstos nos números anteriores e para efeitos de reintegração, a câmara municipal promove obrigatoriamente a alteração da carta municipal da REN e submete-a a aprovação da comissão de coordenação e desenvolvimento regional, aplicando-se o disposto no artigo 12º.

4 – A alteração mencionada no número anterior pode ser promovida a todo o tempo.

## Artigo 19º [2] – Correções materiais e retificações

1 – As correções materiais de delimitação da REN são admissíveis para efeitos de:

*a)* Correções de erros materiais, patentes e manifestos, na representação cartográfica;

*b)* Correções de erros materiais que correspondam a incongruências com instrumentos de gestão territorial.

2 – As correções materiais são efetuadas por despacho do presidente da comissão de coordenação e desenvolvimento regional, a publicar na 2ª série do Diário da República, após apreciação, e podem ser efetuadas a todo o tempo.

3 – As correções materiais podem ser promovidas pela comissão de coordenação e desenvolvimento regional, pela câmara municipal ou pela entidade responsável pela elaboração da REN.

4 – São admissíveis retificações para correção de lapsos gramaticais, ortográficos, de cálculo ou de natureza análoga ou para correção de erros

[1] Redação do Decreto-Lei nº 124/2019, de 28 de agosto.

[2] Redação do Decreto-Lei nº 239/2012, de 2 de novembro.

materiais provenientes de divergências entre o ato original e o ato efetivamente publicado na 2ª série do Diário da República, que podem ser feitas a todo o tempo mediante declaração da respetiva entidade do ato original.

## CAPÍTULO III – Regime das áreas integradas em REN

### Artigo 20º [1] – Regime

1 – Nas áreas incluídas na REN são interditos os usos e as ações de iniciativa pública ou privada que se traduzam em:

*a)* Operações de loteamento;

*b)* Obras de urbanização, construção e ampliação;

*c)* Vias de comunicação;

*d)* Escavações e aterros;

*e)* Destruição do revestimento vegetal, não incluindo as ações necessárias ao normal e regular desenvolvimento das operações culturais de aproveitamento agrícola do solo, das operações correntes de condução e exploração dos espaços florestais e de ações extraordinárias de proteção fitossanitária previstas em legislação específica.

2 – Excetuam-se do disposto no número anterior os usos e as ações que sejam compatíveis com os objetivos de proteção ecológica e ambiental e de prevenção e redução de riscos naturais de áreas integradas em REN.

3 – Consideram-se compatíveis com os objetivos mencionados no número anterior os usos e ações que, cumulativamente:

*a)* Não coloquem em causa as funções das respetivas áreas, nos termos do anexo i; e

*b)* Constem do anexo ii do presente decreto-lei, que dele faz parte integrante, nos termos dos artigos seguintes, como:

*i)* Isentos de qualquer tipo de procedimento; ou

*ii)* Sujeitos à realização de comunicação prévia; ou

*iii)* *[Revogada].*

4 – Consideram-se ainda dispensadas da aplicação do disposto no nº 1 as ações de arborização e rearborização com espécies florestais, bem como a implantação de infraestruturas no seu âmbito, quando decorrentes de projetos autorizados pelo Instituto da Conservação da Natureza e das Flo-

[1] Alterado pelo Decreto-Lei nº 96/2013 de 19 de julho, e pelo Decreto-Lei nº 124/2019, de 28 de agosto.

restas, I.P., ou aprovados pelas entidades competentes no âmbito de programas públicos de apoio ao desenvolvimento florestal, nos termos da lei.

5 – Para efeitos do disposto no número anterior, a análise das ações inerente aos projetos submetidos a autorização ou aprovação deve incorporar os princípios e objetivos da REN.

6 – Compete aos membros do Governo responsáveis pelas áreas do ambiente, do ordenamento do território, da agricultura, do desenvolvimento rural, das pescas, da economia, das obras públicas e dos transportes aprovar, por portaria, as condições a observar para a viabilização dos usos e ações referidos nos nºs 2 e 3[1].

## Artigo 21º – Ações de relevante interesse público

1 – Nas áreas da REN podem ser realizadas as ações de relevante interesse público que sejam reconhecidas como tal por despacho do membro do Governo responsável pelas áreas do ambiente e do ordenamento do território e do membro do Governo competente em razão da matéria, desde que não se possam realizar de forma adequada em áreas não integradas na REN.

2 – O despacho referido no número anterior pode estabelecer, quando necessário, condicionamentos e medidas de minimização de afetação para execução de ações em áreas da REN.

3 – Nos casos de infraestruturas públicas, nomeadamente rodoviárias, ferroviárias, portuárias, aeroportuárias, de abastecimento de água ou de saneamento, sujeitas a avaliação de impacte ambiental, a declaração de impacte ambiental favorável ou condicionalmente favorável equivale ao reconhecimento do interesse público da ação.

## Artigo 22º [2] – Comunicação prévia

1 – A comunicação prévia a que se refere a subalínea *ii)* da alínea *b)* do nº 3 do artigo 20º é realizada por escrito e dirigida à comissão de coordenação e desenvolvimento regional, acompanhada dos elementos instrutórios previstos em portaria a aprovar pelo membro do Governo responsável pelas áreas do ambiente e do ordenamento do território.

[1] A Portaria nº 419/2012, de 20 de dezembro, define as situações de usos ou ações considerados compatíveis com os objetivos de proteção hidrológica e ambiental e de prevenção e redução de riscos naturais de áreas integradas em Reserva Ecológica Nacional.

[2] Redação do Decreto-Lei nº 239/2012, de 2 de novembro, e do Decreto-Lei nº 124/2019, de 28 de agosto.

2 – A comunicação prévia pode ser apresentada pelo interessado ou pela entidade administrativa competente para aprovar ou autorizar a ação em causa.

3 – No prazo de cinco dias a contar da data da apresentação da comunicação prévia, a comissão de coordenação e desenvolvimento regional verifica as questões de ordem formal que possam obstar à análise da pretensão e solicita ao comunicante as informações e correções que se revelem necessárias, a apresentação de elementos em falta, bem como o comprovativo do pagamento da taxa, quando devida.

4 – Sob pena de rejeição liminar, o comunicante deve suprir as deficiências indicadas no prazo de 15 dias, encontrando-se o procedimento suspenso durante este período.

5 – Nas situações de usos ou ações que carecem de parecer da Agência Portuguesa do Ambiente, I. P., a definir por portaria nos termos do nº 6 do artigo 20º, a comissão de coordenação e desenvolvimento regional solicita parecer obrigatório e vinculativo àquela entidade, o qual deve ser emitido no prazo de 15 dias.

6 – No prazo de 20 dias a contar da data da apresentação da comunicação prévia ou do termo do prazo previsto no nº 4, a comissão de coordenação e desenvolvimento regional decide pela sua rejeição quando se verifique que o respetivo uso ou ação:

*a)* Não cumpre cumulativamente as alíneas *a)* e *b)* do nº 3 do artigo 20º;

*b)* Não cumpre as condições a observar para a respetiva viabilização, fixadas por portaria nos termos do nº 6 do artigo 20º;

*c)* Foi objeto de parecer desfavorável da Agência Portuguesa do Ambiente, I. P., emitido nos termos do número anterior.

7 – A não rejeição nos termos do número anterior determina que os usos e ações objeto de comunicação prévia podem iniciar-se no prazo de 25 dias a contar da data de apresentação da comunicação prévia, com exceção das ações de defesa da floresta contra incêndios, as quais podem iniciar-se no prazo de 10 dias a contar da data da apresentação da comunicação prévia.

8 – No caso de a comunicação prévia ser apresentada nos termos do artigo 13º-A do Regime Jurídico da Urbanização e da Edificação, aprovado pelo Decreto-Lei nº 555/99, de 16 de dezembro, aplicam-se os prazos previstos naquele diploma.

9 – O disposto no presente artigo pressupõe necessariamente o cumprimento das normas legais e regulamentares aplicáveis, designadamente

as constantes nos instrumentos de gestão territorial e nos demais regimes jurídicos de licenciamento.

### Artigo 23º [1]

*[Revogado].*

### Artigo 24º [2] – Usos e ações sujeitos a outros regimes

1 – Nos casos em que os usos e as ações previstos no anexo II recaiam em áreas cuja utilização necessite de título de utilização dos recursos hídricos, em áreas classificadas ou em áreas integradas na Reserva Agrícola Nacional (RAN), a comissão de coordenação e desenvolvimento regional promove a realização de uma conferência procedimental com as entidades respetivamente competentes.

2 – No âmbito da conferência procedimental mencionada no número anterior, sem prejuízo da emissão autónoma do título de utilização de recursos hídricos, é emitida uma comunicação única de todas as entidades competentes ao interessado, a qual colige todos os atos que cada uma das entidades envolvidas deve praticar, nos termos legais e regulamentares.

3 – A comunicação prevista no número anterior deve refletir a posição manifestada por cada uma das entidades, observando as respetivas competências próprias.

4 – Nos casos a que se refere o nº 1 em que seja também necessária a emissão de título de utilização dos recursos hídricos, os elementos necessários à realização do procedimento atinente à sua emissão, nos termos do Decreto-Lei nº 226-A/2007, de 31 de maio, são remetidos à Agência Portuguesa do Ambiente, I. P., no prazo máximo de cinco dias a contar da data da apresentação do pedido.

5 – Quando estejam em causa exclusivamente áreas integradas na REN e na RAN, a conferência procedimental prevista no nº 1 deve ocorrer em simultâneo com a reunião da entidade regional da RAN.

6 – *[Revogado].*

7 – Quando a pretensão em causa esteja sujeita a procedimento de avaliação de impacte ambiental ou de avaliação de incidências ambientais, a

[1] Redação do Decreto-Lei nº 239/2012, de 2 de novembro.

[2] Redação do Decreto-Lei nº 239/2012, de 2 de novembro, e do Decreto-Lei nº 124/2019, de 28 de agosto.

pronúncia favorável da comissão de coordenação e desenvolvimento regional no âmbito desses procedimentos determina a não rejeição da comunicação prévia.

8 – *[Revogado]*.

9 – Nos casos em que a comissão de coordenação e desenvolvimento regional autorize ou emita parecer sobre uma pretensão ao abrigo de um regime específico, deve nesse ato também decidir sobre a possibilidade de afetação de áreas integradas na REN, nos termos do presente decreto-lei, sendo neste caso aplicável o prazo previsto no respetivo regime.

### Artigo 25º [1]– Contratos de parceria

As competências da comissão de coordenação e desenvolvimento regional previstas no artigo 22º podem ser exercidas em parceria com as câmaras municipais, mediante a celebração de contratos de parceria que estabeleçam o âmbito, os termos e as suas condições.

### Artigo 26º [2] – Operações de loteamento

1 – As áreas integradas na REN podem ser incluídas em operações de loteamento desde que não sejam destinadas a usos ou ações incompatíveis com os objetivos de proteção ecológica e ambiental e de prevenção e redução de riscos naturais.

2 – As áreas integradas na REN podem ser consideradas para efeitos de cedências destinadas a espaços verdes públicos e de utilização coletiva, infraestruturas e equipamentos que sejam compatíveis, nos termos do presente decreto-lei, com os objetivos de proteção ecológica e ambiental e de prevenção e redução de riscos naturais daquelas áreas.

### Artigo 27º – Invalidade dos atos e responsabilidade civil

1 – São nulos os atos administrativos praticados em violação do disposto no presente capítulo ou que permitam a realização de ações em desconformidade com os fins que determinaram a exclusão de áreas da REN.

2 – A entidade administrativa responsável pela emissão do ato administrativo revogado, anulado ou declarado nulo bem como os titulares dos respetivos órgãos e os seus funcionários e agentes respondem civilmente pelos prejuízos causados, nos termos da lei.

[1] Redação do Decreto-Lei nº 124/2019, de 28 de agosto.

[2] Redação do Decreto-Lei nº 239/2012, de 2 de novembro.

3 – Quando a ilegalidade que fundamenta a revogação, a anulação ou a declaração de nulidade resulte de parecer vinculativo, autorização ou aprovação legalmente exigível, a entidade que o emitiu responde solidariamente com a entidade administrativa que praticou o ato revogado, anulado ou declarado nulo, que tem sobre aquela direito de regresso.

4 – O disposto no presente artigo em matéria de responsabilidade solidária não prejudica o direito de regresso que ao caso couber, nos termos gerais de direito.

## CAPÍTULO IV – Comissão Nacional da REN

### Artigos 28º a 31º [1]

*[Revogados].*

## CAPÍTULO V – Regime económico-financeiro

### Artigo 32º – Programas de financiamento público

As regras de aplicação dos programas de financiamento público devem discriminar positivamente as ações que contribuam para a gestão sustentável das áreas da REN.

### Artigo 33º [2]– Financiamento de projetos em áreas da REN

1 – Podem ser objeto de financiamento pelo Fundo Ambiental projetos públicos ou privados que contribuam para a gestão sustentável das áreas da REN, em especial os relevantes para a salvaguarda e gestão integrada dos recursos hídricos, da biodiversidade, da proteção do solo e da prevenção ou mitigação dos riscos associados.

2 – (Revogado.)

[1] Revogados pelo artigo 205º, alínea *b)*, do Decreto-Lei nº 80/2015, de 14 de maio, que aprovou o atual RJIGT. A Comissão Nacional da Reserva Ecológica Nacional foi extinta e substituída pela Comissão Nacional do Território, cujas atribuições, composição e funcionamento constam dos artigos 184º a 186º do Decreto-Lei nº 80/2015 (cf. também o artigo 201º deste diploma legal).

[2] Redação do Decreto-Lei nº 124/2019, de 28 de agosto.

### Artigo 34º – Promoção da sustentabilidade local

A inclusão de áreas municipais na REN constitui fator de discriminação positiva para efeitos de aplicação da alínea *a)* do nº 2 do artigo 6º da Lei nº 2/2007, de 15 de janeiro.

### Artigo 35º [1] – Perequação compensatória

1 – Na elaboração dos planos territoriais de âmbito municipal e intermunicipal, as áreas integradas na REN são consideradas para efeitos de estabelecimento dos mecanismos de perequação compensatória dos benefícios e encargos entre os proprietários.

2 – Sem prejuízo do disposto no número anterior, as áreas da REN não são contabilizadas para o cálculo da edificabilidade nos casos em que os planos territoriais de âmbito municipal e intermunicipal assim o determinem.

## CAPÍTULO VI – Fiscalização e regime contraordenacional

### Artigo 36º – Inspeção e fiscalização

1 – A verificação do cumprimento do presente decreto-lei é desenvolvida de forma sistemática pelas autoridades da administração central e local em função das respetivas competências e área de intervenção e de forma pontual em função das queixas e denúncias recebidas, assumindo a forma de fiscalização.

2 – A fiscalização compete às comissões de coordenação e desenvolvimento regional, à Agência Portuguesa do Ambiente, I. P., e aos municípios, bem como a outras entidades competentes em razão da matéria ou da área de jurisdição.

3 – A verificação assume ainda a forma de inspeção, a efetuar pela Inspeção-Geral da Agricultura, do Mar, do Ambiente e do Ordenamento do Território, nos termos das suas competências.

4 – A Inspeção-Geral da Agricultura, do Mar, do Ambiente e do Ordenamento do Território centraliza a informação relativa à fiscalização, devendo as restantes entidades mencionadas no nº 2 participar-lhe todos os factos relevantes de que tomarem conhecimento e pertinentes a tal fim, enviando-lhes cópia dos autos de notícia ou participações, bem como dos embargos e demolições que forem ordenados.

[1] Redação do Decreto-Lei nº 239/2012, de 2 de novembro, e do Decreto-Lei nº 124/2019, de 28 de agosto.

### Artigo 37º [1] – Contraordenações

1 – Constitui contraordenação ambiental leve:

*a)* A realização de usos ou ações sem que tenha sido apresentada a respetiva comunicação prévia, quando a mesma seja exigível nos termos dos artigos 20º e 22º;

*b)* *[Revogada].*

2 – *[Revogado].*

3 – Constitui contraordenação ambiental muito grave:

*a)* A realização de usos ou ações interditos nos termos do artigo 20º;

*b)* O incumprimento ou cumprimento deficiente dos condicionamentos e medidas de minimização estabelecidos, nos termos do nº 2 do artigo 21º.

4 – A tentativa é punível nas contraordenações mencionadas no nº 3, sendo os limites mínimos e máximos da respetiva coima reduzidos a metade.

5 – A negligência é sempre punível.

6 – Pela prática das contraordenações previstas no nº 3, podem ser aplicadas ao infrator as sanções acessórias previstas no nº 1 do artigo 30º da Lei nº 50/2006, de 29 de agosto, na sua redação atual.

7 – Pode ser objeto de publicidade, nos termos do disposto no artigo 38º da Lei nº 50/2006, de 29 de agosto, na sua redação atual, a condenação pela prática das infrações previstas no nº 3, quando a medida concreta da coima aplicada ultrapasse metade do montante máximo da coima abstratamente aplicável.

8 – A autoridade administrativa pode ainda, sempre que necessário, determinar a apreensão provisória de bens e documentos, nos termos previstos no artigo 42º da Lei nº 50/2006, de 29 de agosto.

### Artigo 38º – Instrução dos processos

A instrução e a decisão dos processos contraordenacionais competem à comissão de coordenação e desenvolvimento regional ou à Agência Portuguesa do Ambiente, I. P., quando as entidades que tenham procedido ao levantamento do auto de notícia se integrem na Administração do Estado e às câmaras municipais.

[1] Redação do Decreto-Lei nº 239/2012, de 2 de novembro, e do Decreto-Lei nº 124/2019, de 28 de agosto.

### Artigo 39º[1] – Embargo e demolição

1 – Compete à Inspeção-Geral da Agricultura, do Mar, do Ambiente e do Ordenamento do Território, às comissões de coordenação e desenvolvimento regional, à Agência Portuguesa do Ambiente, I. P., aos municípios e às demais entidades competentes em razão da matéria ou área de jurisdição embargar e demolir as obras, bem como fazer cessar outros usos e ações, realizadas em violação ao disposto no presente decreto-lei.

2 – As entidades referidas no número anterior devem determinar o cumprimento integral dos condicionamentos e medidas de minimização estabelecidos nos termos do nº 2 do artigo 21º quando se verifique o incumprimento ou cumprimento deficiente dos mesmos.

3 – As entidades referidas no nº 1 podem ainda determinar o embargo e a demolição das obras, bem como fazer cessar outros usos e ações, que violem a autorização emitida pela comissão de coordenação e desenvolvimento regional, nomeadamente os termos e as condições que determinaram a sua emissão ou que foram nela estabelecidos e que, desse modo, ponham em causa as funções que as áreas pretendem assegurar.

4 – A entidade competente nos termos do nº 1 intima o proprietário a demolir as obras feitas ou a repor o terreno no estado anterior à intervenção, fixando-lhe prazos de início e termo dos trabalhos para o efeito necessários.

5 – Decorridos os prazos referidos no número anterior sem que a intimação se mostre cumprida, procede-se à demolição ou reposição nos termos do nº 1, por conta do proprietário, sendo as despesas cobradas coercivamente através do processo de execução fiscal, servindo de título executivo a certidão extraída de livros ou documentos de onde constem a importância e os demais requisitos exigidos no artigo 163º do Código de Procedimento e de Processo Tributário.

## CAPÍTULO VII – Disposições complementares, transitórias e finais

### Artigo 40º – Ações já licenciadas ou autorizadas

O disposto no capítulo iii não se aplica à realização de ações já licenciadas ou autorizadas à data da entrada em vigor da delimitação da REN nos termos do artigo 12º.

[1] Redação do Decreto-Lei nº 124/2019, de 28 de agosto.

## Artigo 41º – Elaboração das orientações estratégicas de âmbito nacional e regional

1 – As orientações estratégicas de âmbito nacional e regional devem ser elaboradas no prazo de um ano contado a partir da data de tomada de posse da Comissão Nacional da REN.

2 – Até à publicação das orientações estratégicas de âmbito nacional e regional, a delimitação da REN a nível municipal segue o procedimento estabelecido no artigo 3º do Decreto-Lei nº 93/90, de 19 de março, sendo aprovada por portaria do membro do Governo responsável pela área do ambiente e do ordenamento do território.

## Artigo 42º [1] – Inexistência de delimitação municipal

1 – Carece de autorização da comissão de coordenação e desenvolvimento regional a realização dos usos e ações previstos no nº 1 do artigo 20º nas áreas identificadas no anexo iii do presente decreto-lei, que dele faz parte integrante, que ainda não tenham sido objeto de delimitação.

2 – A autorização referida no número anterior é solicitada pela câmara municipal ou pelo interessado no caso de a ação não estar sujeita a licenciamento ou comunicação prévia.

3 – O pedido considera-se tacitamente deferido na ausência de decisão final no prazo de 40 dias a contar da data da sua apresentação junto da entidade competente.

4 – O disposto no capítulo vi do presente decreto-lei é aplicável às áreas referidas no presente artigo.

5 – No caso dos municípios sem delimitação de REN em vigor, o procedimento de revisão dos planos diretores municipais apenas pode ser aprovado, sob pena de nulidade, se a respetiva delimitação municipal da REN for efetuada ao abrigo das orientações estratégicas de âmbito nacional e regional, aprovadas pela Resolução do Conselho de Ministros nº 81/2012, de 3 de outubro.

## Artigo 43º [2] – Adaptação das delimitações municipais

1 – *[Revogado]*.

[1] Redação do Decreto-Lei nº 239/2012, de 2 de novembro.

[2] Redação do Decreto-Lei nº 239/2012, de 2 de novembro, e do Decreto-Lei nº 124/2019, de 28 de agosto.

2 – Até à alteração das delimitações municipais da REN, para adaptação às orientações estratégicas de âmbito nacional e regional, aprovadas pela Resolução do Conselho de Ministros nº 81/2012, de 3 de outubro, continuam a vigorar as delimitações efetuadas ao abrigo do Decreto-Lei nº 93/90, de 19 de março.

3 – A correspondência das áreas definidas no Decreto-Lei nº 93/90, de 19 de março, com as novas categorias das áreas integradas na REN é identificada no anexo iv do presente decreto-lei, que dele faz parte integrante.

4 – *[Revogado]*.

5 – No âmbito da revisão de planos territoriais de âmbito municipal ou intermunicipal é obrigatória a adaptação da delimitação da REN às orientações estratégicas nacionais e regionais em vigor.

**Artigo 44º[1] – Regime transitório de reconhecimento do interesse público de infraestruturas públicas**

1 – O disposto no nº 3 do artigo 21º é aplicável às declarações de impacte ambiental favoráveis ou condicionalmente favoráveis que tenham sido emitidas antes da entrada em vigor do presente decreto-lei.

2 – Nas situações previstas no número anterior em que o procedimento de avaliação de impacte ambiental tenha ocorrido em fase de estudo prévio ou de anteprojeto, a comissão de coordenação e desenvolvimento regional pode estabelecer, quando necessário, os condicionamentos e as medidas de minimização de afetação das áreas integradas na REN previstas no nº 2 do artigo 21º.

3 – O estabelecimento dos condicionamentos e das medidas de minimização previstas no número anterior está sujeito a homologação pelo membro do Governo responsável pelas áreas do ambiente e do ordenamento do território, a qual deve ocorrer até ao limite do prazo estabelecido no nº 7 do artigo 21º do Decreto-Lei nº 151-B/2013, de 31 de outubro, na sua redação atual, considerando-se recusada a homologação caso aquele limite seja excedido.

4 – Para efeitos do número anterior, a autoridade de avaliação de impacte ambiental envia os elementos relevantes do processo à comissão de coordenação e desenvolvimento regional competente[2/3].

[1] Redação do Decreto-Lei nº 124/2019, de 28 de agosto.

[2] O artigo 3º do Decreto-Lei nº 124/2019, de 28 de agosto, alterou os anexos I a IV do Decreto-Lei nº 166/88, de 22 de agosto, devendo os mesmos ser consultados nos correspondentes

## Artigo 45º – Cessação de funções[1]

Com a entrada em vigor do presente decreto-lei cessam funções os membros da anterior Comissão Nacional da REN, continuando os mesmos a assegurar o seu normal funcionamento até ao início de funções dos novos membros.

anexos àquele diploma legal. Sublinhe-se, ainda, que o artigo 6º do Decreto-Lei nº 124/2019, de 28 de agosto, revogou os artigos 41º, 45º e as subalíneas *iii)* a *vii)* do nº 3 do ponto I da secção I do anexo I do Decreto-Lei nº 166/2008, de 22 de agosto, na sua redação atual.

[3] O Decreto-Lei nº 124/2019, de 28 de agosto, contém, ainda, os artigos 4º e 5º, cujo conteúdo é o seguinte:
"Artigo 4º
**Prazo para adaptação da delimitação da Reserva Ecológica Nacional às orientações estratégicas de âmbito nacional e regional**
1 – As delimitações de Reserva Ecológica Nacional (REN) devem conformar-se com as orientações estratégicas de âmbito nacional e regional no prazo de cinco anos após a entrada em vigor da portaria referida no nº 5 do artigo 8º do Decreto-Lei nº 166/2008, de 22 de agosto, na redação introduzida pelo presente decreto-lei.
2 – O não cumprimento do prazo previsto no número anterior suspende o regime de usos e ações compatíveis previsto no artigo 20º do Decreto-Lei nº 166/2008, de 22 de agosto, na redação introduzida pelo presente decreto-lei, nas áreas integradas na REN dos planos municipal ou intermunicipal em causa.
3 – No caso de procedimentos de revisão de planos territoriais de âmbito municipal ou intermunicipal em cumprimento do previsto no nº 2 do artigo 199º do Decreto-Lei nº 80/2015, de 14 de maio, a adaptação da delimitação da REN pode ser concluída no prazo previsto no nº 1".
"Artigo 5º
**Regime transitório para a adaptação da delimitação da Reserva Ecológica Nacional às orientações estratégicas de âmbito nacional e regional**
1 – Aos procedimentos de delimitações de REN em curso à data de entrada em vigor do presente decreto-lei, aplicam-se as orientações estratégicas de âmbito nacional e regional aprovadas por portaria nos termos do nº 5 do artigo 8º do Decreto-Lei nº 166/2008, de 22 de agosto, na redação introduzida pelo presente decreto-lei.
2 – As propostas que à data de entrada em vigor do presente decreto-lei já tenham obtido parecer favorável das entidades competentes pela emissão de pareceres no âmbito da delimitação da REN são aproveitadas no respeitante às tipologias de áreas da REN não alteradas pelas orientações estratégicas de âmbito nacional e regional previstas no número anterior.
3 – As comissões de coordenação e de desenvolvimento regional competentes identificam, no prazo de 90 dias a contar da data de entrada em vigor da portaria que aprova as orientações estratégicas de âmbito nacional e regional, as adaptações necessárias a integrar pelos municípios nas respetivas propostas de delimitação da REN.
4 – A Agência Portuguesa do Ambiente, I. P., e o Instituto da Conservação da Natureza e das Florestas, I. P., prestam o apoio técnico especializado aos municípios para a integração das alterações referidas no número anterior".

**Artigo 46º – Regiões Autónomas**

O disposto no presente decreto-lei aplica-se às Regiões Autónomas dos Açores e da Madeira, sem prejuízo da sua adequação à especificidade regional a introduzir por decreto legislativo regional.

**Artigo 47º – Norma revogatória**

É revogado o Decreto-Lei nº 93/90, de 19 de março, com as alterações introduzidas pelos Decretos-Leis nºs 316/90, de 13 de outubro, 213/92, de 12 de outubro, 79/95, de 20 de abril, 203/2003, de 1 de outubro, e 180/2006, de 6 de setembro.

**Artigo 48º – Entrada em vigor**

O presente decreto-lei entra em vigor 30 dias após a data da sua publicação.

# 3. Regime Jurídico da Conservação da Natureza e da Biodiversidade

## Decreto-Lei nº 142/2008, de 24 de julho, alterado pelo Decreto-Lei nº 242/2015, de 15 de outubro, e pelo Decreto-Lei nº 42-A/2016, de 12 de agosto

### CAPÍTULO I – Disposições gerais, princípios e enquadramento institucional

**Artigo 1º – Objeto**

O presente decreto-lei estabelece o regime jurídico da conservação da natureza e da biodiversidade.

**Artigo 2º [1] – Âmbito**

1 – O regime jurídico estabelecido no presente decreto-lei é aplicável ao conjunto dos valores e recursos naturais presentes no território nacional e nas águas sob jurisdição nacional.

2 – O disposto no presente decreto-lei não prejudica a aplicação de regimes especiais, designadamente os relativos à classificação e gestão de áreas marinhas protegidas para além do mar territorial, à reserva ecológica nacional, ao domínio público hídrico, à reserva agrícola nacional e aos recursos florestais, fitogenéticos, agrícolas, cinegéticos, pesqueiros e aquícolas das águas interiores.

**Artigo 3º – Definições**

Para os efeitos do disposto no presente decreto-lei, entende-se por:

*a)* «Áreas classificadas» as áreas definidas e delimitadas cartograficamente do território nacional e das águas sob jurisdição nacional que, em

[1] Redação do Decreto-Lei nº 242/2015, de 15 de outubro.

função da sua relevância para a conservação da natureza e da biodiversidade, são objeto de regulamentação específica;

*b)* «Biodiversidade» a variedade das formas de vida e dos processos que as relacionam, incluindo todos os organismos vivos, as diferenças genéticas entre eles e as comunidades e ecossistemas em que ocorrem;

*c)* «Conservação da natureza e da biodiversidade» o conjunto das intervenções físicas, ecológicas, sociológicas ou económicas orientadas para a manutenção ou recuperação dos valores naturais e para a valorização e uso sustentável dos recursos naturais;

*d)* «Conservação *ex situ*» a conservação de espécies da fauna e da flora selvagens fora dos seus habitats naturais;

*e)* «Conservação *in situ*» a conservação de espécies da fauna e da flora selvagens nos seus habitats naturais;

*f)* «Ecossistemas» os complexos dinâmicos constituídos por comunidades vegetais, animais e de microrganismos, relacionados entre si e com o meio envolvente, considerados como uma unidade funcional;

*g)* «Espécies» o conjunto de indivíduos inter-reprodutores com a mesma morfologia hereditária e um ciclo de vida comum, incluindo quaisquer subespécies ou suas populações geograficamente isoladas;

*h)* «Espécie não indígena» qualquer espécie, da flora ou da fauna, não originária de um determinado território e nunca aí registada como ocorrendo naturalmente e com populações autossustentadas durante os tempos históricos;

*i)* «Geossítio» a área de ocorrência de elementos geológicos com reconhecido valor científico, educativo, estético e cultural;

*j)* «Habitat» a área terrestre ou aquática natural ou seminatural que se distingue por características geográficas abióticas e bióticas;

*l)* «Monitorização» o processo de recolha e processamento de informação sobre um ou mais valores naturais, visando acompanhar o seu estado de conservação;

*m)* «Património geológico» o conjunto de geossítios que ocorrem numa determinada área e que inclui o património geomorfológico, paleontológico, mineralógico, petrológico, estratigráfico, tectónico, hidrogeológico e pedológico, entre outros;

*n)* «Património natural» o conjunto dos valores naturais com reconhecido interesse natural ou paisagístico, nomeadamente do ponto de vista científico, da conservação e estético;

*o)* «Recursos genéticos» o material genético, designadamente de origem vegetal, animal ou microbiológica, contendo unidades funcionais de hereditariedade, com um valor de utilização real ou potencial;

*p)* «Recursos naturais» os componentes ambientais naturais com utilidade para o ser humano e geradores de bens e serviços, incluindo a fauna, a flora, o ar, a água, os minerais e o solo;

*q)* «Serviços dos ecossistemas» os benefícios que as pessoas obtêm, direta ou indiretamente, dos ecossistemas, distinguindo-se em:

*i)* «Serviços de produção», entendidos como os bens produzidos ou aprovisionados pelos ecossistemas, nomeadamente alimentos, água doce, lenha, fibra, bioquímicos ou recursos genéticos, entre outros;

*ii)* «Serviços de regulação», entendidos como os benefícios obtidos da regulação dos processos de ecossistema, nomeadamente a regulação do clima, de doenças, de cheias ou a destoxificação, entre outros;

*iii)* «Serviços culturais», entendidos como os benefícios não materiais obtidos dos ecossistemas, nomeadamente ao nível espiritual, recreativo, estético ou educativo, entre outros;

*iv)* «Serviços de suporte», entendidos como os serviços necessários para a produção de todos os outros serviços, nomeadamente a formação do solo, os ciclos dos nutrientes ou a produtividade primária, entre outros;

*r)* «Valores naturais» os elementos da biodiversidade, paisagens, territórios, habitats ou geossítios;

*s)* «Valores naturais classificados» os valores naturais que, em razão da sua relevância para a conservação da natureza e da biodiversidade, estão sujeitos a regimes legais de proteção.

**Artigo 4º – Princípios**

Para além dos princípios gerais e específicos consignados na Lei de Bases do Ambiente, a execução da política e das ações de conservação da natureza e da biodiversidade deve observar os seguintes princípios:

*a)* Princípio da função social e pública do património natural, nos termos do qual se consagra o património natural como infraestrutura básica integradora dos recursos naturais indispensáveis ao desenvolvimento social e económico e à qualidade de vida dos cidadãos;

*b)* Princípio da sustentabilidade, nos termos do qual deve ser promovido o aproveitamento racional dos recursos naturais, conciliando a conservação da natureza e da biodiversidade com a criação de oportunidades sociais e económicas e garantindo a sua disponibilidade para as gerações futuras;

*c)* Princípio da identificação, por força do qual deve ser promovido o conhecimento, a classificação e o registo dos valores naturais que integram o património natural;

*d)* Princípio da compensação, pelo utilizador, dos efeitos negativos provocados pelo uso dos recursos naturais;

*e)* Princípio da precaução, nos termos do qual as medidas destinadas a evitar o impacte negativo de uma ação sobre a conservação da natureza e a biodiversidade devem ser adotadas mesmo na ausência de certeza científica da existência de uma relação causa-efeito entre eles;

*f)* Princípio da proteção, por força do qual importa desenvolver uma efetiva salvaguarda dos valores mais significativos do nosso património natural, designadamente dos presentes nas áreas classificadas.

**Artigo 5º – Rede Fundamental de Conservação da Natureza**

1 – É criada a Rede Fundamental de Conservação da Natureza, abreviadamente designada por RFCN, a qual é composta:

*a)* Pelo Sistema Nacional de Áreas Classificadas, que integra as seguintes áreas nucleares de conservação da natureza e da biodiversidade:

*i)* Áreas protegidas integradas na Rede Nacional de Áreas Protegidas;

*ii)* Sítios da lista nacional de sítios e zonas de proteção especial integrados na Rede Natura 2000;

*iii)* As demais áreas classificadas ao abrigo de compromissos internacionais assumidos pelo Estado Português;

*b)* Pelas áreas de continuidade a seguir identificadas, nos termos do número seguinte e com salvaguarda dos respetivos regimes jurídicos:

*i)* A Reserva Ecológica Nacional (REN);

*ii)* A Reserva Agrícola Nacional (RAN);

*iii)* O domínio público hídrico (DPH).

2 – As áreas de continuidade referidas no número anterior estabelecem ou salvaguardam a ligação e o intercâmbio genético de populações de espécies selvagens entre as diferentes áreas nucleares de conservação, contribuindo para uma adequada proteção dos recursos naturais e para a promoção da continuidade espacial, da coerência ecológica das áreas classificadas e da conectividade das componentes da biodiversidade em todo o território, bem como para uma adequada integração e desenvolvimento das atividades humanas.

**Artigo 6º – Ações de conservação ativa e de suporte**

A conservação da natureza e da biodiversidade compreende o exercício:

*a)* De ações de conservação ativa, que correspondem ao conjunto de medidas e ações de intervenção dirigidas ao maneio direto de espécies, habitats, ecossistemas e geossítios, bem como o conjunto de medidas e ações de intervenção associadas a atividades socioeconómicas, tais como a silvicultura, a mineração, a agricultura, a pecuária, a caça ou a pesca, com implicações significativas no maneio de espécies, habitats, ecossistemas e geossítios, tendo em vista a sua manutenção ou recuperação para um estado favorável de conservação;

*b)* De ações de suporte, que correspondem à regulamentação, ordenamento, monitorização, acompanhamento, cadastro, fiscalização, apoio às ações de conservação ativa, visitação, comunicação e vigilância dos valores naturais classificados.

**Artigo 7º – Comissão de Coordenação Interministerial**

Compete à Comissão de Coordenação Interministerial (CCI), criada pela Resolução do Conselho de Ministros nº 41/99, de 17 de maio, a integração da política de conservação da natureza e do princípio da utilização sustentável da biodiversidade nas diferentes políticas sectoriais, bem como o acompanhamento e avaliação da execução da Estratégia Nacional de Conservação da Natureza e da Biodiversidade.

**Artigo 8º [1] – Autoridades para a conservação da natureza e da biodiversidade**

Sem prejuízo das competências próprias de outras entidades públicas que concorrem para a conservação da natureza e da biodiversidade, cabe:

*a)* Ao Instituto da Conservação da Natureza e da Biodiversidade, I. P., exercer as funções de autoridade nacional para a conservação da natureza e da biodiversidade, abreviadamente designada por autoridade nacional, competindo-lhe promover a nível nacional a conservação da natureza e da biodiversidade e garantir, nos moldes previstos nos capítulos seguintes e na respetiva lei orgânica, a consecução dos objetivos do presente decreto-lei;

*b)* Às comissões de coordenação e desenvolvimento regional executar, avaliar e fiscalizar, ao nível regional, a política de conservação da natureza e da biodiversidade em articulação com a autoridade nacional;

[1] Redação do Decreto-Lei nº 242/2015, de 15 de outubro.

*c)* Às associações de municípios e aos municípios gerir as áreas protegidas de âmbito regional ou local, respetivamente, e participar na gestão das áreas protegidas de âmbito nacional, designadamente por via da integração nos respetivos conselhos estratégicos.

## CAPÍTULO II – Sistema Nacional de Áreas Classificadas

### Artigo 9º – Âmbito do Sistema Nacional de Áreas Classificadas

1 – O Sistema Nacional de Áreas Classificadas, abreviadamente designado por SNAC, é constituído pela Rede Nacional de Áreas Protegidas, pelas áreas classificadas integradas na Rede Natura 2000 e pelas demais áreas classificadas ao abrigo de compromissos internacionais assumidos pelo Estado Português.

2 – Sem prejuízo da existência dos programas e planos territoriais previstos na lei, podem ser adotados planos de gestão para áreas classificadas ou planos específicos de ação para a conservação e recuperação de espécies e habitats no âmbito do SNAC.

### Artigo 9º-A[1] – Marcas associadas ao Sistema Nacional de Áreas Classificadas e sinalização

1 – Nas áreas que integram o SNAC, a autoridade nacional deve definir uma abordagem integrada assente na promoção das potencialidades dos territórios e no desenvolvimento local sustentável, designadamente através da criação de marcas comerciais registadas e de uma imagem identitária.

2 – A gestão da marca Natural.PT é definida por regulamento administrativo aprovado pela autoridade nacional.

3 – A sinalização para efeitos de identificação e informação relativa às áreas classificadas dentro dos seus limites territoriais consta de modelos próprios, a aprovar por portaria do membro do Governo responsável pela área da conservação da natureza.

## SECÇÃO I – Rede Nacional de Áreas Protegidas

### Artigo 10º– Constituição

1 – A Rede Nacional de Áreas Protegidas, abreviadamente designada por RNAP, é constituída pelas áreas protegidas classificadas ao abrigo do

[1] Aditado pelo Decreto-Lei nº 242/2015, de 15 de outubro.

disposto no presente decreto-lei e dos respetivos diplomas regionais de classificação.

2 – Devem ser classificadas como áreas protegidas as áreas terrestres e aquáticas interiores e as áreas marinhas em que a biodiversidade ou outras ocorrências naturais apresentem, pela sua raridade, valor científico, ecológico, social ou cénico, uma relevância especial que exija medidas específicas de conservação e gestão, em ordem a promover a gestão racional dos recursos naturais e a valorização do património natural e cultural, regulamentando as intervenções artificiais suscetíveis de as degradar.

3 – A classificação de áreas protegidas pode abranger o domínio público e o domínio privado do Estado, a zona económica exclusiva e, em geral, quaisquer bens imóveis.

4 – As áreas protegidas delimitadas exclusivamente em águas marítimas sob jurisdição nacional e as áreas de «reservas marinhas» e «parques marinhos» demarcadas nas áreas protegidas constituem a rede nacional de áreas protegidas marinhas.

**Artigo 11º – Categorias e tipologias de áreas protegidas**

1 – As áreas protegidas podem ter âmbito nacional, regional ou local, consoante os interesses que procuram salvaguardar.

2 – Sem prejuízo do disposto no nº 6, as áreas protegidas classificam-se nas seguintes tipologias:

*a)* Parque nacional;
*b)* Parque natural;
*c)* Reserva natural;
*d)* Paisagem protegida;
*e)* Monumento natural.

3 – As áreas protegidas de âmbito nacional podem adotar qualquer das tipologias referidas no número anterior.

4 – Com exceção da tipologia «parque nacional», as áreas protegidas de âmbito regional ou local podem adotar qualquer das tipologias referidas no nº 2, devendo as mesmas serem acompanhadas da designação «regional» ou «local», consoante o caso.

5 – Sempre que uma área protegida, qualquer que seja a sua tipologia, seja delimitada exclusivamente em águas marítimas sob jurisdição nacional, deve ser acrescentado à tipologia usada a expressão «marinha».

6 – Podem ainda ser classificadas áreas protegidas de estatuto privado, designadas «áreas protegidas privadas», nos termos previstos no artigo 21º.

**Artigo 12º – Objetivos da classificação**

A classificação de uma área protegida visa conceder-lhe um estatuto legal de proteção adequado à manutenção da biodiversidade e dos serviços dos ecossistemas e do património geológico, bem como à valorização da paisagem.

**Artigo 13º [1/2] – Gestão das áreas protegidas**

1 – A gestão das áreas protegidas de âmbito nacional compete à autoridade nacional.

2 – A gestão das áreas marinhas protegidas no solo e subsolo marinho e na coluna e superfície de água para além do mar territorial compete à Direção-Geral de Recursos Naturais, Segurança e Serviços Marítimos, em articulação com a autoridade nacional.

3 – A gestão das áreas protegidas de âmbito regional ou local compete às comunidades intermunicipais, às associações de municípios ou aos respetivos municípios.

4 – As tarefas de gestão das áreas protegidas de âmbito nacional, regional ou local, ou suas partes, bem como o exercício de ações de conservação ativa ou de suporte, podem ser contratualizadas com entidades públicas ou privadas.

5 – Os bens imóveis do domínio público ou privado do Estado situados nas áreas protegidas de âmbito nacional e com relevância para a prossecução dos fins destas podem ser geridos pela autoridade nacional mediante cedência de utilização, a realizar nos termos previstos no Decreto-Lei nº 280/2007, de 7 de agosto.

6 – Os bens imóveis que integram o património próprio da autoridade nacional, bem como os bens que integram o domínio privado do Estado situados nas áreas protegidas de âmbito nacional que não estejam afetos à prestação de serviço público, podem ser objeto de transmissão, cedência de utilização ou exploração onerosas e arrendamento a terceiros, nos termos do Decreto-Lei nº 280/2007, de 7 de agosto.

7 – Tendo em conta o reforço dos objetivos de classificação de determinada área protegida de âmbito nacional, regional ou local, podem ser cele-

[1] Redação do Decreto-Lei nº 242/2015, de 15 de outubro.

[2] O Decreto-Lei nº 116/2019, de 21 de agosto, define o regime de cogestão das áreas protegidas, concretizando o princípio de participação dos órgãos municipais na respetiva gestão, ao abrigo do previsto na alínea *c)* do artigo 20º da Lei nº 50/2018, de 16 de agosto.

brados, sempre que adequado, acordos ou convenções internacionais de gestão transfronteiriça das áreas terrestres ou marinhas por ela abrangidas.

**Artigo 14º [1] - Classificação de áreas protegidas de âmbito nacional**

1 - A classificação de áreas protegidas de âmbito nacional pode ser proposta pela autoridade nacional ou por quaisquer entidades públicas ou privadas, designadamente autarquias locais e associações de defesa do ambiente, devendo a respetiva proposta ser acompanhada dos seguintes elementos:

*a)* Caracterização da área sob os aspetos geológicos, geográficos, biofísicos, paisagísticos e socioeconómicos;

*b)* Justificação da necessidade de classificação da área protegida, que inclui obrigatoriamente uma avaliação científica qualitativa e quantitativa do património natural existente e as razões que impõem a sua conservação e proteção;

*c)* Tipologia de área protegida considerada mais adequada aos objetivos de conservação visados.

2 - As propostas de classificação efetuadas por quaisquer entidades públicas ou privadas nos termos do número anterior são apresentadas à autoridade nacional, que procede à sua apreciação técnica e, em caso de concordância, propõe ao membro do Governo responsável pela área da conservação da natureza a respetiva classificação como área protegida de âmbito nacional.

3 - Sem prejuízo do disposto no número seguinte, a classificação é feita por resolução de Conselho de Ministros, que define:

*a)* O tipo e delimitação geográfica da área e seus objetivos específicos;

*b)* *[Revogada]*;

*c)* Os recursos financeiros, materiais e humanos mínimos para a gestão da área protegida;

*d)* As ações, atos e atividades interditas ou condicionadas a autorização da autoridade nacional, suscetíveis de prejudicar a biodiversidade, o património geológico ou outras características da área protegida.

4 - Quando seja obrigatória a elaboração de programa especial nos termos do presente decreto-lei, a resolução do Conselho de Ministros a que se refere o número anterior pode suspender os planos territoriais de âmbito intermunicipal e municipal abrangidos pela área protegida e estabelecer medidas preventivas para evitar a alteração das circunstâncias.

[1] Redação do Decreto-Lei nº 242/2015, de 15 de outubro.

5 – À suspensão dos planos territoriais de âmbito intermunicipal e municipal e à aplicação de medidas preventivas referidas no número anterior é aplicável o regime jurídico dos instrumentos de gestão territorial.

6 – A classificação é obrigatoriamente precedida de um período de discussão pública visando a recolha de observações e sugestões sobre a classificação da área protegida, devendo, durante o mesmo período, ser também promovida a audição das autarquias locais envolvidas.

7 – A abertura do período de discussão pública é feita através de aviso a publicar no Diário da República e a divulgar através da comunicação social e da página da Internet da autoridade nacional, do qual consta a indicação do período da discussão e dos locais onde se encontra disponível a proposta final de classificação e a forma como os interessados devem apresentar as suas observações ou sugestões.

8 – O período de discussão pública deve ser anunciado com a antecedência mínima de 10 dias e não pode ser inferior a 20 nem superior a 30 dias.

9 – O decurso do prazo de suspensão dos planos territoriais de âmbito intermunicipal ou municipal e de aplicação de medidas preventivas não determina a caducidade da classificação da área protegida.

### Artigo 15º [1] – Classificação de áreas protegidas de âmbito regional ou local

1 – As comunidades intermunicipais, as associações de municípios e os municípios podem classificar áreas protegidas de âmbito regional ou local, nos termos previstos nos números seguintes.

2 – Com observância do disposto no nº 4 do artigo 11º, a classificação de áreas protegidas de âmbito regional ou local é determinada pelos órgãos deliberativos das entidades intermunicipais, das associações de municípios ou dos municípios.

3 – É aplicável ao procedimento de classificação de áreas protegidas de âmbito regional ou local o disposto nas alíneas *a)* e *c)* do nº 3 e nos nºs 6 a 8 do artigo anterior, com as devidas adaptações.

4 – Concluída a discussão pública e aprovada a classificação da área protegida de âmbito regional ou local, a mesma é publicada em 2ª série do Diário da República, mediante aviso e objeto de publicitação nos boletins municipais e na página na Internet das entidades responsáveis pela gestão da área protegida.

[1] Redação do Decreto-Lei nº 242/2015, de 15 de outubro.

5 – A deliberação que aprova a classificação da área protegida de âmbito regional e local é submetida a parecer da autoridade nacional, para efeitos da sua integração na RNAP.

6 – Os objetivos específicos da criação da área protegida de âmbito regional ou local, a competência e a composição dos órgãos de gestão, os meios financeiros, materiais e humanos para a gestão da área, os atos e atividades interditos e condicionados, as normas de fiscalização e o regime contraordenacional são estabelecidos por regulamento de gestão.

7 – O modelo de gestão das áreas protegidas de âmbito regional e local é definido no respetivo regulamento de gestão, tendo presentes as orientações gerais a estabelecer pela autoridade nacional da conservação da natureza e biodiversidade.

8 – Na elaboração do regulamento de gestão previsto no número anterior, as entidades intermunicipais, as associações de municípios ou os municípios devem promover a participação da autoridade nacional, das entidades públicas competentes, por forma garantir a articulação e coerência da proposta com os objetivos, princípios e regras aplicáveis ao território em causa, definidos por lei especial ou por quaisquer outros programas e planos territoriais, assim como das associações representativas dos interesses ambientais, económicos, sociais e culturais envolvidos.

9 – Os planos territoriais de âmbito intermunicipal ou municipal devem consagrar os regimes adequados de proteção da área protegida de âmbito regional e local e estabelecer as ações permitidas, condicionadas ou interditas com incidência urbanística.

10 – A autoridade nacional avalia periodicamente a manutenção dos pressupostos subjacentes à classificação, designadamente ao nível da adequação da tipologia adotada e dos regimes de proteção constante dos planos territoriais de âmbito intermunicipal e municipal, aplicáveis na área em causa.

11 – A avaliação prevista no número anterior determina a integração ou a exclusão das áreas protegidas de âmbito regional ou local na RNAP.

### Artigo 16º [1] – Parque nacional

1 – Entende-se por «parque nacional» uma área que contenha maioritariamente amostras representativas de regiões naturais características,

[1] Redação do Decreto-Lei nº 242/2015, de 15 de outubro.

de paisagens naturais e humanizadas, de elementos de biodiversidade e de geossítios, com valor científico, ecológico ou educativo.

2 – A classificação de um parque nacional visa a proteção dos valores naturais existentes, conservando a integridade dos ecossistemas, tanto ao nível dos elementos constituintes como dos inerentes processos ecológicos, e a adoção de medidas compatíveis com os objetivos da sua classificação, designadamente:

*a)* A execução das ações necessárias para a manutenção e recuperação das espécies, dos habitats e dos geossítios em estado de conservação favorável;

*b)* O estabelecimento de um regime de visitação que garanta objetivos culturais, educativos e recreativos;

*c)* A regulamentação das atividades permitidas, condicionadas ou proibidas, considerando as necessidades das populações locais num quadro de uso sustentável dos recursos naturais;

*d)* A promoção de atividades que constituam vias alternativas de desenvolvimento local sustentável e que não constituam uma ameaça para os valores naturais e funções do ecossistema a conservar.

**Artigo 17º – Parque natural**

1 – Entende-se por «parque natural» uma área que contenha predominantemente ecossistemas naturais ou seminaturais, onde a preservação da biodiversidade a longo prazo possa depender de atividade humana, assegurando um fluxo sustentável de produtos naturais e de serviços.

2 – A classificação de um parque natural visa a proteção dos valores naturais existentes, contribuindo para o desenvolvimento regional e nacional, e a adoção de medidas compatíveis com os objetivos da sua classificação, designadamente:

*a)* A promoção de práticas de maneio que assegurem a conservação dos elementos da biodiversidade;

*b)* A criação de oportunidades para a promoção de atividades de recreio e lazer, que no seu caráter e magnitude estejam em consonância com a manutenção dos atributos e qualidades da área;

*c)* A promoção de atividades que constituam vias alternativas de desenvolvimento local sustentável.

### Artigo 18º – Reserva natural

1 – Entende-se por reserva natural uma área que contenha características ecológicas, geológicas e fisiográficas, ou outro tipo de atributos com valor científico, ecológico ou educativo, e que não se encontre habitada de forma permanente ou significativa.

2 – A classificação de uma reserva natural visa a proteção dos valores naturais existentes, assegurando que as gerações futuras terão oportunidade de desfrutar e compreender o valor das zonas que permaneceram pouco alteradas pela atividade humana durante um prolongado período de tempo, e a adoção de medidas compatíveis com os objetivos da sua classificação, designadamente:

*a)* A execução das ações necessárias para a manutenção e recuperação das espécies, dos habitats e dos geossítios em estado de conservação favorável;

*b)* O condicionamento da visitação a um regime que garanta níveis mínimos de perturbação do ambiente natural;

*c)* A limitação da utilização dos recursos, assegurando a manutenção dos atributos e das qualidades naturais essenciais da área objeto de classificação.

### Artigo 19º – Paisagem protegida

1 – Entende-se por «paisagem protegida» uma área que contenha paisagens resultantes da interação harmoniosa do ser humano e da natureza, e que evidenciem grande valor estético, ecológico ou cultural.

2 – A classificação de uma paisagem protegida visa a proteção dos valores naturais e culturais existentes, realçando a identidade local, e a adoção de medidas compatíveis com os objetivos da sua classificação, designadamente:

*a)* A conservação dos elementos da biodiversidade num contexto da valorização da paisagem;

*b)* A manutenção ou recuperação dos padrões da paisagem e dos processos ecológicos que lhe estão subjacentes, promovendo as práticas tradicionais de uso do solo, os métodos de construção e as manifestações sociais e culturais;

*c)* O fomento das iniciativas que beneficiem a geração de benefícios para as comunidades locais, a partir de produtos ou da prestação de serviços.

**Artigo 20º – Monumento natural**

1 – Entende-se por monumento natural uma ocorrência natural contendo um ou mais aspetos que, pela sua singularidade, raridade ou representatividade em termos ecológicos, estéticos, científicos e culturais, exigem a sua conservação e a manutenção da sua integridade.

2 – A classificação de um monumento natural visa a proteção dos valores naturais, nomeadamente ocorrências notáveis do património geológico, na integridade das suas características e nas zonas imediatamente circundantes, e a adoção de medidas compatíveis com os objetivos da sua classificação, designadamente:

*a)* A limitação ou impedimento das formas de exploração ou ocupação suscetíveis de alterar as suas características;

*b)* A criação de oportunidades para a investigação, educação e apreciação pública.

**Artigo 21º – Áreas protegidas de estatuto privado**

1 – Visando os objetivos previstos no artigo 12º, pode ser atribuída a designação de «área protegida privada» a terrenos privados não incluídos em áreas protegidas.

2 – A designação é feita a pedido do respetivo proprietário, mediante um processo especial de candidatura e reconhecimento pela autoridade nacional a regular por portaria do membro do Governo responsável pela área da conservação da natureza.

3 – Os terrenos a que for atribuída a designação de «área protegida privada» integram a RNAP e ficam sujeitos ao protocolo de gestão que for acordado com a autoridade nacional na sequência do seu reconhecimento.

4 – O reconhecimento previsto no presente artigo não confere ao respetivo proprietário quaisquer direitos ou prerrogativas especiais de autoridade nem condiciona a aplicação dos programas e planos territoriais existentes, mantendo-se apenas enquanto se mantiverem os valores e objetivos de conservação da natureza e da biodiversidade que justificaram a sua concessão.

5 – O ato de atribuição da designação de «área protegida privada» pode interditar ou condicionar a autorização da autoridade nacional, no interior da área protegida, as ações, atos e atividades de iniciativa particular suscetíveis de prejudicar a biodiversidade, o património geológico ou outras

características da área protegida, salvo tratando-se de uma ação de interesse público ou de um empreendimento com relevante interesse geral, como tal reconhecido por despacho dos membros do Governo responsáveis pela área da conservação da natureza e em razão da matéria.

**Artigo 22º [1] – Delimitações especiais**

1 – Nos atos de classificação de áreas protegidas podem ser demarcadas:

*a)* Zonas de proteção integral, denominadas reservas integrais, com o objetivo de manter os processos naturais num estado dinâmico e evolutivo, sem o desenvolvimento de atividades humanas regulares e em que a investigação científica, a monitorização ambiental ou a visitação carecem de autorização prévia da autoridade nacional;

*b)* Zonas de proteção dirigida, denominadas microreservas, quando esteja em causa a conservação de uma pequena área isolada de ocupação de uma espécie, ou grupo de espécies, ou de um habitat, ou grupo de habitats, muito raros ou ameaçados, com o objetivo de desenvolver as ações de conservação adequadas à manutenção ou recuperação do seu estado de conservação favorável, designadamente programas de gestão próprios.

2 – A delimitação das zonas previstas no número anterior e as normas que regulamentam os respetivos regimes de salvaguarda que condicionem a ocupação, o uso e a transformação do solo são integradas nos planos territoriais de âmbito intermunicipal e municipal abrangidos.

3 – Uma vez demarcadas as reservas integrais previstas na alínea *a)* do nº 1, ficam as áreas em causa sujeitas a expropriação nos termos da lei.

4 – Nas áreas protegidas que abranjam meio marinho até ao limite do mar territorial podem ainda ser delimitadas, nos programas especiais e nos instrumentos de ordenamento do espaço marítimo nacional, áreas denominadas reservas marinhas ou parques marinhos, com os seguintes objetivos:

*a)* Nas reservas marinhas, a adoção de medidas dirigidas para a proteção das comunidades e dos habitats marinhos sensíveis, de forma a assegurar a biodiversidade marinha;

*b)* Nos parques marinhos, a adoção de medidas que visem a proteção, valorização e uso sustentado dos recursos marinhos, através da integração harmoniosa das atividades humanas.

[1] Redação do Decreto-Lei nº 242/2015, de 15 de outubro.

Artigo 23º [1] – Programas especiais das áreas protegidas

1 – Os parques nacionais, os parques naturais de âmbito nacional e as reservas naturais e paisagens protegidas de âmbito nacional dispõem obrigatoriamente de um programa especial.

2 – Aos programas especiais das áreas protegidas é aplicável o disposto no regime jurídico dos instrumentos de gestão territorial, em articulação com o regime jurídico que desenvolve as bases da política de ordenamento do espaço marítimo nacional, competindo a respetiva elaboração, execução e avaliação à autoridade nacional.

3 – Os programas especiais das áreas protegidas estabelecem, em função da salvaguarda dos recursos e valores naturais, as ações permitidas, as ações condicionadas ao cumprimento de determinados parâmetros e condições neles estabelecidas e as ações proibidas.

4 – As normas dos programas especiais de áreas protegidas que, em função da sua incidência territorial urbanística, condicionem a ocupação, o uso e a transformação do solo são obrigatoriamente integradas nos planos territoriais de âmbito intermunicipal e municipais abrangidos.

5 – As normas dos programas especiais relativas aos regimes de salvaguarda de recursos e valores naturais das áreas marinhas protegidas e dos volumes relevantes para a conservação da natureza e da biodiversidade são integradas nas normas de execução dos instrumentos de ordenamento do espaço marítimo nacional.

6 – A integração das normas dos programas especiais prevista no número anterior deve atender ao disposto no nº 3 do artigo 25º do Decreto-Lei nº 80/2015, de 14 de maio.

7 – As normas dos programas especiais que constituam normas de gestão das áreas protegidas podem ser desenvolvidas em regulamento administrativo, designado por regulamento de gestão das áreas protegidas, nos termos definidos no programa especial.

8 – O regulamento de gestão da área protegida contém normas jurídicas gerais e abstratas que, no exercício de poderes jurídico-administrativos, visam produzir efeitos jurídicos externos, aplicando-se-lhe, nomeadamente, o regime previsto no Código do Procedimento Administrativo.

[1] Redação do Decreto-Lei nº 242/2015, de 15 de outubro.

## Artigo 23º-A [1] – Áreas sujeitas a regimes de proteção

1 – O regime de proteção de cada área protegida é definido de acordo com a importância dos valores e recursos naturais presentes e a respetiva sensibilidade ecológica, podendo ser delimitadas na planta de síntese do programa especial:

*a)* Áreas de proteção total – as quais correspondem a espaços onde os valores naturais e paisagísticos assumem um caráter de excecionalidade do ponto de vista da conservação da natureza e da biodiversidade e que se caracterizam pela elevada sensibilidade ecológica, destinando-se a garantir a manutenção ou recuperação do estado de conservação dos valores naturais em presença e a integridade dos processos ecológicos que lhes estão associados, com o mínimo de perturbação humana;

*b)* Áreas de proteção parcial – as quais correspondem a espaços que contêm valores naturais e paisagísticos que se assumem, no seu conjunto, como relevantes para a garantia da biodiversidade e manutenção do estado de conservação favorável de habitats naturais e de espécies da fauna e da flora, onde as atividades humanas e os usos do solo devem estar particularmente adaptados aos objetivos de conservação, promovendo os valores naturais em presença;

*c)* Áreas de proteção complementar – as quais correspondem a espaços que estabelecem o enquadramento, a transição ou o amortecimento de impactes que afetam de forma negativa as áreas sujeitas a níveis de proteção total e proteção parcial e que incluem elementos naturais e paisagísticos com um elevado potencial de valorização mediante o desenvolvimento de ações de gestão que promovam o uso sustentável dos recursos e o desenvolvimento socioeconómico local e a compatibilização da intervenção humana com os valores naturais e paisagísticos, incentivando a fixação das populações e a melhoria da qualidade de vida.

2 – Podem ainda ser delimitadas áreas de intervenção específica, para as quais, independentemente dos níveis de proteção aplicáveis, é previsto o desenvolvimento de um plano, programa ou projetos de intervenção específica.

3 – A delimitação dos regimes de proteção previstos nos números anteriores deve fazer-se tendo em conta as construções existentes e direitos juridicamente consolidados, sem prejuízo do dever de indemnização sempre que tal não seja possível.

[1] Aditado pelo Decreto-Lei nº 242/2015, de 15 de outubro.

### Artigo 23º-B [1] – Atividades condicionadas

1 – Os programas especiais das áreas protegidas podem sujeitar a execução de determinadas ações, atos ou atividades a parecer prévio vinculativo ou autorização da autoridade nacional.

2 – Salvo nos casos expressamente previstos nos programas especiais, o parecer da autoridade nacional não incide sobre o uso, a ocupação e a transformação do solo em matéria urbanística.

3 – O prazo para a emissão de autorizações e pareceres pela autoridade nacional, no âmbito da aplicação dos programas especiais, é de 30 dias, sem prejuízo do disposto no regime jurídico da urbanização e edificação.

4 – A ausência de autorização ou parecer no prazo fixado nos termos do número anterior equivale à emissão de autorização ou parecer favorável.

5 – Os pareceres ou autorizações da autoridade nacional caducam no prazo de dois anos, salvo quando integrados em procedimentos no âmbito dos regimes de controlo prévio de operações urbanísticas ou de regulamentação do exercício de atividades, caso em que prevalecem os prazos neles previstos.

6 – Quando sejam previsíveis impactes sobre o património natural, o programa especial das áreas protegidas pode fazer depender a prática de determinadas ações ou projetos de análise de incidências ambientais.

7 – Os programas especiais das áreas protegidas podem estabelecer que determinadas atividades, ações ou projetos por eles, em geral, não admitidos, possam ser autorizados pela autoridade nacional, devendo estabelecer expressamente os condicionalismos em que tal se pode verificar.

8 – A autorização a que se refere o número anterior está sempre condicionada à ausência de impactes negativos significativos em matéria de proteção e salvaguarda de recursos naturais.

### Artigo 24º [2] – Sinalização

*[Revogado].*

[1] Aditado pelo Decreto-Lei nº 242/2015, de 15 de outubro.

[2] Revogado pelo Decreto-Lei nº 242/2015, de 15 de outubro.

## SECÇÃO II - Rede Natura 2000

### Artigo 25º - Âmbito

1 - A Rede Natura 2000 é uma rede ecológica de âmbito europeu resultante da aplicação da Diretiva nº 79/409/CEE, do Conselho, de 2 de abril (Diretiva Aves), alterada pelas Diretivas nºs 91/244/CEE, da Comissão, de 6 de março, 94/24/CE, do Conselho, de 8 de junho, e 97/49/CE, da Comissão, de 29 de junho, bem como da Diretiva nº 92/43/CEE, do Conselho, de 21 de maio (Diretiva Habitats), com as alterações que lhe foram introduzidas pela Diretiva nº 97/62/CE, do Conselho, de 27 de outubro.

2 - A Rede Natura 2000 compreende as áreas classificadas como zona especial de conservação (ZEC) e as áreas classificadas como zona de proteção especial (ZPE), constando o respetivo regime de diploma próprio.

## SECÇÃO III - Outras áreas classificadas

### Artigo 26º - Áreas protegidas transfronteiriças

1 - Por via da celebração de acordos ou convenções internacionais com outros Estados, podem ser classificados espaços naturais protegidos de caráter transfronteiriço, designados «áreas protegidas transfronteiriças».

2 - A classificação das «áreas protegidas transfronteiriças» incide sobre áreas terrestres ou marinhas dedicadas particularmente à proteção e à manutenção da biodiversidade e dos recursos naturais e culturais associados a estas, que estejam integradas, pelo menos, por uma área protegida estabelecida em conformidade com o presente decreto-lei e por uma área natural adjacente, situada em território não nacional ou nas águas marítimas de um Estado que partilhe uma fronteira terrestre ou marítima com Portugal e aí sujeita a um regime jurídico especial para a conservação da natureza e da biodiversidade.

### Artigo 27º [1] - Áreas abrangidas por designações de conservação de caráter supranacional

1 - Tendo por objetivo o reforço da proteção e a manutenção da biodiversidade e dos recursos naturais e culturais associados, podem ficar abrangidas por designações de conservação de caráter supranacional, em

[1] Redação do Decreto-Lei nº 242/2015, de 15 de outubro.

particular as estabelecidas por convenções ou acordos internacionais de que Portugal seja parte, áreas delimitadas no território nacional ou nas águas marítimas sujeitas a jurisdição nacional, coincidentes com áreas protegidas integradas na RNAP ou com áreas que integrem a Rede Natura 2000, cujos valores naturais sejam reconhecidos como de relevância supranacional.

2 – São consideradas áreas classificadas por instrumentos jurídicos internacionais de conservação da natureza e da biodiversidade de que Portugal seja parte todas as áreas que obtenham tal reconhecimento nos termos previstos no instrumento jurídico internacional aplicável em função das suas características, designadamente ao abrigo:

*a)* Do Programa Man and Biosphere, da Organização das Nações Unidas para a Educação, Ciência e Cultura (UNESCO), lançado em 1970;

*b)* Da Convenção sobre Zonas Húmidas de Importância Internacional Especialmente como «Habitat» de Aves Aquáticas (Convenção de Ramsar), adotada em Ramsar em 2 de fevereiro de 1971;

*c)* Da Convenção Relativa à Proteção do Património Mundial, Cultural e Natural, adotada em Paris em 16 de novembro de 1972, na parte relativa aos valores naturais;

*d)* Das Resoluções do Comité de Ministros n.ºs (76) 17 – Reservas Biogenéticas do Conselho da Europa – e (98) 29 – Áreas Diplomadas do Conselho da Europa;

*e)* Da Convenção para a Proteção do Meio Marinho do Atlântico Nordeste (Convenção OSPAR), adotada em Paris em 22 de setembro de 1992;

*f)* Da Decisão do Conselho Executivo da UNESCO (161 EX/Decisions, 3.3.1), adotada em Paris em 2001, relativa aos geossítios e geoparques.

3 – Quando as áreas previstas no presente artigo coincidam com áreas protegidas de âmbito nacional, regional ou local, é-lhes aplicável o regime constante dos respetivos atos de classificação ou programas especiais de áreas protegidas, quando existentes.

## CAPÍTULO III – Organização da informação sobre o património natural e os valores naturais classificados

### Artigo 28.º – Sistema de Informação sobre o Património Natural

1 – O Sistema de Informação sobre o Património Natural, abreviadamente designado por SIPNAT, é constituído pelo inventário da biodiver-

sidade e do património geológico presentes no território nacional e nas águas sob jurisdição nacional.

2 – Compete à autoridade nacional, em articulação com outros organismos do Estado e com as entidades competentes das Regiões Autónomas dos Açores e da Madeira, promover o desenvolvimento do SIPNAT, validar a informação nele constante e assegurar a sua gestão e divulgação ao público.

**Artigo 29º – Cadastro Nacional dos Valores Naturais Classificados**

1 – O Cadastro Nacional dos Valores Naturais Classificados, adiante designado por Cadastro, é um arquivo de informação sobre os valores naturais classificados e as espécies vegetais ou animais a que seja atribuída uma categoria de ameaça pela autoridade nacional de acordo com critérios internacionais definidos pela The World Conservation Union (IUCN).

2 – O Cadastro, a aprovar por decreto regulamentar, sob proposta da autoridade nacional, contém informação sobre:

*a)* Os territórios definidos no continente e nas Regiões Autónomas e as áreas demarcadas nas águas sob jurisdição nacional, com interesse internacional, nacional, regional ou local, cartografadas a uma escala adequada à sua gestão;

*b)* Os ecossistemas, habitats, espécies e geossítios, identificados de acordo com os seguintes parâmetros, quando aplicáveis:

*i)* Descrição e distribuição geográfica;

*ii)* Razões que lhe conferem um reconhecimento internacional, nacional, regional ou local;

*iii)* Estado de conservação;

*iv)* Ameaças à sua conservação e, se atribuído, o respetivo estatuto de ameaça;

*v)* Medidas de conservação já adotadas;

*vi)* Objetivos e níveis de proteção a assegurar;

*vii)* Medidas de conservação e orientações de gestão a adotar.

3 – A informação relativa aos territórios das Regiões Autónomas referidos na alínea *a)* do número anterior é prestada à autoridade nacional pelas entidades competentes das Regiões Autónomas dos Açores e da Madeira.

4 – O Cadastro é atualizado, por inclusão ou exclusão, a cada quatro anos e sempre que tal se justificar por imperativos de conservação da natureza e da biodiversidade, devendo a respetiva proposta de atualização ser objeto de consulta pública, a promover pela autoridade nacional.

5 – Na elaboração da proposta de atualização a autoridade nacional deve ter em conta as propostas apresentadas por qualquer entidade pública ou privada ou pessoa singular, desde que devidamente fundamentadas em informação científica.

## CAPÍTULO IV – Conservação de espécies e habitats

### SECÇÃO I – Conservação in situ

#### Artigo 30º – Regimes de iniciativa nacional

Constam de diplomas próprios decorrentes de iniciativa nacional, sem prejuízo de outros, os regimes de exploração e gestão dos recursos cinegéticos, pesqueiros, aquícolas das águas interiores, de conservação e proteção do lobo ibérico, dos mamíferos marinhos na zona costeira e zona económica exclusiva continental portuguesa, dos animais selvagens, necrófagos e predadores, do azevinho espontâneo, do sobreiro e da azinheira e da introdução na natureza e detenção de espécies não indígenas da flora e da fauna.

#### Artigo 31º – Regimes decorrentes de instrumentos jurídicos internacionais

1 – Decorrentes de instrumentos jurídicos internacionais, constam igualmente de diplomas próprios:

*a)* O regime do comércio internacional de espécies da fauna e da flora selvagens ameaçadas de extinção, no âmbito da Convenção sobre o Comércio Internacional das Espécies da Fauna e da Flora Selvagens Ameaçadas de Extinção, adotada em Washington em 3 de março de 1973, complementado pelo disposto nos regulamentos comunitários aplicáveis;

*b)* O regime de proteção de espécies inscritas no âmbito da Convenção Relativa à Conservação da Vida Selvagem e dos Habitats Naturais da Europa (Convenção de Berna), adotada em Berna em 19 de setembro de 1979.

2 – Para além dos diplomas referidos no artigo e número anteriores, assume ainda particular relevância para a conservação e proteção de espécies a participação de Portugal nos instrumentos jurídicos internacionais referidos no nº 2 do artigo 27º e nos seguidamente identificados, sem prejuízo de outros:

*a)* Convenção sobre a Conservação das Espécies Migradoras Pertencentes à Fauna Selvagem (Convenção de Bona), adotada em Bona em 23 de junho de 1979;

*b)* Convenção das Nações Unidas sobre a Diversidade Biológica, adotada no Rio de Janeiro em 5 de junho de 1992.

**Artigo 32º – Proteção de espécies e habitats ao abrigo de legislação comunitária**

Sem prejuízo do disposto nos artigos anteriores, o regime de proteção de espécies selvagens e de habitats naturais e seminaturais ao abrigo de legislação comunitária, designadamente da Diretiva Aves e da Diretiva Habitats, consta de diploma próprio.

## SECÇÃO II – Conservação ex situ

**Artigo 33º – Rede Nacional de Centros de Recuperação para a Fauna**

1 – A atividade de recolha e tratamento de animais selvagens visando, sempre que possível, a sua devolução ao meio natural, bem como de detenção de animais irrecuperáveis, é assegurada pela Rede Nacional de Centros de Recuperação para a Fauna, a promover pela autoridade nacional em articulação com outras entidades públicas com competências em matéria de fauna, bem como com outras entidades idóneas do ponto de vista ambiental, social e económico, designadamente organizações não governamentais de ambiente.

2 – A regulamentação da Rede Nacional de Centros de Recuperação para a Fauna consta de portaria dos membros do Governo responsáveis pela área da conservação da natureza e da tutela das outras entidades públicas com competências em matéria de fauna.

**Artigo 34º – Espécies ameaçadas inscritas no Cadastro**

1 – Relativamente a espécies ameaçadas inscritas no Cadastro, a autoridade nacional promove, sempre que adequado, a cooperação com e entre autoridades públicas e privadas, designadamente organizações não governamentais de ambiente, jardins botânicos e zoológicos e universidades, tendo em vista o desenvolvimento de programas de criação em cativeiro ou de propagação fora do respetivo habitat.

2 – A autoridade nacional colabora ainda na criação de bancos de tecidos biológicos e germoplasma, com o objetivo de garantir uma reserva de

recursos genéticos de espécies selvagens, de variedades cultivares, de raças autóctones e dos parentes selvagens de espécies domésticas.

## CAPÍTULO V – Regime económico e financeiro da conservação da natureza e da biodiversidade

### Artigo 35º – Instrumentos contratuais

1 – A autoridade nacional promove a participação das autarquias locais, do setor privado, das organizações representativas da sociedade civil e de outras entidades públicas no exercício de ações de conservação ativa e de suporte e no financiamento do SNAC, sempre que essa participação se mostre possível, adequada e útil à prossecução dos objetivos de conservação fixados no presente decreto-lei.

2 – A participação a que se refere o número anterior pode ser realizada por recurso a parcerias, acordos, contratos de gestão e de concessão ou por meio de quaisquer outros instrumentos contratuais, cabendo à autoridade nacional fiscalizar o respetivo cumprimento e assegurar a correta prossecução dos objetivos de conservação da natureza e da biodiversidade.

3 – A autoridade nacional, desde que estejam em causa parcerias público-privadas excluídas da aplicação do regime jurídico das parcerias público-privadas, designadamente em função do respetivo valor, pode:

*a)* Conceder a entidades privadas, por prazo determinado e mediante uma contrapartida ou uma renda periódica, a prossecução, por conta e risco próprio, de algumas das suas atribuições e nelas delegar os poderes necessários para o efeito;

*b)* Delegar em entidades privadas, por prazo determinado, com ou sem remuneração, a prossecução de algumas das suas atribuições e os poderes necessários para o efeito, assumindo o delegado a obrigação de prosseguir essas atribuições ou colaborar na sua prossecução sob orientação da autoridade nacional.

4 – Para efeitos do número anterior, a escolha do concessionário ou do delegado é efetuada nos termos do Código dos Contratos Públicos e os termos e condições da parceria constam de contrato escrito a comunicar aos membros do Governo responsáveis pelas áreas da conservação da natureza e das finanças.

### Artigo 36º – Instrumentos de compensação ambiental

1 – A conservação da natureza e da biodiversidade pode ser promovida através de instrumentos de compensação ambiental que visam garantir a satisfação das condições ou requisitos legais ou regulamentares de que esteja dependente a execução de projetos ou ações, nomeadamente decorrentes do regime jurídico da avaliação de impacte ambiental ou do regime jurídico da Rede Natura 2000.

2 – Sem prejuízo do disposto no número seguinte, a compensação ambiental concretiza-se pela realização de projetos ou ações pelo próprio interessado, previamente aprovados e posteriormente certificados pela autoridade nacional, que produzam um benefício ambiental equivalente ao custo ambiental causado.

3 – Mediante iniciativa e financiamento pelo interessado, dependente de acordo com a autoridade nacional, a compensação ambiental pode também ser concretizada através da realização de projetos ou ações pela autoridade nacional.

4 – Sempre que nos termos do número anterior haja lugar a financiamento pelo interessado de projetos ou ações a realizar pela autoridade nacional, os pagamentos em causa ficam obrigatoriamente adstritos às finalidades de compensação ambiental que lhes subjazem.

### Artigo 37º[1] – Fundo para a Conservação da Natureza e da Biodiversidade

*[Revogado].*

### Artigo 38º – Taxas

1 – A autoridade nacional pode cobrar taxas pelo acesso e visita às áreas integradas no SNAC que sejam da titularidade do Estado e que se encontrem sob a sua gestão, destinadas a contribuir para o financiamento da conservação da natureza e biodiversidade e para regular naquelas áreas o impacte da presença humana.

2 – A autoridade nacional pode ainda cobrar taxas pela disponibilização concreta e efetiva de quaisquer outros bens ou serviços aos particulares, orientando-as sempre a um princípio de cobertura de custos, nomeadamente pela utilização de equipamentos coletivos cuja gestão esteja a seu

[1] Revogado pelo artigo 22º, nº 1, alínea *d)*, do Decreto-Lei nº 42-A/2016, de 12 de agosto.

cargo, pela prestação de serviços de formação e informação ou pela disponibilização de serviços de transporte e acompanhamento.

3 – Estão isentos do pagamento da taxa de acesso referida no nº 1:

*a)* Os casos em que o acesso resulte de operações de implementação ou manutenção de infraestruturas de suporte a atividades de interesse geral, bem como de operações de limpeza das faixas de proteção dessas infraestruturas;

*b)* Os residentes dos concelhos abrangidos.

4 – O produto das taxas de acesso e visita às áreas integradas no SNAC deve ser preferencialmente aplicado pela autoridade nacional em ações com incidência na respetiva área classificada.

5 – As taxas a que se refere o presente artigo são disciplinadas por portaria do membro do Governo responsável pela área da conservação da natureza, constituindo o respetivo produto receita própria da autoridade nacional.

### Artigo 39º – Receitas patrimoniais

Para além de outras receitas patrimoniais, a conservação da natureza e da biodiversidade é financiada pela exploração comercial das marcas associadas ao SNAC, cujo emprego por terceiros fica genericamente sujeito a autorização prévia da autoridade nacional, que estabelecerá a remuneração devida.

## CAPÍTULO VI – Fiscalização e inspeção

### Artigo 40º – Inspeção e fiscalização

1 – A verificação do cumprimento do disposto no presente decreto-lei e na legislação em vigor aplicável aos valores naturais classificados pode revestir a forma de:

*a)* Fiscalização, a desenvolver de forma sistemática pelas autoridades competentes, no cumprimento da obrigação geral de vigilância que lhes está cometida, e de forma pontual em função das queixas e denúncias recebidas;

*b)* Inspeção, a efetuar pelas entidades dotadas de competência para o efeito, de forma casuística e aleatória ou em execução de um plano de inspeção previamente aprovado, ou ainda no apuramento do alcance e das responsabilidades por acidentes que afetem valores naturais classificados.

2 - A fiscalização compete à autoridade nacional, especialmente através do serviço de vigilantes da natureza, à Guarda Nacional Republicana, especialmente através do Serviço de Proteção da Natureza e do Ambiente (SEPNA), às demais autoridades policiais e aos municípios.

3 - O disposto no número anterior não prejudica o exercício dos poderes de fiscalização e polícia que, em razão da matéria, competem às demais autoridades públicas, nomeadamente marítimas e portuárias.

4 - A inspeção compete à Inspeção-Geral da Agricultura, Mar, Ambiente e do Ordenamento do Território (IGAMAOT).

## Artigo 41º - Planos de inspeção e de fiscalização

1 - No âmbito da aplicação dos princípios da precaução, da proteção e da prevenção, a autoridade nacional, conjuntamente com as restantes entidades de inspeção e fiscalização competentes, deve promover a elaboração de planos de inspeção e fiscalização, dos quais deve constar o âmbito espacial, temporal e material, os programas e procedimentos adotados e o modo de coordenação das entidades envolvidas.

2 - Os planos de inspeção e de fiscalização são públicos, devendo ser objeto de divulgação nas componentes que não comprometam a eficácia das ações a desenvolver.

## Artigo 42º - Direito de acesso e embargos administrativos

Nos termos estabelecidos nos artigos 18º e 19º da Lei nº 50/2006, de 29 de agosto:

*a)* É facultada às autoridades administrativas no exercício das funções de inspeção e fiscalização a entrada livre nas instalações e locais onde se exerçam as atividades a inspecionar ou a fiscalizar;

*b)* As autoridades administrativas no exercício das funções de inspeção e fiscalização podem determinar, dentro da sua área de atuação geográfica, o embargo de quaisquer construções em áreas de ocupação proibida ou condicionada em zonas de proteção estabelecidas por lei ou em contravenção à lei, aos regulamentos ou às condições de licenciamento ou autorização.

## CAPÍTULO VII – Regime contraordenacional e sanções

### Artigo 43º [1] – Contraordenações em áreas protegidas

1 – Constitui contraordenação ambiental muito grave, punível nos termos da Lei nº 50/2006, de 29 de agosto, a prática dos seguintes atos e atividades quando previstos como proibidos ou interditos nos regulamentos de gestão das áreas protegidas:

*a)* A alteração à morfologia do solo, excetuando as atividades previstas no âmbito do Sistema Nacional de Defesa da Floresta contra Incêndios, nomeadamente pontos de água destinados ao combate de incêndios florestais;

*b)* A modificação do coberto vegetal, excetuando as situações devidamente enquadradas em instrumentos válidos de planeamento e ordenamento florestal, as medidas e ações a desenvolver no âmbito do sistema defesa da floresta contra incêndios e as medidas e ações de proteção fitossanitárias e as operações de manutenção e limpeza das faixas de proteção a infraestruturas de suporte a atividades de interesse geral decorrentes da aplicação de disposições legais e regulamentares;

*c)* A instalação ou ampliação de depósitos de ferro-velho, de sucata, de veículos, de areia ou inertes ou de outros resíduos sólidos que causem impacte visual negativo ou efeitos negativos no ambiente;

*d)* O abandono, depósito ou vazamento de entulhos ou sucatas ou quaisquer outros resíduos não urbanos fora dos locais para tal destinados;

*e)* A alteração da configuração ou topologia das zonas lagunares e marinhas;

*f)* *[Revogada]*;

*g)* *[Revogada]*;

*h)* O depósito ou lançamento de águas residuais industriais ou domésticas na água, no solo ou no subsolo, sem tratamento adequado ou de forma suscetível de causar efeitos negativos no ambiente;

*i)* O corte, extração, pesquisa ou exploração de recursos geológicos, nomeadamente de massas minerais e inertes;

*j)* A captação, o armazenamento, o desvio ou a condução de águas, bem como a drenagem, a impermeabilização ou a inundação de terrenos, e demais alterações à rede de drenagem natural ou ao caudal ou à qualidade das águas superficiais ou subterrâneas;

[1] Redação do Decreto-Lei nº 242/2015, de 15 de outubro.

*l)* *[Revogada]*;

*m)* A remoção ou danificação de quaisquer substratos marinhos;

*n)* *[Revogada]*;

*o)* A instalação de atividades económicas, quando isentas de controlo prévio urbanístico, designadamente viveiros, aquicultura e estufas;

*p)* *[Revogada]*;

*q)* A destruição ou delapidação de bens culturais inventariados ou geossítios;

*r)* A realização de queimadas ou outros fogos, exceto nas áreas com infraestruturas a isso destinadas ou para prevenção de fogos (fogos prescritos ou controlados), e o lançamento de foguetes ou balões com mecha acesa, bem como outras atividades pirotécnicas;

*s)* A colheita, captura, apanha, abate, detenção, transporte ou comercialização de indivíduos ou parte de indivíduos de quaisquer espécies vegetais ou animais sujeitas a medidas de proteção e com categoria de ameaça atribuída, em qualquer fase do seu ciclo biológico, incluindo a destruição de ninhos ou a apanha de ovos, a perturbação ou a destruição dos seus habitats;

*t)* A introdução de espécies não indígenas invasoras;

*u)* *[Revogada]*;

*v)* *[Revogada]*;

*x)* *[Revogada]*.

2 – Constitui contraordenação ambiental grave, punível nos termos da Lei nº 50/2006, de 29 de agosto, a prática não autorizada dos atos e atividades previstos no número anterior quando, nos termos do regulamento de gestão das áreas protegidas, sejam permitidas mediante autorização ou parecer da autoridade nacional.

3 – Constitui, ainda, contraordenação ambiental grave, punível nos termos da Lei nº 50/2006, de 29 de agosto, a prática dos seguintes atos e atividades quando previstos como proibidos ou interditos nos regulamentos de gestão das áreas protegidas:

*a)* A prática de atividades turísticas ou desportivas motorizadas suscetíveis de provocarem poluição sonora ou aquática ou que pela sua natureza específica ponham em risco objetivo os valores naturais presentes na área protegida;

*b)* O exercício de caça ou de pesca;

*c)* A obstrução de qualquer tipo de passagem nos caminhos públicos e de acesso às linhas ou aos planos de água;

*d)* A introdução de espécies não indígenas, sem prejuízo do disposto na alínea *t)* do nº 1;

*e)* A reintrodução de espécies indígenas da fauna ou flora selvagens.

4 – Constitui contraordenação ambiental leve, punível nos termos da Lei nº 50/2006, de 29 de agosto, a prática dos seguintes atos e atividades proibidos ou interditos e a prática não autorizada dos seguintes atos e atividades condicionados, desde que previstos como tal nos regulamentos de gestão das áreas protegidas:

*a)* A instalação, afixação, inscrição ou pintura mural de mensagens de publicidade ou propaganda, temporárias ou permanentes, de cariz comercial ou não, incluindo a colocação de meios amovíveis;

*b)* A introdução, a circulação e o estacionamento de pessoas, veículos ou animais;

*c)* A entrada, circulação ou permanência na área protegida sem o pagamento da taxa devida;

*d)* A prática de campismo ou caravanismo, bem como qualquer forma de pernoita;

*e)* O abandono, depósito ou vazamento de resíduos sólidos urbanos fora dos locais para tal destinados;

*f)* A instalação de estruturas construídas com materiais ligeiros, designadamente prefabricados, que permitam a sua fácil desmontagem e remoção;

*g)* A utilização comercial ou publicitária de referências à área protegida, salvo em produtos ou serviços devidamente credenciados;

*h)* A colheita, a detenção e o transporte de amostras de recursos geológicos, nomeadamente minerais, rochas e fósseis;

*i)* A prática de quaisquer atos que perturbem a fauna selvagem, incluindo a prestação de alimentos;

*j)* O sobrevoo de aeronaves com motor abaixo de 1000 pés, fora dos casos em que tal sobrevoo tenha por finalidade trabalhos agrícolas, ações de fiscalização, de socorro ou de controlo para fins de manutenção e segurança por parte das entidades gestoras de infraestruturas de serviço público ou se insira na normal atividade concessionada de exploração de infraestrutura aeroportuária;

*k)* A destruição ou o desmantelamento de muros, divisórias ou outras construções que integrem o valor natural paisagístico classificado;

*l)* A realização de mercados ou feiras;

*m)* A prática de atividades desportivas não motorizadas, designadamente mergulho, alpinismo, escalada ou montanhismo, e de atividades turísticas suscetíveis de deteriorarem os valores naturais da área;

*n)* A utilização da marca «Natural.PT», sem estar devidamente registado e credenciado para o efeito.

5 – Relativamente às contraordenações ambientais previstas no presente artigo, e sem prejuízo do disposto no artigo 20º da Lei nº 50/2006, de 29 de agosto, na determinação da medida da coima a aplicar deve ser tomado em conta o estatuto de proteção atribuído ao local da prática da contraordenação, conforme estabelecido nos programas especiais e nos regulamentos de gestão das áreas protegidas.

6 – Em caso de concurso legal ou aparente entre contraordenações ambientais previstas no presente artigo e contraordenações previstas em regimes especiais, designadamente os elencados no nº 2 do artigo 2º, é aplicável o regime contraordenacional e sanções definidos nesses regimes.

7 – As contraordenações resultantes da violação das normas dos programas especiais relativas à transformação, uso e ocupação do solo com incidência urbanística integradas nos planos territoriais de âmbito intermunicipal e municipal são consideradas contraordenações do ordenamento do território sendo-lhes aplicável o regime previsto nos artigos 40º-A a 40º-D da Lei nº 50/2006, de 29 de agosto.

**Artigo 44º [1] – Outras contraordenações ambientais**

1 – Para além do disposto no artigo anterior e em diplomas legais relativos à conservação ou proteção da natureza e da biodiversidade, a colheita, captura, apanha, abate, detenção, transporte ou comercialização de indivíduos ou parte de indivíduos de quaisquer espécies vegetais ou animais, em qualquer fase do seu ciclo biológico, incluindo a destruição de ninhos ou a apanha de ovos, a perturbação ou a destruição dos seus habitats, constitui contraordenação ambiental, punível nos termos da Lei nº 50/2006, de 29 de agosto:

*a)* Muito grave, quando a espécie em causa esteja inscrita no Cadastro com a categoria de ameaça «criticamente em perigo»;

*b)* Grave, quando a espécie em causa esteja inscrita no Cadastro com a categoria de ameaça «em perigo»;

[1] Redação do Decreto-Lei nº 242/2015, de 15 de outubro.

*c)* Leve, quando a espécie em causa esteja inscrita no Cadastro com a categoria de ameaça «vulnerável».

2 – *[Revogado]*.

3 – A prática das ações referidas no nº 1 não constitui contraordenação desde que autorizada pela autoridade nacional.

**Artigo 45º [1] – Instrução de processos e aplicação de sanções**

1 – Sem prejuízo do disposto nos números seguintes, compete à autoridade nacional ou à IGAMAOT instruir os respetivos processos contraordenacionais e decidir da aplicação da coima e sanções acessórias.

2 – Nos casos previstos nas alíneas *a)* a *d)* e *f)* a *i)* do nº 1 do artigo 43º, os municípios têm também competência para o processamento das contraordenações e para a aplicação das coimas e sanções acessórias.

3 – No caso referido no número anterior, o início do processamento da contraordenação implica, imediata e obrigatoriamente, a notificação da autoridade nacional.

4 – A competência para o processamento das contraordenações e a aplicação das respetivas coimas e sanções acessórias relativamente às infrações praticadas em áreas sujeitas à jurisdição marítima cabe ao capitão do porto territorialmente competente, caso em que os autos de notícia, participações e denúncias lhe são enviados, com recurso para os tribunais marítimos.

5 – Quando a entidade fiscalizadora não tenha competência para instruir o processo, o mesmo é instruído e decidido pela IGAMAOT.

**Artigo 46º – Publicidade**

A condenação pela prática das contraordenações ambientais muito graves e graves previstas no presente decreto-lei pode ser objeto de publicidade, nos termos do disposto no artigo 38º da Lei nº 50/2006, de 29 de agosto, quando a medida concreta da coima aplicada ultrapasse metade do montante máximo da coima abstrata aplicável.

**Artigo 47º – Apreensão cautelar e sanções acessórias**

A entidade competente para a aplicação da coima pode proceder a apreensões cautelares e aplicar as sanções acessórias que se mostrem adequadas, nos termos do disposto na Lei nº 50/2006, de 29 de agosto.

[1] Redação do Decreto-Lei nº 242/2015, de 15 de outubro.

### Artigo 48º – Reposição da situação anterior

1 – Sem prejuízo do disposto no artigo anterior, o infrator está obrigado a remover as causas da infração e a reconstituir a situação anterior à prática da mesma.

2 – Sempre que o dever de reposição da situação anterior não seja voluntariamente cumprido, a autoridade nacional atua diretamente por conta do infrator, podendo as respetivas despesas, se necessário, ser cobradas coercivamente através do processo previsto para as execuções fiscais.

3 – Para efeitos do disposto no número anterior, a certidão passada pela autoridade nacional, comprovativa das quantias despendidas, serve de título executivo.

## CAPÍTULO VIII – Disposições transitórias e finais

### Artigo 49º – Áreas protegidas existentes

1 – Sem prejuízo do disposto nos números seguintes, mantém-se em vigor a classificação das áreas protegidas feita ao abrigo da Lei nº 9/70, de 19 de junho, e dos Decretos-Leis nºs 613/76, de 27 de julho, e 19/93, de 23 de janeiro.

2 – Os sítios classificados seguidamente identificados, definidos e constituídos ao abrigo do Decreto-Lei nº 613/76, de 27 de julho, devem, quando se justifique e no prazo máximo de dois anos a contar da publicação do presente decreto-lei, ser objeto de reclassificação na tipologia de monumento natural:

*a)* Sítio classificado do Monte de São Bartolomeu (ou de São Brás), definido e constituído pelo Decreto-Lei nº 108/79, de 2 de maio;

*b)* Sítio classificado da Gruta do Zambujal, definido e constituído pelo Decreto-Lei nº 140/79, de 21 de maio;

*c)* Sítios classificados dos Açudes de Monte da Barca e da Agolada, definidos e constituídos pelo Decreto-Lei nº 197/80, de 24 de junho;

*d)* Sítios classificados da Rocha da Pena e Fonte Benémola, criados pelo Decreto-Lei nº 392/91, de 10 de outubro;

*e)* Sítios classificados da Granja dos Serrões e de Negrais, criados pelo Decreto-Lei nº 393/91, de 11 de outubro;

*f)* Sítio classificado de Montes de Santa Olaia e Ferrestelo, criado pelo Decreto-Lei nº 394/91, de 11 de outubro.

3 – O incumprimento do disposto no número anterior determina a perda do estatuto conferido pelo Decreto-Lei nº 613/76, de 27 de julho.

4 – No prazo máximo de dois anos a contar da publicação do presente decreto-lei e sob a cominação de perda dos atuais estatutos de proteção, deve ser objeto de ponderação:

*a)* A reclassificação numa das tipologias de áreas protegidas previstas no presente decreto-lei:

*i)* Da paisagem protegida da Reserva Ornitológica de Mindelo, criada por decreto publicado no Diário do Governo, 2ª série, nº 204, de 2 de setembro de 1957, com retificação de área efetuada por decreto publicado no Diário do Governo, 2ª série, nº 115, de 15 de maio de 1959;

*ii)* Da Reserva Botânica do Cambarinho, criada pelo Decreto nº 364/71, de 25 de agosto, ao abrigo do estabelecido no nº 4 da base iv da Lei nº 9/70, de 19 de junho;

*iii)* Do Refúgio Ornitológico Monte Novo do Roncão, criado pela Resolução do Conselho de Ministros nº 7/91, de 12 de março, ao abrigo do estabelecido no Decreto-Lei nº 264/79, de 1 de agosto;

*b)* A manutenção do estatuto conferido pelo Decreto-Lei nº 613/76, de 27 de julho, ao sítio classificado do Centro Histórico de Coruche, definido e constituído pelo Decreto-Lei nº 28/79, de 10 de abril, face aos regimes de proteção do património arquitetónico em vigor.

**Artigo 50º – Gestão de bens imóveis do domínio público ou privado do Estado**

O disposto no nº 4 do artigo 13º do presente decreto-lei não prejudica a manutenção das situações já existentes de gestão pela autoridade nacional de bens imóveis do domínio público ou privado do Estado situados nas áreas protegidas de âmbito nacional e com relevância para a prossecução dos fins destas.

**Artigo 51º [1] – Planos de ordenamento**

*[Revogado].*

**Artigo 52º – Cadastro Nacional dos Valores Naturais Classificados**

O primeiro Cadastro Nacional dos Valores Naturais Classificados é aprovado no prazo máximo de dois anos a contar da entrada em vigor do presente decreto-lei.

[1] Revogado pelo Decreto-Lei nº 242/2015, de 15 de outubro.

### Artigo 53º – Norma revogatória

1 – São revogados:

*a)* Os artigos 3º, 4º, 5º, 6º, 7º, 8º, 9º e 12º do Decreto nº 162/75, de 27 de março;

*b)* O nº 3 do artigo 2º e os artigos 3º, 4º, 5º, 6º, 7º, 8º, 9º e 11º do Decreto-Lei nº 565/76, de 19 de julho, na redação dada pelo Decreto-Lei nº 487/77, de 17 de novembro;

*c)* O Decreto-Lei nº 264/79, de 1 de agosto;

*d)* Os artigos 3º, 5º, 6º, nºs 1 e 2, 7º, 8º, 9º, 10º e 12º do Decreto-Lei nº 430/80, de 1 de outubro;

*e)* Os artigos 7º e 8º do Decreto-Lei nº 67/82, de 3 de março;

*f)* Os artigos 6º, 7º, 8º, 10º e 11º do Decreto-Lei nº 237/83, de 8 de junho;

*g)* Os artigos 7º, 8º e 9º do Decreto-Lei nº 168/84, de 22 de maio;

*h)* O Decreto-Lei nº 19/93, de 23 de janeiro, na redação dada pelos Decretos-Leis nºs 151/95, de 24 de junho, 213/97, de 16 de agosto, 227/98, de 17 de julho, 221/2002, de 22 de outubro, 117/2005, de 18 de julho, e 136/2007, de 27 de abril.

2 – A revogação das disposições mencionadas nas alíneas *a)* e *b)*, bem como nas alíneas *d)* a *g)* do número anterior produz efeitos a partir da data da entrada em vigor dos planos de ordenamento das respetivas áreas protegidas.

3 – Todas as remissões legais e regulamentares para disposições do Decreto-Lei nº 19/93, de 23 de janeiro, consideram-se feitas para as correspondentes disposições do presente decreto-lei.

### Artigo 54º – Regiões Autónomas

1 – O presente decreto-lei aplica-se às Regiões Autónomas dos Açores e da Madeira, sem prejuízo dos diplomas regionais que procedam às necessárias adaptações, nomeadamente face às especificidades decorrentes da localização destas Regiões em meio oceânico e numa região biogeográfica restrita e singular, a macaronésia.

2 – A gestão das áreas classificadas integradas no SNAC existentes nas Regiões Autónomas dos Açores e da Madeira compete aos respetivos Governos Regionais.

3 – A tipologia de parque nacional pode ser adotada nas Regiões Autónomas dos Açores e da Madeira, devendo os diplomas regionais de adaptação referidos no número anterior prever:

*a)* A possibilidade de a autoridade nacional apresentar aos órgãos regionais competentes propostas nesse sentido;

*b)* A obrigatoriedade de consulta prévia à autoridade nacional aquando do respetivo procedimento de classificação.

# IV. Programas e Planos Territoriais

## Regime Jurídico dos Instrumentos de Gestão Territorial (RJIGT) Decreto-Lei nº 80/2015, de 14 de maio, alterado pelos Decretos-Leis nºs 81/2020, de 2 de outubro, 25/2021, de 29 de março, e 45/2022, de 8 de julho

### CAPÍTULO I – Disposições gerais

#### SECÇÃO I – Disposições gerais relativas ao planeamento territorial

**Artigo 1º – Objeto**

O presente decreto-lei desenvolve as bases da política pública de solos, de ordenamento do território e de urbanismo, definindo o regime de coordenação dos âmbitos nacional, regional, intermunicipal e municipal do sistema de gestão territorial, o regime geral de uso do solo e o regime de elaboração, aprovação, execução e avaliação dos instrumentos de gestão territorial.

**Artigo 2º – Sistema de gestão territorial**

1 – A política de ordenamento do território e de urbanismo assenta no sistema de gestão territorial, que se organiza, num quadro de interação coordenada, em quatro âmbitos:

*a)* O âmbito nacional;
*b)* O âmbito regional;
*c)* O âmbito intermunicipal;
*d)* O âmbito municipal.

2 – O âmbito nacional é concretizado através dos seguintes instrumentos:

*a)* O programa nacional da política de ordenamento do território;

*b)* Os programas setoriais;

*c)* Os programas especiais.

3 – O âmbito regional é concretizado através dos programas regionais.

4 – O âmbito intermunicipal é concretizado através dos seguintes instrumentos:

*a)* Os programas intermunicipais;

*b)* O plano diretor intermunicipal;

*c)* Os planos de urbanização intermunicipais;

*d)* Os planos de pormenor intermunicipais.

5 – O âmbito municipal é concretizado através dos seguintes planos:

*a)* O plano diretor municipal;

*b)* Os planos de urbanização;

*c)* Os planos de pormenor.

**Artigo 3º – Vinculação jurídica**

1 – Os programas territoriais vinculam as entidades públicas.

2 – Os planos territoriais vinculam as entidades públicas e, direta e imediatamente, os particulares.

3 – O disposto nos números anteriores não prejudica a vinculação direta e imediata dos particulares relativamente às normas de intervenção sobre a ocupação e utilização dos espaços florestais.

4 – São nulas as orientações e as normas dos programas e dos planos territoriais que extravasem o respetivo âmbito material.

5 – As normas dos programas territoriais que, em função da sua incidência territorial urbanística, condicionem a ocupação, uso e transformação do solo são obrigatoriamente integradas nos planos territoriais.

**Artigo 4º – Fundamento técnico**

1 – Os programas e os planos territoriais devem explicitar, de forma clara, os fundamentos das respetivas previsões, indicações e determinações, a estabelecer com base no conhecimento sistematicamente adquirido:

*a)* Das características físicas, morfológicas e ecológicas do território;

*b)* Dos recursos naturais e do património arquitetónico e arqueológico;

*c)* Da dinâmica demográfica natural e migratória;

*d)* Das transformações ambientais, económicas, sociais e culturais;

*e)* Das assimetrias regionais e das condições de acesso às infraestruturas, aos equipamentos, aos serviços e às funções urbanas.

2 – Os programas e os planos territoriais devem conter os indicadores qualitativos e quantitativos para efeitos da avaliação prevista no capítulo VIII.

**Artigo 5º – Direito à informação**

1 – Todos os interessados têm direito a ser informados sobre a política de gestão do território e, em especial, sobre a elaboração, a aprovação, o acompanhamento, a execução e a avaliação dos programas e planos territoriais.

2 – O direito à informação referido no número anterior compreende as faculdades de:

*a)* Consultar os diversos processos, designadamente, os estudos de base e outra documentação, escrita e desenhada, que fundamentem as opções estabelecidas;

*b)* Obter cópias de atas de reuniões deliberativas e certidões dos instrumentos aprovados;

*c)* Obter informações sobre as disposições constantes de programas e de planos territoriais, bem como conhecer as condicionantes, as servidões administrativas e as restrições de utilidade aplicáveis ao uso do solo.

3 – As entidades responsáveis pela elaboração e pelo depósito dos programas e dos planos territoriais devem criar e manter atualizado um sistema que assegure o exercício do direito à informação, designadamente através do recurso a meios informáticos.

4 – A informação e os dados referidos no número anterior devem ser disponibilizados em formatos abertos, que permitam a leitura por máquina, nos termos da Lei nº 36/2011, de 21 de junho.

**Artigo 6º – Direito de participação**

1 – Todas as pessoas, singulares e coletivas, incluindo as associações representativas dos interesses ambientais, económicos, sociais e culturais, têm o direito de participar na elaboração, na alteração, na revisão, na execução e na avaliação dos programas e dos planos territoriais.

2 – O direito de participação referido no número anterior compreende a possibilidade de formulação de sugestões e de pedidos de esclarecimento, no âmbito dos procedimentos previstos no presente decreto-lei, às entida-

des responsáveis pelos programas ou pelos planos territoriais, bem como a faculdade de propor a celebração de contratos para planeamento e a intervenção nas fases de discussão pública.

3 – As entidades públicas responsáveis pela elaboração, alteração, revisão, execução e avaliação dos programas e dos planos territoriais divulgam, designadamente através do seu sítio na Internet, da plataforma colaborativa de gestão territorial e da comunicação social:

*a)* A decisão de desencadear o processo de elaboração, de alteração ou de revisão, identificando os objetivos a prosseguir;

*b)* A conclusão da fase de elaboração, de alteração ou de revisão, bem como o teor dos elementos a submeter a discussão pública;

*c)* A abertura e a duração das fases de discussão pública;

*d)* As conclusões da discussão pública;

*e)* Os mecanismos de execução dos programas e dos planos territoriais;

*f)* O regime económico e financeiro dos planos territoriais;

*g)* O início e as conclusões dos procedimentos de avaliação, incluindo de avaliação ambiental.

4 – As entidades referidas no número anterior estão sujeitas ao dever de ponderação das propostas apresentadas, bem como de resposta fundamentada aos pedidos de esclarecimento formulados, nos termos previstos no presente decreto-lei.

5 – A abertura dos períodos de discussão pública é feita através de aviso a publicar no Diário da República, o qual deve prever o recurso a meios eletrónicos para participação na discussão pública, designadamente através de plataforma colaborativa de gestão territorial.

**Artigo 7º – Garantias dos particulares**

1 – No âmbito dos programas e dos planos territoriais são reconhecidas aos interessados as garantias gerais dos administrados previstas no Código do Procedimento Administrativo e no regime de participação procedimental, nomeadamente:

*a)* O direito de ação popular;

*b)* O direito de apresentação de queixa ao Provedor de Justiça;

*c)* O direito de apresentação de queixa ao Ministério Público.

2 – No âmbito dos planos intermunicipais e municipais é, ainda, reconhecido aos particulares o direito de promover a sua impugnação direta.

## SECÇÃO II – Interesses públicos com expressão territorial

### SUBSECÇÃO I – Harmonização dos interesses

**Artigo 8º – Princípios gerais**

1 – Os programas e os planos territoriais identificam os interesses públicos prosseguidos, justificando os critérios utilizados na sua identificação e hierarquização.

2 – Os programas e os planos territoriais asseguram a harmonização dos vários interesses públicos com expressão territorial, tendo em conta as estratégias de desenvolvimento económico e social, bem como a sustentabilidade e a solidariedade intra e intergeracional na ocupação e utilização do território, assegurando a qualidade de vida e um equilibrado desenvolvimento socioeconómico às gerações presentes e futuras.

3 – Os programas e os planos territoriais devem estabelecer as medidas de tutela dos interesses públicos prosseguidos e explicitar os respetivos efeitos, designadamente quando essas medidas condicionem a ação territorial de entidades públicas ou particulares.

4 – As medidas de proteção dos interesses públicos estabelecidas nos programas e nos planos territoriais constituem referência na adoção de quaisquer outros regimes de salvaguarda.

**Artigo 9º – Graduação do interesse público**

1 – Nas áreas territoriais em que convergem interesses públicos incompatíveis entre si, deve ser dada prioridade àqueles cuja prossecução determine o mais adequado uso do solo, em termos ambientais, económicos, sociais e culturais.

2 – Excetuam-se do disposto no número anterior os interesses respeitantes à defesa nacional, à segurança, à saúde pública, à proteção civil e à prevenção e minimização de riscos, cuja prossecução tem prioridade sobre os demais interesses públicos.

**Artigo 10º – Identificação dos recursos territoriais**

Os programas e os planos territoriais identificam:

*a)* As áreas afetas à defesa nacional, à segurança e à proteção civil;

*b)* Os recursos e valores naturais;

*c)* As áreas perigosas e as áreas de risco;

*d)* As áreas agrícolas e florestais;
*e)* As áreas de exploração de recursos energéticos e geológicos;
*f)* A estrutura ecológica;
*g)* O património arquitetónico, arqueológico e paisagístico;
*h)* O sistema urbano;
*i)* A localização e a distribuição das atividades económicas;
*j)* As redes de transporte e mobilidade;
*k)* As redes de infraestruturas e equipamentos coletivos.

**Artigo 11º – Defesa nacional, segurança e proteção civil**

1 – Sempre que não haja prejuízo para os interesses do Estado, as redes de estruturas, de infraestruturas e dos sistemas indispensáveis à defesa nacional são identificadas nos programas e nos planos territoriais.

2 – O conjunto dos equipamentos, infraestruturas e sistemas que asseguram a segurança, a proteção civil e a prevenção e minimização de riscos, é identificado nos programas e nos planos territoriais.

**Artigo 12º – Recursos e valores naturais**

1 – Os programas e os planos territoriais identificam os recursos e valores naturais e os sistemas indispensáveis à utilização sustentável do território, bem como estabelecem as medidas e os limiares mínimos e máximos de utilização, que garantem a renovação e a valorização do património natural.

2 – Os programas e os planos territoriais procedem à identificação de recursos e valores naturais com relevância estratégica para a sustentabilidade ambiental e a solidariedade intergeracional, designadamente:

*a)* Orla costeira e zonas ribeirinhas;
*b)* Albufeiras de águas públicas;
*c)* Áreas protegidas e as zonas únicas que integram;
*d)* Rede hidrográfica;
*e)* Outros recursos territoriais relevantes para a conservação da natureza e da biodiversidade.

3 – Para efeitos do disposto nos números anteriores:

*a)* Os programas territoriais definem os princípios e as diretrizes que concretizam as orientações políticas relativas à proteção e à valorização dos recursos e valores naturais;

*b)* Os planos intermunicipais ou os planos municipais estabelecem, no quadro definido pelos programas e pelos planos territoriais cuja eficácia condicione o respetivo conteúdo, os parâmetros urbanísticos de ocupação e de utilização do solo adequados à salvaguarda e à valorização dos recursos e valores naturais;

*c)* Os programas especiais estabelecem os regimes de salvaguarda, determinados por critérios de proteção e valorização dos sistemas e valores naturais, por forma a compatibilizá-los com a fruição pelas populações.

**Artigo 13º – Áreas perigosas e áreas de risco**

1 – Os programas e os planos territoriais identificam e delimitam as áreas perigosas e de risco, desenvolvendo-as e concretizando-as.

2 – Os planos territoriais delimitam as áreas perigosas e de risco, identificam os elementos vulneráveis para cada risco e estabelecem as regras e as medidas para a prevenção e minimização de riscos, em função da graduação dos níveis de perigosidade e de acordo com os critérios a estabelecer pelas entidades responsáveis em razão da matéria.

**Artigo 14º – Áreas agrícolas e florestais**

1 – Os programas e os planos territoriais identificam as áreas afetas a usos agrícolas, florestais e pecuários, designadamente as áreas de reserva agrícola, de obras de aproveitamento hidroagrícola e de regime florestal.

2 – Os programas setoriais estabelecem os objetivos e as medidas indispensáveis ao adequado ordenamento agrícola e florestal do território, equacionando as necessidades atuais e futuras.

3 – A afetação, pelos programas e planos territoriais, das áreas referidas no nº 1 a utilizações diversas da exploração agrícola, florestal ou pecuária tem caráter excecional, sendo admitida apenas quando tal for comprovadamente necessário.

**Artigo 15º – Áreas de exploração de recursos energéticos e geológicos**

1 – Os programas e os planos territoriais devem identificar as áreas afetas à exploração de recursos energéticos e geológicos.

2 – Os planos territoriais devem delimitar e regulamentar as áreas previstas no número anterior, assegurando a minimização dos impactes ambientais e a compatibilização de usos.

### Artigo 16º – Estrutura ecológica

1 – Os programas e os planos territoriais identificam as áreas, os valores e os sistemas fundamentais para a proteção e valorização ambiental dos espaços rústicos e urbanos, designadamente as redes de proteção e valorização ambiental, regionais e municipais, que incluem as áreas de risco de desequilíbrio ambiental.

2 – Os programas regionais, os programas especiais e os programas setoriais relevantes definem os princípios, as diretrizes e as medidas que concretizam as orientações políticas relativas às áreas de proteção e valorização ambiental que garantem a salvaguarda e a valorização dos ecossistemas.

3 – Os planos intermunicipais e municipais estabelecem, no quadro definido pelos programas e pelos planos territoriais, cuja eficácia condicione o respetivo conteúdo, os parâmetros e as condições de ocupação e de utilização do solo, assegurando a compatibilização das funções de proteção, regulação e enquadramento com os usos produtivos, o recreio e lazer, e o bem-estar das populações.

### Artigo 17º – Património arquitetónico, arqueológico e paisagístico

1 – Os vestígios arqueológicos, bem como os elementos e conjuntos construídos, que representam testemunhos da história da ocupação e do uso do território e assumem interesse relevante para a memória e a identidade das comunidades, são identificados nos programas e nos planos territoriais.

2 – Os programas e os planos territoriais estabelecem as medidas indispensáveis à proteção e à valorização do património arquitetónico, arqueológico e paisagístico, acautelando o uso dos espaços envolventes.

3 – No quadro definido por lei e pelos programas e planos territoriais, cuja eficácia condicione o respetivo conteúdo, os planos intermunicipais e municipais estabelecem os parâmetros urbanísticos aplicáveis e a delimitação de zonas de proteção.

### Artigo 18º – Sistema urbano

1 – Os programas e os planos territoriais caracterizam a estrutura do povoamento preconizada e estabelecem, no quadro da política de cidades, os objetivos quantitativos e qualitativos que asseguram a coerência e a sustentabilidade do sistema urbano.

2 – Para efeitos do disposto no número anterior:

*a)* O programa nacional da política de ordenamento do território, os programas regionais, os programas intermunicipais e os programas setoriais relevantes, definem os princípios e as diretrizes que concretizam as orientações políticas relativas à distribuição equilibrada das funções de habitação, trabalho e lazer, bem como à otimização de equipamentos e infraestruturas, e às redes de transporte e mobilidade;

*b)* Os planos intermunicipais e municipais estabelecem, no quadro definido pelos programas e pelos planos territoriais cuja eficácia condicione o respetivo conteúdo, os parâmetros de ocupação e de utilização do solo adequados à concretização do modelo do desenvolvimento urbano adotado.

**Artigo 19º – Localização e distribuição das atividades económicas**

1 – As condições e os critérios de localização e a distribuição das atividades industriais, turísticas, de comércio e de serviços, são identificadas nos programas e nos planos territoriais.

2 – O programa nacional da política de ordenamento do território, os programas regionais, os programas intermunicipais e os programas setoriais definem os princípios e as diretrizes subjacentes:

*a)* À localização dos espaços industriais, compatibilizando a racionalidade económica com a equilibrada distribuição de usos e funções no território e com a qualidade ambiental;

*b)* À estratégia de localização, instalação e desenvolvimento de espaços turísticos, comerciais e de serviços, compatibilizando o equilíbrio urbano e a qualidade ambiental com a criação de oportunidades de emprego e a equilibrada distribuição de usos e funções no território.

3 – Os planos intermunicipais e municipais estabelecem, no quadro definido pelos programas e pelos planos territoriais, cuja eficácia condicione o respetivo conteúdo, as condições e os critérios e parâmetros de ocupação e de utilização do solo, para os fins relativos à localização e distribuição das atividades económicas.

**Artigo 20º – Redes de transporte e mobilidade**

1 – As redes rodoviária e ferroviária nacionais, as estradas regionais, os portos e aeroportos, bem como a respetiva articulação com as redes locais de transporte e mobilidade, são identificados e definidos nos programas e nos planos territoriais.

2 – Para efeitos do disposto no número anterior, as entidades responsáveis pelos vários âmbitos de intervenção devem estabelecer procedimentos de informação permanentes que garantam a coerência das opções definidas nos programas e nos planos territoriais.

### Artigo 21º – Redes de infraestruturas e equipamentos coletivos

1 – As redes de infraestruturas e os equipamentos de nível fundamental que promovem a qualidade de vida, apoiam a atividade económica e asseguram a otimização do acesso à cultura, à educação, à justiça, à saúde, à segurança social, ao desporto e ao lazer, são identificadas nos programas e nos planos territoriais.

2 – Para efeitos do disposto no número anterior, os programas e os planos territoriais definem uma estratégia coerente de instalação, de conservação e de desenvolvimento das infraestruturas ou equipamentos, considerando as necessidades sociais e culturais da população e as perspetivas de evolução económicas e sociais.

## SUBSECÇÃO II – Coordenação das intervenções

### Artigo 22º – Princípio geral

1 – A articulação das estratégias de ordenamento territorial, determinadas pela prossecução dos interesses públicos com expressão territorial, impõe ao Estado, às entidades intermunicipais e às autarquias locais, o dever de coordenação das respetivas intervenções em matéria territorial.

2 – A elaboração, a aprovação, a alteração, a revisão, a execução e a avaliação dos programas e dos planos territoriais obriga a identificar e a ponderar, nos diversos âmbitos, os planos, os programas e os projetos, designadamente da iniciativa da Administração Pública, com incidência na área a que respeitam, considerando os que já existem e os que se encontrem em preparação, por forma a assegurar as necessárias compatibilizações.

3 – A coordenação entre entidades da Administração Pública constitui um imperativo de atuação, tendo em vista o desenvolvimento nacional, regional, sub-regional e municipal, comprometendo soluções de compatibilização expedita entre programas e planos territoriais, cuja aprovação e entrada em vigor se sucedam no tempo.

## Artigo 23º - Coordenação interna

1 - As entidades responsáveis pela elaboração, aprovação, alteração, revisão, execução e avaliação dos programas e dos planos territoriais devem assegurar, nos respetivos âmbitos de intervenção, a necessária coordenação entre as diversas políticas com incidência territorial e a política de ordenamento do território e de urbanismo, mantendo uma estrutura orgânica e funcional apta a prosseguir uma efetiva articulação no exercício das várias competências.

2 - A coordenação das políticas nacionais consagradas no programa nacional da política de ordenamento do território, nos programas setoriais e nos programas especiais de ordenamento do território, incumbe ao Governo.

3 - A coordenação ao nível regional, das políticas consagradas nos programas regionais, incumbe ao Governo, através das comissões de coordenação e desenvolvimento regional.

4 - A coordenação ao nível intermunicipal, das políticas consagradas nos programas e nos planos intermunicipais, incumbe às entidades intermunicipais ou ao conjunto de municípios associados para essa finalidade.

5 - A coordenação ao nível municipal, das políticas consagradas nos planos municipais, incumbe aos municípios.

## Artigo 24º - Coordenação externa

1 - A elaboração, a aprovação, a alteração, a revisão, a execução e a avaliação dos programas e dos planos territoriais requer uma adequada coordenação das políticas nacionais, regionais, intermunicipais e municipais com incidência territorial.

2 - O Estado, os municípios e as associações de municípios têm o dever de promover, de forma articulada entre si, a política de ordenamento do território, garantindo, designadamente:

*a)* O respeito pelas respetivas atribuições, na elaboração dos programas e dos planos territoriais nacionais, regionais, intermunicipais e municipais;

*b)* O cumprimento dos limites materiais impostos à intervenção dos diversos órgãos e agentes, relativamente ao procedimento de planeamento nacional, regional, intermunicipal e municipal;

*c)* A definição, em função das estruturas orgânicas e funcionais, de um modelo de interlocução que permita uma interação coerente em matéria de ordenamento territorial, evitando o concurso de competências.

Artigo 25º – Articulação e compatibilidade dos programas e planos territoriais com os instrumentos de ordenamento do espaço marítimo nacional

1 – O disposto no presente decreto-lei não é aplicável ao ordenamento e à gestão do espaço marítimo nacional.

2 – Sem prejuízo do disposto no número anterior, as regras e as diretrizes dos programas setoriais e especiais que abrangem zonas marítimas devem ser integradas nos instrumentos de ordenamento do espaço marítimo.

3 – Os programas e os planos territoriais devem assegurar a respetiva compatibilidade com os instrumentos de ordenamento do espaço marítimo nacional, sempre que incidam sobre a mesma área ou sobre áreas que, pela interdependência estrutural ou funcional dos seus elementos, necessitem de uma coordenação integrada, devendo ser dada prioridade às soluções que determinem uma utilização mais sustentável do espaço.

4 – Os programas e os planos territoriais avaliam e ponderam as regras dos instrumentos de ordenamento do espaço marítimo nacional preexistentes, identificando expressamente as normas incompatíveis que devem ser revogadas ou alteradas.

## CAPÍTULO II – Sistema de gestão territorial

### SECÇÃO I – Relação entre os programas e planos territoriais

**Artigo 26º – Relação entre os programas de âmbito nacional e regional**

1 – O programa nacional da política de ordenamento do território, os programas setoriais, os programas especiais e os programas regionais traduzem um compromisso recíproco de compatibilização das respetivas opções.

2 – O programa nacional da política de ordenamento do território, os programas setoriais e os programas especiais prosseguem objetivos de interesse nacional e estabelecem os princípios e as regras que devem ser observados pelos programas regionais.

3 – A elaboração dos programas setoriais e especiais é condicionada pelas orientações definidas no programa nacional de política de ordenamento do território.

4 – Os programas regionais prosseguem os objetivos de interesse regional e respeitam o disposto nos programas territoriais de âmbito nacional.

**Artigo 27º – Relações entre programas e planos territoriais**

1 – Os programas regionais definem o quadro estratégico a desenvolver pelos programas e pelos planos intermunicipais e municipais.

2 – Os programas e os planos intermunicipais, bem como os planos municipais devem assegurar a programação e a concretização das políticas com incidência territorial, que, como tal, estejam assumidas pelos programas territoriais de âmbito nacional e regional.

3 – Os planos territoriais de âmbito municipal devem atender às orientações definidas nos programas intermunicipais preexistentes.

4 – A existência de um plano diretor, de um plano de urbanização ou de um plano de pormenor de âmbito intermunicipal exclui a possibilidade de existência, na respetiva área de abrangência, de planos municipais do mesmo tipo, sem prejuízo das regras relativas à dinâmica de planos territoriais.

5 – O plano diretor municipal define o quadro estratégico de desenvolvimento territorial do município, sendo o instrumento de referência para a elaboração dos demais planos municipais.

6 – Sempre que entre em vigor um programa territorial de âmbito nacional ou regional é obrigatória a alteração ou a atualização dos planos territoriais de âmbito intermunicipal e municipal, que com ele não sejam conformes ou compatíveis.

**Artigo 28º – Atualização dos programas e planos territoriais**

1 – Os programas estabelecem o prazo para a atualização dos planos de âmbito intermunicipal ou municipal preexistentes, após audição, respetivamente, da entidade intermunicipal ou de outra associação de municípios responsável pelo plano territorial a atualizar ou dos municípios abrangidos.

2 – Sem prejuízo do disposto no número anterior, a entidade responsável pela elaboração do programa deve dar conhecimento, à comissão de coordenação e desenvolvimento regional territorialmente competente, dos prazos estabelecidos para a atualização dos planos territoriais.

3 – A atualização dos planos territoriais, decorrente da entrada em vigor de normas legais e regulamentares, é obrigatória.

4 – A atualização dos programas e dos planos territoriais, que não implique uma decisão autónoma de planeamento, segue o procedimento previsto no Artigo 121º.

5 – Quando procedam à alteração de programa ou de plano territorial preexistente, os novos programas e planos territoriais indicam expressamente as disposições incompatíveis que determinam a sua alteração.

### Artigo 29º[1] – A falta de atualização de planos territoriais

1 – A não atualização do plano territorial, no prazo fixado nos termos do nº 1 do artigo anterior, determina a suspensão das normas do plano territorial, intermunicipal ou municipal que deviam ter sido alteradas, não podendo, na área abrangida, haver lugar à prática de quaisquer atos ou operações que impliquem a ocupação, uso e transformação do solo.

2 – Após audição da câmara municipal, a realizar até ao 20º dia útil anterior ao termo do prazo de atualização do plano territorial, a comissão de coordenação e desenvolvimento regional territorialmente competente deve, no dia seguinte ao termo do prazo de atualização emitir uma declaração identificando as normas objeto da suspensão prevista no número anterior, a qual deve ser publicitada no Diário da República e na plataforma colaborativa de gestão territorial, no prazo de 10 dias.

3 – A suspensão prevista no nº 1 vigora desde o fim do prazo de atualização do plano territorial até à atualização do mesmo.

4 – A falta de iniciativa, por parte da entidade intermunicipal, da associação de municípios ou do município, tendente a desencadear o procedimento de atualização do plano territorial, bem como o atraso da mesma atualização por facto imputável às referidas entidades, determina a suspensão do respetivo direito de candidatura a apoios financeiros comunitários e nacionais, até à data da conclusão do processo de atualização, bem como a não celebração de contratos-programa.

5 – Para efeitos do disposto no número anterior, a comissão de coordenação e desenvolvimento regional territorialmente competente deve solicitar à entidade intermunicipal, à associação de municípios ou ao município a apresentação, no prazo de 15 dias, de documentos que comprovem a iniciativa de atualização do plano territorial e que o atraso deste procedimento não se deve a facto que seja imputável àquelas entidades.

6 – Na falta de apresentação dos documentos previstos no número anterior, a suspensão é comunicada pela comissão de coordenação e desenvolvimento regional territorialmente competente às entidades intermunicipais,

[1] Redação do Decreto-Lei nº 25/2021, de 29 de março.

às associações de municípios ou ao município, bem como às entidades gestoras de apoios financeiros nacionais e comunitários, para efeitos da aplicação do disposto no nº 4.

## SECÇÃO II - Âmbito nacional

### SUBSECÇÃO I - Programa nacional da política de ordenamento do território

**Artigo 30º - Noção**

O programa nacional da política de ordenamento do território estabelece as opções estratégicas com relevância para a organização do território nacional, consubstancia o quadro de referência a considerar na elaboração dos demais programas e planos territoriais e constitui um instrumento de cooperação com os demais Estados-Membros para a organização do território da União Europeia.

**Artigo 31º - Objetivos**

O programa nacional da política de ordenamento do território visa:

*a)* Definir o quadro unitário para o desenvolvimento territorial integrado, harmonioso e sustentável do País, tendo em conta a identidade própria da sua diversidade regional e a sua inserção no espaço da União Europeia;

*b)* Garantir a coesão territorial do País, atenuando as assimetrias regionais e garantindo a igualdade de oportunidades;

*c)* Estabelecer a tradução territorial das estratégias de desenvolvimento económico e social;

*d)* Estabelecer as grandes opções de investimento público, com impacte territorial significativo, as suas prioridades e a respetiva programação, considerando, designadamente, as estratégias definidas para a aplicação dos fundos comunitários e nacionais;

*e)* Articular as políticas setoriais com incidência na organização do território;

*f)* Racionalizar o povoamento, a implantação de equipamentos estruturantes e a definição das redes;

*g)* Estabelecer os parâmetros de acesso às funções urbanas e às formas de mobilidade;

*h)* Definir os princípios orientadores da disciplina de ocupação do território;

*i)* Concretizar as políticas europeias de desenvolvimento territorial.

### Artigo 32º – Conteúdo material

1 – O programa nacional da política de ordenamento do território concretiza e articula as opções definidas nos demais instrumentos estratégicos de âmbito nacional e define um modelo de organização espacial que estabelece:

*a)* As opções e as diretrizes relativas à conformação da política de cidades, das redes, das infraestruturas e dos equipamentos de interesse nacional, bem como à salvaguarda e à valorização das áreas de interesse nacional em termos ambientais, patrimoniais e de desenvolvimento rural;

*b)* Os objetivos e os princípios assumidos pelo Estado, numa perspetiva de médio e de longo prazo, quanto à localização das atividades, dos serviços e dos grandes investimentos públicos;

*c)* Os padrões mínimos e os objetivos a atingir em matéria de qualidade de vida e de efetivação dos direitos ambientais, económicos, sociais e culturais;

*d)* Os objetivos qualitativos e quantitativos a atingir em matéria de estruturas de povoamento, bem como de implantação de infraestruturas e de equipamentos estruturantes;

*e)* As orientações para a coordenação entre as políticas de ordenamento do território e de desenvolvimento regional, tendo em vista objetivos de equidade social e de coesão territorial;

*f)* Os mecanismos de articulação entre as políticas de ordenamento do território e de ambiente que assegurem as condições necessárias à concretização de uma estratégia de utilização sustentável e eficiente dos recursos naturais;

*g)* As medidas de coordenação dos programas setoriais com incidência territorial.

2 – O programa nacional da política de ordenamento do território pode estabelecer diretrizes aplicáveis a determinado tipo de áreas ou de temáticas, com incidência territorial, visando assegurar a igualdade de regimes e a coerência na sua observância pelos demais programas e planos territoriais.

### Artigo 33º – Conteúdo documental

1 – O programa nacional da política de ordenamento do território é constituído por um relatório e um programa de ação.

2 – O relatório define cenários de desenvolvimento territorial e fundamenta as orientações estratégicas, as opções e as prioridades da intervenção político-administrativa, em matéria de ordenamento do território,

sendo acompanhado por peças gráficas ilustrativas do modelo de organização espacial estabelecido.

3 – O programa de ação estabelece:

*a)* Os objetivos a atingir numa perspetiva de médio e de longo prazo, em consonância com as orientações estratégicas, as opções e as prioridades da intervenção político-administrativa definidas no relatório;

*b)* Os compromissos do Governo em matéria de medidas legislativas, de investimentos públicos ou de aplicação de outros instrumentos de natureza fiscal ou financeira, para a concretização da política de desenvolvimento territorial;

*c)* As propostas do Governo para a cooperação, no domínio do ordenamento do território, com as entidades intermunicipais, as associações de municípios, os municípios e as entidades privadas, incluindo o lançamento de programas de apoio específicos;

*d)* A definição de prioridades e de hierarquias para as ações propostas, bem como a programação temporal da sua realização;

*e)* A identificação dos meios de financiamento das ações propostas;

*f)* O quadro de referência a considerar na elaboração, na alteração ou na revisão dos demais instrumentos de gestão territorial;

*g)* O modelo de governação e a identificação das entidades responsáveis pela implementação das ações propostas, explicitando a necessária coordenação e articulação entre as diversas entidades;

*h)* Os indicadores qualitativos e quantitativos que suportem a avaliação prevista no capítulo VIII.

## Artigo 34º – Elaboração

1 – A elaboração do programa nacional da política de ordenamento do território compete ao Governo, sob coordenação do membro do Governo responsável pela área do ordenamento do território.

2 – A elaboração do programa nacional da política de ordenamento do território é determinada por resolução do Conselho de Ministros, da qual devem constar nomeadamente:

*a)* Os princípios orientadores do programa nacional da política de ordenamento do território, bem como a metodologia definida para a compatibilização das disciplinas dos diversos instrumentos de desenvolvimento territorial e para a articulação das intervenções de âmbito nacional, regional, sub-regional e local;

*b)* As competências relativas à elaboração do programa nacional da política de ordenamento do território;

*c)* Os prazos de elaboração do programa nacional da política de ordenamento do território;

*d)* A constituição e o funcionamento da comissão consultiva.

**Artigo 35º – Comissão consultiva do programa nacional da política de ordenamento do território**

A elaboração do programa nacional da política de ordenamento do território é acompanhada por uma comissão consultiva, criada pela resolução do Conselho de Ministros referida no artigo anterior e composta por representantes das regiões autónomas, das autarquias locais e dos interesses ambientais, económicos, sociais e culturais relevantes.

**Artigo 36º – Concertação**

1 – O acompanhamento da elaboração da proposta de programa nacional de política de ordenamento do território inclui a concertação com as entidades que, no decurso dos trabalhos da comissão consultiva, formulem objeções às orientações do futuro programa.

2 – Elaborada a proposta de programa e emitidos os pareceres da comissão consultiva e da Comissão Nacional do Território, o Governo promove, nos 20 dias subsequentes à emissão destes pareceres, a realização de uma reunião de concertação com as entidades que, no âmbito das referidas comissões, tenham formal e fundamentadamente discordado das orientações da proposta de programa, tendo em vista obter uma solução concertada que permita ultrapassar as objeções formuladas.

3 – Quando o consenso não for alcançado, o Governo apresenta a versão da proposta de programa a submeter a discussão pública, optando pelas soluções que considere mais adequadas e salvaguardando a respetiva legalidade.

**Artigo 37º – Participação**

1 – Emitidos os pareceres da comissão consultiva e da Comissão Nacional do Território, e quando for o caso, decorrido o período adicional de concertação, o Governo procede à abertura de um período de discussão pública, através de aviso a publicar no Diário da República e a divulgar através da comunicação social e do seu sítio na Internet, do qual consta o período de discussão, a forma como os interessados podem apresen-

tar as suas observações ou sugestões, as eventuais sessões públicas a que haja lugar e os locais onde se encontra disponível a proposta, o parecer da comissão consultiva, os demais pareceres emitidos e os resultados da reunião de concertação.

2 – A discussão pública consiste na recolha de observações e sugestões sobre as orientações da proposta de programa nacional da política de ordenamento do território.

3 – O período de discussão pública deve ser anunciado com a antecedência mínima de 15 dias e não deve ser inferior a 30 dias.

4 – Findo o período de discussão pública, o Governo pondera e divulga os respetivos resultados, designadamente através da comunicação social e da sua página na Internet, e elabora a versão final da proposta a apresentar à Assembleia da República.

### Artigo 38º – Aprovação

1 – O programa nacional da política de ordenamento do território é aprovado pela Assembleia de República, cabendo ao Governo o desenvolvimento e a concretização do programa de ação.

2 – A lei que aprova o programa nacional da política de ordenamento do território deve:

*a)* Identificar as disposições dos programas de âmbito regional incompatíveis com o modelo de ocupação espacial definido pelo programa nacional de política de ordenamento do território;

*b)* Consagrar os prazos e as formas de atualização dos programas regionais preexistentes, ouvidas previamente as comissões de coordenação e desenvolvimento regional.

## SUBSECÇÃO II – Programas setoriais e programas especiais

### Artigo 39º – Programas setoriais

1 – Os programas setoriais são instrumentos programáticos ou de concretização das diversas políticas com incidência na organização do território.

2 – Para efeitos do presente decreto-lei, são considerados programas setoriais:

*a)* Os programas e as estratégias de desenvolvimento, respeitantes aos diversos setores da administração central, nomeadamente nos domínios da defesa, segurança pública, prevenção e minimização de riscos, ambiente, recursos hídricos, conservação da natureza e da biodiversidade, transportes, infraestruturas, comunicações, energia e recursos geológicos, cultura, saúde, habitação, turismo, agricultura, florestas, comércio e indústria;

*b)* Os regimes territoriais definidos ao abrigo de lei especial;

*c)* As decisões sobre a localização de grandes empreendimentos públicos com incidência territorial.

**Artigo 40º – Conteúdo material dos programas setoriais**

Os programas setoriais estabelecem, nomeadamente:

*a)* As opções setoriais e os objetivos a alcançar no quadro das diretrizes nacionais aplicáveis;

*b)* As ações de concretização dos objetivos setoriais estabelecidos;

*c)* A expressão territorial da política setorial definida;

*d)* A articulação da política setorial com a disciplina consagrada nos demais programas e planos territoriais aplicáveis.

**Artigo 41º – Conteúdo documental dos programas setoriais**

1 – Os programas setoriais estabelecem e justificam as opções e os objetivos setoriais com incidência territorial e definem normas de execução, integrando as peças gráficas necessárias à representação da respetiva expressão territorial.

2 – Sempre que incidam sobre a mesma área ou sobre áreas que, pela interdependência estrutural ou funcional dos seus elementos, necessitem de uma coordenação integrada, os programas setoriais identificam, ainda, o instrumento de ordenamento do espaço marítimo, bem como as respetivas medidas de articulação e de coordenação.

3 – Os programas setoriais são acompanhados por um relatório do programa, que procede ao diagnóstico da situação territorial sobre a qual intervém e à fundamentação técnica das opções e dos objetivos estabelecidos.

4 – Sempre que seja exigida a avaliação ambiental nos termos do artigo 3º do Decreto-Lei nº 232/2007, de 15 de junho, alterado pelo Decreto-Lei nº 58/2011, de 4 de maio, o programa setorial é acompanhado por um relatório ambiental, no qual são identificados, descritos e avaliados, os eventuais efeitos significativos no ambiente, resultantes da aplicação do programa, e as medidas de minimização, tendo em conta os objetivos, e o âmbito de aplicação territorial.

5 – Os programas setoriais incluem indicadores qualitativos e quantitativos que suportam a avaliação prevista no capítulo VIII.

## Artigo 42º – Programas especiais

1 – Os programas especiais são elaborados pela administração central e visam a prossecução de objetivos considerados indispensáveis à tutela de interesses públicos e de recursos de relevância nacional com repercussão territorial, estabelecendo, exclusivamente, regimes de salvaguarda de recursos e valores naturais.

2 – Os programas especiais têm por objeto a orla costeira[1], as áreas protegidas, as albufeiras de águas públicas e os estuários.

3 – Consideram-se, ainda, programas especiais, os planos de ordenamento dos parques arqueológicos previstos na Lei nº 107/2001, de 8 de setembro, e no Decreto-Lei nº 131/2002, de 11 de maio.

## Artigo 43º – Objetivos dos programas especiais

Para os efeitos previstos no presente decreto-lei, os programas especiais visam, exclusivamente:

*a)* A salvaguarda de objetivos de interesse nacional com incidência territorial delimitada;

*b)* A garantia das condições de permanência dos sistemas indispensáveis à utilização sustentável do território.

## Artigo 44º – Conteúdo material dos programas especiais

1 – Os programas especiais estabelecem regimes de salvaguarda de recursos e valores naturais e o regime de gestão compatível com a utilização sustentável do território, através do estabelecimento de ações permitidas, condicionadas ou interditas, em função dos respetivos objetivos.

2 – As normas que estabelecem ações permitidas, condicionadas ou interditas, relativas à ocupação, uso e transformação do solo, devem ser integradas nos planos territoriais, nos termos do nº 5 do artigo 3º.

3 – As normas de gestão das respetivas áreas abrangidas, nomeadamente, as relativas à circulação de pessoas, veículos ou animais, à prática de atividades desportivas ou a quaisquer comportamentos suscetíveis de afetar ou comprometer os recursos ou valores naturais a salvaguardar podem

[1] Cite-se, a título de exemplo, o Programa da Orla Costeira de Alcobaça-Cabo Espichel, aprovado pela Resolução do Conselho de Ministros nº 66/2019, de 11 de abril, bem como o Programa da Orla Costeira de Espichel-Odeceixe, aprovado pela Resolução do Conselho de Ministros nº 87-A/2022, de 4 de outubro (retificada pela Declaração de Retificação nº 26/2022, de 17 de outubro).

ser desenvolvidas em regulamento próprio, nas situações e nos termos que o programa admitir.

4 – O regulamento a que se refere o número anterior está sujeito a discussão pública e deve ser aprovado pela entidade responsável pela elaboração do programa, no prazo de 30 dias a contar da data da publicação deste, sendo publicitado no seu sítio na Internet e no dos municípios abrangidos.

5 – Sempre que incidam sobre a mesma área ou sobre áreas que, pela interdependência estrutural ou funcional dos seus elementos, necessitem de uma coordenação integrada, os programas especiais identificam, ainda, o instrumento de ordenamento do espaço marítimo, bem como as respetivas medidas de articulação e de coordenação de usos e atividades.

6 – As normas dos programas especiais que procedam à classificação ou à qualificação do uso do solo são nulas.

**Artigo 45º – Conteúdo documental dos programas especiais**

1 – Os programas especiais estabelecem as diretivas para a proteção e valorização de recursos e valores naturais e definem normas de execução, integrando as peças gráficas necessárias à representação da respetiva expressão territorial.

2 – Os programas especiais são acompanhados por:

*a)* Relatório do programa, que procede ao diagnóstico da situação territorial sobre a qual intervém e à fundamentação técnica das opções e objetivos estabelecidos;

*b)* Relatório ambiental no qual se identificam, descrevem e avaliam os eventuais efeitos significativos no ambiente resultantes da aplicação do programa e as alternativas razoáveis, tendo em conta os objetivos e o âmbito de aplicação territorial respetivos, salvo o disposto na alínea *g)* do nº 1 do artigo seguinte;

*c)* Programa de execução e plano de financiamento;

*d)* Indicadores qualitativos e quantitativos que suportem a avaliação prevista no capítulo VIII.

**Artigo 46º – Elaboração**

1 – A elaboração dos programas setoriais e especiais é determinada por despacho do membro do Governo competente em razão da matéria, em articulação com o membro do Governo responsável pela área do ordenamento do território, do qual deve constar, nomeadamente:

*a)* A finalidade do programa, com menção expressa dos interesses públicos prosseguidos;

*b)* A especificação dos objetivos a atingir;

*c)* A indicação da entidade, do departamento ou do serviço competente para a elaboração;

*d)* O âmbito territorial do programa, com menção expressa dos municípios cujos territórios são abrangidos;

*e)* O prazo de elaboração;

*f)* As exigências procedimentais ou de participação que, em função da complexidade da matéria ou dos interesses a salvaguardar, se considerem ser de adotar, para além do procedimento definido no presente decreto-lei;

*g)* A sujeição do programa a avaliação ambiental ou as razões que justificam a inexigibilidade desta;

*h)* A constituição e o funcionamento da comissão consultiva, no caso dos programas especiais.

2 – A elaboração dos programas setoriais e dos programas especiais obriga a identificar e a ponderar, os planos, os programas e os projetos da iniciativa da Administração Pública, com incidência na área a que respeitam, bem como os instrumentos de ordenamento do espaço marítimo, considerando os que já existem e os que se encontrem em preparação, por forma a assegurar as necessárias compatibilizações.

3 – O prazo de elaboração dos programas setoriais e especiais pode ser prorrogado por uma única vez, por um período máximo igual ao previamente estabelecido.

4 – O não cumprimento dos prazos estabelecidos determina a caducidade do procedimento de elaboração, devendo ser desencadeado um novo procedimento.

## Artigo 47º – Avaliação ambiental

1 – A decisão a que se refere a alínea *g)* do nº 1 do artigo anterior pode ser precedida da consulta prevista no nº 3 do artigo 3º do Decreto-Lei nº 232/2007, de 15 de junho, alterado pelo Decreto-Lei nº 58/2011, de 4 de maio.

2 – Sempre que a entidade responsável pela elaboração do programa solicite pareceres, nos termos do número anterior, estes devem conter, também, a pronúncia sobre o âmbito da avaliação ambiental e sobre o alcance da informação a incluir no relatório ambiental, aplicando-se o disposto

no artigo 5º do Decreto-Lei nº 232/2007, de 15 de junho, alterado pelo Decreto-Lei nº 58/2011, de 4 de maio.

3 – Os pareceres solicitados nos termos do presente artigo são emitidos no prazo de 20 dias, sob pena de não serem considerados.

### Artigo 48º – Acompanhamento do programa setorial

1 – No decurso da elaboração do programa setorial, a entidade responsável pela respetiva elaboração solicita parecer à comissão de coordenação e desenvolvimento regional territorialmente competente, às entidades ou aos serviços da administração central representativas dos interesses a ponderar, bem como às entidades intermunicipais, às associações de municípios e aos municípios abrangidos, os quais devem pronunciar-se no prazo de 20 dias, findo o qual se considera nada terem a opor à proposta de programa.

2 – Na elaboração dos programas sujeitos a avaliação ambiental, caso não tenha sido promovida a consulta referida no nº 1 do artigo anterior, deve ser solicitado parecer sobre o âmbito da avaliação ambiental e sobre o alcance da informação a incluir no relatório ambiental, bem como pareceres sobre a proposta de programa e sobre o respetivo relatório ambiental, nos termos do nº 3 do artigo 7º do Decreto-Lei nº 232/2007, de 15 de junho, alterado pelo Decreto-Lei nº 58/2011, de 4 de maio, os quais devem ser emitidos no prazo de 20 dias, sob pena de não serem considerados.

3 – Quando a entidade competente para a elaboração do programa o determine, os pareceres previstos nos números anteriores são emitidos em conferência procedimental, aplicando-se com as necessárias adaptações o disposto no Artigo 84º.

4 – A entidade responsável pela elaboração do programa pondera os pareceres referidos nos nºs 1 e 2, ficando obrigada a um especial dever de fundamentação, sempre que seja invocada a desconformidade com disposições legais e regulamentares ou a desconformidade com programas ou planos territoriais.

5 – O acompanhamento dos programas setoriais é assegurado mediante o recurso à plataforma colaborativa de gestão territorial.

### Artigo 49º – Acompanhamento e concertação dos programas especiais

1 – A elaboração técnica dos programas especiais é acompanhada por uma comissão consultiva, cuja composição deve traduzir a natureza dos interesses ambientais, económicos e sociais a salvaguardar, integrando

representantes de serviços e entidades da administração direta ou indireta do Estado, das regiões autónomas, das entidades intermunicipais, das associações de municípios e dos municípios abrangidos e de outras entidades públicas cuja participação seja aconselhável no âmbito do acompanhamento da elaboração do programa.

2 – A constituição da comissão consultiva deve integrar representantes do ordenamento e gestão do espaço marítimo, bem como da administração portuária respetiva, sempre que o programa incida sobre áreas que, pela sua interdependência estrutural ou funcional dos seus elementos, necessitem de uma coordenação integrada mar-terra.

3 – Na elaboração dos programas especiais sujeitos a avaliação ambiental, caso não tenha sido promovida a consulta prevista no nº 1 do Artigo 47º, deve ser solicitado parecer sobre o âmbito da avaliação ambiental e sobre o alcance da informação a incluir no relatório ambiental, bem como pareceres sobre a proposta de programa e respetivo relatório ambiental, nos termos do nº 3 do artigo 7º do Decreto-Lei nº 232/2007, de 15 de junho, alterado pelo Decreto-Lei nº 58/2011, de 4 de maio, os quais devem ser emitidos no prazo de 20 dias, sob pena de não serem considerados.

4 – A comissão consultiva fica obrigada a um acompanhamento continuado, devendo, no final dos trabalhos de elaboração, formalizar um único parecer escrito, assinado pelos representantes das entidades envolvidas, com menção expressa da orientação defendida.

5 – O parecer final da comissão integra a apreciação da proposta de programa e do relatório ambiental.

6 – No âmbito do parecer final, a posição da comissão de coordenação e desenvolvimento regional inclui obrigatoriamente a apreciação da articulação e da coerência da proposta com os objetivos, os princípios e as regras aplicáveis ao território em causa, definidos por quaisquer outros programas e planos territoriais eficazes.

7 – À comissão consultiva dos programas especiais é aplicável o disposto no Artigo 84º, com as devidas adaptações.

8 – A entidade responsável pela elaboração do programa especial pondera o parecer da comissão consultiva, ficando obrigada a um especial dever de fundamentação, sempre que seja invocada a desconformidade com disposições legais e regulamentares, com programas ou planos territoriais ou com instrumentos de ordenamento do espaço marítimo.

9 – Elaborada a proposta de programa e emitido o parecer da comissão consultiva, a entidade responsável pelo plano promove, nos 15 dias

subsequentes à emissão daquele parecer, a realização de uma reunião de concertação com as entidades que, no âmbito daquela comissão, tenham formal e fundamentadamente discordado das orientações da proposta de programa, tendo em vista obter uma solução concertada que permita ultrapassar as objeções formuladas.

10 – Quando o consenso não for alcançado, a comissão de coordenação e desenvolvimento regional submete a proposta a parecer da Comissão Nacional do Território, o qual tem caráter vinculativo para a entidade responsável pela elaboração do programa.

11 – O parecer previsto no número anterior pronuncia-se sobre os fundamentos dos pareceres desfavoráveis e deve ser proferido no prazo de 30 dias a contar da data da receção do pedido, sob pena de se considerar favorável à proposta de programa.

12 – O acompanhamento dos programas especiais é assegurado mediante o recurso à plataforma colaborativa de gestão territorial.

**Artigo 50º – Participação**

1 – Concluída a elaboração do programa setorial ou especial e emitidos os pareceres previstos no artigo anterior ou decorridos os prazos fixados, a entidade pública responsável pela respetiva elaboração procede à abertura de um período de discussão pública da proposta de programa, através de aviso a publicar, com a antecedência de 5 dias, no Diário da República e a divulgar através da comunicação social e no respetivo sítio na Internet.

2 – Durante o período de discussão pública, que não pode ser inferior a 20 dias, a proposta de programa, os pareceres emitidos ou a ata da conferência procedimental são divulgados no sítio na Internet da entidade pública responsável pela sua elaboração e podem ser consultados na respetiva sede, bem como na sede dos municípios abrangidos.

3 – Sempre que o programa se encontre sujeito a avaliação ambiental, a entidade competente divulga o respetivo relatório ambiental, juntamente com os documentos referidos no número anterior.

4 – A discussão pública consiste na recolha de observações e de sugestões, sobre as soluções da proposta de programa.

5 – Findo o período de discussão pública, a entidade pública responsável pela elaboração do programa pondera e divulga os respetivos resultados, através da comunicação social e no respetivo sítio na Internet, e elabora a versão final da proposta de programa para aprovação.

## Artigo 51º[1] – Aprovação

1 – Os programas setoriais e os programas especiais são aprovados por resolução do Conselho de Ministros, salvo norma especial que determine a sua aprovação por decreto-lei ou decreto regulamentar.

2 – O diploma que aprova o programa deve:

*a)* Identificar as disposições dos programas e dos planos territoriais preexistentes incompatíveis, discriminando aquelas cuja alteração visa salvaguardar situações de risco ou de especial fragilidade ambiental, para os efeitos previstos no número seguinte;

*b)* Consagrar as formas e os prazos de atualização dos programas ou dos planos preexistentes, ouvidas as comissões de coordenação e desenvolvimento regional e a entidade intermunicipal, a associação de municípios ou os municípios abrangidos.

3 – Na área abrangida pelas normas do plano territorial atualizado destinadas a salvaguardar situações de risco ou de especial fragilidade ambiental identificadas nos termos da alínea *a)* do número anterior, não se aplica o disposto no nº 6 do artigo 48º do Regime Jurídico da Urbanização e da Edificação, aprovado pelo Decreto-Lei nº 555/99, de 16 de dezembro, na sua redação atual, havendo nesse caso lugar à aplicação, com as devidas adaptações, dos nºs 4 e 5 do mesmo artigo, caso a incompatibilidade não resulte de instrumento de gestão territorial anterior, tendo presentes as limitações de aproveitamento decorrentes das características dos prédios em causa.

### SECÇÃO III – Âmbito regional

## Artigo 52º – Noção

1 – Os programas regionais definem a estratégia regional de desenvolvimento territorial, integrando as opções estabelecidas a nível nacional e considerando as estratégias sub-regionais e municipais de desenvolvimento local, constituindo o quadro de referência para a elaboração dos programas e dos planos intermunicipais e dos planos municipais.

2 – As competências relativas aos programas regionais são exercidas pelas comissões de coordenação e desenvolvimento regional.

3 – As comissões de coordenação e desenvolvimento regional podem propor ao Governo que o programa regional seja estruturado em unidades

[1] Redação do Decreto-Lei nº 25/2021, de 29 de março.

de planeamento correspondentes a espaços sub-regionais, designadamente os correspondentes às áreas geográficas das entidades intermunicipais, integrados na respetiva área de atuação e suscetíveis de elaboração e de aprovação faseadas.

**Artigo 53º – Objetivos**

O programa regional visa:

*a)* Desenvolver, no âmbito regional, as opções constantes do programa nacional da política de ordenamento do território, dos programas setoriais e dos programas especiais;

*b)* Traduzir, em termos espaciais, os grandes objetivos de desenvolvimento económico e social sustentável à escala regional;

*c)* Equacionar as medidas tendentes à atenuação das assimetrias de desenvolvimento intrarregionais;

*d)* Servir de base à formulação da estratégia nacional de ordenamento territorial e de quadro de referência para a elaboração dos programas e dos planos intermunicipais e dos planos municipais;

*e)* Estabelecer, a nível regional, as grandes opções de investimento público, com impacte territorial significativo, as suas prioridades e a respetiva programação, em articulação com as estratégias definidas para a aplicação dos fundos comunitários e nacionais.

**Artigo 54º – Conteúdo material**

Os programas regionais definem um modelo de organização do território regional, estabelecendo, nomeadamente:

*a)* A estrutura regional do sistema urbano, das infraestruturas e dos equipamentos de utilização coletiva de interesse regional, assegurando a salvaguarda e a valorização das áreas de interesse regional em termos económicos, agrícolas, florestais, de conservação da natureza, ambientais, paisagísticos e patrimoniais;

*b)* Os objetivos e os princípios assumidos a nível regional quanto à localização das atividades e dos grandes investimentos públicos, suas prioridades e programação;

*c)* A incidência espacial, ao nível regional, das políticas estabelecidas no programa nacional da política de ordenamento do território e nos planos, programas e estratégias setoriais preexistentes, bem como das políticas de relevância regional a desenvolver pelos planos territoriais intermunicipais e municipais abrangidos;

*d)* A política ambiental a nível regional, incluindo a estrutura ecológica regional de proteção e valorização ambiental, bem como a receção, ao nível regional, das políticas e das medidas estabelecidas nos programas e setoriais e especiais.

**Artigo 55º – Conteúdo documental**

1 – Os programas regionais são constituídos por:

*a)* Opções estratégicas, normas orientadoras e um conjunto de peças gráficas ilustrativas das orientações substantivas neles definidas;

*b)* Esquema, representando o modelo territorial proposto, com a identificação dos principais sistemas, redes e articulações de nível regional.

2 – Os programas regionais são acompanhados por um relatório do programa, que contém:

*a)* A avaliação das dinâmicas territoriais, incluindo a evolução do uso, transformação e ocupação do solo, as dinâmicas demográficas, a estrutura de povoamento e as perspetivas de desenvolvimento económico, social e cultural da região;

*b)* A definição de unidades de paisagem;

*c)* Os estudos relativos à caracterização da estrutura regional de proteção e valorização ambiental e patrimonial;

*d)* A identificação dos espaços agrícolas, florestais e pecuários com relevância para a estratégia regional de desenvolvimento rural;

*e)* A representação das redes de transporte e mobilidade e dos equipamentos;

*f)* O programa de execução, que inclui disposições indicativas sobre a realização das obras públicas a efetuar na região, a curto prazo ou a médio prazo, indicando as entidades responsáveis pela respetiva concretização;

*g)* A identificação das fontes e da estimativa de meios financeiros, designadamente dos programas operacionais regionais e setoriais.

3 – Os programas regionais são, ainda, acompanhados por um relatório ambiental, no qual se identificam, descrevem e avaliam os eventuais efeitos significativos no ambiente resultantes da aplicação do programa e as alternativas razoáveis, tendo em conta os objetivos e o âmbito de aplicação territorial respetivos.

4 – Os programas regionais incluem indicadores qualitativos e quantitativos que suportem a avaliação prevista no capítulo VIII.

### Artigo 56º – Elaboração

A elaboração dos programas regionais compete às comissões de coordenação e desenvolvimento regional, sob coordenação do membro do Governo responsável pela área do ordenamento do território, sendo determinada por resolução do Conselho de Ministros, da qual deve constar, nomeadamente:

*a)* A finalidade do programa, com menção expressa dos interesses públicos prosseguidos;

*b)* A especificação dos objetivos a atingir;

*c)* O âmbito territorial do programa, com menção expressa dos municípios abrangidos;

*d)* O prazo de elaboração;

*e)* As exigências procedimentais ou de participação que, em função da complexidade da matéria ou dos interesses a salvaguardar, se considere serem de adotar para além do procedimento definido no presente decreto-lei;

*f)* A sujeição do programa a avaliação ambiental ou as razões que justificam a inexigibilidade desta;

*g)* A composição e o funcionamento da comissão consultiva.

### Artigo 57º – Acompanhamento

1 – A elaboração dos programas regionais é acompanhada por uma comissão consultiva, integrada por representantes das entidades e serviços da administração direta e indireta do Estado que assegurem a prossecução dos interesses públicos relevantes, designadamente, em matéria de ordenamento do território, do ordenamento do espaço marítimo, do ambiente, conservação da natureza, energia, habitação, economia, agricultura, florestas, obras públicas, transportes, infraestruturas, comunicações, educação, saúde, segurança, defesa nacional, proteção civil, desporto, cultura, dos municípios abrangidos, bem como de representantes dos interesses ambientais, económicos, sociais e culturais.

2 – Na elaboração dos programas regionais deve ser garantida a integração, na comissão consultiva, das entidades às quais, em virtude das suas responsabilidades ambientais específicas, possam interessar os efeitos ambientais resultantes da aplicação do programa, e que exercem na comissão as competências consultivas atribuídas pelos artigos 5º e 7º do Decreto-Lei nº 232/2007, de 15 de junho, alterado pelo Decreto-Lei nº 58/2011, de 4 de maio, e acompanham a elaboração do relatório ambiental.

3 – A comissão fica obrigada a um acompanhamento continuado dos trabalhos de elaboração da proposta de programa, devendo, no final, apresentar um único parecer escrito, com menção expressa das orientações defendidas, que se pronuncie sobre o cumprimento das normas legais e regulamentares aplicáveis e, ainda, sobre a adequação e conveniência das soluções propostas.

4 – À comissão consultiva dos programas regionais é aplicável o disposto no artigo 84º com as devidas adaptações.

5 – O parecer final da comissão acompanha a proposta de programa, para efeitos de aprovação pelo Governo.

6 – O acompanhamento dos programas regionais é assegurado mediante o recurso à plataforma colaborativa de gestão territorial.

**Artigo 58º – Concertação**

1 – Elaborada a proposta de programa e emitido o parecer da comissão consultiva, a comissão de coordenação e desenvolvimento regional promove, nos 15 dias subsequentes à emissão daquele parecer, a realização de uma reunião de concertação com as entidades que, no âmbito da comissão consultiva, tenham formal e fundamentadamente discordado das orientações da proposta de programa, tendo em vista obter uma solução concertada que permita ultrapassar as objeções formuladas.

2 – A comissão de coordenação e desenvolvimento regional pondera os pareceres referidos no número anterior, ficando obrigada a resposta fundamentada sempre que seja invocada a desconformidade com disposições legais e regulamentares e a desconformidade com programas e planos territoriais.

3 – Quando o consenso não for alcançado, a comissão de coordenação e desenvolvimento regional submete a proposta a parecer da Comissão Nacional do Território, o qual tem caráter vinculativo.

4 – O parecer previsto no número anterior pronuncia-se sobre os fundamentos dos pareceres desfavoráveis e deve ser proferido no prazo de 30 dias a contar da data da receção do pedido, sob pena de se considerar favorável à proposta de programa.

**Artigo 59º – Participação**

1 – A discussão pública dos programas regionais rege-se, com as necessárias adaptações, pelas disposições relativas ao programa nacional da política de ordenamento do território.

2 – Juntamente com a proposta de programa regional é divulgado o respetivo relatório ambiental.

**Artigo 60º – Aprovação**

1 – Os programas regionais são aprovados por resolução do Conselho de Ministros.

2 – A resolução do Conselho de Ministros referida no número anterior deve:

*a)* Identificar as disposições dos programas de âmbito nacional, bem como dos programas e planos intermunicipais e dos planos municipais preexistentes incompatíveis com a estrutura regional, do sistema urbano, das redes, das infraestruturas e dos equipamentos de interesse regional e com a delimitação da estrutura regional de proteção e valorização ambiental;

*b)* Consagrar as formas e os prazos para a alteração dos programas e planos preexistentes, ouvidas previamente as entidades da Administração Pública responsáveis pela elaboração do programa e as entidades intermunicipais, as associações de municípios ou os municípios envolvidos.

## SECÇÃO IV – Âmbito intermunicipal e municipal

### SUBSECÇÃO I – Programas intermunicipais

**Artigo 61º – Noção**

1 – O programa intermunicipal é o instrumento que assegura a articulação entre o programa regional e os planos intermunicipais e municipais, no caso de áreas territoriais que, pela interdependência estrutural ou funcional ou pela existência de áreas homogéneas de risco, necessitem de uma ação integrada de planeamento.

2 – O programa intermunicipal é de elaboração facultativa e pode abranger uma das seguintes áreas:

*a)* A área geográfica que abrange a totalidade de uma entidade intermunicipal;

*b)* A área geográfica de dois ou mais municípios territorialmente contíguos integrados na mesma entidade intermunicipal, salvo situações excecionais, autorizadas pelo membro do Governo responsável pela área do ordenamento do território, após parecer das comissões de coordenação e desenvolvimento regional.

## Artigo 62º – Objetivos

Os programas intermunicipais visam:

*a)* Articular a estratégia intermunicipal de desenvolvimento económico e social, de conservação da natureza e de garantia da qualidade ambiental;

*b)* Coordenar a incidência intermunicipal dos projetos de redes, equipamentos, infraestruturas e de distribuição das atividades industriais, turísticas, comerciais e de serviços, constantes do programa nacional da política de ordenamento do território, dos programas regionais e dos programas setoriais e especiais aplicáveis;

*c)* Estabelecer os objetivos, a médio e longo prazo, de racionalização do povoamento;

*d)* Definir os objetivos em matéria de acesso a equipamentos e a serviços públicos.

## Artigo 63º – Conteúdo material

Os programas intermunicipais definem um modelo de organização do território abrangido, estabelecendo, nomeadamente:

*a)* As grandes opções estratégicas de organização do território e de investimento público, as suas prioridades e a respetiva programação, em articulação com as estratégias definidas nos programas de âmbitos nacional e regional e a avaliação dos impactos das estratégias de desenvolvimento adotadas e desenvolvidas, atentas as especificidades e os recursos diferenciadores de cada território;

*b)* As diretrizes e as orientações para os planos territoriais de âmbito intermunicipal e municipal;

*c)* As orientações para as redes de infraestruturas, de equipamentos, de transportes e mobilidade e de serviços;

*d)* Os padrões mínimos e os objetivos a atingir em matéria de qualidade ambiental, de conservação da natureza e de valorização paisagística.

## Artigo 64º – Conteúdo documental

1 – Os programas intermunicipais são constituídos por um relatório do programa e por um conjunto de peças gráficas indicativas das orientações definidas.

2 – Os programas intermunicipais podem ser acompanhados, em função dos respetivos âmbito e objetivos, por:

*a)* Planta de enquadramento abrangendo a área de intervenção e a área envolvente dos vários municípios integrados pelo programa;

*b)* Identificação dos valores culturais, naturais e paisagísticos, bem como dos espaços agrícolas e florestais a proteger;

*c)* Representação das redes de transporte e mobilidade e dos equipamentos públicos de interesse supramunicipal;

*d)* Programa de execução, contendo disposições indicativas sobre a realização das obras públicas a efetuar, bem como dos objetivos e das ações de interesse intermunicipal, indicando as entidades responsáveis pela respetiva concretização;

*e)* Identificação das fontes e da estimativa de meios financeiros, atendendo designadamente aos programas operacionais regionais e setoriais.

3 – Sempre que seja necessário proceder à avaliação ambiental nos termos do artigo 2º do Decreto-Lei nº 232/2007, de 15 de junho, alterado pelo Decreto-Lei nº 58/2011, de 4 de maio, os programas intermunicipais são ainda acompanhados pelo relatório ambiental, no qual se identificam, descrevem e avaliam os eventuais efeitos significativos no ambiente resultantes da aplicação do programa e as alternativas razoáveis, tendo em conta os objetivos e o âmbito de aplicação territorial respetivos.

4 – Os programas intermunicipais incluem indicadores qualitativos e quantitativos que suportem a avaliação prevista no capítulo VIII.

**Artigo 65º – Elaboração**

1 – A elaboração dos programas intermunicipais compete:

*a)* Nas situações previstas na alínea *a)* do nº 2 do Artigo 61º, à comissão executiva metropolitana, nas áreas metropolitanas, e ao conselho intermunicipal, nas comunidades intermunicipais;

*b)* Nas situações previstas na alínea *b)* do nº 2 do Artigo 61º, às câmaras municipais dos municípios associados para o efeito.

2 – A deliberação de elaboração do programa intermunicipal deve ser publicada no Diário da República e divulgada através da comunicação social e dos respetivos sítios na Internet, pelas entidades intermunicipais, associações de municípios e municípios envolvidos.

**Artigo 66º – Avaliação ambiental**

1 – A deliberação a que se refere o nº 2 do artigo anterior deve indicar se o programa está sujeito a avaliação ambiental, ou as razões que justificam a inexigibilidade desta, podendo, para o efeito, ser precedida da consulta prevista no nº 3 do artigo 3º do Decreto-Lei nº 232/2007, de 15 de junho, alterado pelo Decreto-Lei nº 58/2011, de 4 de maio.

2 – Sempre que as entidades intermunicipais, as associações de municípios ou os municípios solicitem pareceres nos termos do número anterior, esses pareceres devem conter, também, a pronúncia sobre o âmbito da avaliação ambiental e sobre o alcance da informação a incluir no relatório ambiental, aplicando-se o artigo 5º do Decreto-Lei nº 232/2007, de 15 de junho, alterado pelo Decreto-Lei nº 58/2011, de 4 de maio.

3 – Os pareceres solicitados ao abrigo do presente artigo são emitidos no prazo de 20 dias, sob pena de não serem considerados.

**Artigo 67º – Acompanhamento, concertação e participação**

1 – A elaboração dos programas intermunicipais é acompanhada por uma comissão consultiva, aplicando-se ao acompanhamento, à concertação e à discussão pública destes programas, as disposições relativas ao plano diretor municipal, com as necessárias adaptações.

2 – No âmbito do parecer final da comissão consultiva, a comissão de coordenação e desenvolvimento regional pronuncia-se obrigatoriamente sobre a conformidade com as disposições legais e regulamentares vigentes, a articulação e a coerência da proposta com os objetivos, os princípios e as regras aplicáveis no território em causa, definidos por quaisquer outros programas e planos territoriais eficazes.

3 – O acompanhamento dos programas intermunicipais é assegurado mediante o recurso à plataforma colaborativa de gestão territorial.

**Artigo 68º – Aprovação**

1 – Os programas intermunicipais são aprovados:

*a)* Nas situações previstas na alínea *a)* do nº 2 do artigo 61º, por deliberação do conselho metropolitano, nas áreas metropolitanas, e da assembleia intermunicipal, nas comunidades intermunicipais;

*b)* Nas situações previstas na alínea *b)* do nº 2 do artigo 61º, por deliberação das assembleias municipais interessadas, mediante proposta apresentada pelas respetivas câmaras municipais.

2 – A deliberação referida no número anterior deve:

*a)* Identificar as disposições dos planos intermunicipais ou municipais preexistentes, incompatíveis com o modelo de organização do território intermunicipal preconizado;

*b)* Conter as formas e os prazos de atualização dos planos intermunicipais ou municipais preexistentes, previamente acordados com as respetivas entidades intermunicipais, as associações de municípios ou os municípios envolvidos.

### SUBSECÇÃO II – Planos intermunicipais e municipais

#### DIVISÃO I – Disposições gerais

**Artigo 69º – Noção**

Os planos intermunicipais e municipais são instrumentos de natureza regulamentar e estabelecem o regime de uso do solo, definindo modelos de ocupação territorial e da organização de redes e sistemas urbanos e, na escala adequada, parâmetros de aproveitamento do solo, bem como de garantia da sustentabilidade socioeconómica e financeira e da qualidade ambiental[1/2].

**Artigo 70º – Regime de uso do solo**

O regime de uso do solo estabelece as regras de ocupação, transformação e utilização do solo e é definido nos planos intermunicipais ou municipais, através da classificação e da qualificação do solo.

**Artigo 71º – Classificação do solo**

1 – A classificação do solo determina o destino básico dos terrenos, assentando na distinção fundamental entre solo urbano e solo rústico.

2 – Os planos intermunicipais ou municipais classificam o solo como urbano ou rústico, considerando como:

*a)* Solo urbano, o que está total ou parcialmente urbanizado ou edificado e, como tal, afeto em plano territorial à urbanização ou edificação;

*b)* Solo rústico, aquele que, pela sua reconhecida aptidão, se destine, nomeadamente, ao aproveitamento agrícola, pecuário, florestal, à conservação, à valorização e à exploração de recursos naturais, de recursos geo-

[1] O Decreto Regulamentar nº 5/2019, de 27 de setembro, fixa os conceitos técnicos nos domínios do ordenamento do território e do urbanismo, designadamente os relativos aos indicadores e parâmetros, bem como os relativos à simbologia e à sistematização gráfica, a utilizar nos instrumentos de gestão territorial, e revoga o Decreto Regulamentar nº 9/2009, de 29 de maio, retificado pela Declaração de Retificação nº 53/2009, de 28 de julho, sem prejuízo da aplicação deste aos procedimentos já iniciados à data da entrada em vigor daquele decreto regulamentar.

[2] O Decreto Regulamentar nº 10/2009, de 29 de maio, retificado pela Declaração de Retificação nº 54/2009, de 28 de julho, fixa a cartografia a utilizar nos instrumentos de gestão territorial, bem como na representação de quaisquer condicionantes.

lógicos ou de recursos energéticos, assim como o que se destina a espaços naturais, culturais, de turismo, recreio e lazer ou à proteção de riscos, ainda que seja ocupado por infraestruturas, e aquele que não seja classificado como urbano.

### Artigo 72[1] – Reclassificação para solo urbano

1 – A reclassificação do solo rústico para solo urbano tem caráter excecional, sendo limitada aos casos de inexistência de áreas urbanas disponíveis e comprovadamente necessárias ao desenvolvimento económico e social e à indispensabilidade de qualificação urbanística, traduzindo uma opção de planeamento sustentável em termos ambientais, patrimoniais, económicos e sociais.

2 – Nos termos do disposto no número anterior, a reclassificação do solo como urbano deve contribuir, de forma inequívoca, para o desenvolvimento sustentável do território, obrigando à fixação, por via contratual, dos encargos urbanísticos das operações, do respetivo prazo de execução e das condições de redistribuição de benefícios e encargos, considerando todos os custos urbanísticos envolvidos.

3 – A demonstração da sustentabilidade económica e financeira da transformação do solo deve integrar os seguintes elementos:

*a)* Demonstração da indisponibilidade de solo urbano, na área urbana existente, para a finalidade em concreto, através, designadamente, dos níveis de oferta e procura de solo urbano, com diferenciação tipológica quanto ao uso, e dos fluxos demográficos;

*b)* Demonstração do impacto da carga urbanística proposta, no sistema de infraestruturas existente, e a previsão dos encargos necessários ao seu reforço, à execução de novas infraestruturas e à respetiva manutenção;

*c)* Demonstração da viabilidade económico-financeira da proposta, incluindo a identificação dos sujeitos responsáveis pelo financiamento, a demonstração das fontes de financiamento contratualizadas e de investimento público.

4 – A reclassificação do solo processa-se através dos procedimentos de elaboração, de revisão ou de alteração de planos de pormenor com efeitos registais, acompanhado do contrato previsto no nº 2, e nos termos previstos no decreto regulamentar que estabelece os critérios uniformes de classificação e reclassificação do solo.

[1] Redação do Decreto-Lei nº 25/2021, de 29 de março.

5 – O plano deve delimitar a área objeto de reclassificação e definir o prazo para execução das obras de urbanização e das obras de edificação, o qual deve constar expressamente da certidão do plano a emitir para efeitos de inscrição no registo predial.

6 – A reclassificação do solo que se destine exclusivamente à execução de infraestruturas e de equipamentos de utilização coletiva obedece aos critérios previstos nos nºs 1 e 3 e processa-se através de procedimentos de elaboração, de revisão ou de alteração de planos territoriais, nos quais é fixado o respetivo prazo de execução.

7 – A reclassificação do solo, na contiguidade de solo urbano, que se destine à instalação de atividades de natureza industrial, de armazenagem ou logística e aos respetivos serviços de apoio, pode ser realizada através da elaboração, revisão ou alteração de plano territorial, de acordo com os critérios estabelecidos nos nºs 1 a 3, sendo o respetivo prazo de execução definido no plano territorial objeto de elaboração, alteração ou revisão.

8 – A reclassificação do solo a que se refere o número anterior fica sujeita à delimitação de uma unidade de execução e à garantia da provisão de infraestruturas e de serviços associados, mediante contratualização dos encargos urbanísticos e inscrição no programa de execução, nos planos de atividades e nos orçamentos municipais.

9 – A alteração por adaptação, do plano diretor municipal ou do plano diretor intermunicipal, só deve ser realizada findo o prazo previsto no nº 5 e desde que executadas as operações urbanísticas previstas no plano, seguindo o procedimento referido no artigo 121º.

10 – Findo o prazo previsto para a execução do plano, a não realização das operações urbanísticas previstas determina, automaticamente, a caducidade total ou parcial da classificação do solo como urbano, sem prejuízo das faculdades urbanísticas adquiridas mediante título urbanístico, nos termos da lei.

11 – Nas situações previstas no número anterior a câmara municipal deve, no prazo de 60 dias, iniciar procedimento de alteração ou de revisão do plano, de forma a garantir a coerência do modelo territorial.

### Artigo 73º – Reclassificação para solo rústico

A reclassificação do solo urbano como rústico pode ser feita a todo o tempo.

## Artigo 74º – Qualificação do solo

1 – A qualificação do solo define, com respeito pela sua classificação, o conteúdo do seu aproveitamento, por referência às potencialidades de desenvolvimento do território, fixando os respetivos usos dominantes e, quando admissível, a edificabilidade.

2 – A qualificação do solo urbano processa-se através da integração em categorias que conferem a suscetibilidade de urbanização ou de edificação.

3 – A qualificação do solo rústico processa-se através da integração em categorias, designadamente as seguintes:

*a)* Espaços agrícolas ou florestais;

*b)* Espaços de exploração de recursos energéticos e geológicos;

*c)* Espaços afetos a atividades industriais diretamente ligadas às utilizações referidas nas alíneas anteriores;

*d)* Espaços naturais e de valor cultural e paisagístico;

*e)* Espaços destinados a infraestruturas ou a outros tipos de ocupação humana, como o turismo, que não impliquem a classificação como solo urbano, designadamente permitindo usos múltiplos em atividades compatíveis com espaços agrícolas, florestais ou naturais.

4 – A definição dos usos dominantes referida no nº 1, bem como das categorias relativas ao solo urbano e rústico, obedece a critérios uniformes, aplicáveis a todo o território nacional, a estabelecer por decreto regulamentar[1].

### DIVISÃO II – Planos municipais

### SUBDIVISÃO I – Disposições gerais

## Artigo 75º – Objetivos

Os planos municipais visam estabelecer:

*a)* A tradução, no âmbito local, do quadro de desenvolvimento do território estabelecido nos programas nacional e regional;

*b)* A expressão territorial da estratégia de desenvolvimento local;

*c)* A articulação das políticas setoriais com incidência local;

*d)* A base de uma gestão programada do território municipal;

[1] É o Decreto Regulamentar nº 15/2015, de 19 de agosto, que estabelece os critérios de classificação e reclassificação do solo, bem como os critérios de qualificação e as categorias do solo rústico e do solo urbano em função do uso dominante, aplicáveis a todo o território nacional.

*e)* A definição da estrutura ecológica para efeitos de proteção e de valorização ambiental municipal;

*f)* Os princípios e as regras de garantia da qualidade ambiental, da integridade paisagística e da preservação do património cultural;

*g)* Os princípios e os critérios subjacentes a opções de localização de infraestruturas, de equipamentos, de serviços e de funções;

*h)* Os critérios de localização e a distribuição das atividades industriais, de armazenagem e logística, turísticas, comerciais e de serviços, que decorrem da estratégia de desenvolvimento local;

*i)* Os parâmetros de uso do solo;

*j)* Os parâmetros de uso e fruição do espaço público;

*k)* Outros indicadores relevantes para a elaboração dos demais programas e planos territoriais.

### Artigo 76.º[1] – Elaboração

1 – A elaboração de planos municipais é determinada por deliberação da câmara municipal, a qual estabelece os prazos de elaboração e o período de participação, sendo publicada no Diário da República e divulgada através da comunicação social, da plataforma colaborativa de gestão territorial e no sítio na Internet da câmara municipal.

2 – A deliberação que determina a elaboração do plano diretor municipal deve assentar na estratégia de desenvolvimento local, a qual define as orientações estratégicas da implementação e da gestão estruturada dos processos de desenvolvimento e de competitividade do município.

3 – Compete à câmara municipal a definição da oportunidade e dos termos de referência dos planos municipais, sem prejuízo da posterior intervenção de outras entidades públicas ou particulares.

4 – A elaboração de planos municipais obriga a identificar e a ponderar os programas, os planos e os projetos, com incidência na área em causa, considerando os que já existam e os que se encontrem em preparação, por forma a assegurar as necessárias compatibilizações.

5 – A elaboração dos planos municipais pode decorrer em paralelo com a elaboração de programas que incidam sobre a mesma área territorial, aplicando-se com as necessárias adaptações o procedimento previsto no presente capítulo.

[1] Redação do Decreto-Lei nº 45/2022, de 8 de julho.

6 – O prazo de elaboração dos planos municipais pode ser prorrogado, por uma única vez, por um período máximo igual ao previamente estabelecido.

7 – O não cumprimento dos prazos estabelecidos determina a caducidade do procedimento, sem prejuízo da possibilidade de aproveitamento dos atos e formalidades praticados no âmbito do mesmo, mediante deliberação da câmara municipal.

**Artigo 77º – Relatório sobre o estado do ordenamento do território**

A deliberação de elaboração de planos diretores municipais deve ser acompanhada de relatório sobre o estado do ordenamento do território a nível local, nos termos do nº 3 do artigo 189º.

**Artigo 78º – Avaliação ambiental**

1 – Os planos de urbanização e os planos de pormenor só são objeto de avaliação ambiental no caso de se determinar que são suscetíveis de ter efeitos significativos no ambiente ou nos casos em que constituam o enquadramento para a aprovação de projetos sujeitos a avaliação de impacto ambiental ou a avaliação de incidências ambientais.

2 – A qualificação dos planos de urbanização e dos planos de pormenor, para efeitos do disposto no número anterior, compete à câmara municipal, de acordo com os critérios estabelecidos no anexo ao Decreto-Lei nº 232/2007, de 15 de junho, alterado pelo Decreto-Lei nº 58/2011, de 4 de maio, podendo ser precedida de consulta das entidades às quais, em virtude das suas responsabilidades ambientais específicas, possam interessar os efeitos ambientais resultantes da aplicação do plano.

3 – Tendo sido deliberada a elaboração de plano de urbanização ou de plano de pormenor, a câmara municipal solicita parecer sobre o âmbito da avaliação ambiental e sobre o alcance da informação a incluir no relatório ambiental, nos termos do artigo 5º do Decreto-Lei nº 232/2007, de 15 de junho, alterado pelo Decreto-Lei nº 58/2011, de 4 de maio.

4 – Os pareceres emitidos ao abrigo do número anterior são emitidos no prazo de 20 dias, sob pena de não serem considerados e devem, nos casos em que se justifique, conter, também, a pronúncia sobre o âmbito da avaliação ambiental e sobre o alcance da informação a incluir no relatório ambiental.

### Artigo 79º – Contratos para planeamento

1 – A elaboração, a revisão ou a alteração de planos territoriais de âmbito municipal, pode ser precedida da celebração de contratos entre os municípios e as entidades competentes pela elaboração de programas de âmbito nacional e regional, nos quais são definidas as formas e os prazos para adequação dos planos municipais existentes, em relação a planos supervenientes, com os quais devem ser compatíveis.

2 – A câmara municipal pode obrigar-se através de contrato para planeamento, perante um ou mais interessados, a propor à assembleia municipal, a aprovação, a alteração ou a revisão de um plano de urbanização ou de um plano de pormenor.

3 – Os procedimentos de formação dos contratos para planeamento asseguram uma adequada publicitação e a realização de discussão pública.

### Artigo 80º – Efeitos do contrato para planeamento

1 – Os contratos para planeamento são contratos sobre o exercício de poderes públicos, com efeitos obrigacionais entre as partes, podendo o respetivo incumprimento dar lugar a responsabilidade civil.

2 – Os contratos para planeamento não prejudicam o livre exercício dos poderes públicos municipais relativamente ao conteúdo, procedimento de elaboração, de aprovação e de execução do plano, nem a observância dos regimes legais relativos ao uso do solo e às disposições dos demais programas e planos territoriais.

### Artigo 81º – Formação de contratos para planeamento

1 – Os interessados na elaboração, na revisão ou na alteração de um plano de urbanização ou de um plano de pormenor, podem propor à câmara municipal a celebração de um contrato para planeamento.

2 – A celebração do contrato para planeamento depende de deliberação da câmara municipal devidamente fundamentada, que explicite:

*a)* As razões que justificam, do ponto de vista do interesse local, a sua celebração;

*b)* A oportunidade da deliberação, tendo em conta os termos de referência do futuro plano, designadamente, a sua articulação e a sua coerência com a estratégia territorial do município e o seu enquadramento na programação constante do plano diretor municipal ou do programa ou do plano intermunicipal;

*c)* A eventual necessidade de alteração aos planos intermunicipais e municipais em vigor.

3 – A proposta de contrato e a deliberação referida no número anterior são objeto de discussão pública, nos termos do nº 1 do artigo 89º, pelo prazo mínimo de 10 dias.

4 – Os contratos são publicitados conjuntamente com a deliberação que determina a aprovação do plano e acompanham a proposta de plano, no decurso do período de discussão pública, nos termos do nº 1 do artigo 89º.

**Artigo 82º – Objetivos do acompanhamento**

O acompanhamento da elaboração dos planos municipais visa:

*a)* Promover a respetiva conformidade ou compatibilização com os programas de âmbito regional e nacional, bem como a sua harmonização com quaisquer outros planos, programas e projetos, de interesse municipal ou intermunicipal;

*b)* Permitir a ponderação das diversas ações da Administração Pública suscetíveis de condicionar as soluções propostas, garantindo uma informação atualizada sobre as mesmas;

*c)* Promover o estabelecimento de uma adequada concertação de interesses.

**Artigo 83º – Acompanhamento dos planos diretores municipais**

1 – O acompanhamento da elaboração do plano diretor municipal é assegurado por uma comissão consultiva de natureza colegial, coordenada e presidida pela comissão de coordenação e desenvolvimento regional territorialmente competente.

2 – A composição da comissão consultiva deve traduzir a natureza dos principais interesses a salvaguardar, integrando os representantes de serviços e entidades da administração direta ou indireta do Estado, das Regiões Autónomas, da entidade intermunicipal e de outras entidades públicas cuja participação seja legalmente exigível.

3 – Deve ser garantida a integração, na comissão consultiva, das entidades às quais, em virtude das suas responsabilidades ambientais específicas, interessem os efeitos ambientais resultantes da aplicação do plano, e que exercem, no âmbito daquela comissão, as competências consultivas atribuídas pelos artigos 5º e 7º do Decreto-Lei nº 232/2007, de 15 de junho,

alterado pelo Decreto-Lei nº 58/2011, de 4 de maio, e acompanham a elaboração do relatório ambiental.

4 – As entidades que integram a comissão consultiva em função da natureza dos principais interesses a salvaguardar podem declarar, expressamente, não existir fundamento para a sua representação na comissão consultiva.

5 – A comissão consultiva é constituída no prazo de 15 dias, após solicitação da câmara municipal à comissão de coordenação e desenvolvimento regional.

6 – A comissão fica obrigada a um acompanhamento continuado dos trabalhos de elaboração da proposta de plano.

7 – A constituição, a composição e o funcionamento da comissão consultiva são regulados por portaria do membro do Governo responsável pela área do ordenamento do território[1].

8 – O acompanhamento dos planos diretores municipais é assegurado mediante o recurso à plataforma colaborativa de gestão territorial.

**Artigo 84º – Representação na comissão consultiva**

1 – Para efeitos do disposto no nº 1 do artigo anterior, a designação dos representantes dos serviços e entidades da administração direta ou indireta do Estado e das regiões autónomas incorpora a delegação ou subdelegação dos poderes necessários à vinculação daqueles serviços e entidades.

2 – A posição manifestada pelos representantes dos serviços e entidades da administração direta ou indireta do Estado e das regiões autónomas, na comissão consultiva, substitui os pareceres que aqueles serviços e entidades devem emitir, a qualquer título, sobre o plano, nos termos legais e regulamentares.

3 – Caso o representante de um serviço ou de uma entidade não manifeste, fundamentadamente, a sua discordância com as soluções propostas, ou, apesar de regularmente convocado, não compareça à reunião, nem o serviço ou entidade que representa manifeste a sua posição até à data da reunião, considera-se que este serviço ou esta entidade nada tem a opor à proposta de plano diretor municipal.

[1] É a Portaria nº 277/2015, de 10 de setembro, que regula a constituição, a composição e o funcionamento das comissões consultivas da elaboração e da revisão do Plano Diretor Intermunicipal (PDIM) e do Plano Diretor Municipal (PDM), nos termos do regime jurídico dos instrumentos de gestão territorial, aprovado pelo Decreto-Lei nº 80/2015, de 14 de maio.

## Artigo 85º – Parecer final

1 – Ponderadas as posições manifestadas e os interesses em presença resultantes do acompanhamento pela comissão consultiva, é proferido, no prazo de 15 dias, pela comissão de coordenação e desenvolvimento regional territorialmente competente, o parecer final, o qual traduz uma decisão global definitiva e vinculativa para toda a Administração Pública.

2 – O parecer referido no número anterior é acompanhado pela ata da comissão consultiva, contendo as posições finais das entidades nela representadas e deve pronunciar-se sobre os seguintes aspetos:

*a)* Cumprimento das normas legais e regulamentares aplicáveis;

*b)* Conformidade ou compatibilidade da proposta de plano com os programas territoriais existentes.

3 – O parecer final acompanha a proposta de plano apresentada pela câmara municipal à assembleia municipal.

4 – Para efeitos de avaliação ambiental, o parecer final integra a análise sobre o relatório ambiental.

## Artigo 86º – Acompanhamento dos planos de urbanização e dos planos de pormenor

1 – O acompanhamento da elaboração dos planos de urbanização e dos planos de pormenor é facultativo.

2 – No decurso da elaboração dos planos, a câmara municipal solicita o acompanhamento que entender necessário, designadamente a emissão de pareceres sobre as propostas de planos ou a realização de reuniões de acompanhamento, à comissão de coordenação e desenvolvimento regional territorialmente competente ou às demais entidades representativas dos interesses a ponderar.

3 – Sem prejuízo do disposto no número anterior, concluída a elaboração, a câmara municipal apresenta a proposta de plano e o relatório ambiental à comissão de coordenação e desenvolvimento regional territorialmente competente que, no prazo de 10 dias, remete a documentação recebida a todas as entidades representativas dos interesses a ponderar, convocando-as para uma conferência procedimental, a realizar no prazo de 20 dias a contar da data de expedição da referida documentação, aplicando-se, com as necessárias adaptações, o disposto no artigo 84º.

4 – São convocadas para a conferência procedimental, as entidades às quais, em virtude das suas responsabilidades ambientais específicas, possam interessar os efeitos ambientais resultantes da aplicação do plano.

5 – O acompanhamento dos planos de urbanização e dos planos de pormenor é assegurado mediante o recurso a plataforma colaborativa de gestão territorial.

**Artigo 87º – Concertação**

1 – Emitido o parecer final, a câmara municipal promove, nos 20 dias subsequentes, a realização de uma reunião de concertação com as entidades que, no âmbito daquela comissão ou daquela conferência, tenham discordado expressa e fundamentadamente do futuro plano, tendo em vista obter uma solução concertada que permita ultrapassar as objeções formuladas.

2 – Quando o consenso não for alcançado, a câmara municipal elabora a versão da proposta de plano municipal a submeter a discussão pública, optando pelas soluções que considere mais adequadas e salvaguardando a respetiva legalidade.

**Artigo 88º – Participação**

1 – Durante a elaboração dos planos municipais, a câmara municipal deve facultar aos interessados todos os elementos relevantes, para que estes possam conhecer o estado dos trabalhos e a evolução da tramitação procedimental, bem como formular sugestões à autarquia ou à comissão consultiva.

2 – A deliberação que determina a elaboração do plano estabelece um prazo, que não deve ser inferior a 15 dias, para a formulação de sugestões e para a apresentação de informações, sobre quaisquer questões que possam ser consideradas no âmbito do respetivo procedimento de elaboração.

**Artigo 89º – Discussão pública**

1 – Concluído o período de acompanhamento e, quando for o caso, decorrido o período adicional de concertação, a câmara municipal procede à abertura de um período de discussão pública, através de aviso a publicar no Diário da República e a divulgar através da comunicação social, da plataforma colaborativa de gestão territorial e do respetivo sítio na Internet, do qual consta o período de discussão, a forma como os interessados podem apresentar as suas reclamações, observações ou sugestões, as eventuais sessões públicas a que haja lugar e os locais onde se encontra disponível a proposta, o respetivo relatório ambiental, o parecer final, a ata da comissão consultiva, os demais pareceres emitidos e os resultados da concertação.

2 – O período de discussão pública deve ser anunciado com a antecedência mínima de cinco dias, e não pode ser inferior a 30 dias, para o plano diretor municipal, e a 20 dias, para o plano de urbanização e para o plano de pormenor.

3 – A câmara municipal pondera as reclamações, as observações, as sugestões e os pedidos de esclarecimento, apresentados pelos particulares, ficando obrigada a resposta fundamentada perante aqueles que invoquem, designadamente:

*a)* A desconformidade ou a incompatibilidade com programas e planos territoriais e com projetos que devem ser ponderados em fase de elaboração;

*b)* A desconformidade com disposições legais e regulamentares aplicáveis;

*c)* A lesão de direitos subjetivos.

4 – A resposta referida no número anterior é comunicada por escrito aos interessados, sem prejuízo do disposto no nº 4 do artigo 10º da Lei nº 83/95, de 31 de agosto.

5 – Sempre que necessário ou conveniente, a câmara municipal promove o esclarecimento direto dos interessados, quer através dos seus próprios técnicos, quer através do recurso a técnicos da administração direta ou indireta do Estado e das regiões autónomas.

6 – Findo o período de discussão pública, a câmara municipal pondera e divulga os resultados, designadamente, através da comunicação social, da plataforma colaborativa de gestão territorial e do respetivo sítio na Internet, e elabora a versão final da proposta de plano para aprovação.

7 – São obrigatoriamente públicas, todas as reuniões da câmara municipal e da assembleia municipal que respeitem à elaboração ou aprovação de qualquer plano municipal.

**Artigo 90º – Aprovação**

1 – Os planos municipais são aprovados pela assembleia municipal, mediante proposta apresentada pela câmara municipal.

2 – Quando o plano diretor municipal aprovado contiver disposições desconformes ou incompatíveis com programas setoriais, especiais ou regionais, o órgão responsável pela sua aprovação solicita a ratificação nos termos do artigo seguinte.

### Artigo 91º[1] – Ratificação

1 – A ratificação de plano diretor municipal implica a revogação ou a alteração das disposições constantes do programa setorial, especial ou regional em causa e dos respetivos elementos documentais, de modo a que traduzam a atualização da disciplina vigente.

2 – A ratificação pelo Governo de plano diretor municipal é excecional e ocorre, por solicitação do órgão responsável pela respetiva elaboração, quando no âmbito do procedimento de elaboração e aprovação tiver sido suscitada, por si ou pelos serviços ou entidades com competências consultivas, a incompatibilidade referida no número anterior.

3 – Recebida a proposta de ratificação, o membro do Governo responsável pela área do ordenamento do território solicita, à comissão de coordenação e de desenvolvimento regional territorialmente competente e à entidade competente pela elaboração do programa territorial, parecer fundamentado, a emitir no prazo de 15 dias, que inclui a identificação das disposições inerentes a cada programa, a publicar no ato de aprovação referido no número seguinte.

4 – A ratificação do plano diretor municipal pode ser total ou parcial, devendo adotar a forma prevista para a aprovação do programa setorial, especial ou regional.

### Artigo 92º – Conclusão da elaboração e prazo de publicação

1 – A elaboração dos planos municipais considera-se concluída com a aprovação da respetiva proposta pela assembleia municipal, salvo quando careça de ratificação.

2 – Os procedimentos administrativos subsequentes à conclusão da elaboração dos planos municipais devem ser concretizados de modo a que, entre a respetiva aprovação e a publicação no Diário da República, medeiem os seguintes prazos máximos:

*a)* Plano diretor municipal – 60 dias;
*b)* Plano de urbanização – 30 dias;
*c)* Plano de pormenor – 30 dias.

[1] Um exemplo recente de ratificação governamental de um plano diretor municipal consta da Resolução do Conselho de Ministros nº 7-B/2020, de 20 de fevereiro, que ratificou parcialmente a revisão do Plano Diretor Municipal de Sintra, aprovada por deliberação da Assembleia Municipal de Sintra de 2 de dezembro de 2019.

3 – Os prazos fixados no número anterior suspendem-se nos casos previstos no nº 2 do artigo anterior.

**Artigo 93º – Vigência**

1 – Os planos municipais podem ter um prazo de vigência máximo previamente fixado, permanecendo, no entanto, eficazes até à entrada em vigor da respetiva revisão ou alteração.

2 – Os planos municipais devem ser obrigatoriamente revistos quando a respetiva monitorização e avaliação, consubstanciada nos relatórios de estado do ordenamento do território, identificarem níveis de execução e uma evolução das condições ambientais, económicas, sociais e culturais que lhes estão subjacentes, suscetível de determinar uma modificação do modelo territorial definido.

**Artigo 94º – Disponibilização da informação**

1 – Os planos municipais são disponibilizados, com caráter de permanência e na versão atualizada, no sítio eletrónico do município a que respeitam, bem como no sítio eletrónico do Sistema Nacional de Informação Territorial (SNIT), através de ligação eletrónica a este sistema nacional.

2 – Para efeitos do número anterior, os municípios devem proceder à transcrição digital vetorial e georreferenciada das peças gráficas dos planos municipais, disponibilizando-as nos respetivos sítios eletrónicos, de acordo com modelo de dados a aprovar pela Direção-Geral do Território.

3 – As plantas e o respetivo acesso devem estar disponíveis em modelo a aprovar pela Direção-Geral do Território.

## SUBDIVISÃO II – Plano diretor municipal

**Artigo 95º – Objeto**

1 – O plano diretor municipal é o instrumento que estabelece a estratégia de desenvolvimento territorial municipal, a política municipal de solos, de ordenamento do território e de urbanismo, o modelo territorial municipal, as opções de localização e de gestão de equipamentos de utilização coletiva e as relações de interdependência com os municípios vizinhos, integrando e articulando as orientações estabelecidas pelos programas de âmbito nacional, regional e intermunicipal.

2 – O plano diretor municipal é um instrumento de referência para a elaboração dos demais planos municipais, bem como para o desenvolvi-

mento das intervenções setoriais da administração do Estado no território do município, em concretização do princípio da coordenação das respetivas estratégias de ordenamento territorial.

3 – O modelo territorial municipal tem por base a classificação e a qualificação do solo.

4 – O plano diretor municipal é de elaboração obrigatória, salvo nos casos em que os municípios optem pela elaboração de plano diretor intermunicipal.

**Artigo 96º – Conteúdo material**

1 – O plano diretor municipal define o quadro estratégico de desenvolvimento territorial do município e o correspondente modelo de organização territorial, estabelecendo nomeadamente:

*a)* A caracterização, ou a sua atualização, económica, social e biofísica, incluindo a identificação dos valores culturais, do sistema urbano e das redes de transportes e de equipamentos, de educação, de saúde e de segurança, bem como os sistemas de telecomunicações, de abastecimento de energia, de gás, de captação, de tratamento e abastecimento de água, de drenagem e tratamento de efluentes e de recolha, depósito e tratamento de resíduos;

*b)* Os objetivos de desenvolvimento económico local e as medidas de intervenção municipal no mercado de solos;

*c)* Os critérios de sustentabilidade a adotar, bem como os meios disponíveis e as ações propostas, que sejam necessários à proteção dos valores e dos recursos naturais, recursos hídricos, culturais, agrícolas e florestais, e a identificação da estrutura ecológica municipal;

*d)* A referenciação espacial dos usos e das atividades, nomeadamente através da definição das classes e das categorias de espaços;

*e)* A definição de estratégias e dos critérios de localização, de distribuição e de desenvolvimento das atividades industriais, turísticas, comerciais e de serviços;

*f)* A identificação e a qualificação do solo rústico, garantindo a adequada execução dos programas e das políticas de desenvolvimento agrícola e florestal, bem como de recursos geológicos e energéticos;

*g)* A identificação e a delimitação das áreas urbanas, com a definição do sistema urbano municipal e os correspondentes programas na área habitacional, bem como as condições de promoção da regeneração e da reabilitação urbanas e as condições de reconversão das áreas urbanas de génese ilegal;

*h)* A identificação das áreas de interesse público para efeitos de expropriação, bem como a definição das respetivas regras de gestão;

*i)* Os critérios para a definição das áreas de cedência e a definição das respetivas regras de gestão, assim como a cedência média para efeitos de perequação;

*j)* Os critérios de compensação e de redistribuição de benefícios e encargos decorrentes da gestão urbanística, a concretizar nos planos previstos para as unidades operativas de planeamento e gestão;

*k)* A especificação qualitativa e quantitativa dos índices, dos indicadores e dos parâmetros de referência, urbanísticos ou de ordenamento, a estabelecer em plano de urbanização e em plano de pormenor, bem como os de natureza supletiva aplicáveis na ausência destes;

*l)* A programação da execução das opções de ordenamento estabelecidas e a definição de unidades operativas de planeamento e gestão do plano, identificando, para cada uma destas, os respetivos objetivos e os termos de referência para a necessária elaboração de planos de urbanização e de pormenor;

*m)* A identificação de condicionantes de caráter permanente, designadamente reservas e zonas de proteção, bem como as necessárias à concretização dos planos de emergência de proteção civil de âmbito municipal;

*n)* A identificação e a delimitação das áreas com vista à salvaguarda de informação arqueológica contida no solo e no subsolo;

*o)* As condições de atuação sobre áreas de reabilitação urbana, situações de emergência ou de exceção, bem como sobre áreas degradadas em geral;

*p)* A articulação do modelo de organização municipal do território com a disciplina consagrada nos demais planos municipais aplicáveis;

*q)* A proteção e a salvaguarda de recursos e de valores naturais que condicionem a ocupação, uso e transformação do solo;

*r)* O prazo de vigência, o sistema de monitorização e as condições de revisão.

2 – Não obstante a existência dos índices, parâmetros e indicadores de natureza supletiva a que alude a alínea *k)* do número anterior, são diretamente aplicáveis às operações urbanísticas a realizar em zona urbana consolidada, como tal identificada no plano, os índices, os parâmetros e os indicadores de referência, para elaboração de plano de urbanização ou de plano de pormenor, nas seguintes condições:

*a)* Tenha decorrido o prazo de cinco anos sobre a data da entrada em vigor do plano diretor municipal, sem que haja sido aprovado o plano de urbanização ou o plano de pormenor;

*b)* Os índices e os parâmetros de referência estabelecidos no plano diretor municipal definam os usos e a altura total das edificações ou a altura das fachadas, bem como os indicadores relativos à definição da rede viária e do estacionamento.

**Artigo 97º – Conteúdo documental**

1 – O plano diretor municipal é constituído por:

*a)* Regulamento;

*b)* Planta de ordenamento, que representa o modelo de organização espacial do território municipal, de acordo com os sistemas estruturantes e a classificação e qualificação dos solos, as unidades operativas de planeamento e gestão definidas e, ainda, a delimitação das zonas de proteção e de salvaguarda dos recursos e valores naturais;

*c)* Planta de condicionantes que identifica as servidões administrativas e as restrições de utilidade pública em vigor que possam constituir limitações ou impedimentos a qualquer forma específica de aproveitamento.

2 – O plano diretor municipal é acompanhado por:

*a)* Relatório, que explicita a estratégia e modelo de desenvolvimento local, nomeadamente os objetivos estratégicos e as opções de base territorial adotadas para o modelo de organização espacial, bem como a respetiva fundamentação técnica, suportada na avaliação das condições ambientais, económicas, sociais e culturais para a sua execução;

*b)* Relatório ambiental, no qual se identificam, descrevem e avaliam os eventuais efeitos significativos no ambiente resultantes da aplicação do plano e as alternativas razoáveis, tendo em conta os objetivos e o âmbito de aplicação territorial respetivos;

*c)* Programa de execução, contendo, designadamente, as disposições sobre a execução das intervenções prioritárias do Estado e do município, previstas a curto e médio prazo, e o enquadramento das intervenções do Estado e as intervenções municipais previstas a longo prazo;

*d)* Plano de financiamento e fundamentação da sustentabilidade económica e financeira.

3 – O plano diretor municipal é, ainda, acompanhado pelos seguintes elementos complementares:

*a)* Planta de enquadramento regional, elaborada a escala inferior à do plano diretor municipal, com indicação dos centros urbanos mais importantes, principais vias de comunicação, infraestruturas relevantes e grandes equipamentos que sirvam o município e indicação dos demais programas e planos territoriais em vigor para a área do município;

*b)* Planta da situação existente com a ocupação do solo à data da deliberação que determina a elaboração do plano;

*c)* Planta e relatório com a indicação dos alvarás de licença e dos títulos de comunicação prévia de operações urbanísticas emitidos, bem como das informações prévias favoráveis em vigor ou declaração comprovativa da inexistência dos referidos compromissos urbanísticos na área do plano;

*d)* Mapa de ruído;

*e)* Participações recebidas em sede de discussão pública e respetivo relatório de ponderação;

*f)* Ficha dos dados estatísticos em modelo a disponibilizar pela Direção-Geral do Território.

4 – O plano diretor municipal inclui indicadores qualitativos e quantitativos que suportem a avaliação prevista no capítulo VIII.

## SUBDIVISÃO III – Plano de urbanização

### Artigo 98º – Objeto

1 – O plano de urbanização desenvolve e concretiza o plano diretor municipal e estrutura a ocupação do solo e o seu aproveitamento, fornecendo o quadro de referência para a aplicação das políticas urbanas e definindo a localização das infraestruturas e dos equipamentos coletivos principais[1].

2 – O plano de urbanização pode abranger:

*a)* Qualquer área do território do município incluída em perímetro urbano por plano diretor municipal eficaz e, ainda, os solos rústicos complementares de um ou mais perímetros urbanos, que se revelem necessários para estabelecer uma intervenção integrada de planeamento;

*b)* Outras áreas do território municipal que possam ser destinadas a usos e a funções urbanas, designadamente à localização de instalações ou

[1] O Decreto-Lei nº 292/95, de 14 de novembro, estabelece os princípios relativos à definição das qualificações oficiais a exigir aos autores de planos de urbanização, de planos de pormenor e de projetos de operações de loteamento.

parques industriais, logísticos ou de serviços ou à localização de empreendimentos turísticos e equipamentos e infraestruturas associados.

3 – Nas sedes de concelho e nas áreas urbanas com mais de 25.000 mil habitantes, o regime do uso do solo deve ser previsto, preferencialmente, em plano de urbanização municipal.

### Artigo 99º – Conteúdo material

O plano de urbanização adota o conteúdo material apropriado às condições da área territorial a que respeita, aos objetivos das políticas urbanas e às transformações previstas nos termos de referência e na deliberação municipal que determinou a sua elaboração, dispondo nomeadamente, sobre:

*a)* A definição e a caracterização da área de intervenção, identificando e delimitando os valores culturais e naturais a proteger e a informação arqueológica contida no solo e subsolo;

*b)* A conceção geral da organização urbana, a partir da qualificação do solo, definindo a rede viária estruturante, a localização de equipamentos de uso e interesse coletivo, a estrutura ecológica, bem como o sistema urbano de circulação, de transporte público e privado e de estacionamento;

*c)* A definição do zonamento para localização das diversas funções urbanas, designadamente habitacionais, comerciais, turísticas, de serviços, industriais e de gestão de resíduos, bem como a identificação das áreas a recuperar, a regenerar ou a reconverter;

*d)* A adequação do perímetro urbano definido no plano diretor municipal ou no plano diretor intermunicipal, em função do zonamento e da conceção geral da organização urbana definidos, incluindo, nomeadamente, o traçado e o dimensionamento das redes de infraestruturas gerais que estruturam o território, fixando os respetivos espaços-canal, os critérios de localização e de inserção urbanística e o dimensionamento dos equipamentos de utilização coletiva;

*e)* As condições de aplicação dos instrumentos da política de solos e de política urbana previstos na lei, em particular os que respeitam à reabilitação e regeneração urbanas de áreas urbanas degradadas;

*f)* Os indicadores e os parâmetros urbanísticos aplicáveis a cada uma das categorias e subcategorias de espaços;

*g)* A delimitação e os objetivos das unidades ou subunidades operativas de planeamento e gestão, a estruturação das ações de compensação e redistribuição de benefícios e encargos e a identificação dos sistemas de execução do plano.

**Artigo 100º – Conteúdo documental**

1 – O plano de urbanização é constituído por:

*a)* Regulamento;

*b)* Planta de zonamento, que representa a estrutura territorial e o regime de uso do solo da área a que respeita;

*c)* Planta de condicionantes, que identifica as servidões administrativas e as restrições de utilidade pública em vigor que possam constituir limitações ou impedimentos a qualquer forma específica de aproveitamento.

2 – O plano de urbanização é acompanhado por:

*a)* Relatório, que explicita os objetivos estratégicos do plano e a respetiva fundamentação técnica, suportada na avaliação das condições ambientais, económicas, sociais e culturais para a sua execução;

*b)* Relatório ambiental, no qual se identificam, descrevem e avaliam os eventuais efeitos significativos no ambiente que possam decorrer da aplicação do plano e as alternativas razoáveis, tendo em conta os objetivos e o âmbito de aplicação territorial respetivos;

*c)* Programa de execução, contendo, designadamente, disposições indicativas sobre a execução das intervenções municipais previstas;

*d)* Modelo de redistribuição de benefícios e encargos;

*e)* Plano de financiamento e fundamentação da sua sustentabilidade económica e financeira.

3 – O plano de urbanização é, ainda, acompanhado pelos seguintes elementos complementares:

*a)* Planta de enquadramento, elaborada a escala inferior à do plano de urbanização, com indicação das principais vias de comunicação, outras infraestruturas relevantes e grandes equipamentos, bem como outros elementos considerados pertinentes;

*b)* Planta da situação existente, com a ocupação do solo à data da deliberação que determina a elaboração do plano;

*c)* Planta e relatório, com a indicação dos alvarás de licença e dos títulos de comunicação prévia de operações urbanísticas emitidos, bem como das informações prévias favoráveis em vigor ou declaração comprovativa da inexistência dos referidos compromissos urbanísticos na área do plano;

*d)* Plantas de identificação do traçado de infraestruturas viárias, de abastecimento de água, de saneamento, de energia elétrica, de recolha de resíduos de gás e de condutas destinadas à instalação de infraestruturas de telecomunicações e demais infraestruturas relevantes existentes e previstas na área do plano;

*e)* Mapa de ruído, nos termos do nº 1 do artigo 7º do Regulamento Geral do Ruído;

*f)* Participações recebidas em sede de discussão pública e respetivo relatório de ponderação;

*g)* Ficha dos dados estatísticos, em modelo a disponibilizar pela Direção-Geral do Território.

4 – O conteúdo documental do plano de urbanização é adaptado ao seu conteúdo material.

5 – O plano de urbanização inclui indicadores qualitativos e quantitativos que suportem a avaliação prevista no capítulo VIII.

### SUBDIVISÃO IV – Plano de pormenor

#### Artigo 101º – Objeto

1 – O plano de pormenor desenvolve e concretiza em detalhe as propostas de ocupação de qualquer área do território municipal, estabelecendo regras sobre a implantação das infraestruturas e o desenho dos espaços de utilização coletiva, a implantação, a volumetria e as regras para a edificação e a disciplina da sua integração na paisagem, a localização e a inserção urbanística dos equipamentos de utilização coletiva e a organização espacial das demais atividades de interesse geral.

2 – O plano de pormenor abrange áreas contínuas do território municipal, que podem corresponder a uma unidade ou subunidade operativa de planeamento e gestão ou a parte delas.

#### Artigo 102º – Conteúdo material

1 – O plano de pormenor adota o conteúdo material apropriado às condições da área territorial a que respeita, aos objetivos e aos fundamentos técnicos previstos nos termos de referência e na deliberação municipal que determinou a sua elaboração, estabelecendo, nomeadamente:

*a)* A definição e a caracterização da área de intervenção, identificando e delimitando os valores culturais e a informação arqueológica contida no solo e no subsolo, os valores paisagísticos e naturais a proteger, bem como todas as infraestruturas relevantes para o seu desenvolvimento;

*b)* As operações de transformação fundiária preconizadas e a definição das regras relativas às obras de urbanização;

*c)* O desenho urbano, exprimindo a definição dos espaços públicos, incluindo os espaços de circulação viária e pedonal e de estacionamento, bem como o respetivo tratamento, a localização de equipamentos e zonas verdes, os alinhamentos, as implantações, a modelação do terreno e a distribuição volumétrica;

*d)* A distribuição de funções, conjugações de utilizações de áreas de construção e a definição de parâmetros urbanísticos, designadamente, densidade máxima de fogos, número de pisos e altura total das edificações ou altura das fachadas;

*e)* As operações de demolição, conservação e reabilitação das construções existentes;

*f)* As regras para a ocupação e para a gestão dos espaços públicos;

*g)* A implantação das redes de infraestruturas, com delimitação objetiva das áreas que lhe são afetas;

*h)* Regulamentação da edificação, incluindo os critérios de inserção urbanística e o dimensionamento dos equipamentos de utilização coletiva, bem como a respetiva localização no caso dos equipamentos públicos;

*i)* A identificação dos sistemas de execução do plano, do respetivo prazo e da programação dos investimentos públicos associados, bem como a sua articulação com os investimentos privados;

*j)* A estruturação das ações de compensação e de redistribuição de benefícios e encargos.

2 – O plano de pormenor relativo a área não abrangida por plano de urbanização, incluindo as intervenções em solo rústico, procede à prévia explicitação do zonamento, dos fundamentos e dos efeitos da alteração do zonamento, com base na disciplina consagrada no plano diretor municipal ou plano diretor intermunicipal.

**Artigo 103º – Modalidades específicas**

1 – O plano de pormenor pode adotar modalidades específicas com conteúdo material adaptado a finalidades particulares de intervenção.

2 – São modalidades específicas de plano de pormenor:

*a)* O plano de intervenção no espaço rústico;
*b)* O plano de pormenor de reabilitação urbana;
*c)* O plano de pormenor de salvaguarda.

**Artigo 104º – Plano de intervenção no espaço rústico**

1 – O plano de intervenção no espaço rústico abrange o solo rústico e estabelece as regras relativas a:

*a)* Construção de novas edificações e a reconstrução, alteração, ampliação ou demolição das edificações existentes, quando tal se revele necessário ao exercício das atividades autorizadas no solo rústico;

*b)* Implantação de novas infraestruturas de circulação de veículos, de animais e de pessoas, e de novos equipamentos, públicos ou privados, de utilização coletiva, e a remodelação, ampliação ou alteração dos existentes;

*c)* Criação ou beneficiação de espaços de utilização coletiva, públicos ou privados, e respetivos acessos e áreas de estacionamento;

*d)* Criação de condições para a prestação de serviços complementares das atividades autorizadas no solo rústico;

*e)* Operações de proteção, valorização e requalificação da paisagem natural e cultural.

2 – O plano de intervenção no espaço rústico não pode promover a reclassificação do solo rústico em urbano.

**Artigo 105º – Plano de pormenor de reabilitação urbana**

1 – O plano de pormenor de reabilitação urbana abrange solo urbano correspondente à totalidade ou a parte de:

*a)* Centro histórico delimitado em plano diretor ou plano de urbanização eficaz;

*b)* Área de reabilitação urbana constituída nos termos da lei.

2 – O conteúdo e as finalidades do plano de pormenor de reabilitação urbana são definidos no regime jurídico da reabilitação urbana.

**Artigo 106º – Plano de pormenor de salvaguarda**

O conteúdo e as finalidades do plano de pormenor de salvaguarda são definidos nos termos previstos na lei de bases do património cultural e demais legislação complementar.

## Artigo 107º – Conteúdo documental

1 – O plano de pormenor é constituído por:

*a)* Regulamento;

*b)* Planta de implantação, que estabelece, designadamente, o desenho urbano e as parcelas, os alinhamentos e o polígono base para a implantação de edificações, a altura total das edificações ou a altura das fachadas, o número de pisos, o número máximo de fogos, a área de construção e respetivos usos, a demolição e manutenção ou reabilitação das edificações existentes e a natureza e localização dos equipamentos, dos espaços verdes e de outros espaços de utilização coletiva;

*c)* Planta de condicionantes, que identifica as servidões administrativas e as restrições de utilidade pública em vigor, que possam constituir limitações ou impedimentos a qualquer forma específica de aproveitamento.

2 – O plano de pormenor é acompanhado por:

*a)* Relatório, contendo a fundamentação técnica das soluções propostas no plano, suportada na identificação e caracterização objetiva dos recursos territoriais da sua área de intervenção e na avaliação das condições ambientais, económicas, sociais, e culturais para a sua execução;

*b)* Relatório ambiental, sempre que seja necessário proceder à avaliação ambiental, no qual se identificam, descrevem e avaliam os eventuais efeitos significativos no ambiente resultantes da aplicação do plano e as alternativas razoáveis, tendo em conta os objetivos e o âmbito de aplicação territorial respetivos;

*c)* Peças escritas e desenhadas que suportem as operações de transformação fundiária previstas, nomeadamente para efeitos de registo predial e de elaboração ou conservação do cadastro geométrico da propriedade rústica ou do cadastro predial;

*d)* Programa de execução das ações previstas;

*e)* Modelo de redistribuição de benefícios e encargos;

*f)* Plano de financiamento e fundamentação da sustentabilidade económica e financeira.

3 – Para efeitos de registo predial e, quando aplicável, para a execução ou conservação do cadastro geométrico da propriedade rústica ou do cadastro predial, as peças escritas e desenhadas previstas na alínea *c)* do número anterior consistem em:

*a)* Planta cadastral ou ficha cadastral original, quando existente;

*b)* Quadro com a identificação dos prédios, natureza, descrição predial, inscrição matricial, áreas e confrontações;

*c)* Planta da operação de transformação fundiária, com a identificação dos novos prédios e dos bens de domínio público;

*d)* Quadro com a identificação dos novos prédios ou fichas individuais, com a indicação da respetiva área, da área destinada à implantação dos edifícios e das construções anexas, da área de construção, da volumetria, da altura total da edificação ou da altura da fachada e do número de pisos acima e abaixo da cota de soleira para cada um dos edifícios, do número máximo de fogos e da utilização de edifícios e fogos;

*e)* Planta com as áreas de cedência para o domínio municipal;

*f)* Quadro com a descrição das parcelas a ceder, sua finalidade e área de implantação, bem como das áreas de construção e implantação dos equipamentos de utilização coletiva;

*g)* Quadro de transformação fundiária, explicitando a relação entre os prédios originários e os prédios resultantes da operação de transformação fundiária.

4 – O plano de pormenor é, ainda, acompanhado pelos seguintes elementos complementares:

*a)* Planta de localização, contendo o enquadramento do plano no território municipal envolvente, com indicação das principais vias de comunicação e demais infraestruturas relevantes, da estrutura ecológica e dos grandes equipamentos, existentes e previstos na área do plano e demais elementos considerados relevantes;

*b)* Planta da situação existente, com a ocupação do solo e a topografia à data da deliberação que determina a elaboração do plano;

*c)* Planta ou relatório, com a indicação dos alvarás de licença e dos títulos de comunicação prévia de operações urbanísticas emitidos, bem como das informações prévias favoráveis em vigor ou declaração comprovativa da inexistência dos referidos compromissos urbanísticos na área do plano;

*d)* Plantas contendo os elementos técnicos definidores da modelação do terreno, cotas mestras, volumetrias, perfis longitudinais e transversais dos arruamentos e traçados das infraestruturas;

*e)* Relatório sobre recolha de dados acústicos ou mapa de ruído, nos termos do nº 2 do artigo 7º do Regulamento Geral do Ruído;

*f)* Participações recebidas em sede de discussão pública e respetivo relatório de ponderação;

*g)* Ficha dos dados estatísticos, em modelo a disponibilizar pela Direção-Geral do Território.

5 – O conteúdo documental do plano de pormenor é adaptado, de forma fundamentada, ao seu conteúdo material.

6 – Nas modalidades específicas de plano de pormenor previstas no nº 2 do artigo 103º, o conteúdo documental do plano é ajustado, de forma fundamentada, devendo ser garantida a correta fundamentação técnica e caracterização urbanística, face à especificidade do conteúdo de cada plano.

7 – O plano de pormenor inclui indicadores qualitativos e quantitativos que suportem a avaliação prevista no capítulo VIII.

## Artigo 108º – Efeitos registais

1 – A certidão do plano de pormenor que contenha as menções constantes das alíneas *a)* a *d)*, *g)* a *i)* do nº 1 do artigo 102º, e que seja acompanhada das peças escritas e desenhadas enunciadas no nº 3 do artigo anterior, constitui título bastante para a individualização no registo predial dos prédios resultantes das operações de transformação fundiária previstas no plano.

2 – O registo previsto no número anterior incide apenas sobre as inscrições prediais em que o requerente surja como titular.

3 – Nas situações de reestruturação da compropriedade ou de reparcelamento, o registo referido no nº 1 depende da apresentação, respetivamente, do acordo de reestruturação da compropriedade ou do contrato previsto no nº 2 do artigo 165º.

4 – O acordo e os contratos referidos no número anterior são oponíveis ao proprietário ou ao comproprietário que tenha inscrito o seu direito após a data da respetiva celebração.

5 – É dispensada a menção do sujeito passivo nas aquisições por reestruturação da compropriedade ou por reparcelamento.

6 – As parcelas de terreno cedidas ao município integram-se no domínio municipal no ato de individualização no registo predial dos lotes respetivos e estão sujeitas a cadastro predial.

7 – Nas situações previstas no presente artigo não é aplicável o disposto no nº 1 do artigo 49º do regime jurídico da urbanização e da edificação.

## Artigo 109º – Taxas e obras de urbanização

1 – Sempre que outra solução não resulte do plano de pormenor, a emissão da certidão referida no nº 1 do artigo anterior depende do prévio pagamento:

*a)* Da taxa pela realização, manutenção e reforço de infraestruturas, sem prejuízo do disposto no artigo no nº 3 do artigo 175º;

*b)* Das compensações em numerário devidas nos termos do nº 4 do artigo 44º do regime jurídico da urbanização e da edificação.

2 – A certidão do plano de pormenor identifica a forma e o montante da caução de boa execução das obras de urbanização referentes às parcelas a individualizar, nos termos do artigo anterior.

3 – Na falta de indicação e fixação de caução nos termos do número anterior, a caução é prestada por primeira hipoteca legal sobre as parcelas a individualizar, calculada de acordo com a respetiva comparticipação nos custos de urbanização.

4 – Cada prédio responde apenas pela parte do montante da garantia que lhe cabe nos termos da parte final do número anterior, sendo lícito ao seu titular requerer a substituição da hipoteca legal por outro meio de caução admissível, valendo a deliberação camarária de aceitação, como título bastante para cancelamento da inscrição da hipoteca legal.

## DIVISÃO III – Planos intermunicipais

### Artigo 110º – Regime geral

1 – Os planos intermunicipais são instrumentos de natureza regulamentar que prosseguem os objetivos previstos no artigo 75º relativamente ao território de dois ou mais municípios vizinhos.

2 – Aos planos intermunicipais aplicam-se as disposições relativas aos planos municipais correspondentes com as necessárias adaptações, sem prejuízo do disposto nos artigos seguintes.

3 – Nas áreas metropolitanas, quando promovido por todos os municípios que as integram, o plano diretor intermunicipal tem a designação de plano metropolitano de ordenamento do território.

### Artigo 111º – Elaboração

1 – A elaboração dos planos intermunicipais compete a uma comissão constituída para o efeito, cuja composição é definida conjuntamente pelas câmaras municipais dos municípios associados para a elaboração do plano, sem prejuízo do número seguinte.

2 – Quando promovido por todos os municípios que integram uma entidade intermunicipal, a elaboração do plano intermunicipal compete

à comissão executiva metropolitana, nas áreas metropolitanas, e ao conselho intermunicipal, nas comunidades intermunicipais.

3 – A elaboração dos planos intermunicipais pode decorrer em paralelo com a elaboração de programas que incidam sobre a mesma área territorial, aplicando-se com as necessárias adaptações o previsto no presente capítulo.

**Artigo 112º – Aprovação**

1 – Os planos intermunicipais são aprovados por deliberação das assembleias municipais abrangidas, mediante proposta conjunta, apresentada pelas respetivas câmaras municipais, sem prejuízo do número seguinte.

2 – Quando promovido por todos os municípios que integram uma entidade intermunicipal, o plano intermunicipal é aprovado por deliberação do conselho metropolitano ou da assembleia intermunicipal, mediante proposta apresentada pela comissão executiva metropolitana ou pelo conselho intermunicipal.

3 – As deliberações referidas no número anterior devem:

*a)* Identificar as disposições dos programas e dos planos intermunicipais ou municipais preexistentes, incompatíveis com o modelo de organização do território intermunicipal preconizado;

*b)* Consagrar os prazos de atualização dos programas e dos planos intermunicipais e dos planos municipais preexistentes, previamente acordados com as entidades intermunicipais, associações de municípios ou municípios envolvidos.

4 – Quando o plano diretor intermunicipal aprovado contiver disposições incompatíveis com programas setoriais, especiais ou regionais preexistentes, as entidades responsáveis pela sua aprovação solicitam, com as necessárias adaptações, a ratificação nos termos do artigo 91º.

5 – As câmaras municipais de dois ou mais municípios vizinhos ou o conselho intermunicipal podem celebrar contratos para planeamento relativos a planos de urbanização e a planos de pormenor intermunicipais.

**Artigo 113º – Planos diretores intermunicipais**

1 – O plano diretor intermunicipal estabelece, de modo coordenado, a estratégia de desenvolvimento territorial intermunicipal, o modelo territorial intermunicipal, as opções de localização e de gestão de equipamentos

de utilização pública locais e as relações de interdependência entre dois ou mais municípios territorialmente contíguos.

2 – O plano diretor intermunicipal é um instrumento de referência para a elaboração dos demais planos intermunicipais e municipais, bem como para o desenvolvimento das intervenções setoriais da administração, em concretização do princípio da coordenação das respetivas estratégias de ordenamento territorial.

3 – O plano diretor intermunicipal define a classificação e a qualificação do solo que servem de base à definição do modelo de organização espacial dos territórios municipais abrangidos.

4 – O plano diretor intermunicipal substitui o plano diretor municipal, para efeitos de definição da disciplina territorial aplicável aos municípios abrangidos.

**Artigo 114º – Planos de urbanização e de pormenor intermunicipais**

Aos planos de urbanização e de pormenor intermunicipais são aplicáveis, com as necessárias adaptações, as regras previstas para os planos de urbanização e de pormenor municipais.

## SECÇÃO V – Dinâmica

**Artigo 115º – Disposições gerais**

1 – Os programas e os planos territoriais podem ser objeto de alteração, de correção material, de revisão, de suspensão e de revogação.

2 – A alteração dos programas e dos planos territoriais incide sobre o normativo e ou parte da respetiva área de intervenção e decorre:

*a)* Da evolução das condições ambientais, económicas, sociais e culturais subjacentes e que fundamentam as opções definidas no programa ou no plano;

*b)* Da incompatibilidade ou da desconformidade com outros programas e planos territoriais aprovados ou ratificados;

*c)* Da entrada em vigor de leis ou regulamentos que colidam com as respetivas disposições ou que estabeleçam servidões administrativas ou restrições de utilidade pública que afetem as mesmas.

3 – A revisão dos programas e dos planos territoriais implica a reconsideração e a reapreciação global, com caráter estrutural ou essencial, das opções estratégicas do programa ou do plano, dos princípios e dos obje-

tivos do modelo territorial definido ou dos regimes de salvaguarda e de valorização dos recursos e valores territoriais.

4 – A suspensão dos programas e dos planos territoriais pode decorrer da verificação de circunstâncias excecionais que se repercutam no ordenamento do território, pondo em causa a prossecução de interesses públicos relevantes.

### Artigo 116º – Alteração dos programas de âmbito nacional e regional

1 – O programa nacional de política de ordenamento do território, os programas setoriais, especiais e regionais, são alterados sempre que a evolução das perspetivas de desenvolvimento económico e social o determine.

2 – Os programas de âmbito nacional e regional são alterados sempre que entrem em vigor novos programas, de âmbito nacional ou regional, que com eles não sejam compatíveis.

3 – Os programas de âmbito nacional e regional são alterados por força de posterior ratificação e publicação de planos municipais ou intermunicipais.

### Artigo 117º – Alteração dos programas intermunicipais

Os programas intermunicipais são alterados sempre que a evolução das perspetivas de desenvolvimento económico e social o determine e sempre que entrem em vigor novos programas nacionais ou regionais, que com eles não sejam compatíveis.

### Artigo 118º – Alteração dos planos intermunicipais e municipais

Os planos intermunicipais e municipais são alterados em função da evolução das condições ambientais, económicas, sociais e culturais que lhes estão subjacentes ou sempre que essa alteração seja necessária, em resultado da entrada em vigor de novas leis ou regulamentos.

### Artigo 119º – Procedimento

1 – As alterações aos programas e planos territoriais seguem, com as devidas adaptações, os procedimentos previstos no presente decreto-lei para a sua elaboração, aprovação, ratificação e publicação, com exceção do disposto nos números e artigos seguintes.

2 – As alterações ao plano diretor intermunicipal e ao plano diretor municipal são objeto de acompanhamento, nos termos do disposto no artigo 86º, com as devidas adaptações.

3 – A revisão dos programas e dos planos territoriais segue, com as devidas adaptações, os procedimentos estabelecidos no presente decreto-lei para a sua elaboração, acompanhamento, aprovação, ratificação e publicação.

**Artigo 120º – Avaliação ambiental**

1 – As pequenas alterações aos programas e aos planos territoriais só são objeto de avaliação ambiental no caso de se determinar que são suscetíveis de ter efeitos significativos no ambiente.

2 – A qualificação das alterações para efeitos do número anterior compete à entidade responsável pela elaboração do plano ou do programa, de acordo com os critérios estabelecidos no anexo ao Decreto-Lei nº 232/2007, de 15 de junho, alterado pelo Decreto-Lei nº 58/2011, de 4 de maio, podendo ser precedida de consulta às entidades às quais, em virtude das suas responsabilidades ambientais específicas, possam interessar os efeitos ambientais resultantes da aplicação do plano.

3 – Sempre que seja solicitado parecer nos termos do número anterior, esse parecer deve, nos casos em que se justifique, conter também a pronúncia sobre o âmbito da avaliação ambiental e sobre o alcance da informação a incluir no relatório ambiental.

4 – Os pareceres solicitados ao abrigo do presente artigo são emitidos no prazo de 20 dias, sob pena de não serem considerados.

**Artigo 121º[1] – Alteração por adaptação**

1 – A alteração por adaptação dos programas e dos planos territoriais decorre:

*a)* Da entrada em vigor de leis ou regulamentos;

*b)* Da entrada em vigor de outros programas e planos territoriais com que devam ser compatíveis ou conformes;

*c)* Do disposto no nº 9 do artigo 72º

2 – A alteração por adaptação dos programas e dos planos territoriais não pode envolver uma decisão autónoma de planeamento e limita-se a transpor o conteúdo do ato legislativo ou regulamentar ou do programa ou plano territorial que determinou a alteração.

3 – A alteração por adaptação dos programas ou de planos territoriais depende de mera declaração da entidade responsável pela elaboração do

[1] Redação do Decreto-Lei nº 25/2021, de 29 de março.

plano, a qual deve ser emitida, no prazo de 60 dias, através da alteração dos elementos que integram ou acompanham o instrumento de gestão territorial a alterar, na parte ou partes relevantes, aplicando-se o disposto no capítulo IX.
4 – A declaração referida no número anterior é transmitida previamente ao órgão competente pela aprovação do programa ou plano, quando este seja diferente do órgão responsável pela respetiva elaboração, sendo depois transmitida à comissão de coordenação e desenvolvimento regional territorialmente competente e remetida para publicação e depósito, nos termos previstos no presente decreto-lei.

**Artigo 122º[1] – Correções materiais**

1 – As correções materiais dos programas e dos planos territoriais são admissíveis para efeitos de:

*a)* Acertos de cartografia, determinados por incorreções de cadastro, de transposição de escalas, de definição de limites físicos identificáveis no terreno, bem como por discrepâncias entre plantas de condicionantes e plantas de ordenamento;

*b)* Correções de erros materiais ou omissões, patentes e manifestos, na representação cartográfica ou no regulamento;

*c)* Correções do regulamento ou das plantas, determinadas por incongruência destas peças entre si;

*d)* Correção de lapsos gramaticais, ortográficos, de cálculo ou de natureza análoga; ou

*e)* Correção de erros materiais provenientes de divergências entre o ato original e o ato efetivamente publicado no Diário da República.

2 – As correções materiais são obrigatórias e podem ser efetuadas a todo o tempo por comunicação da entidade responsável pela elaboração do programa ou do plano, sujeita a publicação e publicitação idênticas às do instrumento de gestão territorial objeto de correção.

3 – A comunicação referida no número anterior é transmitida previamente ao órgão competente para a aprovação do programa ou do plano, quando este seja diferente do órgão responsável pela respetiva elaboração, sendo depois transmitida à comissão de coordenação e desenvolvimento regional territorialmente competente e remetida para publicação e depósito, nos termos previstos no presente decreto-lei.

[1] Redação do Decreto-Lei nº 25/2021, de 29 de março.

**Artigo 123[1] – Alteração simplificada**

1 – Estão sujeitas a um regime procedimental simplificado as alterações de planos intermunicipais e municipais que resultem da necessidade de:

*a)* Redefinição do uso do solo, determinada pela cessação de servidões administrativas e de restrições de utilidade pública ou pela desafetação de bens imóveis do domínio público ou dos fins de utilidade pública a que se encontravam adstritos, designadamente os do domínio privado indisponível do Estado;

*b)* Previsão de outra forma de execução de uma unidade operativa de planeamento e gestão, nos casos em que um plano diretor municipal defina que essa execução dependa de plano de urbanização e/ou plano de pormenor, designadamente através de um loteamento de iniciativa municipal, com o acordo das entidades públicas envolvidas, desde que, cumulativamente: *i)* a propriedade do solo seja exclusivamente pública e o uso predominante seja o habitacional, *ii)* traduza a execução de Estratégia Local de Habitação, prevista no Decreto-Lei nº 37/2018, de 4 de junho, de Carta Municipal de Habitação ou de Bolsa de Habitação, previstas na Lei nº 83/2019, de 3 de setembro.

2 – A integração a que se refere o número anterior é feita por analogia, através da aplicação das normas do plano que são aplicáveis às parcelas confinantes e com as quais, a parcela em causa tenha condições para constituir uma unidade harmoniosa.

3 – A deliberação da câmara municipal, da comissão executiva metropolitana, do conselho intermunicipal ou das câmaras municipais associadas para o efeito, que determina o início do procedimento de alteração simplificada, nos termos do presente artigo, é tomada no prazo de 60 dias a contar da data da verificação da desafetação e deve conter a proposta integradora, nos termos do disposto no número anterior.

4 – A câmara municipal, a comissão executiva metropolitana, o conselho intermunicipal ou as câmaras municipais associadas para o efeito procedem à publicitação e à divulgação da proposta, estabelecendo um prazo, que não deve ser inferior a 10 dias, para a apresentação de reclamações, observações ou sugestões.

5 – Findo o prazo previsto no número anterior e ponderadas as participações, a câmara, a comissão executiva metropolitana, o conselho inter-

[1] Redação do Decreto-Lei nº 81/2020, de 2 de outubro.

municipal ou as câmaras municipais associadas para o efeito, reformulam os elementos do plano na parte afetada.

6 – As alterações dos planos intermunicipais e municipais referidas no presente artigo, dependem de parecer não vinculativo da comissão de coordenação e desenvolvimento regional, quanto à conformidade com as disposições legais e regulamentares vigentes e à compatibilidade ou conformidade com os programas e os planos territoriais eficazes, o qual deve ser proferido no prazo de 10 dias a contar da data do envio da proposta.

7 – As alterações simplificadas são aprovadas pela assembleia municipal, pelo conselho metropolitano, pela assembleia intermunicipal ou pelas assembleias municipais dos municípios associados para o efeito, consoante os casos, mediante proposta do executivo, aplicando-se o disposto no capítulo VIII.

## Artigo 124º – Revisão dos programas e planos territoriais

1 – A revisão dos programas regionais decorre da necessidade de adequação das opções estratégicas que determinaram a sua elaboração, tendo em conta o relatório sobre o estado do ordenamento do território, previsto no nº 2 do artigo 189º.

2 – A revisão dos planos intermunicipais e municipais decorre:

*a)* Da necessidade de adequação à evolução, a médio e longo prazo, das condições ambientais, económicas, sociais e culturais, que determinaram a respetiva elaboração, tendo em conta os relatórios sobre o estado do ordenamento do território previsto no nº 3 do artigo 189º;

*b)* De situações de suspensão do plano e da necessidade da sua adequação à prossecução dos interesses públicos que a determinaram.

3 – A revisão prevista na alínea *a)* do número anterior só pode ocorrer decorridos três anos desde a entrada em vigor do plano.

4 – O disposto nos nºs 2 e 3 é aplicável aos programas setoriais e especiais, com as necessárias adaptações.

5 – A revisão do programa nacional de política de ordenamento do território decorre do resultado da avaliação do programa de ação.

## Artigo 125º – Suspensão dos programas de âmbito nacional e regional

1 – A suspensão, total e parcial, dos programas de âmbito nacional e regional ocorre quando se verifiquem circunstâncias excecionais resultantes de alteração significativa das perspetivas de desenvolvimento eco-

nómico-social incompatíveis com a concretização das opções estabelecidas no programa, ouvidas as câmaras municipais e as entidades intermunicipais abrangidas, as entidades públicas responsáveis pela elaboração do programa setorial ou do programa especial e a comissão de coordenação e desenvolvimento regional territorialmente competente, consoante os casos.

2 – A suspensão do programa referida no número anterior deve obedecer à forma adotada para a aprovação.

3 – O ato que determina a suspensão deve conter a fundamentação, o prazo e a incidência territorial da suspensão, bem como indicar expressamente as disposições suspensas.

**Artigo 126º – Suspensão dos planos intermunicipais e municipais**

1 – A suspensão, total ou parcial, de planos intermunicipais e municipais é determinada:

*a)* Por resolução do Conselho de Ministros, em casos excecionais de reconhecido interesse nacional ou regional, ouvidas as câmaras municipais e as entidades intermunicipais abrangidas;

*b)* No caso de suspensão de planos municipais, por deliberação da assembleia municipal, sob proposta da câmara municipal, quando se verifiquem circunstâncias excecionais resultantes de alteração significativa das perspetivas de desenvolvimento económico e social local ou de situações de fragilidade ambiental incompatíveis com a concretização das opções estabelecidas no plano;

*c)* No caso de suspensão de planos intermunicipais, por deliberação da conselho metropolitano, da assembleia intermunicipal ou das assembleias municipais, mediante proposta, respetivamente, da comissão executiva metropolitana, do conselho intermunicipal e das câmaras municipais, quando se trate de municípios associados para o efeito.

2 – A resolução do Conselho de Ministros e as deliberações referidas no número anterior devem conter a fundamentação, o prazo e a incidência territorial da suspensão, bem como indicar expressamente as disposições suspensas.

3 – A proposta de suspensão, apresentada nos termos das alíneas *b)* e *c)* do nº 1 do presente artigo, é objeto de parecer da comissão de coordenação e desenvolvimento regional territorialmente competente, o qual incide apenas sobre a sua conformidade com as disposições legais e regulamentares aplicáveis.

4 – O parecer referido no número anterior é emitido no prazo improrrogável de 20 dias, podendo a comissão de coordenação e desenvolvimento regional territorialmente competente proceder à realização de uma conferência procedimental com entidades representativas dos interesses a ponderar, de acordo com o disposto no artigo 84º, com as necessárias adaptações.

5 – A não emissão de parecer no prazo referido no número anterior equivale à emissão de parecer favorável.

6 – O parecer da comissão de coordenação e desenvolvimento regional territorialmente competente, quando emitido, acompanha a proposta de suspensão de plano municipal ou intermunicipal a submeter à aprovação do órgão competente.

7 – A suspensão prevista nas alíneas *b)* e *c)* do nº 1 implica obrigatoriamente o estabelecimento de medidas preventivas e a abertura de procedimento de elaboração, revisão ou alteração de plano intermunicipal ou municipal para a área em causa, em conformidade com a deliberação tomada, o qual deve estar concluído no prazo em que vigorem as medidas preventivas.

### Artigo 127º – Revogação

1 – Os programas e os planos territoriais podem ser objeto de revogação sempre que a avaliação da evolução das condições ambientais, económicas, sociais e culturais assim o determine.

2 – A revogação de plano territorial intermunicipal, por decisão de um dos municípios associados, implica a revogação parcial e a respetiva revisão do plano, sem prejuízo de eventuais obrigações contratuais assumidas.

3 – A revogação dos programas e dos planos territoriais segue, com as devidas adaptações, os procedimentos estabelecidos no presente decreto-lei para a sua aprovação e publicação.

4 – Sem prejuízo do disposto nos números anteriores, a revogação dos planos diretores municipais e intermunicipais só produz efeitos com a entrada em vigor de nova regulamentação para a mesma área.

## CAPÍTULO III – Violação dos programas e planos territoriais

### Artigo 128º – Princípio geral

1 – A compatibilidade ou a conformidade entre os diversos programas e planos territoriais é condição da respetiva validade.

2 – Os programas e os planos territoriais são obrigados a aplicar os conceitos técnicos e as definições nos domínios do ordenamento do território e do urbanismo fixados por decreto regulamentar, não sendo admissíveis outros conceitos, designações, definições ou abreviaturas para o mesmo conteúdo e finalidade[1].

**Artigo 129º – Invalidade dos planos e programas**

1 – São nulas as normas de programas e de planos que violem qualquer programa ou plano territorial com o qual devessem ser compatíveis ou conformes.

2 – São, ainda, nulos os programas e os planos territoriais aprovados em violação de instrumentos de ordenamento do espaço marítimo, sempre que não tenham sido previstas as necessárias medidas de compatibilização, de acordo com o disposto no artigo 25º.

3 – Salvo menção expressa em contrário, acompanhada da necessária comunicação do dever de indemnizar, a declaração de nulidade não prejudica os efeitos dos atos administrativos entretanto praticados com base no plano.

**Artigo 130º – Invalidade dos atos**

1 – São nulos os atos praticados em violação de qualquer plano de âmbito intermunicipal ou municipal aplicável.

2 – Aos atos nulos previstos no número anterior é aplicável o disposto nos artigos 68º e 69º do regime jurídico de urbanização e edificação.

**Artigo 131º – Fiscalização e inspeção**

1 – A fiscalização do cumprimento das normas previstas nos planos territoriais intermunicipais e municipais compete às câmaras municipais territorialmente competentes, sem prejuízo das competências atribuídas por lei a outras entidades.

2 – A fiscalização das normas que decorrem dos regulamentos previstos no nº 3 do artigo 44º cabe às entidades que, nos termos da lei, são competentes em matéria de proteção e salvaguarda de recursos e valores naturais.

[1] É o Decreto-Regulamentar nº 5/2019, de 27 de setembro, que fixa, atualmente, os conceitos técnicos nos domínios do ordenamento do território e do urbanismo a utilizar nos instrumentos de gestão territorial.

3 – A fiscalização prevista nos números anteriores pode ser sistemática, no cumprimento geral do dever de vigilância atribuído às entidades, ou pontual, em função das queixas e denúncias recebidas.

4 – A realização de ações de inspeção para verificação do cumprimento do disposto no presente decreto-lei, no que respeita aos interesses de âmbito nacional ou regional, como tal previstos nos programas e nos planos territoriais, compete à inspeção-geral da agricultura, do mar, do ambiente e do ordenamento do território.

5 – As contraordenações pela violação de disposições de plano intermunicipal ou de plano municipal ou de medidas cautelares são desenvolvidas e reguladas em diploma próprio[1].

**Artigo 132º – Embargo e demolição**

1 – Sem prejuízo da coima aplicável e das atribuições de outras entidades nos termos legais, pode ser determinado o embargo de trabalhos ou a demolição de obras nos seguintes casos:

*a)* Pelo presidente da câmara municipal, quando violem plano intermunicipal ou plano municipal;

*b)* Pelo inspetor-geral da agricultura, do mar, do ambiente e do ordenamento do território ou do presidente da comissão de coordenação e desenvolvimento regional territorialmente competente, quando esteja em causa a prossecução de objetivos de interesse nacional ou regional, respetivamente;

2 – As despesas com a demolição correm por conta do dono das obras a demolir e, sempre que não forem pagas voluntariamente no prazo de 20 dias a contar da notificação para o efeito, são cobradas coercivamente, servindo de título executivo certidão passada pelos serviços competentes, da qual conste, além dos demais requisitos exigidos, a identificação do dono das obras e o montante em dívida.

3 – As ordens de embargo e de demolição são objeto de registo na conservatória de registo predial competente, mediante comunicação do presidente da câmara municipal ou da comissão de coordenação e desen-

[1] O regime aplicável às contraordenações ambientais e do ordenamento do território consta da Lei nº 50/2006, de 29 de agosto, alterada pelas Leis nºs 89/2009, de 31 de agosto, e 114/2015, de 28 de agosto, pelo Decreto-Lei nº 42-A/2016, de 12 de agosto, e pela Lei nº 25/2019, de 26 de março.

volvimento regional, procedendo-se oficiosamente aos necessários averbamentos.

**Artigo 133º – Desobediência**

O prosseguimento dos trabalhos embargados nos termos do artigo anterior constitui crime de desobediência nos termos do disposto na alínea *b)* do nº 1 do artigo 348º do Código Penal.

## CAPÍTULO IV – Medidas cautelares

**Artigo 134º[1] – Medidas preventivas**

1 – Em área para a qual tenha sido decidida a elaboração, a alteração ou a revisão de um plano de âmbito intermunicipal ou municipal podem ser estabelecidas medidas preventivas destinadas a evitar a alteração das circunstâncias e das condições de facto existentes que possa limitar a liberdade de planeamento ou comprometer ou tornar mais onerosa a execução do programa ou plano de âmbito intermunicipal ou municipal.

2 – O estabelecimento de medidas preventivas nos termos do número anterior determina a suspensão da eficácia do plano na área abrangida por aquelas medidas e, ainda, quando assim seja determinado no ato que as adote, a suspensão dos demais programas e planos territoriais em vigor na mesma área.

3 – Em área para a qual tenha sido decidida a suspensão de plano municipal ou intermunicipal, são estabelecidas medidas preventivas nos termos do nº 7 do artigo 126º.

4 – As medidas preventivas podem consistir na proibição, na limitação ou na sujeição a parecer vinculativo das seguintes ações:

*a)* Operações de loteamento e obras de urbanização, de construção, de ampliação, de alteração e de reconstrução, com exceção das que sejam isentas de controlo administrativo prévio;

*b)* Trabalhos de remodelação de terrenos;

*c)* Obras de demolição de edificações existentes, exceto as que, por regulamento municipal, possam ser dispensadas de controlo administrativo prévio;

*d)* Derrube de árvores em maciço ou destruição do solo vivo e do coberto vegetal.

[1] Redação do Decreto-Lei nº 25/2021, de 29 de março.

5 – Ficam excluídas do âmbito de aplicação das medidas preventivas, as ações validamente autorizadas antes da sua entrada em vigor, bem como aquelas em relação às quais exista já informação prévia favorável ou aprovação do projeto de arquitetura válidas.

6 – Em casos excecionais, quando a ação em causa prejudique de forma grave e irreversível a finalidade do plano, a disposição do número anterior pode ser afastada, sem prejuízo do direito de indemnização a que houver lugar.

7 – Quando as medidas preventivas envolvam a sujeição a parecer vinculativo, o órgão competente para o seu estabelecimento determina quais as entidades a consultar.

8 – Para salvaguardar situações excecionais de reconhecido interesse nacional ou regional, nomeadamente a execução de empreendimentos de relevante interesse público, situações de calamidade pública ou outras situações de risco, bem como para garantir a elaboração, alteração ou revisão de programas especiais, o Governo pode estabelecer medidas preventivas, sendo aplicável as disposições previstas nos números anteriores.

9 – As medidas preventivas estabelecidas para garantir a elaboração, alteração ou revisão de programas especiais, caducam com a entrada em vigor da atualização dos planos de âmbito intermunicipal ou municipal preexistentes, nas áreas respetivamente abrangidas, não se aplicando o disposto na alínea *c)* do nº 3 do artigo 141º e suspendendo-se o respetivo prazo de vigência durante o prazo estabelecido para atualização do plano.

**Artigo 135º – Normas provisórias**

1 – Quando ponderados todos os interesses públicos em presença, a imposição de proibições e limitações a que se refere o artigo anterior se revele desadequada ou excessiva, podem ser adotadas normas provisórias que definam de forma positiva o regime transitoriamente aplicável a uma determinada área do território.

2 – A adoção de normas provisórias depende da verificação cumulativa das seguintes condições:

*a)* Existência de opções de planeamento suficientemente densificadas e documentadas no âmbito do procedimento de elaboração, revisão ou alteração do plano territorial em causa;

*b)* Necessidade de tais medidas para a salvaguarda de interesses públicos inerentes à elaboração, revisão ou alteração do plano em causa.

### Artigo 136º – Natureza jurídica

As medidas preventivas e as normas provisórias têm a natureza de regulamentos administrativos.

### Artigo 137º – Competências

1 – No caso de plano municipal compete à assembleia municipal aprovar as medidas preventivas e as normas provisórias, sob proposta da câmara municipal.

2 – No caso de programa ou plano intermunicipal compete ao conselho metropolitano ou à assembleia intermunicipal ou às assembleias municipais dos municípios associados aprovar as medidas preventivas e as normas provisórias, mediante proposta, respetivamente, da comissão executiva metropolitana, do conselho metropolitano ou das câmaras municipais dos municípios associados.

3 – Nos casos previstos no nº 8 do artigo 134º, as medidas preventivas são aprovadas por resolução do Conselho de Ministros, salvo norma especial que determine a sua aprovação por decreto-lei ou decreto regulamentar.

### Artigo 138º – Procedimento

1 – A proposta de medidas preventivas relativas a planos municipais ou intermunicipais é objeto de parecer da comissão de coordenação e desenvolvimento regional territorialmente competente.

2 – Nos casos em que as medidas preventivas são estabelecidas como consequência da suspensão de planos intermunicipais ou de planos municipais, a comissão de coordenação e desenvolvimento regional territorialmente competente emite um único parecer.

3 – Ao parecer referido nos números anteriores aplica-se o disposto nos nºs 4, 5 e 6 do artigo 126º, com as devidas adaptações.

4 – Na elaboração de medidas preventivas a entidade competente está dispensada de dar cumprimento aos trâmites da audiência dos interessados ou de discussão pública.

5 – A adoção de normas provisórias é precedida de pareceres das entidades que se devam pronunciar em função da matéria e de discussão pública, nos termos aplicáveis ao plano territorial intermunicipal ou municipal a que respeitam.

6 – A deliberação municipal ou intermunicipal de adoção de medidas preventivas ou normas provisórias, bem como a deliberação relativa à prorrogação das mesmas estão sujeitas a publicação.

## Artigo 139º – Limite material das medidas cautelares

1 – O estabelecimento de medidas preventivas ou de normas provisórias deve ser limitado aos casos em que fundadamente se preveja ou receie que os prejuízos resultantes da possível alteração das características do local sejam socialmente mais gravosas do que os inerentes à adoção daquelas.

2 – O estabelecimento de medidas preventivas ou de normas provisórias deve demonstrar a respetiva necessidade, bem como esclarecer as vantagens e os inconvenientes de ordem económica, técnica, social e ambiental decorrentes da sua adoção.

3 – Quando o estado dos trabalhos de elaboração ou de revisão dos planos o permita, deve a entidade competente para a aprovação de medidas preventivas ou de normas provisórias cautelares precisar quais são as disposições do futuro plano cuja execução ficaria comprometida na ausência daquelas medidas.

## Artigo 140º – Âmbito territorial das medidas preventivas e das normas provisórias

1 – A área sujeita às medidas preventivas e às normas provisórias deve ter a extensão que se mostre adequada à satisfação dos fins a que se destina.

2 – A entidade competente para a aprovação de medidas preventivas ou de normas provisórias procede à delimitação da área a abranger, devendo os limites dessa área, quando não possam coincidir, no todo ou em parte, com as divisões administrativas, ser definidos, sempre que possível, pela referência a elementos físicos facilmente identificáveis, designadamente vias públicas e linhas de água.

## Artigo 141º – Âmbito temporal das medidas preventivas e das normas provisórias

1 – O prazo de vigência das medidas preventivas e das normas provisórias deve ser fixado no ato que as estabelecer, não podendo ser superior a dois anos, prorrogável por mais um, quando tal se mostre necessário.

2 – Na falta de fixação do prazo de vigência, as medidas preventivas e as normas provisórias vigoram pelo prazo de um ano, prorrogável por seis meses.

3 – As medidas preventivas e as normas provisórias deixam de vigorar quando:

*a)* Forem revogadas;

*b)* Decorrer o prazo fixado para a sua vigência;

*c)* Entrar em vigor o plano que motivou a sua adoção;

*d)* A entidade competente abandonar a intenção de elaborar o plano que as originou;

*e)* Cessar o interesse na salvaguarda das situações excecionais de reconhecido interesse público, determinando a sua caducidade.

4 – As medidas preventivas devem ser total ou parcialmente revogadas quando, com o decorrer dos trabalhos de elaboração ou de revisão do plano, se revelem desnecessárias.

5 – Uma área só pode voltar a ser abrangida por medidas preventivas ou normas provisórias depois de decorridos quatro anos sobre a caducidade das anteriores, salvo casos excecionais, devidamente fundamentados.

6 – Os planos intermunicipais e municipais que façam caducar medidas preventivas e normas provisórias devem referi-lo expressamente.

7 – A prorrogação das medidas preventivas e das normas provisórias segue o procedimento previsto no presente decreto-lei para o seu estabelecimento, devendo o parecer da comissão de coordenação e desenvolvimento regional territorialmente competente ser emitido no prazo de 10 dias, sob pena de não ser considerado.

**Artigo 142º – Dever de indemnização**

A adoção de medidas preventivas e de normas provisórias pode dar lugar a indemnização quando destas resulte sacrifício de direitos preexistentes e juridicamente consolidados, sendo aplicável o disposto no artigo 171º.

**Artigo 143º – Invalidade do licenciamento ou comunicação prévia**

São nulos os atos administrativos que decidam pedidos de licenciamento ou admitam comunicações prévias, com inobservância das proibições ou limitações decorrentes do estabelecimento de medidas preventivas e de normas provisórias, que violem os pareceres vinculativos emitidos ou que tenham sido praticados sem prévia solicitação dos pareceres vinculativos devidos.

**Artigo 144º – Embargo e demolição**

1 – As obras e os trabalhos efetuados com inobservância das proibições, condicionantes ou pareceres vinculativos decorrentes das medidas preventivas e das normas provisórias, ainda que licenciados ou objeto de comuni-

cação prévia, podem ser embargados ou demolidos ou, sendo o caso, pode ser ordenada a reposição da configuração do terreno e da recuperação do coberto vegetal, segundo projeto a aprovar pelas entidades referidas no número seguinte.

2 – A competência para ordenar o embargo, a demolição, a reposição da configuração do terreno ou a recuperação do coberto vegetal, referidos no número anterior, pertence ao presidente da câmara municipal ou, quando se trate de medidas preventivas estabelecidas pelo Governo, ao membro do Governo responsável pela área do ordenamento do território.

3 – O embargo ou a demolição de obras e trabalhos não prejudica o dever de indemnização, nos termos do artigo 142º.

### Artigo 145º – Suspensão de procedimentos

1 – Nas áreas a abranger por novas regras urbanísticas constantes de plano intermunicipal ou plano municipal ou da sua revisão, os procedimentos de informação prévia, de comunicação prévia e de licenciamento ficam suspensos, a partir da data fixada para o início do período de discussão pública e até à data da entrada em vigor daqueles planos.

2 – Cessando a suspensão do procedimento nos termos do número anterior, este é decidido de acordo com as novas regras urbanísticas em vigor.

3 – Caso as novas regras urbanísticas não entrem em vigor no prazo de 180 dias desde a data do início da respetiva discussão pública, cessa a suspensão do procedimento, devendo neste caso prosseguir a apreciação do pedido até à decisão final de acordo com as regras urbanísticas em vigor à data da sua prática.

4 – Não se suspende o procedimento nos termos do presente artigo, quando o pedido seja feito ao abrigo de normas provisórias ou tenha por objeto obras de reconstrução ou de alteração em edificações existentes, desde que tais obras não originem ou agravem desconformidade com as normas em vigor ou tenham como resultado a melhoria das condições de segurança e de salubridade da edificação[1/2].

[1] O artigo 60º do Regime Jurídico da Urbanização e Edificação, tendo como epígrafe "edificações existentes", dispõe como segue: "1 – As edificações construídas ao abrigo do direito anterior e as utilizações respetivas não são afetadas por normas legais e regulamentares supervenientes. 2 – A licença de obras de reconstrução ou de alteração das edificações não pode ser recusada com fundamento em normas legais ou regulamentares supervenientes à construção originária, desde que tais obras não originem ou agravem desconformidade com

5 – Quando haja lugar à suspensão do procedimento nos termos do presente artigo, os interessados podem apresentar novo requerimento com referência às regras do plano colocado à discussão pública, mas a respetiva decisão final fica condicionada à entrada em vigor das regras urbanísticas que conformam a pretensão.

6 – Caso a versão final do plano aprovado implique alterações ao projeto a que se refere o número anterior, os interessados podem, querendo, reformular a sua pretensão, dispondo de idêntica possibilidade aqueles que não tenham feito uso da faculdade prevista no mesmo número.

## CAPÍTULO V – Execução e indemnização

### SECÇÃO I – Programação e sistemas de execução

#### Artigo 146º – Princípio geral

1 – O município promove a execução coordenada e programada do planeamento territorial, com a colaboração das entidades públicas e privadas, procedendo à realização das infraestruturas e dos equipamentos de acordo com o interesse público, os objetivos e as prioridades estabelecidas nos planos intermunicipais e municipais, recorrendo aos meios previstos na lei.

2 – A coordenação e a execução programada dos planos intermunicipais ou municipais determinam para os particulares o dever de concretizarem e de adequarem as suas pretensões aos objetivos e às prioridades neles estabelecidas e nos respetivos instrumentos de programação.

as normas em vigor ou tenham como resultado a melhoria das condições de segurança e de salubridade da edificação. 3 – O disposto no número anterior aplica-se em sede de fiscalização sucessiva de obras sujeitas a comunicação prévia. 4 – Sem prejuízo do disposto nos números anteriores, a lei pode impor condições específicas para o exercício de certas atividades em edificações já afetas a tais atividades ao abrigo do direito anterior, bem como condicionar a execução das obras referidas no número anterior à realização dos trabalhos acessórios que se mostrem necessários para a melhoria das condições de segurança e salubridade da edificação".

[2] O artigo 17º, nº 5, do Regime Jurídico da Urbanização e Edificação determina que "não se suspendem os procedimentos de licenciamento ou comunicação prévia requeridos ou apresentados com suporte em informação prévia nas áreas a abranger por novas regras urbanísticas, constantes de plano municipal, intermunicipal ou especial de ordenamento do território ou sua revisão, a partir da data fixada para o início da discussão pública e até à data da entrada em vigor daquele instrumento".

3 – A execução dos sistemas gerais de infraestruturas e de equipamentos públicos municipais e intermunicipais determina para os particulares o dever de participar no seu financiamento.

4 – Os planos territoriais integram orientações para a sua execução, a inscrever nos planos de atividades e nos orçamentos, que contêm, designadamente:

*a)* A identificação e a programação das intervenções consideradas estratégicas ou estruturantes, por prioridades, a explicitação dos objetivos e a descrição e estimativa dos custos individuais e da globalidade das ações previstas no plano, e os respetivos prazos de execução;

*b)* A ponderação da viabilidade jurídico-fundiária e da sustentabilidade económico-financeira das respetivas propostas;

*c)* A definição dos meios, dos sujeitos responsáveis pelo financiamento da execução e dos demais agentes a envolver;

*d)* A estimativa da capacidade de investimento público relativa às propostas do plano territorial em questão, a médio e a longo prazo, tendo em conta os custos da sua execução.

## Artigo 147º – Sistemas de execução

1 – Os planos territoriais são executados através dos sistemas de iniciativa dos interessados, de cooperação e de imposição administrativa.

2 – A execução dos planos através dos sistemas referidos no número anterior desenvolve-se no âmbito de unidades de execução, delimitadas pela câmara municipal, por iniciativa própria ou a requerimento dos proprietários interessados.

3 – Os planos podem ser executados fora de sistema de execução quando se verifique uma das seguintes situações:

*a)* A execução do plano territorial de âmbito intermunicipal ou municipal, ou de parte de um plano, possa ser realizada por meio de operações urbanísticas, em zonas urbanas consolidadas, tal como definidas no regime jurídico da urbanização e da edificação;

*b)* A delimitação de unidades de execução se revelar impossível ou desnecessária, à luz dos objetivos delineados pelo próprio plano.

## Artigo 148º – Delimitação das unidades de execução

1 – A delimitação de unidades de execução consiste na fixação em planta cadastral dos limites físicos da área a sujeitar a intervenção urbanística, acompanhada da identificação de todos os prédios abrangidos.

2 – As unidades de execução devem ser delimitadas de modo a assegurar um desenvolvimento urbano harmonioso e a justa repartição de benefícios e encargos pelos proprietários abrangidos, devendo integrar as áreas a afetar a espaços públicos, a infraestruturas ou a equipamentos previstos nos programas e nos planos territoriais.

3 – As unidades de execução podem corresponder a uma unidade operativa de planeamento e gestão, à área abrangida por plano de urbanização ou por plano de pormenor ou a parte desta.

4 – Na falta de plano de urbanização ou de plano de pormenor aplicável à área abrangida pela unidade de execução, deve a câmara municipal promover, previamente à aprovação, um período de discussão pública, em termos análogos aos previstos para o plano de pormenor.

**Artigo 149º – Sistema de iniciativa dos interessados**

1 – No sistema de iniciativa dos interessados, a execução dos planos de âmbito municipal e intermunicipal deve ser promovida pelos proprietários ou pelos titulares de outros direitos reais relativos a prédios abrangidos no plano, ficando estes obrigados a prestar ao município a compensação devida de acordo com as regras estabelecidas nos planos ou em regulamento municipal.

2 – Os direitos e as obrigações dos participantes na unidade de execução são definidos por contrato de urbanização.

3 – De acordo com os critérios estabelecidos na lei e nos planos, cabe aos particulares proceder à redistribuição dos benefícios e encargos resultantes da execução do instrumento de planeamento entre todos os proprietários e titulares de direitos inerentes à propriedade abrangidos pela unidade de execução, na proporção do valor previamente atribuído aos seus direitos.

4 – A valorização prévia a que se refere o número anterior refere-se à situação anterior à data da entrada em vigor do plano, sendo, na falta de acordo global entre os intervenientes, estabelecida nos termos aplicáveis ao processo de expropriação litigiosa, com as necessárias adaptações.

5 – Nos títulos emitidos no âmbito do procedimento de controlo prévio administrativo menciona-se a compensação prestada ou que esta não é devida.

6 – É proibida a transmissão em vida ou o registo com base em título de operação urbanística que não contenha alguma das menções a que se refere o número anterior.

**Artigo 150º – Sistema de cooperação**

1 – No sistema de cooperação, a iniciativa de execução do plano pertence ao município, com a cooperação dos particulares interessados, atuando coordenadamente, de acordo com a programação estabelecida pela câmara municipal e nos termos do adequado instrumento contratual.

2 – Os direitos e as obrigações das partes são definidos por contrato de urbanização, que pode assumir as seguintes modalidades:

*a)* Contrato de urbanização, entre os proprietários e ou os promotores da intervenção urbanística, na sequência da iniciativa municipal;

*b)* Contrato de urbanização entre o município, os proprietários e ou os promotores da intervenção urbanística e, eventualmente, outras entidades interessadas na execução do plano.

**Artigo 151º – Sistema de imposição administrativa**

1 – No sistema de imposição administrativa, a iniciativa de execução do plano pertence ao município, que atua diretamente ou mediante concessão de urbanização.

2 – A concessão só pode ter lugar precedendo concurso público, devendo o respetivo caderno de encargos especificar as obrigações mínimas do concedente e do concessionário ou os respetivos parâmetros, a concretizar nas propostas.

3 – Na execução do plano, o concessionário exerce, em nome próprio, os poderes de intervenção do concedente.

4 – O processo de formação do contrato e a respetiva formalização e efeitos regem-se pelas disposições aplicáveis às concessões de obras públicas pelo município, com as necessárias adaptações.

**Artigo 152º – Fundo de compensação**

1 – Cada unidade de execução pode estar associada a um fundo de compensação com os seguintes objetivos:

*a)* Liquidar as compensações devidas pelos particulares e respetivos adicionais;

*b)* Cobrar e depositar em instituição bancária as quantias liquidadas;

*c)* Liquidar e pagar as compensações devidas a terceiros.

2 – O fundo de compensação é gerido pela câmara municipal com a participação dos interessados nos termos a definir em regulamento municipal.

## SECÇÃO II – Instrumentos de execução dos planos

### Artigo 153º – Domínio do Estado e políticas públicas de solo

1 – O Estado, as regiões autónomas e as autarquias locais podem adquirir ou alienar bens imóveis para prossecução de finalidades de política pública de solo.

2 – Sem prejuízo de outras finalidades previstas na lei, os bens imóveis do domínio privado do Estado, das regiões autónomas e das autarquias locais podem ser afetos à prossecução de finalidades de política pública de solo, com vista, nomeadamente, à:

*a)* Regulação do mercado do solo, tendo em vista a prevenção da especulação fundiária e a regulação do respetivo valor;

*b)* Aplicação dos princípios supletivos aplicáveis aos mecanismos de redistribuição de benefícios e encargos;

*c)* Localização de infraestruturas, de equipamentos e de espaços verdes e outros espaços de utilização coletiva;

*d)* Realização de intervenções públicas ou de iniciativa pública, nos domínios da proteção civil, da agricultura, das florestas, da conservação da natureza, da habitação social e da reabilitação e regeneração urbanas;

*e)* Execução programada dos planos territoriais.

3 – A cessação de restrições de utilidade pública ou de servidões administrativas de utilidade pública e a desafetação de imóveis do domínio público ou dos fins de utilidade pública a que se encontravam adstritos, designadamente os do domínio privado indisponível do Estado, mesmo que integrem o património de institutos públicos ou de empresas públicas, têm como efeito a caducidade do regime de uso do solo para eles especificamente previsto nos planos territoriais, caso estes não tenham estabelecido o regime de uso do solo aplicável em tal situação.

4 – Sempre que ocorra a caducidade do regime de uso do solo, nos termos do número anterior, deve ser redefinido o uso do solo, mediante a elaboração de plano territorial ou a sua alteração simplificada, de acordo com o previsto no artigo 123º.

### Artigo 154º – Reserva de solo

1 – Os planos territoriais podem estabelecer reservas de solo para a execução de infraestruturas urbanísticas, de equipamentos e de espaços verdes e outros espaços de utilização coletiva.

2 – A reserva de solo que incida sobre prédios de particulares determina a obrigatoriedade da sua aquisição, no prazo estabelecido no plano territorial ou no respetivo instrumento de programação.

3 – Na falta de fixação do prazo a que se refere o número anterior, a reserva do solo caduca no prazo de cinco anos, contados da data da entrada em vigor do respetivo plano territorial.

4 – São responsáveis pela aquisição dos prédios abrangidos pela reserva de solo, as entidades administrativas do Estado, das regiões autónomas ou das autarquias locais, em benefício das quais foi estabelecida aquela reserva.

5 – Findo o prazo a que se referem os nºs 2 e 3, sem que se verifique a aquisição dos prédios abrangidos, a reserva de solo caduca.

6 – O disposto no número anterior não se aplica quando a ausência de transmissão do prédio resulte da falta de execução do plano ou do incumprimento dos deveres urbanísticos, por parte do proprietário, designadamente dos deveres de realização de cedências, no âmbito de mecanismos de perequação ou da execução de operações urbanísticas previstas no plano.

7 – Os municípios são obrigados a declarar a caducidade da reserva de solo e a proceder à redefinição do uso do solo, salvo se o plano territorial vigente tiver previsto o regime de uso do solo supletivamente aplicável.

**Artigo 155º – Direito de preferência**

1 – Sem prejuízo do previsto no regime jurídico da reabilitação urbana, os municípios têm o direito de exercer preferência nas transmissões de prédios, realizadas ao abrigo do direito privado e a título oneroso, no âmbito de execução de planos de pormenor ou de unidades de execução, designadamente para reabilitação, regeneração ou restruturação da propriedade.

2 – O direito de preferência pode ser exercido com a declaração de não aceitação do preço convencionado, desde que o valor do terreno ou dos edifícios, de acordo com a avaliação efetuada por perito da lista oficial de escolha do preferente, for inferior em, pelo menos, 20 % ao preço convencionado.

3 – No caso do número anterior, se o transmitente não concordar, por sua vez, com o oferecido pelo preferente, o preço a pagar no âmbito da preferência deve ser fixado nos termos previstos para o processo de expropriação litigiosa, com as necessárias adaptações.

4 – O procedimento do exercício do direito de preferência é fixado em decreto regulamentar.

### Artigo 156º – Direito de superfície

1 – Os municípios podem constituir direitos de superfície sobre bens imóveis do seu domínio privado para a prossecução de finalidades de política pública do solo.

2 – O direito de superfície é constituído a título oneroso, exceto quando as operações a realizar pelo superficiário prossigam diretamente interesses públicos relevantes e constituam contrapartida económica suficiente do direito conferido.

3 – Quando o direito de superfície for constituído a título oneroso, a contrapartida exigida ao superficiário pode consistir no pagamento de quantia pecuniária, única ou periódica, ou em qualquer outra prestação que assegure a equivalência financeira em relação ao benefício conferido.

4 – O procedimento do exercício do direito de preferência é fixado em decreto regulamentar.

### Artigo 157º – Demolição de edifícios

A demolição de edifícios deve ser autorizada:

*a)* Quando for necessária para a execução de plano de urbanização ou plano de pormenor;

*b)* Quando for integrada em operação de reabilitação urbana, prevista no quadro de uma unidade de execução ou de plano intermunicipal ou de plano municipal;

*c)* Quando os edifícios careçam de condições de segurança ou de salubridade indispensáveis ao fim a que se destinam e a respetiva beneficiação ou reparação for técnica ou economicamente inviável;

*d)* Quando as características arquitetónicas dos edifícios ou a sua integração urbanística revelem falta de qualidade ou desadequação.

### Artigo 158º – Concessão de utilização e exploração do domínio público

1 – O Estado, as regiões autónomas e as autarquias locais podem celebrar contratos de concessão ou conceder licenças de uso privativo de bens que integram o seu domínio público, designadamente para efeitos de utilização, exploração ou gestão de infraestruturas urbanas e de espaços e equipamentos de utilização coletiva.

2 – Aos contratos de concessão referidos no número anterior é aplicável o disposto no Código dos Contratos Públicos e demais legislação complementar.

## Artigo 159º – Expropriação por utilidade pública

1 – Podem ser expropriados os terrenos ou os edifícios que sejam necessários à execução dos programas e dos planos territoriais, bem como à realização de intervenções públicas e instalação de infraestruturas e de equipamentos de utilidade pública.

2 – As expropriações referidas no presente artigo seguem o disposto no Código das Expropriações.

3 – Podem, designadamente, ser expropriados por causa de utilidade pública da execução do plano:

*a)* As faixas adjacentes contínuas, de acordo com o previsto nos planos territoriais, destinadas a edificações e suas dependências, nos casos de abertura, alargamento ou regularização de ruas, praças, jardins e outros espaços de utilização coletiva;

*b)* Os terrenos destinados a construção adjacentes a vias públicas de áreas urbanas, quando os proprietários, notificados para os aproveitarem em edificações, o não fizerem, sem motivo legítimo, no prazo de 18 meses a contar da notificação;

*c)* Os prédios urbanos que devam ser reconstruídos ou remodelados, em razão das suas pequenas dimensões, implantação fora do alinhamento, más condições de segurança e salubridade ou falta de qualidade estética, quando os proprietários não derem cumprimento, sem motivo legítimo, no prazo de 18 meses, à notificação que, para esse fim, lhes for feita, sem prejuízo do disposto quanto à restruturação da propriedade.

4 – Os prazos a que se referem as alíneas *b)* e *c)* do número anterior referem-se ao início das obras.

5 – Sem prejuízo do disposto nos números anteriores, a expropriação só pode ter lugar quando a constituição de uma servidão de direito administrativo ou de outros meios menos lesivos não seja suficiente para assegurar a prossecução das finalidades de interesse público em causa.

## Artigo 160º – Venda forçada

1 – Em alternativa à expropriação prevista no artigo anterior, podem ser sujeitos a venda forçada:

*a)* Os bens imóveis necessários às operações de regeneração ou de reabilitação urbana, quando os respetivos proprietários não cumpram os ónus e deveres decorrentes de plano territorial;

*b)* Os edifícios em ruína ou sem condições de habitabilidade, bem como das parcelas de terrenos resultantes da sua demolição, nas situações previstas no regime jurídico da reabilitação urbana.

2 – O procedimento de venda forçada obedece ao disposto nos artigos 62º e 63º do regime jurídico da reabilitação urbana, com as necessárias adaptações.

3 – Os adquirentes dos edifícios e parcelas de terrenos ficam obrigados aos ónus e deveres a que estavam sujeitos os anteriores proprietários, os quais devem ser expressamente previstos no ato de venda forçada, assim como o respetivo prazo e programação.

4 – No caso de incumprimento previsto no número anterior, pode haver lugar a expropriação ou a retoma do procedimento de venda forçada.

**Artigo 161º – Arrendamento forçado**

Os edifícios e as frações autónomas objeto de ação de reabilitação podem ser sujeitos a arrendamento forçado, nos termos e condições previstas no artigo 59º do regime jurídico da reabilitação urbana, com as necessárias adaptações.

**Artigo 162º – Estruturação da propriedade**

1 – São operações de reestruturação da propriedade o fracionamento, o emparcelamento e o reparcelamento da propriedade.

2 – O fracionamento, o emparcelamento e o reparcelamento da propriedade do solo realiza-se de acordo com o previsto nos planos territoriais, devendo as unidades prediais ser adequadas ao aproveitamento do solo neles estabelecido.

3 – As operações de reestruturação da propriedade visam:

*a)* Viabilizar a reconfiguração de limites cadastrais de terrenos;

*b)* Contribuir para a execução de operações de regeneração e reabilitação urbanas;

*c)* Assegurar a implementação de políticas públicas e de planos territoriais;

*d)* Ajustar a dimensão e a configuração do solo à estrutura fundiária definida pelo plano intermunicipal ou plano municipal;

*e)* Distribuir equitativamente, entre os proprietários, os benefícios e encargos resultantes do plano intermunicipal ou plano municipal;

*f)* Localizar as áreas a ceder obrigatoriamente pelos proprietários destinadas à implantação de infraestruturas, de espaços verdes ou de outros espaços e equipamentos de utilização coletiva.

4 – As operações de reestruturação em solo urbano são promovidas pela câmara municipal, por associação de municípios ou pelos proprietários dos solos urbanos.

5 – As operações de reestruturação de iniciativa pública podem ser promovidas mediante imposição administrativa ou mediante proposta de acordo para reestruturação da propriedade sobre as unidades prediais a reestruturar.

6 – O município pode proceder à expropriação por causa da utilidade pública da execução do plano, nos termos do artigo 159º:

*a)* Se os proprietários não subscreverem o acordo proposto ou outro alternativo no prazo fixado;

*b)* Se os mesmos não derem início às obras ou não as concluírem nos prazos fixados.

7 – Nos casos previstos no número anterior, os edifícios ou prédios devem ser alienados pela câmara municipal em hasta pública, tendo os anteriores proprietários direito de preferência, a exercer na referida hasta pública, cuja realização lhes é notificada pessoalmente ou, quando tal não seja possível, através de edital.

8 – As operações de reestruturação respeitam o uso do solo estabelecido nos planos intermunicipais e municipais e adequam-se à localização, configuração, função predominante e utilização da propriedade.

### Artigo 163º – Direito à expropriação

Os proprietários podem exigir a expropriação por utilidade pública dos seus terrenos necessários à execução dos planos, quando se destinem a retificação de estremas, indispensável à realização do aproveitamento previsto em plano de pormenor.

### Artigo 164º – Reparcelamento do solo urbano

1 – O reparcelamento do solo urbano é a operação de reestruturação da propriedade que consiste no agrupamento de terrenos localizados em solo urbano e na sua posterior divisão, com adjudicação dos lotes resultantes aos primitivos proprietários ou a outros interessados.

2 – Sem prejuízo do disposto no nº 3 do artigo 162º, são objetivos específicos do reparcelamento:

*a)* Ajustar às disposições do plano intermunicipal ou do plano municipal, a configuração e o aproveitamento dos terrenos para construção;

*b)* Distribuir equitativamente os benefícios e encargos resultantes do plano;

*c)* Localizar as áreas a ceder obrigatoriamente pelos proprietários destinadas à implantação de infraestruturas, de espaços verdes e de equipamentos públicos.

**Artigo 165º – Procedimento das operações de reparcelamento do solo urbano**

1 – A operação de reparcelamento é da iniciativa dos proprietários, diretamente ou conjuntamente com outras entidades interessadas, ou da câmara municipal, isoladamente ou em cooperação.

2 – As relações entre os proprietários e o município, bem como entre os proprietários e outras entidades interessadas, são reguladas por contrato de urbanização.

3 – O contrato previsto no número anterior pode prever a transferência para as outras entidades interessadas, dos direitos de comercialização dos prédios ou dos fogos e de obtenção dos respetivos proventos, bem como a aquisição do direito de propriedade ou de superfície.

4 – A operação de reparcelamento em área abrangida por plano de pormenor que contenha as menções constantes das alíneas *a)* a *d)*, *g)* e *h)* do nº 1 do artigo 102º pode concretizar-se através de contrato de urbanização sem necessidade de controlo administrativo prévio, sendo o registo efetuado nos termos dos artigos 108º e 109º.

**Artigo 166º – Reparcelamento do solo urbano de iniciativa particular**

1 – A operação de reparcelamento da iniciativa dos proprietários inicia-se com a apresentação de requerimento dirigido ao presidente da câmara municipal, instruído com o projeto de reparcelamento e subscrito por todos os proprietários dos prédios abrangidos, bem como pelas demais entidades interessadas, no caso de iniciativa conjunta.

2 – Às operações de reparcelamento do solo urbano por iniciativa particular são aplicáveis as disposições legais e regulamentares relativas às operações de loteamento.

### Artigo 167º – Reparcelamento do solo urbano de iniciativa da câmara municipal

1 – A operação de reparcelamento da iniciativa da câmara municipal inicia-se com a aprovação da delimitação da área a sujeitar a reparcelamento, que deve ser notificada a todos os proprietários dos prédios abrangidos.

2 – Sempre que algum ou alguns dos proprietários manifestem o seu desacordo, no prazo de 15 dias, relativamente ao projeto de reparcelamento, pode a câmara municipal promover a aquisição dos respetivos prédios pela via do direito privado ou, quando não seja possível, mediante o recurso à expropriação por utilidade pública.

3 – Em tudo o que não se encontre expressamente previsto no presente decreto-lei, são aplicáveis às operações previstas nos números anteriores, as disposições legais e regulamentares relativas às operações de loteamento de iniciativa municipal.

### Artigo 168º – Critérios para o reparcelamento

1 – A repartição dos direitos entre os proprietários na operação de reparcelamento é feita na proporção do valor do respetivo prédio à data do início do processo ou na proporção da sua área nessa data.

2 – Os proprietários podem fixar, por unanimidade, outro critério, tendo em conta, designadamente, a participação das outras entidades interessadas nos encargos decorrentes da operação de reparcelamento.

3 – O cálculo do valor dos lotes ou parcelas resultantes do processo de reparcelamento deve obedecer a critérios objetivos e aplicáveis a toda a área objeto de reparcelamento, tendo em consideração a localização, a dimensão e a configuração dos lotes.

4 – Sempre que possível deve procurar-se que os lotes ou parcelas se situem nos antigos prédios dos mesmos titulares ou na sua proximidade.

5 – Em caso algum podem ser criados ou distribuídos lotes com superfície inferior à dimensão mínima edificável ou que não reúnam a configuração e características adequadas para a sua edificação ou urbanização em conformidade com o plano.

### Artigo 169º – Efeitos do reparcelamento

1 – O licenciamento, apresentação da comunicação prévia ou a aprovação da operação de reparcelamento está sujeita às normas legais e regu-

lamentares aplicáveis às operações de loteamento e produz os seguintes efeitos:

*a)* Substituição, com plena eficácia real, dos antigos terrenos pelos novos lotes;

*b)* Transmissão para a câmara municipal, de pleno direito e livre de quaisquer ónus ou encargos, das parcelas de terrenos para espaços verdes públicos e de utilização coletiva, infraestruturas, designadamente arruamentos viários e pedonais, e equipamentos coletivos que, de acordo com a operação de reparcelamento, devam integrar o domínio municipal.

2 – A operação de reparcelamento concretizada nos termos do nº 4 do artigo 165º produz os efeitos referidos no número anterior, com as adaptações decorrentes do disposto nos artigos 108º e 109º.

**Artigo 170º – Obrigação de urbanização**

1 – A operação de reparcelamento que incida sobre solo urbano implica a obrigação de urbanizar a zona.

2 – A obrigação referida no número anterior recai sobre quem tiver dado início ao processo de reparcelamento, podendo, no caso de reparcelamento da iniciativa dos proprietários, ser assumida por um ou vários, caso se disponham a isso.

3 – Os custos da urbanização são repartidos pelos proprietários e as outras entidades interessadas ou por estes e pela câmara municipal nos termos do capítulo seguinte.

## SECÇÃO III – Da indemnização

**Artigo 171º – Dever de indemnização**

1 – As restrições impostas aos proprietários pelos planos territoriais geram um dever de indemnizar nos termos dos números seguintes, quando a compensação não seja possível.

2 – O sacrifício de direitos preexistentes e juridicamente consolidados que determine a caducidade, revogação ou a alteração das condições de licença, da comunicação prévia ou informação prévia válidos e eficazes determina o dever de justa indemnização.

3 – A restrição ao aproveitamento urbanístico constante da certidão de um plano de pormenor com efeitos registais, determinada pela sua alteração, revisão ou suspensão, durante o prazo de execução previsto na programação do plano, determina o dever de justa indemnização.

4 – De acordo com o princípio da proteção da confiança, são, ainda, indemnizáveis as restrições singulares às possibilidades objetivas de aproveitamento do solo impostas aos proprietários, resultantes da alteração, revisão ou suspensão de planos territoriais, que comportem um encargo ou um dano anormal, desde que ocorram no decurso do período de três anos a contar da data da sua entrada em vigor.

5 – Estão excluídas do número anterior, as restrições, devidamente fundamentadas, determinadas pelas características físicas e naturais do solo, pela existência de riscos para as pessoas e bens ou pela falta de vocação do solo para o processo de urbanização e edificação que decorre da respetiva classificação prevista no plano territorial.

6 – A indemnização a que se refere os números anteriores segue o regime previsto no Código das Expropriações.

7 – Nas situações previstas nos nºs 2 a 4 são igualmente indemnizáveis as despesas efetuadas na concretização de uma modalidade de utilização prevista no plano territorial se essa utilização for posteriormente alterada ou suprimida por efeitos de revisão ou suspensão daquele instrumento e essas despesas tiverem perdido utilidade.

8 – Quando a perequação compensatória não seja possível, é responsável pelo pagamento da indemnização prevista no presente artigo a pessoa coletiva que aprovar o programa ou plano territorial que determina direta ou indiretamente os danos indemnizáveis.

9 – O direito de indemnização caduca no prazo de três anos a contar da data de entrada em vigor do plano territorial nos termos dos números anteriores.

## CAPÍTULO VI – Regime económico-financeiro

### SECÇÃO I – Disposições gerais

#### Artigo 172º – Princípios gerais

1 – A regulação fundiária é indispensável ao ordenamento do território, com vista ao aproveitamento pleno dos recursos naturais, do património arquitetónico, arqueológico e paisagístico, à organização eficiente do mercado imobiliário, ao desenvolvimento económico sustentável e à redistribuição justa de benefícios e encargos.

2 – Os programas e planos territoriais são financeiramente sustentáveis, justificando os fundamentos das opções de planeamento e garantindo a

sua infraestruturação, identificando as mais-valias fundiárias, bem como a definição dos critérios para a sua parametrização e redistribuição.

3 – A execução de infraestruturas urbanísticas e de equipamentos de utilização coletiva obedece a critérios de eficiência e sustentabilidade financeira, sem prejuízo da coesão territorial.

**Artigo 173º – Mecanismos de incentivos**

Os planos intermunicipais e municipais devem prever mecanismos de incentivo visando prosseguir as seguintes finalidades:

*a)* Conservação da natureza e da biodiversidade;

*b)* Salvaguarda do património natural, cultural ou paisagístico;

*c)* Minimização de riscos coletivos inerentes a acidentes graves ou a catástrofes e de riscos ambientais;

*d)* Reabilitação ou regeneração urbanas;

*e)* Dotação adequada em infraestruturas, transportes, equipamentos, espaços verdes ou outros espaços de utilização coletiva;

*f)* Habitação social;

*g)* Eficiência na utilização dos recursos e eficiência energética.

**Artigo 174º – Programa de financiamento urbanístico**

1 – Os municípios devem elaborar um programa de financiamento urbanístico que integra o programa plurianual de investimentos municipais na execução, conservação e reforço das infraestruturas gerais, assim como a previsão de custos gerais de gestão urbanística e da forma de financiamento.

2 – O programa de financiamento urbanístico é aprovado anualmente pela assembleia municipal, sob proposta da câmara municipal.

3 – O conteúdo documental que integra o programa de financiamento urbanístico é definido por portaria aprovada pelos membros do Governo responsáveis pelas áreas do ordenamento do território e da administração local.

**Artigo 175º – Encargos com as operações urbanísticas**

1 – As operações urbanísticas previstas em plano municipal e intermunicipal devem assegurar a execução e o financiamento das infraestruturas, dos equipamentos e dos espaços verdes e de outros espaços de utilização coletiva.

2 – Para garantia do disposto no número anterior, o plano deve fixar:

*a)* A realização das necessárias obras de urbanização;

*b)* A participação proporcional no financiamento das infraestruturas, dos equipamentos, dos espaços verdes e outros espaços de utilização coletiva, através do pagamento de taxa pela realização, manutenção e reforço de infraestruturas urbanísticas;

*c)* A cedência de bens imóveis para fins de utilidade pública.

3 – Ao montante da taxa pela realização, manutenção e reforço de infraestruturas urbanísticas que seja devida deve ser deduzida a participação proporcional nos encargos com a realização de infraestruturas gerais.

## SECÇÃO II – Redistribuição de benefícios e encargos

### Artigo 176º – Objetivos

1 – Os planos territoriais garantem a justa repartição dos benefícios e encargos e a redistribuição das mais-valias fundiárias entre os diversos proprietários, a concretizar nas unidades de execução, devendo prever mecanismos diretos ou indiretos de perequação.

2 – A redistribuição de benefícios e encargos a prever nos planos territoriais deve ter em consideração os seguintes objetivos:

*a)* A garantia da igualdade de tratamento relativamente a benefícios e encargos decorrentes de plano territorial de âmbito intermunicipal ou municipal;

*b)* A obtenção pelos municípios de meios financeiros adicionais para o financiamento da reabilitação urbana, da sustentabilidade dos ecossistemas e para garantia da prestação de serviços ambientais;

*c)* A disponibilização de terrenos e de edifícios ao município, para a construção ou ampliação de infraestruturas, de equipamentos coletivos e de espaços verdes e outros espaços de utilização coletiva;

*d)* A supressão de terrenos expetantes e da especulação imobiliária;

*e)* A correção dos desequilíbrios do mercado urbanístico;

*f)* A promoção do mercado de arrendamento por via da criação de uma bolsa de oferta de base municipal;

*g)* A realização das infraestruturas urbanísticas e de equipamentos coletivos em zonas carenciadas.

**Artigo 177º – Mecanismos de perequação**

1 – Os municípios podem utilizar, designadamente, os seguintes mecanismos de perequação:

*a)* Estabelecimento da edificabilidade média do plano;

*b)* Estabelecimento de uma área de cedência média;

*c)* Repartição dos custos de urbanização.

2 – Os mecanismos de perequação devem ser utilizados de forma conjugada para garantir a repartição dos benefícios que resultem do plano, assim como dos encargos necessários à sua execução.

**Artigo 178º – Distribuição de benefícios**

1 – O valor dos benefícios atribuídos a cada proprietário é o resultado da diferença entre a edificabilidade abstrata e o direito concreto de construção que lhe é atribuído, nos termos a que se referem os números seguintes.

2 – A edificabilidade abstrata a atribuir a cada proprietário é expressa em metros quadrados de área de construção e corresponde ao produto da edificabilidade média prevista no plano pela área total de terreno detida inicialmente por cada proprietário.

3 – A edificabilidade média do plano é determinada pelo quociente entre a área total de construção e a área de intervenção do plano.

4 – O direito concreto de construção corresponde à edificabilidade específica de cada parcela ou lote, expressa em metros quadrados e resultante da licença ou apresentação de comunicação prévia de controlo prévio de operações urbanísticas, em conformidade com os índices e parâmetros urbanísticos estabelecidos no plano.

5 – Quando o direito concreto de construção do proprietário for inferior à sua edificabilidade abstrata, o proprietário deve receber uma compensação, nos termos a prever em regulamento municipal, designadamente, através das seguintes medidas alternativas ou complementares:

*a)* Desconto nas taxas que tenha de suportar;

*b)* Aquisição pelo município, por permuta ou compra, da parte do terreno menos edificável;

*c)* Transmissão de uma área correspondente à edificabilidade em defeito.

6 – Quando o direito concreto de construção do proprietário for superior à sua edificabilidade abstrata, o proprietário, deve compensar a área de construção correspondente a essa diferença, em numerário ou em espécie,

designadamente através da transmissão para o domínio privado do município de uma área correspondente à área de construção em excesso.

7 – Salvo disposição contratual em contrário, a compensação é devida no momento do controlo prévio da operação urbanística.

**Artigo 179º – Compra e venda de edificabilidade**

1 – A compensação prevista nos nºs 5 e 6 do artigo anterior pode ser objeto de contratos de compra e venda de edificabilidade entre os proprietários ou entre estes e a câmara municipal.

2 – A compra e venda de edificabilidade pode assumir a forma de créditos de edificabilidade.

3 – As transações efetuadas ao abrigo do presente artigo são realizadas nos termos do regulamento do plano, devem ser obrigatoriamente comunicadas à câmara municipal e estão sujeitas a inscrição no registo predial.

**Artigo 180º – Reserva de edificabilidade**

Os planos territoriais de âmbito intermunicipal ou municipal podem prever uma percentagem de índice de construção que reservam para efeitos de perequação, definindo os termos e condições em que os valores do direito concreto de construir podem ser utilizados, bem como os mecanismos para a respetiva operacionalização.

**Artigo 181º – Cálculo da distribuição perequativa intraplano**

Os montantes gerados pela perequação entre todos os proprietários da área da unidade de execução devem compensar-se, de forma que o valor correspondente aos pagamentos a efetuar equilibre o valor dos recebimentos a que haja lugar.

**Artigo 182º – Área de cedência média**

1 – O plano diretor municipal ou intermunicipal fixa uma área de cedência média para a instalação de infraestruturas, de equipamentos e espaços urbanos de utilização coletiva, aplicável à perequação intraplano a realizar a nível municipal.

2 – Na ausência de determinação nos termos previstos no número anterior, o plano de pormenor deve fixar a área de cedência média.

3 – Para efeitos da cedência média são considerados os parâmetros de dimensionamento das áreas destinadas à implantação de espaços verdes,

de equipamentos e de infraestruturas de utilização coletiva, nos termos definidos no regime jurídico da urbanização e edificação.

4 – A cedência efetiva é realizada, de acordo com o plano, no ato de individualização no registo predial dos lotes constituídos por plano de pormenor ou no procedimento de controlo prévio de operações de loteamento ou de operações com impacte relevante ou semelhante a loteamento.

5 – Quando a área de cedência efetiva for superior à cedência média, o proprietário deve, quando pretenda realizar operações urbanísticas, ser compensado, nos termos previstos no plano ou em regulamento municipal.

6 – Quando a área de cedência efetiva for inferior à cedência média, o proprietário tem que compensar os demais proprietários ou pagar a respetiva compensação urbanística nos termos definidos em regulamento municipal.

### Artigo 183º – Repartição dos encargos

1 – Os encargos de urbanização para efeitos de perequação intraplano correspondem a todos os custos previstos nos planos com infraestruturas urbanísticas, equipamentos, espaços verdes e outros espaços de utilização coletiva.

2 – A comparticipação nos custos de urbanização é determinada pelos seguintes critérios:

*a)* O tipo de aproveitamento urbanístico determinados pelas disposições dos planos;

*b)* A capacidade edificatória atribuída;

*c)* A extensão excecional de infraestruturas para serviço de uma parcela.

## CAPÍTULO VII – Comissão Nacional do Território

### Artigo 184º – Atribuições

1 – É criada a Comissão Nacional do Território com a atribuição de coordenar a execução da política nacional do ordenamento do território, sustentada em indicadores qualitativos e quantitativos dos instrumentos de gestão territorial, restrições de utilidade pública e servidões administrativas.

2 – A Comissão Nacional do Território funciona na dependência do membro do Governo responsável pela área do ordenamento do território, competindo-lhe:

*a)* Acompanhar a aplicação e o desenvolvimento do disposto na lei de bases de política pública de solos, do ordenamento do território e urbanismo;

*b)* Emitir pareceres e recomendações sobre questões relativas ao ordenamento do território, por sua iniciativa ou a solicitação do membro do Governo responsável pela área do ordenamento do território;

*c)* Acompanhar e monitorizar a elaboração do relatório nacional sobre o estado do ordenamento do território;

*d)* Recomendar a elaboração, alteração ou revisão dos relatórios periódicos de avaliação sobre o desenvolvimento das orientações fundamentais do programa nacional da política de ordenamento do território, em especial sobre a articulação das estratégias setoriais;

*e)* Apresentar à Direção-Geral do Território propostas de elaboração de normas técnicas e procedimentos uniformes para todo o território nacional a aplicar pelos organismos com responsabilidades e competências em matéria de ordenamento do território;

*f)* Apresentar à Direção-Geral do Território propostas de elaboração de manuais técnicos de boas práticas em política de ordenamento do território;

*g)* Publicar os relatórios, pareceres ou quaisquer outros trabalhos emitidos ou realizados no âmbito das suas competências;

*h)* As demais competências previstas no presente decreto-lei.

3 – À Comissão Nacional do Território compete, ainda:

*a)* Elaborar e atualizar as orientações estratégicas de âmbito nacional da Reserva Ecológica Nacional (REN);

*b)* Acompanhar a elaboração das orientações estratégicas de âmbito regional;

*c)* Produzir recomendações técnicas e guias de apoio adequados ao exercício das competências pelas entidades responsáveis em matéria de REN;

*d)* Pronunciar-se, a solicitação dos municípios ou das comissões de coordenação e desenvolvimento regional, sobre a aplicação dos critérios de delimitação da REN;

*e)* Emitir parecer em caso de divergência entre as entidades com competências na aprovação de delimitação da REN a nível municipal;

*f)* Formular os termos gerais de referência para a celebração dos contratos de parceria entre as comissões de coordenação e desenvolvimento regional e os municípios, nos termos do regime jurídico da REN;

*g)* Gerir a informação disponível sobre a REN, disponibilizando-a, designadamente, no seu sítio na Internet.

4 – A Comissão Nacional do Território, no âmbito das suas competências, promove as consultas necessárias aos diversos serviços da administração central, regional e local e deve facultar a informação por estes solicitada, bem como assegurar os contactos necessários com a comunidade científica e a participação dos cidadãos.

5 – Os pareceres que devam ser solicitados à Comissão Nacional do Território, nos casos previstos no presente decreto-lei, são vinculativos para as entidades responsáveis pela elaboração dos programas.

**Artigo 185º – Composição**

1 – A Comissão Nacional do Território é composta por representantes de entidades com atribuições em matéria de gestão territorial, nos seguintes termos:

*a)* Pelo Diretor-Geral do Território, que preside;

*b)* Por um representante de cada uma das comissões de coordenação e desenvolvimento regional;

*c)* Por um representante da Agência Portuguesa do Ambiente, I. P.;

*d)* Por um representante do Instituto da Conservação da Natureza e das Florestas, I. P.;

*e)* Por um representante da Associação Nacional de Municípios Portugueses;

*f)* Por um representante das organizações não-governamentais de ambiente e de ordenamento do território, a indicar pela respetiva confederação nacional;

*g)* Por um representante do município, entidade intermunicipal ou da associação dos municípios, quando estejam em causa matérias da respetiva competência.

2 – Sempre que se revele necessário em função dos interesses a salvaguardar, devem integrar a Comissão Nacional do Território, representantes que prossigam estes interesses, designadamente:

*a)* Um representante da Direção-Geral do Tesouro e Finanças;

*b)* Um representante da Direção-Geral dos Recursos da Defesa Nacional;

*c)* Um representante da Autoridade Nacional de Proteção Civil;

*d)* Um representante da Direção-Geral da Política de Justiça;

*e)* Um representante da Direção-Geral da Administração Local;

*f)* Um representante do Instituto da Mobilidade e dos Transportes Terrestres, I. P.;

*g)* Um representante da Direção-Geral de Energia e Geologia;

*h)* Um representante da Direção-Geral dos Recursos Naturais, Serviços e Segurança Marítima;

*i)* Um representante da Direção-Geral da Agricultura e Desenvolvimento Rural;

*j)* Um representante da Direção-Geral da Saúde;

*k)* Um representante da Direção-Geral da Educação;

*l)* Um representante da área metropolitana ou das comunidades intermunicipais, face aos interesses sub-regionais e municipais envolvidos.

3 – A representação das entidades referidas nos números anteriores é assegurada pelos seus responsáveis máximos, com possibilidade de delegação em titulares de cargos de direção superior de 2º grau, ou em cargos equivalentes no âmbito de outras entidades.

4 – Os representantes referidos no número anterior podem fazer-se acompanhar, nas reuniões da Comissão Nacional do Território, por técnicos das respetivas entidades ou por peritos, quando tal se revele adequado em face da ordem de trabalhos e da natureza das questões a tratar.

5 – Podem, ainda, ser convidados representantes de outros organismos ou pessoas de reconhecido mérito, em função das matérias submetidas a discussão pela Comissão Nacional do Território.

6 – Sempre que a matéria em discussão na Comissão Nacional do Território tenha incidência em atribuições de ministérios nela não representados, deve ser solicitada a participação de representantes desses ministérios na reunião.

7 – Os representantes que integram a Comissão Nacional do Território e as entidades consultadas, não têm, pelo exercício destas funções, direito a receber qualquer remuneração ou abono.

**Artigo 186º – Funcionamento**

1 – A Comissão Nacional do Território reúne, ordinariamente, com periodicidade bimestral, sem prejuízo do disposto no número seguinte.

2 – O presidente, por sua iniciativa ou a solicitação dos seus membros, pode convocar reuniões extraordinárias da Comissão Nacional do Território.

3 – As deliberações da Comissão Nacional do Território são tomadas por maioria dos votos dos membros presentes, com menção expressa da posição de cada um e lavrada em ata.

4 – A Comissão Nacional do Território elabora o seu regimento interno e submete-o a homologação do membro do Governo responsável pelas áreas do ordenamento do território e do ambiente.

5 – A Direção-Geral do Território presta o apoio logístico, administrativo e técnico ao funcionamento da Comissão Nacional do Território.

## CAPÍTULO VIII – Avaliação

### Artigo 187º – Princípios gerais

1 – As entidades da administração devem promover permanente avaliação da adequação e concretização da disciplina consagrada nos programas e planos territoriais por si elaborados, suportada nos indicadores qualitativos e quantitativos neles previstos.

2 – Nos programas e planos sujeitos a avaliação ambiental, deve ser garantida a avaliação dos efeitos significativos da sua execução no ambiente, por forma a identificar os efeitos negativos imprevistos e aplicar as necessárias medidas corretivas previstas na declaração ambiental.

3 – Sem prejuízo do disposto no nº 1, sempre que a entidade responsável pela elaboração o considere conveniente, a avaliação pode ser assegurada por entidades independentes de reconhecido mérito, designadamente instituições universitárias ou científicas nacionais com uma prática de investigação relevante nas áreas do ordenamento do território.

### Artigo 188º – Propostas de alteração decorrentes da avaliação dos planos municipais e intermunicipais

A avaliação pode fundamentar propostas de alteração do plano ou dos respetivos mecanismos de execução, nomeadamente com o objetivo de:

*a)* Assegurar a concretização dos fins do plano, tanto ao nível da execução como dos objetivos a médio e longo prazo;

*b)* Garantir a criação ou alteração coordenada das infraestruturas e dos equipamentos;

*c)* Corrigir distorções de oferta no mercado imobiliário;

*d)* Garantir a oferta de terrenos e lotes destinados a edificações, com rendas ou a custos controlados;

*e)* Promover a melhoria de qualidade de vida e a defesa dos valores ambientais e paisagísticos.

**Artigo 189º – Relatórios sobre o estado do ordenamento do território**

1 – O Governo elabora, de dois em dois anos, um relatório sobre o estado do ordenamento do território a submeter à apreciação da Assembleia da República.

2 – A comissão de coordenação e desenvolvimento regional elabora, de quatro em quatro anos, um relatório sobre o estado do ordenamento do território a nível regional, a submeter à apreciação da respetiva tutela.

3 – A câmara municipal, a comissão executiva metropolitana, o conselho intermunicipal ou as câmaras municipais dos municípios associados elaboram, de quatro em quatro anos, um relatório sobre o estado do ordenamento do território, a submeter, respetivamente, à apreciação da assembleia municipal, do conselho metropolitano, da assembleia intermunicipal ou das assembleias municipais dos municípios associados para o efeito.

4 – Os relatórios sobre o estado do ordenamento do território, referidos nos números anteriores, traduzem o balanço da execução dos programas e dos planos territoriais, objeto de avaliação, bem como dos níveis de coordenação interna e externa obtidos, fundamentando uma eventual necessidade de revisão.

5 – Concluída a sua elaboração, os relatórios sobre o estado do ordenamento do território são submetidos a um período de discussão pública de duração não inferior a 30 dias.

6 – A não elaboração dos relatórios sobre o estado do ordenamento do território, nos prazos estabelecidos nos números anteriores, determina, consoante o caso, a impossibilidade de rever o programa nacional da política de ordenamento do território, os programas regionais e os planos municipais e intermunicipais.

**Artigo 190º – Sistemas nacionais de informação**

1 – O Governo promove a criação e o desenvolvimento de um sistema nacional de informação territorial, integrando os elementos de análise relevante nos âmbitos nacional, regional, sub-regional e local, a funcionar em articulação com a Comissão Nacional do Território.

2 – O Governo assegura, através da Direção-Geral do Território, no âmbito do sistema de informação referido no número anterior, a utilização das seguintes plataformas eletrónicas:

*a)* Plataforma colaborativa de gestão territorial, destinada a servir de apoio ao acompanhamento dos programas e dos planos territoriais, quer pelas entidades responsáveis pela sua elaboração, alteração ou revisão, quer pelas entidades representativas dos interesses públicos em presença na respetiva área de intervenção;

*b)* Plataforma de submissão automática, destinada ao envio dos programas e dos planos territoriais para publicação no Diário da República e para depósito na Direção-Geral do Território, bem como ao envio para publicação no Diário da República, de todos os atos constitutivos dos processos de formação dos programas e dos planos territoriais identificados no artigo seguinte.

3 – A submissão automática referida na alínea *b)* do número anterior deve ser realizada de acordo com o modelo de dados aprovado pela Direção-Geral do Território.

4 – A plataforma colaborativa a que se refere a alínea *a)* do número anterior destina-se, ainda, a disponibilizar aos interessados e a todos os cidadãos os elementos relativos à elaboração, alteração, correção material, revisão, suspensão, revogação e avaliação dos programas e dos planos territoriais.

5 – Os requisitos, as condições e as regras de funcionamento e de utilização das plataformas a que se refere o nº 2, incluindo o modelo de dados aplicável, são fixados, por portaria dos membros do Governo responsáveis pelas áreas do ordenamento do território e da modernização administrativa e do membro do Governo com superintendência sobre a Imprensa Nacional Casa da Moeda, S. A., tendo em conta a interoperabilidade com as plataformas já existentes na Administração Pública.

6 – Sem prejuízo do disposto no presente artigo, os serviços e organismos da Administração Pública devem proceder às demais consultas mútuas, para obtenção de pareceres, de informações e de outros elementos previstos no presente decreto-lei, através de meios eletrónicos, nomeadamente da plataforma de interoperabilidade da Administração Pública e do correio eletrónico.

## CAPÍTULO IX – Eficácia e publicidade

### Artigo 191º[1] – Publicação no Diário da República

1 – A eficácia dos programas e dos planos territoriais depende da respetiva publicação no Diário da República.

[1] Redação do Decreto-Lei nº 25/2021, de 29 de março.

2 – São publicados na 1ª série do Diário da República:

*a)* A resolução do Conselho de Ministros que determina a elaboração do programa nacional da política de ordenamento do território;

*b)* A resolução do Conselho de Ministros que determina a elaboração do programa regional;

*c)* A lei que aprova o programa nacional da política de ordenamento do território, incluindo o relatório e as peças gráficas ilustrativas;

*d)* A resolução do Conselho de Ministros que determina a suspensão de plano municipal ou de plano intermunicipal;

*e)* A resolução do Conselho de Ministros que aprova o programa regional, incluindo os elementos referidos no nº 1 do artigo 155º;

*f)* A resolução do Conselho de Ministros ou, quando for o caso, o ato que, nos termos da lei, aprova o programa setorial, incluindo os elementos referidos no nº 1 do artigo 41º;

*g)* A decisão relativa à ratificação total ou parcial, ou à recusa de ratificação, das disposições do plano diretor municipal ou do plano diretor intermunicipal, identificando as partes do regulamento, da planta de ordenamento ou da planta de condicionantes afetadas;

*h)* A resolução do Conselho de Ministros que aprova o programa especial, incluindo as normas de execução e as peças gráficas ilustrativas;

*i)* A resolução do Conselho de Ministros que aprova as medidas preventivas, incluindo o respetivo texto e a planta de delimitação;

*j)* A resolução do Conselho de Ministros que suspende o programa regional, o programa setorial e o programa especial;

*k)* A resolução do Conselho de Ministros que determina a revogação de programa territorial.

3 – (Revogado.)

4 – São publicados na 2ª série do Diário da República:

*a)* Os avisos de abertura do período de discussão pública dos programas e dos planos territoriais;

*b)* A declaração de suspensão prevista no nº 2 do artigo 29º;

*c)* A deliberação municipal que determina a elaboração de plano municipal;

*d)* A deliberação das assembleias municipais ou da assembleia intermunicipal que determina a elaboração de programa intermunicipal;

*e)* A deliberação das assembleias municipais ou da assembleia intermunicipal que aprova o plano intermunicipal, incluindo o relatório e as peças gráficas ilustrativas;

*f)* A deliberação municipal que aprova o plano municipal não sujeito a ratificação ou que obteve a ratificação total das disposições, e a deliberação a que se refere o nº 5 do artigo 91º, incluindo o regulamento, a planta de ordenamento, de zonamento ou de implantação, consoante os casos, e a planta de condicionantes;

*g)* A deliberação das assembleias municipais ou da assembleia intermunicipal que aprova o plano intermunicipal, incluindo o regulamento, a planta de ordenamento e a planta de condicionantes;

*h)* A deliberação municipal que aprova as medidas preventivas e normas provisórias, incluindo o respetivo texto e a planta de delimitação, bem como a deliberação municipal que aprova a prorrogação do prazo de vigência das medidas preventivas e das normas provisórias;

*i)* A deliberação municipal que suspende o plano municipal, incluindo o texto das medidas preventivas e das normas provisórias respetivas e a planta de delimitação;

*j)* A deliberação municipal ou intermunicipal que determina a revogação de plano diretor municipal ou de plano diretor intermunicipal.

*k)* A declaração da entidade responsável pela elaboração do programa ou do plano territorial, prevista no nº 3 do artigo 121º.

5 – Caso haja lugar a ratificação de disposições do plano diretor municipal, a publicação da deliberação prevista na alínea *f)* do número anterior deve incluir anexo mencionando a decisão prevista na alínea *g)* do nº 2 e, na falta de ratificação total, indicando as disposições objeto de recusa total ou parcial de ratificação e as alterações introduzidas no plano para sanar as incompatibilidades identificadas, nos termos do nº 5 do artigo 91º.

6 – As alterações ou revisões dos programas e dos planos territoriais que incidem sobre as respetivas plantas e peças gráficas determinam a publicação integral das mesmas ou, quando for o caso, da folha ou das folhas alteradas.

7 – A publicação das plantas e demais peças gráficas referentes aos programas e aos planos territoriais, bem como das suas alterações, é efetuada mediante ligação automática do local da publicação dos atos a que se referem no sítio na Internet do Diário da República ao local da sua publicação no SNIT.

8 – Compete à Direção-Geral do Território assegurar a criação e o funcionamento da plataforma informática a que se refere a alínea *b)* do artigo 190º, que garante a permanente acessibilidade e legibilidade no

SNIT das plantas e peças gráficas referidas no número anterior, devendo assegurar que:

*a)* As plantas e peças gráficas não são alteradas;

*b)* Sempre que se proceda a alterações, a revisões, a adaptações ou a retificações das plantas e peças gráficas é disponibilizada uma nova versão integral das mesmas.

9 – O envio dos programas e planos territoriais para publicação no Diário da República é efetuado por via eletrónica através da plataforma informática prevista na alínea *b)* do artigo 190º.

**Artigo 192º – Outros meios de publicidade**

1 – O programa nacional da política de ordenamento do território, os programas setoriais, os programas especiais e os programas regionais divulgados nos termos previstos no artigo anterior, devem ser objeto de publicitação na página na Internet das entidades responsáveis pela sua elaboração.

2 – Os programas e planos intermunicipais e os planos municipais, as medidas preventivas e as normas provisórias e a declaração de suspensão dos planos intermunicipais ou municipais, deve ser objeto de publicitação nos boletins municipais e na página na Internet das entidades responsáveis pela sua elaboração.

3 – Os programas e os planos territoriais cuja área de intervenção incide sobre o território municipal devem, ainda, ser objeto de publicação nos boletins municipais.

**Artigo 193º – Depósito e consulta**

1 – A Direção-Geral do Território procede, através da plataforma eletrónica a que se refere a alínea *b)* do nº 2 do artigo 190º, ao depósito de todos os programas e planos territoriais com o conteúdo documental integral previsto no presente decreto-lei, incluindo as alterações, as revisões, as suspensões, as adaptações e as retificações de que sejam objeto, bem como das medidas preventivas, disponibilizando a sua consulta a todos os interessados.

2 – As câmaras municipais devem criar e manter um sistema que assegure a possibilidade de consulta pelos interessados dos programas e dos planos territoriais com incidência sobre o território municipal, podendo fazê-lo através de ligação ao sistema nacional de informação territorial.

3 – A consulta dos programas e dos planos territoriais, prevista no presente artigo, deve, igualmente, ser possível em suporte informático adequado e através do sistema nacional de informação territorial.

**Artigo 194º [1]– Instrução dos pedidos de depósito**

1 – Para efeitos do depósito de planos intermunicipais e municipais, assim como das respetivas alterações e revisões, e ainda de medidas preventivas, a assembleia intermunicipal ou a câmara municipal, conforme a natureza do plano aprovado, remete à Direção-Geral do Território uma coleção completa das peças escritas e gráficas que, nos termos do presente decreto-lei, constituem o conteúdo documental do instrumento de planeamento territorial, bem como cópia autenticada da deliberação da assembleia municipal que aprova o plano, o respetivo relatório ambiental, os pareceres emitidos nos termos do presente decreto-lei ou a ata da conferência procedimental, quando a eles houver lugar, e o relatório de ponderação dos resultados da discussão pública.

2 – Sem prejuízo do disposto no número anterior, as entidades responsáveis pela elaboração dos demais programas e planos territoriais remetem à Direção-Geral do Território, uma coleção completa das peças escritas e gráficas que, nos termos do presente decreto-lei, constituem o conteúdo documental do instrumento de planeamento territorial.

3 – A submissão dos programas e dos planos territoriais a depósito na Direção-Geral do Território é realizada por via eletrónica, com o envio para publicação no Diário da República, através da plataforma informática referida na alínea *b)* do nº 2 do artigo 190º.

**Artigo 195º – Informação e divulgação**

1 – Após a publicação no Diário da República de programa ou de plano territorial sujeito a avaliação ambiental, a entidade competente pela respetiva elaboração envia à Agência Portuguesa do Ambiente, I. P., uma declaração contendo os elementos referidos no artigo 10º do Decreto-Lei nº 232/2007, de 15 de junho, alterado pelo Decreto-Lei nº 58/2011, de 4 de maio.

2 – A informação referida no número anterior é disponibilizada ao público pela entidade responsável pela elaboração do plano ou do pro-

[1] Redação do Decreto-Lei nº 25/2021, de 29 de março.

grama, através da respetiva página na Internet, podendo igualmente ser publicitada na página na Internet da Agência Portuguesa do Ambiente, I. P.

## CAPÍTULO X – Disposições finais e transitórias

### Artigo 196º – Comissões consultivas

Os representantes que participem nas comissões consultivas previstas no presente decreto-lei não têm, por esse facto, direito a receber qualquer tipo de remuneração ou abono.

### Artigo 197º – Aplicação direta

1 – As regras estabelecidas no presente decreto-lei aplicam-se aos procedimentos já iniciados à data da sua entrada em vigor, sem prejuízo da salvaguarda dos atos já praticados.

2 – Excecionam-se do disposto no número anterior os procedimentos relativos aos instrumentos de gestão territorial que se encontrem em fase de discussão pública, à data da entrada em vigor do presente decreto-lei.

### Artigo 198º [1]– Planos especiais em vigor

1 – O conteúdo dos planos especiais em vigor deve ser integrado no prazo e nas condições estabelecidas pelo artigo 78º da lei de bases gerais da política pública de solos, do ordenamento do território e urbanismo, tendo por objeto as normas identificadas nos termos do nº 2 do mesmo artigo, mediante revisão, alteração das disposições do plano territorial incompatíveis ou alteração por adaptação nos termos do nº 2 do artigo 121º.

2 – Na transposição dos planos especiais para os planos municipais ou intermunicipais, deve ser assegurada a conformidade entre os dois planos ao nível dos regulamentos e das respetivas plantas.

3 – Para efeitos do disposto no presente artigo são aplicáveis as regras previstas no nº 4 do artigo 3º e no artigo 91º, com as necessárias adaptações.

4 – A transposição das normas de plano especial não obsta à sua correção nem à alteração das mesmas nos territórios dos municípios em que a transposição ainda não tenha ocorrido, desde que, neste caso, não implique dificuldade acrescida na transposição, atestada por declaração da câmara municipal competente.

[1] Redação do Decreto-Lei nº 25/2021, de 29 de março.

5 – As normas que não devam ser objeto de transposição nos termos do nº 1 são consideradas como regulamento próprio, para os efeitos previstos no nº 3 do artigo 44º.

6 – A transposição a que se referem os nºs 1 e 2 pode ser assegurada, com as devidas adaptações, com base em programa especial que tenha, entretanto, revogado o plano especial objeto de transposição.

7 – Sem prejuízo do disposto no número anterior, no prazo de um ano a partir do final do prazo estabelecido no nº 1 do artigo 78º da lei de bases gerais da política pública de solos, do ordenamento do território e urbanismo, devem ser aprovados programas especiais que revoguem os planos especiais ainda vigentes.

### Artigo 199º [1]– Classificação do solo

1 – As regras relativas à classificação dos solos são aplicáveis nos termos do artigo 82º da lei bases de política pública de solos, do ordenamento do território e urbanismo.

2 – Sem prejuízo do disposto no número anterior, os planos municipais ou intermunicipais devem, até 31 de dezembro de 2023, incluir as regras de classificação e qualificação previstas no presente decreto-lei, abrangendo a totalidade do território do município[2].

3 – Se, até 31 de outubro de 2022, não tiver lugar a primeira reunião da comissão consultiva, nos termos da alínea *a)* do nº 1 do artigo 13º da Portaria nº 277/2015, de 10 de setembro, ou a conferência procedimental a que se refere o nº 3 do artigo 86º, por facto imputável ao município ou à associação de municípios em questão, é suspenso o respetivo direito de candidatura a apoios financeiros comunitários e nacionais que não sejam relativos à saúde, educação, habitação ou apoio social.

4 – A suspensão prevista no número anterior cessa com a disponibilização dos documentos previstos na alínea *a)* do nº 1 e no nº 3 do artigo 12º da Portaria nº 277/2015, de 10 de setembro, ou no nº 3 do artigo 86º, consoante o caso e nos respetivos termos, e apresentação de pedido, à entidade competente, de convocação da primeira reunião da comissão consultiva ou da conferência procedimental.

[1] Redação dos Decretos-Leis nºs 25/2021, de 29 de março, e 45/2022, de 8 de julho.

[2] O prazo previsto no nº 2 foi suspenso nos termos do artigo 35º-D, aditado pelo Decreto-Lei nº 20/2020, de 1 de maio, ao Decreto-Lei nº 10-A/2020, de 13 de março, terminando a suspensão em 9 de janeiro de 2021.

5 – Para os efeitos previstos no número anterior, presume-se imputável ao município a falta de comparência à reunião ou a falta de envio atempado da proposta de plano, aplicando-se, com as devidas adaptações, o disposto no nº 6 do artigo 29º.

6 – A partir da data estabelecida no nº 2, a ausência das regras de classificação e qualificação previstas no presente decreto-lei, em qualquer parte do território do município, por motivo que lhe seja imputável, implica a suspensão das normas dos planos territoriais em vigor na área em causa, não podendo, nessa área e enquanto durar a suspensão, haver lugar à prática de quaisquer atos ou operações que impliquem a ocupação, uso e transformação do solo, sem prejuízo do disposto no nº 3 do artigo 82º da Lei nº 31/2014, de 30 de maio, na sua redação atual.

7 – Para os efeitos previstos no número anterior, a comissão de coordenação e desenvolvimento regional competente identifica as disposições objeto de suspensão, ouvido o município, podendo este, no prazo de 30 dias, indicar as áreas que já tenham sido objeto de classificação do solo e as que se encontrem abrangidas pela exceção prevista no nº 3 do artigo 82º da Lei nº 31/2014, de 30 de maio, na sua redação atual, ou demonstrar que o incumprimento decorreu de motivo que não lhe é imputável.

### Artigo 200º[1] – Instrumentos de gestão territorial

1 – Os planos setoriais expressamente previstos por lei e os planos regionais de ordenamento do território em vigor são equiparados, para todos os efeitos, aos programas setoriais e aos programas regionais, respetivamente.

2 – Na sua alteração ou revisão, os planos sectoriais e os planos regionais de ordenamento do território a que se refere o número anterior adotam a forma do programa territorial que lhes corresponde.

### Artigo 201º – Extinção da Comissão Nacional da Reserva Ecológica Nacional

1 – É extinta a Comissão Nacional da Reserva Ecológica Nacional.

2 – A Comissão Nacional do Território sucede nas atribuições da Comissão Nacional da Reserva Ecológica Nacional, bem como em todas as posições jurídicas assumidas por esta.

3 – Todas as referências legais feitas à Comissão Nacional da Reserva Ecológica Nacional consideram-se feitas à Comissão Nacional do Território.

[1] Redação do Decreto-Lei nº 25/2021, de 29 de março.

### Artigo 202º – Disposição transitória

1 – Os relatórios do estado do ordenamento do território, previstos no artigo 189º, são obrigatoriamente revistos no prazo de quatro anos.

2 – Durante o período definido no artigo anterior, sempre que a necessidade de revisão de um programa ou plano territorial não esteja fundamentada em relatório sobre o estado do ordenamento do território, deve ser ponderada em sede de um relatório de avaliação elaborado especificamente para o efeito.

3 – Para efeitos de cálculo de áreas destinadas à implantação de espaços verdes e de utilização coletiva, de infraestruturas viárias e de equipamentos, sempre que os planos municipais não determinarem os parâmetros de dimensionamento, é aplicável o disposto na Portaria nº 216-B/2008, de 3 de março.

4 – As contraordenações previstas nos artigos 104º e 113º do Decreto-Lei nº 380/99, de 22 de setembro, mantêm-se em vigor até à publicação do diploma previsto no nº 5 do artigo 131º.

### Artigo 203º – Regulamentação

1 – No prazo de 90 dias são revistos ou aprovados os regulamentos, que definem:

*a)* A composição e o funcionamento da comissão consultiva que assegura o acompanhamento da elaboração do plano diretor municipal;

*b)* Os Critérios uniformes de classificação e reclassificação do solo, de definição da atividade dominante, bem como das categorias relativas ao solo rústico e urbano, aplicáveis a todo o território nacional;

*c)* A composição interdisciplinar mínima das equipas autoras da elaboração dos planos;

*d)* Os conceitos técnicos nos domínios do ordenamento do território e do urbanismo, designadamente, relativos aos indicadores, aos parâmetros, à simbologia e à sistematização gráfica, a utilizar nos programas e nos planos territoriais.

2 – No prazo de 180 dias são revistos:

*a)* O Decreto-Lei nº 159/2012, de 24 de julho;

*b)* O Decreto-Lei nº 107/2009, de 15 de maio, alterado pelo Decreto-Lei nº 26/2010, de 20 de março;

*c)* O Decreto-Lei nº 129/2008, de 21 de julho;

*d)* O Decreto-Lei nº 142/2008, de 24 de julho.

3 – A cartografia topográfica e topográfica de imagem a utilizar na elaboração, alteração ou revisão dos programas e planos territoriais e na aplicação de medidas cautelares e a cartografia temática que daí resulte, estão sujeitas ao previsto no Decreto-Lei nº 193/95, de 18 de julho, republicado pelo Decreto-Lei nº 141/2014, de 19 de setembro, e às normas e especificações técnicas constantes do sítio na Internet da Direção-Geral do Território.

**Artigo 204º – Regiões autónomas**

1 – O presente decreto-lei aplica-se às regiões autónomas dos Açores e da Madeira, sem prejuízo das respetivas competências legislativas em matéria de ordenamento do território.

2 – As figuras de programas e de planos territoriais específicos das regiões autónomas devem enquadrar-se como modalidades específicas dos programas especiais, dos programas regionais e dos planos territoriais estabelecidos no presente decreto-lei.

**Artigo 205º – Norma revogatória**

Sem prejuízo do disposto no nº 4 do artigo 199º, são revogados:

*a)* O Decreto-Lei nº 380/99, de 22 de setembro;

*b)* Os artigos 28º a 31º do Decreto-Lei nº 166/2008, de 22 de agosto, alterado pelos Decretos-Leis nºs 239/2012, de 2 de novembro, e 96/2013, de 19 de julho;

*c)* A Portaria nº 137/2005, de 2 de fevereiro;

*d)* A Portaria nº 138/2005, de 2 de fevereiro, alterada pelo Decreto-Lei nº 9/2007, de 17 de janeiro.

**Artigo 206º – Entrada em vigor**

O presente decreto-lei entra em vigor 60 dias após a data da sua publicação.

# V. Expropriações por Utilidade Pública

## Código das Expropriações

## Lei nº 168/99, de 18 de setembro, alterada pela Lei nº 56/2008, de 4 de setembro

### TÍTULO I - Disposições gerais

**Artigo 1º - Admissibilidade das expropriações**

Os bens imóveis e os direitos a eles inerentes podem ser expropriados por causa de utilidade pública compreendida nas atribuições, fins ou objecto da entidade expropriante, mediante o pagamento contemporâneo de uma justa indemnização nos termos do presente Código[1].

**Artigo 2º - Princípios gerais**

Compete às entidades expropriantes e demais intervenientes no procedimento e no processo expropriativos prosseguir o interesse público, no respeito pelos direitos e interesses legalmente protegidos dos expropriados e demais interessados, observando, nomeadamente, os princípios da legalidade, justiça, igualdade, proporcionalidade, imparcialidade e boa fé.

**Artigo 3º - Limite da expropriação**

1 - A expropriação deve limitar-se ao necessário para a realização do seu fim, podendo, todavia, atender-se a exigências futuras, de acordo com um programa de execução faseada e devidamente calendarizada, o qual não pode ultrapassar o limite máximo de seis anos.

[1] O Decreto-Lei nº 15/2021, de 23 de fevereiro, criou um regime especial de expropriação e constituição de servidões administrativas para a execução de projetos integrados no Programa de Estabilização Económica e Social.

2 – Quando seja necessário expropriar apenas parte de um prédio, pode o proprietário requerer a expropriação total:

*a)* Se a parte restante não assegurar, proporcionalmente, os mesmos cómodos que oferecia todo o prédio;

*b)* Se os cómodos assegurados pela parte restante não tiverem interesse económico para o expropriado, determinado objectivamente.

3 – O disposto no presente Código sobre expropriação total é igualmente aplicável a parte da área não abrangida pela declaração de utilidade pública relativamente à qual se verifique qualquer dos requisitos fixados no número anterior.

**Artigo 4º – Expropriação por zonas ou lanços**

1 – Tratando-se de execução de plano municipal de ordenamento do território ou de projectos de equipamentos ou infra-estruturas de interesse público, podem ser expropriadas de uma só vez, ou por zonas ou lanços, as áreas necessárias à respectiva execução.

2 – No caso de expropriação por zonas ou lanços, o acto de declaração de utilidade pública deve determinar, além da área total, a divisão desta e a ordem e os prazos para início da aquisição, com o limite máximo de seis anos.

3 – Os bens abrangidos pela segunda zona ou lanço e seguintes continuam na propriedade e posse dos seus donos até serem objecto de expropriação amigável ou de adjudicação judicial, sem prejuízo do disposto no artigo 19º.

4 – Para o cálculo da indemnização relativa a prédios não compreendidos na primeira zona definida nos termos do nº 2 são atendidas as benfeitorias necessárias neles introduzidas no período que mediar entre a data da declaração de utilidade pública e a data da aquisição da posse pela entidade expropriante da respectiva zona ou lanço.

5 – A declaração de utilidade pública a que se refere o presente artigo caduca relativamente aos bens cuja arbitragem não tiver sido promovida pela entidade expropriante dentro do prazo de um ano ou se os processos respectivos não forem remetidos ao tribunal competente no prazo de 18 meses, em ambos os casos a contar do termo fixado para a aquisição da respectiva zona ou lanço.

6 – O proprietário e os demais interessados têm direito a ser indemnizados dos prejuízos directa e necessariamente resultantes de o bem ter estado sujeito a expropriação.

7 – A indemnização a que se refere o número anterior é determinada nos termos do presente Código, utilizando-se, na falta de acordo, o processo previsto nos artigos 42º e seguintes, na parte aplicável, com as necessárias adaptações.

**Artigo 5º – Direito de reversão**

1 – Sem prejuízo do disposto no nº 4, há direito a reversão:

*a)* Se no prazo de dois anos, após a data de adjudicação, os bens expropriados não forem aplicados ao fim que determinou a expropriação;

*b)* Se, entretanto, tiverem cessado as finalidades da expropriação.

2 – Sempre que a realização de uma obra contínua determinar a expropriação de bens distintos, o seu início em qualquer local do traçado faz cessar o direito de reversão sobre todos os bens expropriados, sem prejuízo do disposto no nº 9.

3 – Para efeitos do disposto no número anterior, entende-se por obra contínua aquela que tem configuração geométrica linear e que, pela sua natureza, é susceptível de execução faseada ao longo do tempo, correspondendo a um projecto articulado, global e coerente.

4 – O direito de reversão cessa:

*a)* Quando tenham decorrido 20 anos sobre a data da adjudicação;

*b)* Quando seja dado aos bens expropriados outro destino, mediante nova declaração de utilidade pública;

*c)* Quando haja renúncia do expropriado;

*d)* Quando a declaração de utilidade pública seja renovada, com fundamento em prejuízo grave para o interesse público, dentro do prazo de um ano a contar de verificação dos factos previstos no nº 1.

5 – A reversão deve ser requerida no prazo de três anos a contar da ocorrência do facto que a originou, sob pena de caducidade; decorrido esse prazo, assiste ao expropriado, até ao final do prazo previsto na alínea *a)* do nº 4, o direito de preferência na primeira alienação dos bens.

6 – O acordo entre a entidade expropriante e o expropriado ou demais interessados sobre outro destino a dar ao bem expropriado ou sobre o montante do acréscimo da indemnização que resultaria da aplicação do disposto no nº 8 interpreta-se como renúncia aos direitos de reversão e de preferência.

7 – Se a entidade expropriante pretender alienar parcelas sobrantes, deve comunicar o projecto de alienação ao expropriado e demais interessa-

dos conhecidos cujos direitos não hajam cessado definitivamente, por carta ou ofício registado com aviso de recepção, com a antecedência mínima de 60 dias, findos os quais, não sendo exercido o direito de reversão ou, se for o caso, o direito de preferência, se entende que renunciam ao mesmo.

8 – No caso de nova declaração de utilidade pública ou de renovação da declaração anterior, o expropriado é notificado nos termos do nº 1 do artigo 35º para optar pela fixação de nova indemnização ou pela actualização da anterior ao abrigo do disposto no artigo 24º, aproveitando-se neste caso os actos praticados.

9 – Cessa o disposto no nº 2 se os trabalhos forem suspensos ou estiverem interrompidos por prazo superior a dois anos, contando-se o prazo a que se refere o nº 5 a partir do final daquele.

**Artigo 6º – Afectação dos bens do domínio público**

1 – As pessoas colectivas de direito público têm direito a ser compensadas, em dinheiro ou em espécie, como melhor convier aos fins públicos em causa, dos prejuízos efectivos que resultarem da afectação definitiva dos seus bens de domínio público a outros fins de utilidade pública.

2 – Na falta de acordo, o montante da compensação é determinado por arbitragem, nos termos previstos neste Código, com as necessárias adaptações.

3 – Tornando-se desnecessária a afectação dos bens, estes são reintegrados no património das entidades a que se refere o nº 1.

**Artigo 7º – Expropriação de bens ou direitos relativos a concessões e privilégios**

1 – Com o resgate das concessões e privilégios outorgados para a exploração de obras ou serviços de utilidade pública podem ser expropriados os bens ou direitos a eles relativos que, sendo propriedade do concessionário, devam continuar afectos à obra ou ao serviço.

2 – A transferência de posse dos bens expropriados opera-se conjuntamente com a dos que constituem objecto de resgate, ainda que a indemnização não esteja fixada.

3 – No caso previsto na parte final do número anterior, a entidade expropriante deve proceder à cativação do saldo da dotação orçamental que suporta o encargo e renová-la em cada ano económico enquanto se justificar, ou proceder à caução nos termos da lei.

### Artigo 8º – Constituição de servidões administrativas

1 – Podem constituir-se sobre imóveis as servidões necessárias à realização de fins de interesse público.

2 – As servidões, resultantes ou não de expropriações, dão lugar a indemnização quando:

*a)* Inviabilizem a utilização que vinha sendo dada ao bem, considerado globalmente;

*b)* Inviabilizem qualquer utilização do bem, nos casos em que estes não estejam a ser utilizados; ou

*c)* Anulem completamente o seu valor económico.

3 – À constituição das servidões e à determinação da indemnização aplica-se o disposto no presente Código, com as necessárias adaptações, salvo o disposto em legislação especial.

### Artigo 9º – Conceito de interessados

1 – Para os fins deste Código, consideram-se interessados, além do expropriado, os titulares de qualquer direito real ou ónus sobre o bem a expropriar e os arrendatários de prédios rústicos ou urbanos.

2 – O arrendatário habitacional de prédio urbano só é interessado, nessa qualidade, quando prescinda de realojamento equivalente, adequado às suas necessidades e às daqueles que com ele vivam em economia comum à data da declaração de utilidade pública.

3 – São tidos por interessados os que no registo predial, na matriz ou em títulos bastantes de prova que exibam figurem como titulares dos direitos a que se referem os números anteriores ou, sempre que se trate de prédios omissos ou haja manifesta desactualização dos registos e das inscrições, aqueles que pública e notoriamente forem tidos como tais.

## TÍTULO II – Da declaração de utilidade pública e da autorização de posse administrativa

### Artigo 10º – Resolução de expropriar

1 – A resolução de requerer a declaração de utilidade pública da expropriação deve ser fundamentada, mencionando expressa e claramente:

*a)* A causa de utilidade pública a prosseguir e a norma habilitante;

*b)* Os bens a expropriar, os proprietários e demais interessados conhecidos;

*c)* A previsão do montante dos encargos a suportar com a expropriação;

*d)* O previsto em instrumento de gestão territorial para os imóveis a expropriar e para a zona da sua localização.

2 – As parcelas a expropriar são identificadas através da menção das descrições e inscrições na conservatória a que pertençam e das inscrições matriciais, se não estiverem omissas, ou de planta parcelar contendo as coordenadas dos pontos que definem os limites das áreas a expropriar, reportadas à rede geodésica, e, se houver planta cadastral, os limites do prédio, desde que situados a menos de 300 m dos limites da parcela, em escala correspondente à do cadastro geométrico da propriedade ou, na falta deste, em escala graficamente representada não inferior a 1:1000, nas zonas interiores dos perímetros urbanos, ou a 1:2000, nas exteriores.

3 – Os proprietários e demais interessados conhecidos são identificados através do nome, firma, denominação, residência habitual ou sede.

4 – A previsão dos encargos com a expropriação tem por base a quantia que for determinada previamente em avaliação, documentada por relatório, efectuada por perito da lista oficial, da livre escolha da entidade interessada na expropriação.

5 – A resolução a que se refere o nº 1 é notificada ao expropriado e aos demais interessados cuja morada seja conhecida, mediante carta ou ofício registado com aviso de recepção.

### Artigo 11º – Aquisição por via de direito privado

1 – A entidade interessada, antes de requerer a declaração de utilidade pública, deve diligenciar no sentido de adquirir os bens por via de direito privado, salvo nos casos previstos no artigo 15º, e nas situações em que, jurídica ou materialmente, não é possível a aquisição por essa via.

2 – A notificação a que se refere o nº 5 do artigo anterior deve incluir proposta de aquisição, por via de direito privado, que terá como referência o valor constante do relatório do perito[1].

3 – No caso referido no nº 2 do artigo 9º, a proposta é apresentada como alternativa ao realojamento nele previsto.

[1] O Decreto-Lei nº 125/2002, de 10 de maio, alterado pelos Decretos-Leis nºs 12/2007, de 19 de janeiro, e 94/2009, de 27 de abril, regula as condições de exercício das funções de perito e árbitro no âmbito dos procedimentos para a declaração de utilidade pública e para a posse administrativa dos processos de expropriação previstos no Código das Expropriações.

4 – Não sendo conhecidos os proprietários e os demais interessados ou sendo devolvidas as cartas ou ofícios a que se refere o nº 5 do artigo anterior, a existência de proposta é publicitada através de editais a afixar nos locais de estilo do município do lugar da situação do bem ou da sua maior extensão e das freguesias onde se localize e em dois números seguidos de dois dos jornais mais lidos na região, sendo um destes de âmbito nacional.

5 – O proprietário e os demais interessados têm o prazo de 20 dias contados a partir da recepção da proposta ou de 30 dias a contar da última publicação nos jornais a que se refere o número anterior para dizerem o que se lhes oferecer sobre a proposta apresentada, podendo a sua contraproposta ter como referência o valor que for determinado em avaliação documentada por relatório elaborado por perito da sua escolha.

6 – A recusa ou a falta de resposta no prazo referido no número anterior ou de interesse na contraproposta confere, de imediato, à entidade interessada na expropriação a faculdade de apresentar o requerimento para a declaração de utilidade pública, nos termos do artigo seguinte, notificando desse facto os proprietários e demais interessados que tiverem respondido.

7 – Se houver acordo, a aquisição por via do direito privado poderá ter lugar ainda que a área da parcela, ou da parte sobrante, seja inferior à unidade de cultura.

**Artigo 12º – Remessa do requerimento**

1 – O requerimento da declaração de utilidade pública é remetido, conforme os casos, ao membro do Governo ou ao presidente da assembleia municipal competente para a emitir, devendo ser instruído com os seguintes documentos:

*a)* Cópia da resolução a que se refere o nº 1 do artigo 10º e da respectiva documentação;

*b)* Todos os elementos relativos à fase de tentativa de aquisição por via de direito privado quando a ela haja lugar e indicação das razões do respectivo inêxito;

*c)* Indicação da dotação orçamental que suportará os encargos com a expropriação e da respectiva cativação, ou caução correspondente;

*d)* Programação dos trabalhos elaborada pela entidade expropriante, no caso de urgência, bem como a fundamentação desta;

*e)* Estudo de impacte ambiental, quando legalmente exigido.

2 – Se o requerente for entidade de direito privado, deve comprovar que se encontra caucionado o fundo indispensável para o pagamento das indemnizações a que haja lugar.

3 – A entidade requerida pode determinar que o requerente junte quaisquer outros documentos ou preste os esclarecimentos que entenda necessários.

**Artigo 13º – Declaração de utilidade pública**

1 – A declaração de utilidade pública deve ser devidamente fundamentada e obedecer aos demais requisitos fixados neste Código e demais legislação aplicável, independentemente da forma que revista.

2 – A declaração resultante genericamente da lei ou de regulamento deve ser concretizada em acto administrativo que individualize os bens a expropriar, valendo esse acto como declaração de utilidade pública para os efeitos do presente diploma.

3 – Sem prejuízo do disposto no nº 6, a declaração de utilidade pública caduca se não for promovida a constituição da arbitragem no prazo de um ano ou se o processo de expropriação não for remetido ao tribunal competente no prazo de 18 meses, em ambos os casos a contar da data da publicação da declaração de utilidade pública.

4 – A declaração de caducidade pode ser requerida pelo expropriado ou por qualquer outro interessado ao tribunal competente para conhecer do recurso da decisão arbitral ou à entidade que declarou a utilidade pública e a decisão que for proferida é notificada a todos os interessados.

5 – A declaração de utilidade pública caducada pode ser renovada em casos devidamente fundamentados e no prazo máximo de um ano a contar do termo dos prazos fixados no nº 3.

6 – Renovada a declaração de utilidade pública, o expropriado é notificado nos termos do nº 1 do artigo 35º para optar pela fixação de nova indemnização ou pela actualização da anterior, nos termos do artigo 24º, aproveitando-se neste caso os actos praticados.

7 – Tratando-se de obra contínua, nos termos do nº 3 do artigo 5º, a caducidade não pode ser invocada depois de aquela ter sido iniciada em qualquer local do respectivo traçado, salvo se os trabalhos forem suspensos ou estiverem interrompidos por prazo superior a três anos.

**Artigo 14º – Competência para a declaração de utilidade pública**

1 – Salvo nos casos previstos no número seguinte, é da competência do ministro a cujo departamento compete a apreciação final do processo:

*a)* A declaração de utilidade pública da expropriação dos bens imóveis e direitos a eles inerentes;

*b)* A declaração de utilidade pública do resgate, não prevista nos respectivos contratos, das concessões ou privilégios outorgados para a exploração de obras ou serviços de utilidade pública e ainda da expropriação dos bens ou direitos a eles relativos referidos no artigo 7º.

2 – A competência para a declaração de utilidade pública das expropriações da iniciativa da administração local autárquica, para efeitos de concretização de plano de urbanização ou plano de pormenor eficaz, é da respectiva assembleia municipal.

3 – A deliberação da assembleia municipal prevista no número anterior deverá ser tomada por maioria dos membros em efectividade de funções.

4 – A deliberação referida no número anterior é comunicada ao membro do Governo responsável pela área da administração local.

5 – O reconhecimento do interesse público requerido pelas empresas e a declaração de utilidade pública da expropriação dos imóveis necessários à instalação, ampliação, reorganização ou reconversão das suas unidades industriais ou dos respectivos acessos é da competência do ministro a cujo departamento compete a apreciação final do processo.

6 – Nos casos em que não seja possível determinar o departamento a que compete a apreciação final do processo ou que não sejam abrangidos pelo disposto nos números anteriores é competente o Primeiro-Ministro, com a faculdade de delegar no ministro responsável pelo ordenamento do território.

**Artigo 15º – Atribuição do carácter de urgência**

1 – No próprio acto declarativo da utilidade pública, pode ser atribuído carácter de urgência à expropriação para obras de interesse público.

2 – A atribuição de carácter urgente à expropriação deve ser sempre fundamentada e confere de imediato à entidade expropriante a posse administrativa dos bens expropriados, nos termos previstos nos artigos 20º e seguintes, na parte aplicável.

3 – A atribuição de carácter urgente caduca se as obras na parcela não tiverem início no prazo fixado no programa de trabalhos, salvo ocorrendo motivo devidamente justificado.

4 – À declaração de caducidade aplica-se, com as necessárias adaptações, o disposto no nº 4 do artigo 13º.

5 – A caducidade não obsta à ulterior autorização da posse administrativa, nos termos dos artigos 19º e seguintes.

**Artigo 16º – Expropriação urgentíssima**

1 – Quando a necessidade da expropriação decorra de calamidade pública ou de exigências de segurança interna ou de defesa nacional, o Estado ou as autoridades públicas por este designadas ou legalmente competentes podem tomar posse administrativa imediata dos bens destinados a prover à necessidade que determina a sua intervenção, sem qualquer formalidade prévia, seguindo-se, sem mais diligências, o estabelecido no presente Código sobre fixação da indemnização em processo litigioso.

2 – Sempre que possível, será promovida vistoria *ad perpetuam rei memoriam*, nos termos previstos no artigo 21º, cumprindo-se, com as necessárias adaptações, o disposto nesse artigo.

**Artigo 17º – Publicação da declaração de utilidade pública**

1 – O acto declarativo da utilidade pública e a sua renovação são sempre publicados, por extracto, na 2ª série do Diário da República e notificados ao expropriado e aos demais interessados conhecidos por carta ou ofício sob registo com aviso de recepção, devendo ser averbados no registo predial.

2 – Se o expropriado ou demais interessados forem desconhecidos, é aplicável o disposto no nº 4 do artigo 11º.

3 – A publicação da declaração de utilidade pública deve identificar sucintamente os bens sujeitos a expropriação, com referência à descrição predial e à inscrição matricial, mencionar os direitos, ónus ou encargos que sobre eles incidem e os nomes dos respectivos titulares e indicar o fim da expropriação.

4 – A identificação referida no número anterior pode ser substituída por planta, em escala adequada e graficamente representada, que permita a delimitação legível do bem necessário ao fim de utilidade pública.

5 – Quando se trate de expropriação por zonas ou lanços, da publicação do acto declarativo consta a área total a expropriar, a sua divisão de acordo com o faseamento, os prazos e a ordem de aquisição.

6 – São conjuntamente publicadas, por conta das empresas requerentes a que se refere o nº 2 do artigo 14º, as plantas dos bens abrangidos pela

declaração de utilidade pública, cumprindo-lhes promover a sua afixação na sede do município ou dos municípios do lugar em que aqueles se situam.

7 – A declaração de utilidade pública é também publicitada pela entidade expropriante mediante aviso afixado na entrada principal do prédio, quando exista.

**Artigo 17º-A [1] – Dever de comunicação**

1 – Após a notificação da declaração de utilidade pública, o expropriado e os demais interessados devem comunicar à entidade expropriante, por escrito, qualquer alteração da sua residência habitual ou sede.

2 – A alteração da residência habitual ou da sede do expropriado e dos demais interessados que não tenha sido comunicada nos termos descritos no número anterior não constitui fundamento para a repetição de quaisquer termos ou diligências do procedimento expropriatório.

**Artigo 18º – Ocupação de prédios vizinhos**

1 – A declaração de utilidade pública da expropriação confere à entidade expropriante o direito de ocupar prédios vizinhos e de neles efectuar os trabalhos necessários ou impostos pela execução destes, nos termos previstos nos estudos ou projectos aprovados, ou daqueles que forem definidos em decisão da entidade que produziu aquele acto.

2 – Se o proprietário ou outros interessados forem conhecidos, são previamente notificados da ocupação por carta ou ofício sob registo com aviso de recepção, com a antecedência mínima de 15 dias, podendo qualquer deles exigir a realização de vistoria *ad perpetuam rei memoriam*, a qual tem lugar nos termos previstos no artigo 21º e precede sempre a ocupação.

3 – Se os proprietários ou outros interessados forem desconhecidos, é aplicável o disposto no nº 4 do artigo 11º.

4 – Aos proprietários e demais interessados prejudicados pela ocupação são devidas indemnizações nos termos gerais de direito, a determinar em processo comum, ao qual se aplica, com as necessárias adaptações, o disposto nos artigos 71º e 72º do presente Código.

[1] Aditado pela Lei nº 56/2008, de 4 de setembro.

### Artigo 19º – Posse administrativa

1 – Se a entidade expropriante for pessoa colectiva de direito público ou empresa pública, nacionalizada ou concessionária de serviço público ou de obras públicas, pode ser autorizada pela entidade competente para declarar a utilidade pública da expropriação a tomar posse administrativa dos bens a expropriar desde que os trabalhos necessários à execução do projecto de obras aprovado sejam urgentes e aquela providência se torne indispensável para o seu início imediato ou para a sua prossecução ininterrupta.

2 – A autorização de posse administrativa deve mencionar expressa e claramente os motivos que a fundamentam e o prazo previsto para o início das obras na parcela expropriada, de acordo com o programa dos trabalhos elaborado pela entidade expropriante.

3 – A autorização pode ser concedida em qualquer fase da expropriação até ao momento de adjudicação judicial da propriedade.

4 – Se as obras não tiverem início dentro do prazo estabelecido nos termos do nº 2, salvo motivo justificativo, nomeadamente por atraso não imputável à entidade expropriante, o expropriado e os demais interessados têm o direito de ser indemnizados pelos prejuízos que não devam ser considerados na fixação da justa indemnização.

### Artigo 20º [1] – Condições de efectivação da posse administrativa

1 – A investidura administrativa na posse dos bens não pode efectivar-se sem que previamente tenham sido:

*a)* Notificados os actos de declaração de utilidade pública e de autorização da posse administrativa;

*b)* Efectuado o depósito da quantia mencionada no nº 4 do artigo 10º em instituição bancária do lugar do domicílio ou sede da entidade expropriante, à ordem do expropriado e dos demais interessados, se aquele e estes forem conhecidos e não houver dúvidas sobre a titularidade dos direitos afectados;

*c)* Realizada vistoria *ad perpetuam rei memoriam* destinada a fixar os elementos de facto susceptíveis de desaparecerem e cujo conhecimento seja de interesse ao julgamento do processo.

2 – A notificação a que se refere a alínea *a)* do número anterior deve conter o local, o dia e a hora do acto de transmissão da posse.

[1] Alterado pela Lei nº 56/2008, de 4 de setembro.

3 – O acto de transmissão de posse deverá ter lugar no prédio, parcela ou lanço expropriado.

4 – Se o expropriado e os demais interessados, estando ou devendo considerar--se devidamente notificados, não comparecerem ao acto de transmissão de posse, esta não deixará de ser conferida.

5 – O depósito a que se refere a alínea *b)* do nº 1 pode ser substituído por caução prestada por qualquer das formas legalmente admissíveis.

6 – O depósito prévio é dispensado:

*a)* Se a expropriação for urgente, devendo o mesmo ser efectuado no prazo de 10 dias, contados nos termos do artigo 279º do Código Civil, a partir da data da investidura administrativa na posse dos bens;

*b)* Se os expropriados e demais interessados não forem conhecidos ou houver dúvidas sobre a titularidade dos direitos afectados, devendo o mesmo ser efectuado no prazo de 10 dias a contar do momento em que sejam conhecidos ou seja resolvido o incidente regulado no artigo 53º.

7 – Na situação prevista na alínea *a)* do número anterior, caso o depósito da quantia mencionada no nº 4 do artigo 10º não seja efectuado no prazo fixado, são devidos juros moratórios ao expropriado, os quais incidem sobre o montante do depósito.

8 – Atribuído carácter urgente à expropriação ou autorizada a posse administrativa, a entidade expropriante solicita directamente ao presidente do tribunal da Relação do distrito judicial do lugar da situação do bem ou da sua maior extensão a indicação de um perito da lista oficial para a realização da vistoria *ad perpetuam rei memoriam.*

9 – Pode ser solicitada a indicação de dois ou mais peritos sempre que tal se justifique pela extensão ou número de prédios a expropriar.

### Artigo 21º – Vistoria *ad perpetuam rei memoriam*

1 – Recebida a comunicação do perito nomeado, a entidade expropriante marca a data, a hora e o local do início da vistoria *ad perpetuam rei memoriam*, notificando de tal facto o perito, os interessados conhecidos e o curador provisório, por carta ou ofício registado com aviso de recepção, a expedir de forma a ser recebido com a antecedência mínima de cinco dias úteis, no qual indicará, ainda, se a expropriação é total ou parcial; a comunicação ao perito será acompanhada de cópia dos elementos a que se referem as alíneas *a)*, *b)* e *d)* do nº 1 do artigo 10º e, sempre que possível, de indicação da descrição predial e da inscrição matricial dos prédios; a

comunicação ao expropriado e demais interessados mencionará, ainda, a instituição bancária, o local, a data e o montante do depósito a que se refere a alínea *b)* do nº 1 do artigo anterior e, se for o caso, que o mesmo se encontra à sua ordem.

2 – O perito que pretenda pedir escusa pode fazê-lo nos dois dias seguintes à notificação prevista no número anterior, devendo a entidade expropriante submeter o pedido à apreciação do presidente do tribunal da Relação para efeitos de eventual substituição.

3 – Os interessados, o curador provisório e a entidade expropriante podem comparecer à vistoria e formular por escrito os quesitos que tiverem por pertinentes, a que o perito deve responder no seu relatório.

4 – O auto de vistoria *ad perpetuam rei memoriam* deve conter:

*a)* Descrição pormenorizada do local, referindo, designadamente, as construções existentes, as características destas, a época da edificação, o estado de conservação e, sempre que possível, as áreas totais construídas;

*b)* Menção expressa de todos os elementos susceptíveis de influírem na avaliação do bem vistoriado, nos termos dos artigos 23º e seguintes;

*c)* Plantas, fotografias ou outro suporte de captação da imagem do bem expropriado e da área envolvente;

*d)* Elementos remetidos ao perito nos termos do nº 1;

*e)* Respostas aos quesitos referidos no nº 3.

5 – Nos 15 dias ulteriores à realização da vistoria *ad perpetuam rei memoriam* deve o perito entregar à entidade expropriante o respectivo relatório, aplicando-se, com as necessárias adaptações, o disposto no artigo 50º.

6 – Em casos devidamente justificados, designadamente pelo número de vistorias, o prazo a que se refere o número anterior pode ser prorrogado até 30 dias pela entidade expropriante, a requerimento do perito.

7 – Recebido o relatório, a entidade expropriante, no prazo de cinco dias, notificará o expropriado e os demais interessados por carta registada com aviso de recepção, remetendo-lhes cópia do mesmo e dos respectivos anexos, para apresentarem reclamação contra o seu conteúdo, querendo, no prazo de cinco dias.

8 – Se houver reclamação, o perito pronunciar-se-á no prazo de cinco dias, em relatório complementar.

9 – Decorrido o prazo de reclamação sem que esta seja apresentada ou recebido o relatório complementar do perito, a entidade expropriante poderá utilizar o prédio para os fins da expropriação, lavrando o auto de posse admi-

nistrativa e dando início aos trabalhos previstos, sem prejuízo do disposto na legislação aplicável sobre a desocupação de casas de habitação.

### Artigo 22º – Auto de posse administrativa

1 – O auto de posse deve conter os seguintes elementos:

*a)* Identificação do expropriado e dos demais interessados conhecidos ou menção expressa de que são desconhecidos;

*b)* Identificação do Diário da República onde tiver sido publicada a declaração de utilidade pública e de urgência da expropriação ou o despacho que autorizou a posse administrativa;

*c)* Indicação da data e demais circunstâncias susceptíveis de identificarem o relatório da vistoria, que dele constará em anexo.

2 – Na impossibilidade de identificação do prédio através da inscrição matricial ou da descrição predial, o auto de posse deve referir a composição, confrontações e demais elementos que possam contribuir para a identificação física do terreno onde se encontra o bem expropriado.

3 – No prazo de cinco dias, a entidade expropriante remete, por carta registada com aviso de recepção, ao expropriado e aos demais interessados conhecidos cópias do auto de posse administrativa.

## TÍTULO III – Do conteúdo da indemnização

### Artigo 23º [1] – Justa indemnização

1 – A justa indemnização não visa compensar o benefício alcançado pela entidade expropriante mas ressarcir o prejuízo que para o expropriado advém da expropriação, correspondente ao valor real e corrente do bem de acordo com o seu destino efectivo ou possível numa utilização económica normal, à data da publicação da declaração de utilidade pública, tendo em consideração as circunstâncias e condições de facto existentes naquela data.

2 – Na determinação do valor dos bens expropriados não pode tomar-se em consideração a mais-valia que resultar:

*a)* Da própria declaração de utilidade pública da expropriação;

*b)* De obras ou empreendimentos públicos concluídos há menos de cinco anos, no caso de não ter sido liquidado encargo de mais-valia e na medida deste;

[1] Redação da Lei nº 56/2008, de 4 de setembro.

*c)* De benfeitorias voluptuárias ou úteis ulteriores à notificação a que se refere o nº 5 do artigo 10º;

*d)* De informações de viabilidade, licenças ou autorizações administrativas requeridas ulteriormente à notificação a que se refere o nº 5 do artigo 10º.

3 – Na fixação da justa indemnização não são considerados quaisquer factores, circunstâncias ou situações criadas com o propósito de aumentar o valor da indemnização.

4 – *[Revogado].*

5 – Sem prejuízo do disposto nos nºs 2 e 3 do presente artigo, o valor dos bens calculado de acordo com os critérios referenciais constantes dos artigos 26º e seguintes deve corresponder ao valor real e corrente dos mesmos, numa situação normal de mercado, podendo a entidade expropriante e o expropriado, quando tal se não verifique requerer, ou o tribunal decidir oficiosamente, que na avaliação sejam atendidos outros critérios para alcançar aquele valor.

6 – O Estado garante o pagamento da justa indemnização, nos termos previstos no presente Código.

7 – O Estado, quando satisfaça a indemnização, tem direito de regresso sobre a entidade expropriante, podendo, independentemente de quaisquer formalidades, proceder à cativação de transferências orçamentais até ao valor da dívida, incluindo os juros de mora que se mostrem devidos desde a data do pagamento da indemnização.

**Artigo 24º – Cálculo do montante da indemnização**

1 – O montante da indemnização calcula-se com referência à data da declaração de utilidade pública, sendo actualizado à data da decisão final do processo de acordo com a evolução do índice de preços no consumidor, com exclusão da habitação.

2 – O índice referido no número anterior é o publicado pelo Instituto Nacional de Estatística relativamente ao local da situação dos bens ou da sua maior extensão.

3 – Nos casos previstos na parte final do nº 8 do artigo 5º e no nº 6 do artigo 13º, a actualização do montante da indemnização abrange também o período que mediar entre a data da decisão judicial que fixar definitivamente a indemnização e a data do efectivo pagamento do montante actualizado.

## Artigo 25º – Classificação dos solos[1]

1 – Para efeitos do cálculo da indemnização por expropriação, o solo classifica-se em:

*a)* Solo apto para a construção;

*b)* Solo para outros fins.

2 – Considera-se solo apto para a construção:

*a)* O que dispõe de acesso rodoviário e de rede de abastecimento de água, de energia eléctrica e de saneamento, com características adequadas para servir as edificações nele existentes ou a construir;

*b)* O que apenas dispõe de parte das infra-estruturas referidas na alínea anterior mas se integra em núcleo urbano existente;

*c)* O que está destinado, de acordo com instrumento de gestão territorial, a adquirir as características descritas na alínea *a)*;

*d)* O que, não estando abrangido pelo disposto nas alíneas anteriores, possui, todavia, alvará de loteamento ou licença de construção em vigor no momento da declaração de utilidade pública, desde que o processo respectivo se tenha iniciado antes da data da notificação a que se refere o nº 5 do artigo 10º.

3 – Considera-se solo para outros fins o que não se encontra em qualquer das situações previstas no número anterior.

## Artigo 26º – Cálculo do valor do solo apto para a construção

1 – O valor do solo apto para a construção calcula-se por referência à construção que nele seria possível efectuar se não tivesse sido sujeito a expropriação, num aproveitamento económico normal, de acordo com as leis e os regulamentos em vigor, nos termos dos números seguintes e sem prejuízo do disposto no nº 5 do artigo 23º.

2 – O valor do solo apto para construção será o resultante da média aritmética actualizada entre os preços unitários de aquisições, ou avaliações fiscais que corrijam os valores declarados, efectuadas na mesma freguesia e nas freguesias limítrofes nos três anos, de entre os últimos cinco, com

[1] O Acórdão do Supremo Tribunal de Justiça nº. 6/2011 uniformiza a jurisprudência nos seguintes termos: "Os terrenos integrados, seja em Reserva Agrícola Nacional (RAN), seja em Reserva Ecológica Nacional (REN), por força do regime legal a que estão sujeitos, não podem ser classificados como «solo apto para construção», nos termos do artigo 25º, nºs 1, alínea *a)*, e 2, do Código das Expropriações, aprovado pelo artigo 1º da Lei nº 168/99, de 18 de Setembro, ainda que preencham os requisitos previstos naquele nº 2".

média anual mais elevada, relativamente a prédios com idênticas características, atendendo aos parâmetros fixados em instrumento de planeamento territorial, corrigido por ponderação da envolvente urbana do bem expropriado, nomeadamente no que diz respeito ao tipo de construção existente, numa percentagem máxima de 10%.

3 – Para os efeitos previstos no número anterior, os serviços competentes do Ministério das Finanças deverão fornecer, a solicitação da entidade expropriante, a lista das transacções e das avaliações fiscais que corrijam os valores declarados efectuadas na zona e os respectivos valores.

4 – Caso não se revele possível aplicar o critério estabelecido no nº 2 por falta de elementos, o valor do solo apto para a construção calcula-se em função do custo da construção, em condições normais de mercado, nos termos dos números seguintes.

5 – Na determinação do custo da construção atende-se, como referencial, aos montantes fixados administrativamente para efeitos de aplicação dos regimes de habitação a custos controlados ou de renda condicionada.

6 – Num aproveitamento economicamente normal, o valor do solo apto para a construção deverá corresponder a um máximo de 15% do custo da construção, devidamente fundamentado, variando, nomeadamente, em função da localização, da qualidade ambiental e dos equipamentos existentes na zona, sem prejuízo do disposto no número seguinte.

7 – A percentagem fixada nos termos do número anterior poderá ser acrescida até ao limite de cada uma das percentagens seguintes e com a variação que se mostrar justificada:

*a)* Acesso rodoviário, com pavimentação em calçada, betuminoso ou equivalente junto da parcela – 1,5%;

*b)* Passeios em toda a extensão do arruamento ou do quarteirão do lado da parcela – 0,5%;

*c)* Rede de abastecimento domiciliário de água com serviço junto da parcela – 1%;

*d)* Rede de saneamento com colector em serviço junto da parcela – 1,5%;

*e)* Rede de distribuição de energia eléctrica em baixa tensão com serviço junto da parcela – 1%;

*f)* Rede de drenagem de águas pluviais com colector em serviço junto da parcela – 0,5%;

*g)* Estação depuradora em ligação com a rede de colectores de saneamento com serviço junto da parcela – 2%;

*h)* Rede distribuidora de gás junto da parcela – 1%;

*i)* Rede telefónica junto da parcela – 1%.

8 – Se o custo da construção for substancialmente agravado ou diminuído pelas especiais condições do local, o montante do acréscimo ou da diminuição daí resultante é reduzido ou adicionado ao custo da edificação a considerar para efeito da determinação do valor do terreno.

9 – Se o aproveitamento urbanístico que serviu de base à aplicação do critério fixado nos nºs 4 a 8 constituir, comprovadamente, uma sobrecarga incomportável para as infra-estruturas existentes, no cálculo do montante indemnizatório deverão ter-se em conta as despesas necessárias ao reforço das mesmas.

10 – O valor resultante da aplicação dos critérios fixados nos nºs 4 a 9 será objecto da aplicação de um factor correctivo pela inexistência do risco e do esforço inerente à actividade construtiva, no montante máximo de 15% do valor da avaliação.

11 – No cálculo do valor do solo apto para a construção em áreas críticas de recuperação e reconversão urbanística, legalmente fixadas, ter-se-á em conta que o volume e o tipo de construção possível não deve exceder os da média das construções existentes do lado do traçado do arruamento em que se situe, compreendido entre duas vias consecutivas.

12 – Sendo necessário expropriar solos classificados como zona verde, de lazer ou para instalação de infra-estruturas e equipamentos públicos por plano municipal de ordenamento do território plenamente eficaz, cuja aquisição seja anterior à sua entrada em vigor, o valor de tais solos será calculado em função do valor médio das construções existentes ou que seja possível edificar nas parcelas situadas numa área envolvente cujo perímetro exterior se situe a 300 m do limite da parcela expropriada[1].

## Artigo 27º – Cálculo do valor do solo para outros fins

1 – O valor do solo apto para outros fins será o resultante da média aritmética actualizada entre os preços unitários de aquisições ou avaliações fiscais que corrijam os valores declarados efectuadas na mesma freguesia

[1] O Acórdão do Tribunal Constitucional nº 196/2011, Processo nº 996/09, julgou inconstitucional a norma do artigo 26º, nº 12, do Código das Expropriações, aprovado pela Lei nº 168/99, de 18 de setembro, quando interpretada no sentido de um terreno com aptidão edificativa, integrado na RAN, ser indemnizável como solo apto para construção.

e nas freguesias limítrofes nos três anos, de entre os últimos cinco, com média anual mais elevada, relativamente a prédios com idênticas características, atendendo aos parâmetros fixados em instrumento de planeamento territorial e à sua aptidão específica.

2 – Para os efeitos previstos no número anterior, os serviços competentes do Ministério das Finanças deverão fornecer, a solicitação da entidade expropriante, a lista das transacções e das avaliações fiscais que corrijam os valores declarados efectuadas na zona e os respectivos valores.

3 – Caso não se revele possível aplicar o critério estabelecido no nº 1 por falta de elementos, o valor do solo para outros fins será calculado tendo em atenção os seus rendimentos efectivo ou possível no estado existente à data da declaração de utilidade pública, a natureza do solo e do subsolo, a configuração do terreno e as condições de acesso, as culturas predominantes e o clima da região, os frutos pendentes e outras circunstâncias objectivas susceptíveis de influir no respectivo cálculo[1].

**Artigo 28º – Cálculo do valor de edifícios ou construções e das respectivas áreas de implantação e logradouros**

1 – Na determinação do valor dos edifícios ou das construções com autonomia económica atende-se, designadamente, aos seguintes elementos:

*a)* Valor da construção, considerando o seu custo actualizado, a localização, o ambiente envolvente e a antiguidade;

*b)* Sistemas de infra-estruturas, transportes públicos e proximidade de equipamentos;

*c)* Nível de qualidade arquitectónica e conforto das construções existentes e estado de conservação, nomeadamente dos pavimentos e coberturas, das paredes exteriores, partes comuns, portas e janelas;

*d)* Área bruta;

*e)* Preço das aquisições anteriores e respectivas datas;

*f)* Número de inquilinos e rendas;

*g)* Valor de imóveis próximos, da mesma qualidade;

[1] O Acórdão do Supremo Tribunal de Justiça nº 6/2017, de 5 de julho, fixou jurisprudência nos seguintes termos: "A indemnização devida pela expropriação de terreno rústico integrado na Reserva Ecológica Nacional e destinado por plano municipal de ordenamento do território a «espaço-canal» para a construção de infraestrutura rodoviária é fixada de acordo com o critério definido pelo art. 27º do Cód. das Expropriações, destinado a solos para outros fins, e não segundo o critério previsto no art. 26º, nº 12".

*h)* Declarações feitas pelos contribuintes ou avaliações para fins fiscais ou outros.

2 – No caso de o aproveitamento económico normal da área de implantação e do logradouro não depender da demolição dos edifícios ou das construções, a justa indemnização corresponde ao somatório dos valores do solo e das construções, determinados nos termos do presente Código.

3 – No caso contrário, calcula-se o valor do solo, nele deduzindo o custo das demolições e dos desalojamentos que seriam necessários para o efeito, correspondendo a indemnização à diferença apurada, desde que superior ao valor determinado nos termos do número anterior.

**Artigo 29º – Cálculo do valor nas expropriações parciais**

1 – Nas expropriações parciais, os árbitros ou os peritos calculam sempre, separadamente, o valor e o rendimento totais do prédio e das partes abrangidas e não abrangidas pela declaração de utilidade pública.

2 – Quando a parte não expropriada ficar depreciada pela divisão do prédio ou desta resultarem outros prejuízos ou encargos, incluindo a diminuição da área total edificável ou a construção de vedações idênticas às demolidas ou às subsistentes, especificam-se também, em separado, os montantes da depreciação e dos prejuízos ou encargos, que acrescem ao valor da parte expropriada.

3 – Não haverá lugar à avaliação da parte não expropriada, nos termos do nº 1, quando os árbitros ou os peritos, justificadamente, concluírem que, nesta, pela sua extensão, não ocorrem as circunstâncias a que se referem as alíneas *a)* e *b)* do nº 2 e o nº 3 do artigo 3º.

**Artigo 30º – Indemnização respeitante ao arrendamento**

1 – O arrendamento para comércio, indústria ou exercício de profissão liberal, ou para habitação no caso previsto no nº 2 do artigo 9º, bem como o arrendamento rural são considerados encargos autónomos para efeito de indemnização dos arrendatários.

2 – O inquilino habitacional obrigado a desocupar o fogo em consequência de caducidade do arrendamento resultante de expropriação pode optar entre uma habitação cujas características, designadamente de localização e renda, sejam semelhantes às da anterior ou por indemnização satisfeita de uma só vez.

3 – Na fixação da indemnização a que se refere o número anterior atende-se ao valor do fogo, ao valor das benfeitorias realizadas pelo arrendatário e à relação entre as rendas pagas por este e as praticadas no mercado.

4 – Na indemnização respeitante a arrendamento para comércio, indústria ou exercício de profissão liberal atende-se às despesas relativas à nova instalação, incluindo os diferenciais de renda que o arrendatário irá pagar, e aos prejuízos resultantes do período de paralisação da actividade, necessário para a transferência, calculados nos termos gerais de direito.

5 – Na indemnização respeitante a arrendamento rural atende-se, além do valor dos frutos pendentes ou das colheitas inutilizadas, ao valor das benfeitorias a que o rendeiro tenha direito e aos demais prejuízos emergentes da cessação do arrendamento, calculados nos termos gerais de direito.

6 – O disposto nos números anteriores é também aplicável se a expropriação recair directamente sobre o arrendamento e no caso de resolução do contrato de arrendamento nos termos dos artigos 8º e 11º do Decreto nº 139-A/79, de 24 de Dezembro.

## Artigo 31º – Indemnização pela interrupção da actividade comercial, industrial, liberal ou agrícola

1 – Nos casos em que o proprietário do prédio nele exerça qualquer actividade prevista no nº 4 do artigo anterior, à indemnização pelo valor do prédio acresce a que corresponder aos prejuízos da cessação inevitável ou da interrupção e transferência dessa actividade, pelo período de tempo objectivamente necessário, calculada nos termos do mesmo preceito.

2 – Se da expropriação resultarem prejuízos para o conjunto da exploração agrícola efectuada directamente pelo proprietário, à indemnização correspondente acresce a relativa àqueles prejuízos, calculada nos termos gerais de direito.

## Artigo 32º – Indemnização pela expropriação de direitos diversos da propriedade plena

Na expropriação de direitos diversos da propriedade plena, a indemnização é determinada de harmonia com os critérios fixados para aquela propriedade, na parte em que forem aplicáveis.

# TÍTULO IV – Processo de expropriação

## CAPÍTULO I – Expropriação amigável

**Artigo 33º – Tentativa de acordo**

Antes de promover a constituição de arbitragem, a entidade expropriante deve procurar chegar a acordo com o expropriado e os demais interessados nos termos dos artigos seguintes.

**Artigo 34º – Objecto do acordo**

Nas expropriações amigáveis podem constituir objecto de acordo entre a entidade expropriante e expropriado ou demais interessados:

*a)* O montante da indemnização;

*b)* O pagamento de indemnização ou de parte dela em prestações, os juros respectivos e o prazo de pagamento destes;

*c)* O modo de satisfazer as prestações;

*d)* A indemnização através da cedência de bens ou direitos nos termos dos artigos 67º e 69º;

*e)* A expropriação total;

*f)* Condições acessórias.

**Artigo 35º – Proposta da entidade expropriante**

1 – No prazo de 15 dias após a publicação da declaração de utilidade pública, a entidade expropriante, através de carta ou ofício registado com aviso de recepção, dirige proposta do montante indemnizatório ao expropriado e aos demais interessados cujos endereços sejam conhecidos, bem como ao curador provisório.

2 – O expropriado e demais interessados dispõem do prazo de 15 dias para responder, podendo fundamentar a sua contraproposta em valor constante de relatório elaborado por perito da sua escolha.

3 – Na falta de resposta ou de interesse da entidade expropriante em relação à contraproposta, esta dá início à expropriação litigiosa, nos termos dos artigos 38º e seguintes, notificando deste facto o expropriado e os demais interessados que tiverem respondido.

4 – O expropriado e os demais interessados devem esclarecer, por escrito, dentro dos prazos de oito dias a contar da data em que tenham sido notificados para o efeito, as questões que lhes forem postas pela entidade expropriante.

### Artigo 36º – Formalização do acordo por escritura ou auto

1 – O acordo entre a entidade expropriante e os demais interessados deve constar:

*a)* De escritura de expropriação amigável, se a entidade expropriante tiver notário privativo;

*b)* De auto de expropriação amigável, a celebrar perante o notário privativo do município do lugar da situação do bem expropriado ou da sua maior extensão, ou, sendo a entidade expropriante do sector público administrativo, perante funcionário designado para o efeito.

2 – O disposto nas alíneas anteriores não prejudica o recurso ao notário público, beneficiando os interessados de prioridade sobre o restante serviço notarial.

3 – O auto ou a escritura celebrado nos termos dos números anteriores que tenha por objecto parte de um prédio, qualquer que seja a sua área, constitui título bastante para efeitos da sua desanexação.

### Artigo 37º – Conteúdo da escritura ou do auto

1 – O auto ou a escritura serão lavrados dentro dos oito dias subsequentes àquele em que o acordo estabelecido for comunicado pela entidade expropriante ao notário, oficial público ou funcionário designado nos termos da alínea *b)* do nº 1 do artigo anterior, em conformidade com o disposto no Código do Notariado.

2 – Do auto ou escritura deverão ainda constar:

*a)* A indemnização acordada e a forma de pagamento;

*b)* A data e o número do Diário da República em que foi publicada a declaração de utilidade pública da expropriação;

*c)* O extracto da planta parcelar.

3 – A indemnização acordada pode ser atribuída a cada um dos interessados ou fixada globalmente.

4 – Não havendo acordo entre os interessados sobre a partilha da indemnização global que tiver sido acordada, é esta entregue àquele que por todos for designado ou consignada em depósito no lugar do domicílio da entidade expropriante, à ordem do juiz de direito da comarca do lugar da situação dos bens ou da maior extensão deles, efectuando-se a partilha nos termos do Código de Processo Civil.

5 – Salvo no caso de dolo ou culpa grave por parte da entidade expropriante, o aparecimento de interessados desconhecidos à data da celebra-

ção da escritura ou do auto apenas dá lugar à reconstituição da situação que existiria se tivessem participado no acordo, nos termos em que este foi concluído.

6 – A entidade expropriante deve facultar ao expropriado e aos demais interessados cópia autenticada do auto ou da escritura de expropriação amigável, quando solicitada.

## CAPÍTULO II – Expropriação litigiosa

### SECÇÃO I – Disposições introdutórias

#### Artigo 38º – Arbitragem

1 – Na falta de acordo sobre o valor da indemnização, é este fixado por arbitragem, com recurso para os tribunais comuns[1].

2 – O valor do processo, para efeitos de admissibilidade de recurso, nos termos do Código de Processo Civil, corresponde ao maior dos seguintes:

*a)* Decréscimo da indemnização pedida no recurso da entidade expropriante ou acréscimo global das indemnizações pedidas nos recursos do expropriado e dos demais interessados, a que se refere o número seguinte;

*b)* Diferença entre os valores de indemnização constantes do recurso da entidade expropriante e o valor global das indemnizações pedidas pelo expropriado e pelos demais interessados nos respectivos recursos, a que se refere o número seguinte.

3 – Da decisão arbitral cabe sempre recurso com efeito meramente devolutivo para o tribunal do lugar da situação dos bens ou da sua maior extensão.

#### Artigo 39º – Autuação

1 – É aberto um processo de expropriação com referência a cada um dos imóveis abrangidos pela declaração de utilidade pública.

2 – Quando dois ou mais imóveis tenham pertencido ao mesmo proprietário ou conjunto de comproprietários, é obrigatória a apensação dos

[1] O Acórdão do Tribunal de Conflitos nº 26/2016 decidiu que "são da competência material da ordem dos tribunais judiciais as acções que têm como objecto o arbitramento da justa indemnização devida ao proprietário pela oneração do seu direito, determinante da desvalorização do bem pela constituição lícita de uma servidão administrativa por acto de entidade concessionária de serviço público, decorrente de um precedente processo expropriativo".

processos em que não se verifique acordo sobre os montantes das indemnizações.

**Artigo 40º – Legitimidade**

1 – Têm legitimidade para intervir no processo a entidade expropriante, o expropriado e os demais interessados.

2 – A intervenção de qualquer interessado na pendência do processo não implica a repetição de quaisquer termos ou diligências.

**Artigo 41º – Suspensão da instância e nomeação de curador provisório**

1 – O falecimento, na pendência do processo, de algum interessado só implica a suspensão da instância depois de notificada à entidade expropriante a adjudicação da propriedade e posse, esta no caso de não ter havido investidura administrativa.

2 – Havendo interessados incapazes, ausentes ou desconhecidos, sem que esteja organizada a respectiva representação, o juiz, oficiosamente ou a requerimento do Ministério Público ou de qualquer interessado, nomeia-lhes curador provisório, que será, quanto aos incapazes, na falta de razões ponderosas em contrário, a pessoa a cuja guarda estiverem entregues.

3 – No caso de o processo de expropriação ainda não se encontrar em juízo, o juiz determina a sua remessa imediata, para os efeitos do número anterior, pelo período indispensável à decisão do incidente.

4 – A intervenção do curador provisório cessa logo que se encontre designado o normal representante do incapaz ou do ausente ou passem a ser conhecidos os interessados cuja ausência justificara a curadoria.

## SECÇÃO II – Da tramitação do processo

### SUBSECÇÃO I – Arbitragem

**Artigo 42º – Promoção da arbitragem**

1 – Compete à entidade expropriante, ainda que seja de direito privado, promover, perante si, a constituição e o funcionamento da arbitragem.

2 – As funções da entidade expropriante referidas no número anterior passam a caber ao juiz de direito da comarca do local da situação do bem ou da sua maior extensão em qualquer dos seguintes casos:

*a)* Se for julgada procedente a reclamação referida no nº 1 do artigo 54º;

*b)* Se o procedimento de expropriação sofrer atrasos não imputáveis ao expropriado ou aos demais interessados que, no seu conjunto, ultrapassem 90 dias contados nos termos do artigo 279º do Código Civil;

*c)* Se a lei conferir ao interessado o direito de requerer a expropriação de bens próprios;

*d)* Se a declaração de utilidade pública for renovada;

*e)* Nos casos previstos nos artigos 15º e 16º;

*f)* Os casos previstos nos artigos 92º, 93º e 94º.

3 – O disposto nas alíneas *b)*, *c)*, *d)* e *e)* do número anterior depende de requerimento do interessado, decidindo o juiz depois de notificada a parte contrária para se pronunciar no prazo de 10 dias.

4 – Se for ordenada a remessa ou a avocação do processo, o juiz fixa prazo para a sua efectivação, não superior a 30 dias, sob pena de multa até 10 unidades de conta, verificando-se atraso não justificado.

**Artigo 43º – Petições a apresentar no tribunal**

1 – As petições a que se referem os nºs 2 do artigo 41º, 3 do artigo anterior e 2 do artigo 51º e a parte final do nº 2 do artigo 54º são apresentadas directamente na secretaria do tribunal competente para o processo de expropriação litigiosa.

2 – Os processos originados pelas petições referidas no número anterior são dependência do processo de expropriação; o juiz a quem este for distribuído determinará que aqueles processos lhe sejam remetidos, ficando com competência exclusiva para os respectivos termos subsequentes à remessa.

3 – Os processos recebidos nos termos da parte final do número anterior são apensados ao processo de expropriação.

**Artigo 44º – Natureza dos processos litigiosos**

Os processos de expropriação litigiosa, bem como os que deles são dependentes, não têm carácter urgente, sem prejuízo de os actos relativos à adjudicação da propriedade e da posse e sua notificação aos interessados deverem ser praticados mesmo durante as férias judiciais.

**Artigo 45º – Designação dos árbitros**

1 – Na arbitragem intervêm três árbitros designados pelo presidente do tribunal da Relação da situação dos prédios ou da sua maior extensão.

2 – Os árbitros são escolhidos de entre os peritos da lista oficial, devendo o presidente do tribunal da Relação indicar logo o que presidirá.

3 – Para o efeito do disposto nos números precedentes, a entidade expropriante solicita a designação dos árbitros directamente ao presidente do tribunal da Relação.

4 – O despacho de designação dos árbitros é proferido no prazo de cinco dias.

**Artigo 46º – Designação de grupos de árbitros**

1 – Pode ser designado mais de um grupo de árbitros sempre que, em virtude da extensão e do número de bens a expropriar, um único grupo de árbitros se mostre manifestamente insuficiente para assegurar o normal andamento de todos os processos.

2 – A decisão prevista no número anterior é da competência do presidente do tribunal da Relação da situação dos bens a expropriar ou da sua maior extensão, mediante proposta fundamentada da entidade expropriante.

3 – Se os peritos da lista oficial forem insuficientes para a constituição do conveniente número de grupos de árbitros, recorre-se a peritos incluídos nas listas de outros distritos, com preferência, quando possível, para os das listas dos distritos contíguos.

4 – A distribuição dos processos pelos grupos de árbitros consta do despacho de designação e respeita a sequência geográfica das parcelas, que a entidade expropriante deve indicar no seu pedido, sem prejuízo do disposto no nº 2 do artigo 39º, com as necessárias adaptações.

**Artigo 47º – Notificação da designação dos árbitros**

1 – No prazo de 10 dias a contar da sua recepção, a entidade expropriante notifica na íntegra a comunicação da designação dos árbitros:

*a)* Por carta ou ofício registado com aviso de recepção, dirigido aos interessados de que se conheça a respectiva residência e ao curador provisório;

*b)* Por edital, com dilação de oito dias, a afixar na entrada principal do edifício da câmara municipal do concelho onde se situam os prédios ou a sua maior extensão, relativamente aos interessados não abrangidos pela alínea anterior e àqueles que não for possível notificar nos termos nela prescritos;

*c)* Aos árbitros, devendo a comunicação dirigida ao respectivo presidente ser acompanhada do processo de expropriação ou de cópia deste e, sempre que possível, de indicação da descrição predial e da inscrição matricial do prédio.

2 – Na notificação e nos editais a que se refere o número anterior dá-se conhecimento ao expropriado e aos demais interessados da faculdade de apresentação de quesitos nos termos do artigo seguinte.

**Artigo 48º – Apresentação de quesitos**

No prazo de 15 dias a contar da notificação podem as partes apresentar ao árbitro presidente, em quadruplicado, os quesitos que entendam pertinentes para a fixação do valor dos bens objecto da expropriação.

**Artigo 49º – Decisão arbitral**

1 – O acórdão dos árbitros é proferido em conferência, servindo de relator o presidente.

2 – O acórdão, devidamente fundamentado, é tomado por maioria; não se obtendo uma decisão arbitral por unanimidade ou maioria, vale como tal a média aritmética dos laudos que mais se aproximarem ou o laudo intermédio, se as diferenças entre ele e cada um dos restantes forem iguais.

3 – Os laudos são juntos ao acórdão dos árbitros, devem ser devidamente justificados e conter as respostas aos quesitos com indicação precisa das que serviram de base ao cálculo da indemnização proposta, bem como a justificação dos critérios de cálculo adoptados.

4 – A decisão dos árbitros é entregue à entidade expropriante no prazo máximo de 30 dias a contar da recepção da comunicação a que se refere a alínea *c)* do nº 1 do artigo 47º ou da apresentação dos quesitos.

5 – Em casos devidamente justificados, designadamente em razão do número de arbitragens, o prazo a que se refere o número anterior pode ser prorrogado até 60 dias, a requerimento de qualquer dos árbitros, dirigido à entidade expropriante.

6 – É aplicável o disposto no nº 4 do artigo 21º.

**Artigo 50º – Honorários**

1 – Os honorários dos árbitros são pagos pela entidade expropriante, mediante apresentação de factura devidamente justificada e de acordo com o Código das Custas Judiciais.

2 – As despesas efectuadas pelos árbitros são pagas mediante entrega dos respectivos comprovativos.

3 – A entidade expropriante está dispensada do pagamento de honorários aos árbitros que, salvo motivo justificativo, não entreguem o acórdão nos prazos legais.

**Artigo 51º – Remessa do processo**

1 – A entidade expropriante remete o processo de expropriação ao tribunal da comarca da situação do bem expropriado ou da sua maior extensão no prazo de 30 dias a contar do recebimento da decisão arbitral, acompanhado de certidões actualizadas das descrições e das inscrições em vigor dos prédios na conservatória do registo predial competente e das respectivas inscrições matriciais, ou de que os mesmos estão omissos, bem como da guia de depósito à ordem do tribunal do montante arbitrado ou, se for o caso, da parte em que este exceda a quantia depositada nos termos da alínea *b)* do nº 1 ou do nº 5 do artigo 20º; se não for respeitado o prazo fixado, a entidade expropriante deposita, também, juros moratórios correspondentes ao período de atraso, calculados nos termos do nº 2 do artigo 70º, e sem prejuízo do disposto nos artigos 71º e 72º.

2 – Se o processo não for remetido a juízo no prazo referido, o tribunal determina, a requerimento de qualquer interessado, a notificação da entidade expropriante para que o envie no prazo de 10 dias, acompanhado da guia de depósito, sob cominação de o mesmo ser avocado.

3 – Decorrendo o processo perante o juiz, nos termos previstos no presente Código, este, após entrega do relatório dos árbitros, notifica a entidade expropriante para proceder ao depósito da indemnização no prazo de 30 dias; não sendo efectuado o depósito no prazo fixado, determina-se o cumprimento do disposto na parte final do nº 1, com as necessárias adaptações.

4 – Se os depósitos a que se referem os números anteriores não forem efectuados nos prazos previstos, é aplicável o disposto no nº 4 do artigo 71º.

5 – Depois de devidamente instruído o processo e de efectuado o depósito nos termos dos números anteriores, o juiz, no prazo de 10 dias, adjudica à entidade expropriante a propriedade e posse, salvo, quanto a esta, se já houver posse administrativa, e ordena simultaneamente a notificação do seu despacho, da decisão arbitral e de todos os elementos apresentados pelos árbitros, à entidade expropriante e aos expropriados e demais interessados, com indicação, quanto a estes, do montante depositado e da faculdade de interposição de recurso a que se refere o artigo 52º.

6 – A adjudicação da propriedade é comunicada pelo tribunal ao conservador do registo predial competente para efeitos de registo oficioso.

**Artigo 52º - Recurso**

1 - O recurso da decisão arbitral deve ser interposto no prazo de 20 dias a contar da notificação realizada nos termos da parte final do nº 5 do artigo anterior, sem prejuízo do disposto no Código de Processo Civil sobre interposição de recursos subordinados, salvo quanto ao prazo, que será de 20 dias.

2 - Quando não haja recurso, o juiz observa, no que respeita à atribuição da indemnização aos interessados, o disposto nos nºs 3 e 4 do artigo 37º, com as necessárias adaptações.

3 - Se houver recurso, o juiz atribui imediatamente aos interessados, nos termos do número anterior, o montante sobre o qual se verifique acordo, retendo, porém, se necessário, a quantia provável das custas do processo no caso de o expropriado ou os demais interessados decaírem no recurso.

4 - Qualquer dos titulares de direito a indemnização pode requerer, no prazo de 10 dias a contar da notificação da decisão a que se refere o número anterior, que lhe seja entregue a parte da quantia sobre a qual não se verifica acordo que lhe competir, mediante prestação de garantia bancária ou seguro-caução de igual montante.

5 - Não sendo exercido o direito a que se refere o número anterior, a entidade expropriante pode requerer a substituição por caução do depósito da parte da indemnização sobre a qual não se verifica acordo.

**Artigo 53º - Dúvidas sobre a titularidade de direitos**

1 - Se o recebimento do depósito, nos termos do artigo precedente, depender da decisão de questão prévia ou prejudicial respeitante à titularidade da indemnização, é esta decidida provisoriamente no processo, precedendo produção da prova que o juiz tiver por necessária.

2 - O incidente a que se refere o número anterior é autuado por apenso, devendo ser decidido no prazo de 30 dias.

3 - Enquanto não estiver definitivamente resolvida a questão da titularidade do crédito indemnizatório, não se procede a nenhum pagamento que dela dependa sem que seja prestada caução; a caução prestada garante também o recebimento da indemnização por aquele a quem, na respectiva acção, seja reconhecido definitivamente direito à mesma.

4 - Da decisão do incidente cabe recurso, com efeito meramente devolutivo, que sobe imediatamente no apenso.

## SUBSECÇÃO II – Arguição de irregularidades

### Artigo 54º – Reclamação

1 – O expropriado, a entidade expropriante nos casos em que lhe não seja imputável ou os demais interessados podem reclamar, no prazo de 10 dias a contar do seu conhecimento, contra qualquer irregularidade cometida no procedimento administrativo, nomeadamente na convocação ou na realização da vistoria *ad perpetuam rei memoriam*, bem como na constituição ou no funcionamento da arbitragem ou nos laudos ou acórdão dos árbitros, designadamente por falta de cumprimento dos prazos fixados na lei, oferecendo logo as provas que tiverem por convenientes e que não constem já do processo.

2 – Recebida a reclamação, o perito ou o árbitro presidente, conforme for o caso, exara informação sobre a tempestividade, os fundamentos e as provas oferecidas, devendo o processo ser remetido pela entidade expropriante ao juiz de direito da comarca da situação dos bens ou da sua maior extensão no prazo de 10 dias a contar da apresentação da reclamação, sob pena de avocação imediata do procedimento pelo tribunal, mediante participação do reclamante, instruída com cópia da reclamação contendo nota de recepção com menção da respectiva data.

3 – O juiz decide com base nas provas oferecidas que entenda úteis à decisão do incidente e nos elementos fornecidos pelo procedimento, podendo solicitar esclarecimentos ou provas complementares.

4 – Sendo a reclamação julgada improcedente, o juiz manda devolver imediatamente o processo de expropriação à entidade expropriante.

5 – No despacho que julgar procedente a reclamação, o juiz indica os actos ou diligências que devem ser repetidos ou reformulados, sem prejuízo do disposto no nº 2 do artigo 42º.

6 – Da decisão cabe recurso, com efeito meramente devolutivo, que sobe com o recurso da decisão final.

## SUBSECÇÃO III – Pedido de expropriação total

### Artigo 55º – Requerimento

1 – Dentro do prazo do recurso da decisão arbitral podem os interessados requerer a expropriação total, nos termos do nº 2 do artigo 3º.

2 – A entidade expropriante é notificada para, no prazo de 20 dias, responder ao pedido de expropriação total.

3 – O juiz profere decisão sobre o pedido de expropriação total, no prazo de 10 dias, dela cabendo recurso, com subida imediata em separado e com efeito meramente devolutivo.

4 – Decretada a expropriação total, é a entidade expropriante notificada para efectuar depósito complementar do montante indemnizatório, nos termos aplicáveis do nº 3 do artigo 51º.

5 – Enquanto não estiver definitivamente decidido o pedido de expropriação total, o expropriado e os demais interessados só podem receber o acréscimo de indemnização correspondente mediante prestação de garantia bancária ou segurocaução de igual montante.

6 – Na hipótese prevista neste artigo, podem adquirir a parte do prédio que não seja necessária ao fim da expropriação as pessoas que gozem de preferência legal na respectiva alienação e os proprietários de terrenos confinantes, por esta ordem, gozando os segundos do direito de execução específica.

## Artigo 56º – Improcedência do pedido

1 – Quando a entidade expropriante pretender realizar obras na parte do prédio não expropriada por forma a evitar a situação prevista no nº 2 do artigo 3º, improcede o pedido de expropriação total.

2 – Para efeitos do disposto no número anterior, o juiz na decisão em que conhecer da improcedência do pedido fixa prazos para o início e a conclusão das obras pela entidade expropriante.

3 – Se as obras não forem iniciadas no prazo fixado pelo juiz, a instância é renovada.

4 – Se as obras forem iniciadas mas não estiverem concluídas no prazo fixado pelo juiz, este, ouvida a entidade expropriante, decide, de acordo com o respectivo estado de execução, se a instância é renovada.

## Artigo 57º – Caução

Enquanto não tiver transitado em julgado a decisão sobre o pedido de expropriação total, a entidade expropriante só pode entrar na posse da parte do bem cuja expropriação foi requerida pelo expropriado mediante prestação de caução.

## SUBSECÇÃO IV – Recurso da arbitragem

### Artigo 58º – Requerimento

No requerimento da interposição do recurso da decisão arbitral o recorrente deve expor logo as razões da discordância, oferecer todos os documentos, requerer as demais provas, incluindo a prova testemunhal, requerer a intervenção do tribunal colectivo, designar o seu perito e dar cumprimento ao disposto no artigo 577º do Código de Processo Civil.

### Artigo 59º – Admissão do recurso

Interposto recurso, o processo é concluso ao juiz para se pronunciar sobre a sua admissibilidade, fixar o respectivo efeito e ordenar a notificação da parte contrária para responder, no caso de prosseguimento.

### Artigo 60º – Resposta

1 – A resposta a que se refere o artigo anterior é apresentada no prazo de 20 dias a contar da notificação da decisão que admitir o recurso; no caso de o recorrido pretender interpor recurso subordinado, a resposta conterá também o respectivo requerimento e as razões da sua discordância, podendo a parte contrária responder no prazo de 20 dias a contar da notificação do despacho que admitir tal recurso e ampliar o objecto da perícia.

2 – Com o recurso subordinado ou com a resposta devem ser oferecidos todos os documentos, requeridas as demais provas, incluindo a prova testemunhal, requerida a intervenção do tribunal colectivo e designado o perito, dando-se cumprimento, quando for o caso, ao disposto no artigo 577º do Código de Processo Civil.

### Artigo 61º – Diligências instrutórias

1 – Findo o prazo para a apresentação da resposta, seguem-se imediatamente as diligências instrutórias que o tribunal entenda úteis à decisão da causa.

2 – Entre as diligências a realizar tem obrigatoriamente lugar a avaliação, a que o tribunal preside, cabendo-lhe fixar o respectivo prazo, não superior a 30 dias, e resolver por despacho as questões de direito suscitadas pelos peritos de que dependa a avaliação.

3 – É aplicável o disposto nos artigos 578º e 588º do Código de Processo Civil.

4 – Incumbe ao recorrente, e só a este, ainda que se trate de entidade isenta de custas, o encargo de efectuar o preparo para despesas com a avaliação e a inspecção judicial, se a esta houver lugar.

5 – Quando se efectuar inspecção judicial, ficam a constar do respectivo auto todos os elementos reputados necessários para a decisão da causa.

6 – Não há lugar a segunda avaliação.

7 – Sendo necessário obter esclarecimentos de quem não haja de ser chamado a depor ou documento em poder de terceiro, o tribunal ordena a respectiva notificação, para o efeito, fixando prazo adequado; em caso de incumprimento do prazo, sem motivo justificativo, é aplicada multa até 10 unidades de conta.

**Artigo 62º – Designação e nomeação dos peritos**

1 – A avaliação é efectuada por cinco peritos, nos termos seguintes:

*a)* Cada parte designa um perito e os três restantes são nomeados pelo tribunal de entre os da lista oficial;

*b)* Se dois ou mais interessados tiverem designado peritos diferentes, são notificados para, no prazo de cinco dias, declararem qual o nome definitivamente escolhido, prevalecendo, na falta de acordo, a vontade da maioria, se desta fizer parte o proprietário expropriado; faltando a designação válida de algum perito, devolve-se a nomeação ao tribunal, aplicando-se o disposto na parte final da alínea anterior.

2 – A falta de comparência de qualquer perito determina a sua imediata substituição, que é feita livremente pelo tribunal, nos termos da parte final da alínea *a)* do nº 1.

3 – As regras de recrutamento de peritos, a sua integração nas listas oficiais e a forma de publicação destas constam de decreto regulamentar, a publicar no prazo máximo de três meses a contar da data da publicação do presente Código.

**Artigo 63º – Notificação para o acto de avaliação**

1 – As partes são notificadas para, querendo, comparecerem no acto da avaliação.

2 – É entregue a cada perito cópia dos recursos, das respostas aos mesmos e do despacho que tiver sido proferido nos termos do nº 2 do artigo 578º do Código de Processo Civil.

**Artigo 64º - Alegações**

1 - Concluídas as diligências de prova, as partes são notificadas para alegarem no prazo de 20 dias.

2 - O prazo para a alegação do recorrido ou dos recorridos corre a partir do termo do prazo para alegação do recorrente, contando-se este último desde a notificação para alegar.

3 - Recorrendo a título principal tanto a entidade expropriante como o expropriado, alega aquela em primeiro lugar.

**Artigo 65º - Prazo de decisão**

As decisões sobre os recursos da decisão arbitral são proferidas no prazo máximo de 30 dias a contar do termo fixado para as alegações das partes.

**Artigo 66º - Decisão**

1 - O juiz fixa o montante das indemnizações a pagar pela entidade expropriante.

2 - A sentença é notificada às partes, podendo dela ser interposto recurso, com efeito meramente devolutivo.

3 - É aplicável o disposto nos nºs 2 a 4 do artigo 52º, com as necessárias adaptações, devendo o juiz ordenar que a entidade expropriante efectue o depósito que for necessário no prazo de 10 dias.

4 - O disposto nos números precedentes é também aplicável no caso de o processo prosseguir em traslado.

5 - Sem prejuízo dos casos em que é sempre admissível recurso, não cabe recurso para o Supremo Tribunal de Justiça do acórdão do tribunal da Relação que fixa o valor da indemnização devida.

## TÍTULO V - Do pagamento das indemnizações

**Artigo 67º - Formas de pagamento**

1 - As indemnizações por expropriação por utilidade pública são pagas em dinheiro, de uma só vez, salvo as excepções previstas nos números seguintes.

2 - Nas expropriações amigáveis, a entidade expropriante, o expropriado e os demais interessados podem acordar no pagamento da indemnização em prestações ou na cedência de bens ou direitos de acordo com o previsto no artigo 69º.

3 – O disposto no número anterior aplica-se à transacção judicial ou extrajudicial na pendência do processo de expropriação.

4 – Não são pagas quaisquer indemnizações sem que se mostre cumprido o disposto no artigo 29º do Código da Contribuição Autárquica.

5 – O pagamento acordado em prestações é efectuado dentro do prazo máximo de três anos, podendo o montante das mesmas variar de acordo com as circunstâncias.

**Artigo 68º – Quantias em dívida**

1 – As quantias em dívida vencem juros, pagáveis anual ou semestralmente, con-forme for acordado.

2 – Na falta de convenção entre as partes, a taxa de juro é a dos juros moratórios, nos termos do artigo 70º.

3 – O montante das prestações vincendas é automaticamente actualizado no caso de agravamento do índice de preços no consumidor, na zona em causa, com exclusão da habitação, publicado pelo Instituto Nacional de Estatística.

**Artigo 69º – Cedência de bens ou direitos**

As partes podem acordar que a indemnização seja satisfeita, total ou parcialmente, através da cedência de bens ou direitos ao expropriado ou aos demais interessados.

**Artigo 70º – Juros moratórios**

1 – Os expropriados e demais interessados têm o direito de ser indemnizados pelos atrasos imputáveis à entidade expropriante no andamento do procedimento ou do processo expropriativo ou na realização de qualquer depósito no processo litigioso.

2 – Os juros moratórios incidem sobre o montante definitivo da indemnização ou sobre o montante dos depósitos, conforme o caso, e a taxa respectiva é a fixada nos termos do artigo 559º do Código Civil.

3 – As cauções prestadas e os depósitos efectuados pela entidade expropriante respondem pelo pagamento dos juros moratórios que forem fixados pelo tribunal.

**Artigo 71º – Depósito da indemnização**

1 – Transitada em julgado a decisão que fixar o valor da indemnização, o juiz do tribunal da 1ª instância ordena a notificação da entidade expro-

priante para, no prazo de 10 dias, depositar os montantes em dívida e juntar ao processo nota discriminada, justificativa dos cálculos da liquidação de tais montantes.

2 – A secretaria notifica ao expropriado e aos demais interessados o montante depositado, bem como a nota referida na parte final do número anterior.

3 – O expropriado e os demais interessados podem levantar os montantes depositados, sem prejuízo da sua impugnação nos termos do artigo seguinte e do disposto no nº 3 do artigo 53º.

4 – Não sendo efectuado o depósito no prazo fixado, o juiz ordenará o pagamento por força das cauções prestadas pela entidade expropriante ou outras providências que se revelarem necessárias, após o que, mostrando-se em falta alguma quantia, notificará o serviço que tem a seu cargo os avales do Estado para que efectue o depósito do montante em falta, em substituição da entidade expropriante.

**Artigo 72º – Impugnação dos montantes depositados**

1 – No prazo de 30 dias a contar da notificação prevista no nº 2 do artigo anterior, o expropriado e os demais interessados podem impugnar os montantes depositados, especificando os valores devidos e apresentando e requerendo todos os meios de prova.

2 – Admitida a impugnação, a entidade expropriante é notificada para responder no prazo de 10 dias e para apresentar e requerer todos os meios de prova.

3 – Produzidas as provas que o juiz considerar necessárias, é proferida decisão fixando os montantes devidos e determinando a realização do depósito complementar que for devido, no prazo de 10 dias.

4 – Não sendo efectuado o depósito no prazo fixado, o juiz ordena o pagamento por força das cauções prestadas, ou as providências que se revelarem necessárias, aplicando-se ainda o disposto no nº 4 do artigo anterior, com as necessárias adaptações, quanto aos montantes em falta.

5 – Efectuado o pagamento ou assegurada a sua realização, o juiz autoriza o levantamento dos montantes que se mostrem excessivos ou a restituição a que haja lugar e determina o cancelamento das cauções que se mostrem injustificadas, salvo o disposto no nº 3 do artigo 53º.

### Artigo 73º - Atribuição das indemnizações

1 - A atribuição das indemnizações aos interessados faz-se de acordo com o disposto nos nºs 3 e 4 do artigo 37º, com as necessárias adaptações.

2 - No caso de expropriação amigável, decorridos 60 dias sobre a data prevista para o pagamento de qualquer prestação ou respectivos juros sem que este seja efectuado, o expropriado pode requerer as providências a que se refere o nº 4 do artigo anterior, devendo juntar a cópia do auto ou escritura a que se refere o nº 6 do artigo 37º.

3 - A entidade expropriante é citada para remeter o processo de expropriação e efectuar o depósito das quantias em dívida, nos termos do nº 1 do artigo anterior, com as necessárias adaptações, podendo deduzir embargos dentro do prazo ali fixado.

## TÍTULO VI - Da reversão dos bens expropriados

### Artigo 74º - Requerimento

1 - A reversão a que se refere o artigo 5º é requerida à entidade que houver declarado a utilidade pública da expropriação ou que haja sucedido na respectiva competência.

2 - Se o direito de reversão só puder ser utilmente exercido em conjunto com outro ou outros interessados, o requerente da reversão pode solicitar a notificação judicial destes para, no prazo de 60 dias a contar da notificação, requererem a reversão dos respectivos bens, nos termos do nº 1, sob cominação de, não o fazendo algum ou alguns deles, a reversão dos mesmos se operar a favor dos que a requeiram.

3 - O pedido de expropriação total, nos termos do nº 2 do artigo 3º, não prejudica a reversão da totalidade do prédio.

4 - Se não for notificado de decisão favorável no prazo de 90 dias a contar da data do requerimento, o interessado pode fazer valer o direito de reversão no prazo de um ano, mediante acção administrativa comum a propor no tribunal administrativo de círculo da situação do prédio ou da sua maior extensão.

5 - Na acção prevista no número anterior é cumulado o pedido de adjudicação, instruído com os documentos mencionados no artigo 77º, que o tribunal aprecia, seguindo os trâmites dos artigos 78º e 79º no caso de reconhecer o direito de reversão.

**Artigo 75º – Audiência da entidade e de outros interessados**

1 – No prazo de 10 dias a contar da recepção do pedido de reversão, a entidade competente para decidir ordena a notificação da entidade expropriante e dos titulares de direitos reais sobre o prédio a reverter ou sobre os prédios dele desanexados, cujos endereços sejam conhecidos, para que se pronunciem sobre o requerimento no prazo de 15 dias.

2 – A entidade expropriante, dentro do prazo da sua resposta, remete o processo de expropriação à entidade competente para decidir o pedido de reversão ou indica o tribunal em que o mesmo se encontra pendente ou arquivado.

3 – No caso previsto na parte final do número anterior, a entidade competente para decidir solicita ao tribunal a confiança do processo até final do prazo fixado para a decisão.

4 – Se os factos alegados pelo requerente da reversão não forem impugnados pela entidade expropriante, presume-se, salvo prova em contrário, que são verdadeiros.

**Artigo 76º – Publicidade da decisão**

1 – A decisão sobre o pedido de reversão é notificada ao requerente, à entidade expropriante e aos interessados cujo endereço seja conhecido.

2 – A decisão é publicada, por extracto, na 2ª série do Diário da República.

**Artigo 76º-A [1]– Acordo de reversão**

1 – Autorizada a reversão, podem a entidade expropriante, ou quem ulteriormente haja adquirido o domínio do prédio, consoante o caso, e o interessado acordar quanto aos termos, condições e montante indemnizatório da reversão.

2 – O acordo previsto no número anterior reveste a forma de auto de reversão ou outra forma prevista na lei e segue, com as devidas adaptações, o regime previsto nos artigos 36º e 37º para o auto de expropriação amigável, com as devidas adaptações, devendo conter os elementos exigidos na alínea *b)* do nº 1 do artigo 44º do Código do Registo Predial.

3 – O acordo de reversão, celebrado nos termos do número anterior, constitui título bastante para todos os efeitos legais, incluindo a inscrição matricial, a desanexação e o registo predial.

[1] Aditado pela Lei nº 56/2008, de 4 de setembro.

4 – O pagamento do montante acordado da indemnização da reversão é efectuado directamente à entidade expropriante ou a quem ulteriormente haja adquirido o domínio sobre o bem, consoante o caso.

5 – O acordo de reversão deve ser formalizado no prazo de 90 dias a contar da data da notificação da autorização da reversão.

**Artigo 77º [1] – Pedido de adjudicação**

1 – Não pretendendo recorrer ao acordo previsto no artigo anterior, ou na falta deste, o interessado deduz, no prazo de 120 dias a contar da data da notificação da autorização, perante o tribunal administrativo de círculo da situação do prédio ou da sua maior extensão, o pedido de adjudicação, instruindo a sua pretensão com os seguintes documentos:

*a)* Notificação da autorização da reversão;

*b)* Certidão, passada pela conservatória do registo predial, da descrição do prédio, das inscrições em vigor, incluindo as dos encargos que sobre ele se encontram registados e dos existentes à data da adjudicação do prédio à entidade expropriante ou de que o mesmo se encontra omisso;

*c)* Certidão da inscrição matricial e do valor patrimonial do prédio ou de que o mesmo se encontra omisso;

*d)* Indicação da indemnização satisfeita e da respectiva forma de pagamento;

*e)* Quando for o caso, estimativa, fundamentada em relatório elaborado por perito da lista oficial à sua escolha, do valor das benfeitorias e deteriorações a que se refere o artigo seguinte.

2 – No caso do nº 2 do artigo 74º, o pedido é deduzido pelos vários interessados que, quando necessário, podem indicar o acordo sobre a forma como a adjudicação deverá ser feita, sem prejuízo do disposto no nº 3 do artigo seguinte.

**Artigo 78º – Oposição do expropriante**

1 – A entidade expropriante ou quem ulteriormente haja adquirido o domínio do prédio é citada para os termos do processo, podendo deduzir oposição, no prazo de 20 dias quanto aos montantes da indemnização indicada nos termos da alínea *d)* do nº 1 do artigo anterior e da estimativa a que se refere a alínea *e)* do mesmo número.

[1] Alterado pela Lei nº 56/2008, de 4 de setembro.

2 – Na falta de acordo das partes, o montante a restituir é fixado pelo juiz, precedendo as diligências instrutórias que tiver por necessárias, entre as quais tem obrigatoriamente lugar a avaliação, nos termos previstos para o recurso em processo de expropriação, salvo no que respeita à segunda avaliação, que é sempre possível.

3 – Determinado, com trânsito em julgado, o valor a que se refere o número anterior, o juiz, na falta de acordo mencionado no nº 2 do artigo anterior, determina licitação entre os requerentes.

### Artigo 79º – Adjudicação

1 – Efectuados os depósitos ou as restituições a que haja lugar, o juiz adjudica o prédio ao interessado ou interessados, com os ónus ou encargos existentes à data da declaração de utilidade pública da expropriação e que não hajam caducado definitivamente, que devem ser especificadamente indicados.

2 – Os depósitos são levantados pela entidade expropriante ou por quem ulteriormente haja adquirido o domínio sobre o bem, conforme for o caso.

3 – A adjudicação da propriedade é comunicada pelo tribunal ao conservador do registo predial competente para efeitos de registo oficioso.

## TÍTULO VII – Da requisição

### Artigo 80º – Requisição de imóveis

1 – Em caso de urgente necessidade e sempre que o justifique o interesse público e nacional, podem ser requisitados bens imóveis e direitos a eles inerentes, incluindo os estabelecimentos comerciais ou industriais, objecto de propriedade de entidades privadas, para realização de actividades de manifesto interesse público, adequadas à natureza daqueles, sendo observadas as garantias dos particulares e assegurado o pagamento de justa indemnização.

2 – Salvo o disposto em lei especial, a requisição, interpolada ou sucessiva, de um mesmo imóvel não pode exceder o período de um ano contado nos termos do artigo 279º do Código Civil.

### Artigo 81º – Uso dos imóveis requisitados

1 – Em casos excepcionais, devidamente fundamentados no acto de requisição, os imóveis requisitados podem ser objecto de uso por instituições públicas ou particulares de interesse público.

2 – Para efeitos do presente diploma, consideram-se instituições particulares de interesse público as de utilidade pública administrativa, as de mera utilidade pública e as de solidariedade social.

**Artigo 82º – Acto de requisição**

1 – A requisição depende de prévio reconhecimento da sua necessidade por resolução do Conselho de Ministros, nomeadamente quanto à verificação da urgência e do interesse público e nacional que a fundamentam, observados os princípios da adequação, indispensabilidade e proporcionalidade.

2 – A requisição é determinada mediante portaria do membro do Governo responsável pela área, oficiosamente ou a solicitação de uma das entidades referidas no artigo anterior.

3 – Da portaria que determine a requisição devem constar o respectivo objecto, o início e o termo do uso, o montante mínimo, prazo e entidade responsável pelo pagamento da indemnização, bem como a indicação da entidade beneficiária da requisição, sem prejuízo do disposto no nº 4 do artigo 85º.

4 – A portaria de requisição é publicada na 2ª série do Diário da República e notificada ao proprietário, podendo este reclamar no prazo de 15 dias úteis contado a partir da data da notificação ou da publicação.

**Artigo 83º – Instrução do pedido de requisição**

A requisição a solicitação das entidades referidas no artigo 81º é precedida de requerimento ao ministro responsável pelo sector, que conterá os seguintes elementos:

*a)* Identificação do requerente;

*b)* Natureza e justificação da importância das actividades a prosseguir;

*c)* Indispensabilidade da requisição;

*d)* Prova documental das diligências efectuadas com vista a acordo prévio com o proprietário sobre o uso a dar ao imóvel, com indicação do montante da justa indemnização oferecida e das razões do respectivo inêxito;

*e)* Tempo de duração necessário da requisição;

*f)* Previsão dos encargos a suportar em execução da medida de requisição;

*g)* Entidade responsável pelo pagamento da indemnização devida pela requisição;

*h)* Forma de pagamento da indemnização;

*i)* Documento comprovativo de se encontrar regularizada a sua situação relativamente às suas obrigações fiscais e às contribuições para a segurança social.

**Artigo 84º – Indemnização**

1 – A requisição de bens imóveis confere ao requisitado o direito a receber uma justa indemnização.

2 – A justa indemnização não visa compensar o benefício alcançado pelo requisitante, mas ressarcir o prejuízo que para o requisitado advém da requisição.

3 – A indemnização corresponde a uma justa compensação, tendo em conta o período da requisição, o capital empregue para a construção ou aquisição e manutenção dos bens requisitados e o seu normal rendimento, a depreciação derivada do respectivo uso e, bem assim, o lucro médio que o particular deixa de perceber por virtude de requisição.

4 – A indemnização é fixada:

*a)* Por acordo expresso entre o beneficiário da requisição e o proprietário, nos termos dos artigos 33º e seguintes, com as necessárias adaptações;

*b)* Na falta de acordo, pelo ministro responsável pelo sector, sob proposta do serviço com atribuições na área;

*c)* Se o proprietário não se conformar com o montante fixado nos termos da alínea anterior, pelos tribunais comuns, nos termos previstos para o recurso da decisão arbitral em processo de expropriação litigiosa, salvo no que se refere à segunda avaliação, que é sempre possível.

5 – A indemnização prevista no número anterior não prejudica aquelas a que haja lugar por força do disposto no nº 2 do artigo seguinte.

6 – O pagamento da indemnização tem lugar no prazo mínimo de 60 dias após a publicação do acto de requisição.

**Artigo 85º – Obrigações do beneficiário**

1 – São obrigações da entidade beneficiária da requisição:

*a)* Pagar os encargos financeiros emergentes da requisição no prazo determinado;

*b)* Assegurar os encargos resultantes da realização da actividade;

*c)* Não utilizar o imóvel para fim diverso do constante na requisição;

*d)* Avisar imediatamente o proprietário sempre que tenha conhecimento de vício no imóvel;

*e)* Proceder à retirada de todas as benfeitorias ou materiais que por ela tenham sido colocados no imóvel;

*f)* Restituir o imóvel, no termo da requisição, no estado em que se encontrava.

2 – A entidade a favor de quem se operou a requisição é responsável pelos eventuais danos causados no imóvel requisitado durante o período da requisição, salvo se esses danos resultarem de facto imputável ao proprietário, de vício da coisa ou de caso fortuito ou de força maior.

3 – Quando o requerente for instituição particular de interesse público, deve apresentar documento comprovativo de se encontrar caucionado, nos termos da lei, o fundo indispensável para o pagamento das indemnizações a que haja lugar.

4 – No caso de se tratar de entidade pública, a portaria de requisição deve indicar a rubrica orçamental que suportará o pagamento das indemnizações a que houver lugar e respectiva cativação.

5 – A pretensão presume-se indeferida se no prazo de 15 dias não for proferida decisão.

6 – O serviço público com atribuições na área, na fase de apreciação do requerimento, deve procurar mediar os interesses em causa e, em qualquer caso, proceder à audição prévia dos proprietários dos imóveis requisitados.

7 – No caso previsto no nº 2 aplica-se o disposto no nº 4 do artigo 84º, com as necessárias adaptações.

**Artigo 86º – Direitos e deveres do proprietário**

1 – São direitos do proprietário do imóvel objecto de requisição:

*a)* Usar, com os seus trabalhadores e utentes em geral, durante o período de tempo que durar a requisição, o imóvel, mantendo neste a actividade normal, desde que não se mostre incompatível, afecte, impeça ou, por qualquer modo, perturbe a preparação e a realização da actividade a assegurar;

*b)* Receber as indemnizações a que tenha direito, nos termos do presente diploma.

2 – São deveres do proprietário do imóvel objecto de requisição entregar à entidade a favor de quem se operar a requisição o imóvel requisitado e não perturbar o gozo deste dentro dos limites da requisição.

**Artigo 87º – Recurso contencioso**

Do acto de requisição cabe recurso para os tribunais administrativos, nos termos da lei.

## TÍTULO VIII – Disposições finais

**Artigo 88º [1] – Desistência da expropriação**

1 – Nas expropriações por utilidade pública é lícito à entidade expropriante desistir total ou parcialmente da expropriação enquanto não for investido na propriedade dos bens a expropriar.

2 – No caso de desistência, o expropriado e demais interessados são indemnizados nos termos gerais de direito, considerando-se, para o efeito, iniciada a expropriação a partir da publicação no Diário da República do acto declarativo da utilidade pública.

3 – Se a desistência da expropriação se verificar após a investidura da entidade expropriante na posse dos bens a expropriar, as partes podem converter, por acordo,

o processo litigioso em processo de reversão, previsto nos artigos 74º e seguintes, através de requerimento conjunto a apresentar em juízo.

4 – Sendo o acordo requerido admissível, o tribunal notifica a entidade que declarou a utilidade pública, para informar os autos se autoriza a reversão pretendida pelas partes, ordenando, em caso afirmativo, a sua conversão.

**Artigo 89º – Lista de peritos**

Enquanto não forem publicadas as listas a que se refere o nº 3 do artigo 62º deste Código, mantêm-se transitoriamente em vigor as actuais.

**Artigo 90º – Regiões Autónomas**

1 – Nas Regiões Autónomas dos Açores e da Madeira a declaração de utilidade pública da expropriação de bens pertencentes a particulares ou às autarquias locais é da competência do Governo Regional e reveste a forma de resolução, a publicar no boletim oficial da Região.

2 – A declaração de utilidade pública da expropriação de bens pertencentes à administração central e das necessárias para obras de iniciativa

[1] Alterado pela Lei nº 56/2008, de 4 de setembro.

do Estado ou de serviços dependentes do Governo da República é da competência do Ministro da República, sendo publicada na 2ª série do Diário da República[1].

## Artigo 91º – Expropriação de bens móveis

1 – Nos casos em que a lei autorize a expropriação de bens móveis materiais, designadamente no artigo 16º da Lei nº 13/85, de 6 de Julho, pode haver lugar a posse administrativa, imediatamente depois de vistoria *ad perpetuam rei memoriam*, sem dependência de qualquer outra formalidade, seguindo-se quanto ao mais, nomeadamente quanto à fixação e ao pagamento da justa indemnização, a tramitação prevista para os processos de expropriação litigiosa, aplicando-se o disposto no nº 5 do artigo 20º, com as necessárias adaptações.

2 – A entidade expropriante solicita ao presidente do tribunal da Relação do lugar do domicílio do expropriado a nomeação de um perito com formação adequada para proceder à vistoria *ad perpetuam rei memoriam*, podendo sugerir nomes para o efeito.

3 – Os árbitros e o perito são livremente designados pelo presidente do tribunal da Relação do lugar da situação do bem no momento de declaração de utilidade pública de entre indivíduos com a especialização adequada.

4 – A designação do perito envolve a autorização para este entrar no local onde se encontra o bem, acompanhado de representantes da entidade expropriante, a fim de proceder à vistoria *ad perpetuam rei memoriam*, se necessário com o auxílio de força policial.

5 – O auto de vistoria *ad perpetuam rei memoriam* descreve o bem com a necessária minúcia.

6 – A entidade expropriante poderá recorrer ao auxílio de força policial para tomar posse do bem.

7 – É competente para conhecer do recurso da arbitragem o tribunal da comarca do domicílio ou da sede do expropriado.

## Artigo 92º – Aplicação subsidiária do processo de expropriação

1 – Sempre que a lei mande aplicar o processo de expropriação para determinar o valor de um bem, designadamente no caso de não aceitação

[1] Atualmente, na sequência do artigo 230º da Constituição, na versão decorrente da Revisão Constitucional de 2004, e da Lei nº 30/2008, de 10 de julho, a representação da República em cada uma das regiões autónomas passou a caber ao Representante da República.

do preço convencionado de acordo com o regime do direito legal de preferência, aplica-se, com as necessárias adaptações, o disposto nos artigos 42º e seguintes do presente Código, sem precedência de declaração de utilidade pública, valendo como tal, para efeitos de contagem de prazos, o requerimento a que se refere o nº 3 do artigo 42º.

2 – Salvo no caso de o exercício do direito legal de preferência se encontrar associado à existência de medidas preventivas, legalmente estabelecidas, a não aceitação do preço convencionado só é possível quando o valor do terreno, de acordo com avaliação preliminar efectuada por perito da lista oficial, de livre escolha do preferente, seja inferior àquele em, pelo menos, 20%.

3 – Qualquer das partes do negócio projectado pode desistir deste; a notificação da desistência ao preferente faz cessar o respectivo direito.

4 – Pode também o preferente desistir do seu direito, mediante notificação às partes do negócio projectado.

**Artigo 93º[1] – Áreas de desenvolvimento urbano prioritário e de construção prioritária**

1 – Os bens dos participantes que se recusem a outorgar qualquer acto ou contrato previsto no regime jurídico das áreas de desenvolvimento urbano prioritário ou de construção prioritária, ou nos respectivos instrumentos reguladores, são expropriados com fundamento na utilidade pública da operação e integrados na participação do município.

2 – A expropriação segue os termos previstos no presente Código com as seguintes modificações:

*a)* É dispensada a declaração de utilidade pública, valendo como tal, para efeitos de contagem de prazos, o requerimento a que se refere o nº 3 do artigo 42º;

*b)* A indemnização é calculada com referência à data em que o expropriado tiver sido convocado para decidir sobre a aceitação da operação.

[1] O regime das áreas de desenvolvimento urbano prioritário e de construção prioritária, que constava do Decreto-Lei nº 152/82, de 3 de maio, alterado pelo Decreto-Lei nº 210/83, de 23 de maio, foi revogado pelo artigo 83º, alínea *d)*, da Lei de Bases Gerais da Política Pública de Solos, de Ordenamento do Território e de Urbanismo, constante da Lei nº 31/2014, de 30 de maio, alterada pela Lei nº 74/2017, de 16 de agosto.

## Artigo 94º - Expropriação para fins de composição urbana

1 - As expropriações previstas nos nºs 1 e 5 do artigo 48º do Decreto--Lei nº 794/76, de 5 de Novembro, seguem os termos previstos no presente Código, com as seguintes modificações[1]:

*a)* É dispensada a declaração de utilidade pública, valendo como tal, para efeitos de contagem de prazos, o requerimento a que se refere o nº 3 do artigo 42º;

*b)* A indemnização é calculada com referência à data em que o expropriado tiver sido notificado nos termos do nº 1 do artigo 48º do Decreto--Lei nº 794/76;

*c)* Os terrenos e prédios urbanos expropriados podem ser alienados, nos termos da lei, para realização dos fins prosseguidos pelos nºs 1 e 5 do artigo 48º do Decreto-Lei nº 794/76, sem direito à reversão nem ao exercício de preferência;

*d)* Os depósitos em processo litigioso serão efectuados por força das receitas da operação, sendo actualizados nos termos dos nºs 1 a 3 do artigo 24º.

2 - Para efeitos do disposto na alínea *d)* do número anterior, deve a entidade expropriante informar o tribunal das datas previstas e efectivas do recebimento das receitas.

## Artigo 95º - Áreas com construções não licenciadas

Na expropriação de terrenos que por facto do proprietário estejam total ou parcialmente ocupados com construções não licenciadas, cujos moradores devam vir a ser desalojados e ou realojados pela administração central ou local, o valor do solo desocupado é calculado nos termos gerais, mas com dedução do custo estimado das demolições e dos desalojamentos necessários para o efeito.

## Artigo 96º - Expropriação requerida pelo proprietário

Nos casos em que, em consequência de disposição especial, o proprietário tem o direito de requerer a expropriação de bens próprios, não há

[1] O Decreto-Lei nº 794/76, de 5 de novembro, alterado pelos Decretos-Leis nºs 313/80, de 19 de agosto, 400/84, de 31 de dezembro, e 307/2009, de 23 de outubro, foi revogado pelo artigo 83º, alínea *b)*, da Lei de Bases Gerais da Política Pública de Solos, de Ordenamento do Território e de Urbanismo, constante da Lei nº 31/2014, de 30 de maio, alterada pela Lei nº 74/2017, de 16 de agosto.

lugar a declaração de utilidade pública, valendo como tal, para efeitos de contagem de prazos, o requerimento a que se refere o nº 3 do artigo 42º.

**Artigo 97º – Dever de informação**

A entidade expropriante é obrigada a comunicar à repartição de finanças competente e ao Instituto Nacional de Estatística o valor atribuído aos imóveis no auto ou na escritura de expropriação amigável ou na decisão final do processo litigioso.

**Artigo 98º – Contagem de prazos não judiciais**

1 – Os prazos não judiciais fixados no presente Código contam-se, salvo disposição especial, nos termos dos artigos 72º e 73º do Código do Procedimento Administrativo, independentemente da natureza da entidade expropriante.

2 – Os prazos judiciais fixados no presente Código contam-se nos termos do disposto no Código de Processo Civil.

# VI. Urbanização e Edificação

## Regime Jurídico da Urbanização e Edificação (RJUE)

## Decreto-Lei nº 555/99, de 16 de dezembro, alterado e republicado pelo Decreto-Lei nº 136/2014, de 9 de setembro, retificado pela Declaração de Retificação nº 46-A/2014, de 10 de novembro, e alterado pelo artigo 7º do Decreto-Lei nº 214-G/2015, de 2 de outubro, pelo Decreto-Lei nº 97/2017, de 10 de agosto, pela Lei nº 79/2017, de 18 de agosto, pelo Decreto-Lei nº 121/2018, de 28 de dezembro, pelo Decreto-Lei nº 66/2019, de 21 de maio, e pela Lei nº 118/2019, de 17 de setembro

### CAPÍTULO I – Disposições preliminares

**Artigo 1º – Objeto**

O presente diploma estabelece o regime jurídico da urbanização e da edificação.

**Artigo 2º [1]– Definições**

Para efeitos do presente diploma, entende-se por:

*a)* «Edificação», a atividade ou o resultado da construção, reconstrução, ampliação, alteração ou conservação de um imóvel destinado a utili-

[1] A Lei nº 41/2015, de 3 de junho, alterada pela Lei nº 25/2018, de 14 de junho, estabelece o regime jurídico do exercício da atividade da construção, aplicando-se a todas as pessoas singulares e coletivas que executem obras públicas ou particulares em território nacional.

zação humana, bem como de qualquer outra construção que se incorpore no solo com caráter de permanência;

*b)* «Obras de construção», as obras de criação de novas edificações;

*c)* «Obras de reconstrução», as obras de construção subsequentes à demolição, total ou parcial, de uma edificação existente, das quais resulte a reconstituição da estrutura das fachadas;

*d)* «Obras de alteração», as obras de que resulte a modificação das características físicas de uma edificação existente, ou sua fração, designadamente a respetiva estrutura resistente, o número de fogos ou divisões interiores, ou a natureza e cor dos materiais de revestimento exterior, sem aumento da área total de construção, da área de implantação ou da altura da fachada;

*e)* «Obras de ampliação», as obras de que resulte o aumento da área de implantação, da área total de construção, da altura da fachada ou do volume de uma edificação existente;

*f)* «Obras de conservação», as obras destinadas a manter uma edificação nas condições existentes à data da sua construção, reconstrução, ampliação ou alteração, designadamente as obras de restauro, reparação ou limpeza;

*g)* «Obras de demolição», as obras de destruição, total ou parcial, de uma edificação existente;

*h)* «Obras de urbanização», as obras de criação e remodelação de infraestruturas destinadas a servir diretamente os espaços urbanos ou as edificações, designadamente arruamentos viários e pedonais, redes de esgotos e de abastecimento de água, eletricidade, gás e telecomunicações, e ainda espaços verdes e outros espaços de utilização coletiva;

*i)* «Operações de loteamento», as ações que tenham por objeto ou por efeito a constituição de um ou mais lotes destinados, imediata ou subsequentemente, à edificação urbana e que resulte da divisão de um ou vários prédios ou do seu reparcelamento;

*j)* «Operações urbanísticas», as operações materiais de urbanização, de edificação, utilização dos edifícios ou do solo desde que, neste último caso, para fins não exclusivamente agrícolas, pecuários, florestais, mineiros ou de abastecimento público de água;

*l)* «Obras de escassa relevância urbanística», as obras de edificação ou demolição que, pela sua natureza, dimensão ou localização tenham escasso impacte urbanístico;

*m)* «Trabalhos de remodelação dos terrenos», as operações urbanísticas não compreendidas nas alíneas anteriores que impliquem a destruição do revestimento vegetal, a alteração do relevo natural e das camadas de solo arável ou o derrube de árvores de alto porte ou em maciço para fins não exclusivamente agrícolas, pecuários, florestais ou mineiros;

*n)* *[Revogada]*;

*o)* «Zona urbana consolidada», a zona caracterizada por uma densidade de ocupação que permite identificar uma malha ou estrutura urbana já definida, onde existem as infraestruturas essenciais e onde se encontram definidos os alinhamentos dos planos marginais por edificações em continuidade.

*p)*[1] «Arrendamento forçado», o arrendamento de edifícios ou frações autónomas, assumido por uma entidade administrativa, pelo prazo estritamente necessário para o efeito, com o objetivo de garantir o ressarcimento das despesas incorridas com a realização de obras coercivas, através do recebimento das rendas relativas a contrato previamente existente à intervenção que se mantenha em vigor ou, quando este não exista ou tenha cessado a sua vigência, pela celebração de novo contrato.

## Artigo 3º – Regulamentos municipais

1 – No exercício do seu poder regulamentar próprio, os municípios aprovam regulamentos municipais de urbanização e ou de edificação, bem como regulamentos relativos ao lançamento e liquidação das taxas e prestação de caução que, nos termos da lei, sejam devidas pela realização de operações urbanísticas.

2 – Os regulamentos previstos no número anterior devem ter como objetivo a concretização e execução do presente diploma, designadamente:

*a)* Concretizar quais as obras de escassa relevância urbanística para efeitos de delimitação das situações isentas de controlo prévio;

*b)* Pormenorizar, sempre que possível, os aspetos que envolvam a formulação de valorações próprias do exercício da função administrativa, em especial os aspetos morfológicos e estéticos a que devem obedecer os projetos de urbanização e edificação, assim como as condições exigíveis para avaliar a idoneidade da utilização dos edifícios e suas frações;

[1] Aditado pelo Decreto-Lei nº 66/2019, de 21 de maio, aprovado no uso da autorização legislativa concedida pela Lei nº 71/2018, de 31 de dezembro.

*c)* Disciplinar os aspetos relativos ao projeto, execução, receção e conservação das obras e serviços de urbanização, podendo, em particular, estabelecer normas para o controlo da qualidade da execução e fixar critérios morfológicos e estéticos a que os projetos devam conformar-se;

*d)* Disciplinar os aspetos relativos à segurança, funcionalidade, economia, harmonia e equilíbrio socioambiental, estética, qualidade, conservação e utilização dos edifícios, suas frações e demais construções e instalações;

*e)* Fixar os critérios e trâmites do reconhecimento de que as edificações construídas se conformam com as regras em vigor à data da sua construção, assim como do licenciamento ou comunicação prévia de obras de reconstrução ou de alteração das edificações para efeitos da aplicação do regime da garantia das edificações existentes;

*f)* Fixar os montantes das taxas a cobrar;

*g)* Indicar a instituição e o número da conta bancária do município onde é possível efetuar o depósito dos montantes das taxas devidas, identificando o órgão à ordem do qual é efetuado o pagamento;

*h)* Condições a observar na execução de operações urbanísticas objeto de comunicação prévia;

*i)* Determinar quais os atos e operações que devem estar submetidos a discussão pública, designadamente, concretizar as operações de loteamento com significativa relevância urbanística e definir os termos do procedimento da sua discussão;

*j)* Regular outros aspetos relativos à urbanização e edificação cuja disciplina não esteja reservada por lei a instrumentos de gestão territorial.

3 – Os projetos dos regulamentos referidos no nº 1 são submetidos a discussão pública, por prazo não inferior a 30 dias, antes da sua aprovação pelos órgãos municipais.

4 – Os regulamentos referidos no nº 1 são objeto de publicação na 2ª série do Diário da República, sem prejuízo das demais formas de publicidade previstas na lei.

## CAPÍTULO II – Controlo prévio

### SECÇÃO I – Âmbito e competência

#### Artigo 4º – Licença, comunicação prévia e autorização de utilização

1 – A realização de operações urbanísticas depende de licença, comunicação prévia com prazo, adiante designada abreviadamente por comu-

nicação prévia ou comunicação, ou autorização de utilização, nos termos e com as exceções constantes da presente secção.

2 – Estão sujeitas a licença administrativa:

*a)* As operações de loteamento;

*b)* As obras de urbanização e os trabalhos de remodelação de terrenos em área não abrangida por operação de loteamento;

*c)* As obras de construção, de alteração ou de ampliação em área não abrangida por operação de loteamento ou por plano de pormenor;

*d)* As obras de conservação, reconstrução, ampliação, alteração ou demolição de imóveis classificados ou em vias de classificação, bem como de imóveis integrados em conjuntos ou sítios classificados ou em vias de classificação, e as obras de construção, reconstrução, ampliação, alteração exterior ou demolição de imóveis situados em zonas de proteção de imóveis classificados ou em vias de classificação;

*e)* Obras de reconstrução das quais resulte um aumento da altura da fachada ou do número de pisos;

*f)* As obras de demolição das edificações que não se encontrem previstas em licença de obras de reconstrução;

*g)* *[Revogada]*;

*h)* As obras de construção, reconstrução, ampliação, alteração ou demolição de imóveis em áreas sujeitas a servidão administrativa ou restrição de utilidade pública, sem prejuízo do disposto em legislação especial;

i) Operações urbanísticas das quais resulte a remoção de azulejos de fachada, independentemente da sua confrontação com a via pública ou logradouros[1];

*j)* As demais operações urbanísticas que não estejam sujeitas a comunicação prévia ou isentas de controlo prévio, nos termos do presente diploma[2].

3 – A sujeição a licenciamento dos atos de reparcelamento da propriedade de que resultem parcelas não destinadas imediatamente a urbanização ou edificação depende da vontade dos proprietários.

4 – Estão sujeitas a comunicação prévia as seguintes operações urbanísticas:

*a)* As obras de reconstrução das quais não resulte um aumento da altura da fachada ou do número de pisos;

[1] Aditado pela Lei nº 79/2017, de 18 de agosto.

[2] Enumeração da Lei nº 79/2017, de 18 de agosto.

*b)* As obras de urbanização e os trabalhos de remodelação de terrenos em área abrangida por operação de loteamento;

*c)* As obras de construção, de alteração ou de ampliação em área abrangida por operação de loteamento ou plano de pormenor;

*d)* As obras de construção, de alteração ou de ampliação em zona urbana consolidada que respeitem os planos municipais ou intermunicipais e das quais não resulte edificação com cércea superior à altura mais frequente das fachadas da frente edificada do lado do arruamento onde se integra a nova edificação, no troço de rua compreendido entre as duas transversais mais próximas, para um e para outro lado;

*e)* A edificação de piscinas associadas a edificação principal;

*f)* As operações urbanísticas precedidas de informação prévia favorável, nos termos dos nºs 2 e 3 do artigo 14º;

*g)* *[Revogada]*;

*h)* *[Revogada]*.

*i)*[1] As obras resultantes de uma intimação da câmara municipal, nos termos previsto no artigo 90º-A.

5 – Está sujeita a autorização a utilização dos edifícios ou suas frações, bem como as alterações da utilização dos mesmos.

6 – Nas operações urbanísticas sujeitas a comunicação prévia pode o interessado, no requerimento inicial, optar pelo regime de licenciamento.

### Artigo 5º – Competência

1 – A concessão da licença prevista no nº 2 do artigo anterior é da competência da câmara municipal, com faculdade de delegação no presidente e de subdelegação deste nos vereadores.

2 – *[Revogado]*.

3 – A concessão da autorização prevista no nº 5 do artigo anterior é da competência do presidente da câmara, podendo ser delegada nos vereadores, com faculdade de subdelegação, ou nos dirigentes dos serviços municipais.

4 – A aprovação da informação prévia regulada no presente diploma é da competência da câmara municipal, podendo ser delegada no seu presidente, com faculdade de subdelegação nos vereadores.

[1] Aditado pelo Decreto-Lei nº 66/2019, de 21 de maio, aprovado no uso da autorização legislativa concedida pela Lei nº 71/2018, de 31 de dezembro.

**Artigo 6º – Isenção de controlo prévio**

1 – Sem prejuízo do disposto na alínea *d)* do nº 2 do artigo 4º, estão isentas de controlo prévio:

*a)* As obras de conservação;

*b)* As obras de alteração no interior de edifícios ou suas frações que não impliquem modificações na estrutura de estabilidade, das cérceas, da forma das fachadas e da forma dos telhados ou coberturas;

*c)* As obras de escassa relevância urbanística;

*d)* Os destaques referidos nos nºs 4 e 5 do presente artigo.

2 – *[Revogado].*

3 – *[Revogado].*

4 – Os atos que tenham por efeito o destaque de uma única parcela de prédio com descrição predial que se situe em perímetro urbano estão isentos de licença desde que as duas parcelas resultantes do destaque confrontem com arruamentos públicos.

5 – Nas áreas situadas fora dos perímetros urbanos, os atos a que se refere o número anterior estão isentos de licença quando, cumulativamente, se mostrem cumpridas as seguintes condições:

*a)* Na parcela destacada só seja construído edifício que se destine exclusivamente a fins habitacionais e que não tenha mais de dois fogos;

*b)* Na parcela restante se respeite a área mínima fixada no projeto de intervenção em espaço rural em vigor ou, quando aquele não exista, a área de unidade de cultura fixada nos termos da lei geral para a região respetiva.

6 – Nos casos referidos nos nºs 4 e 5 não é permitido efetuar na área correspondente ao prédio originário novo destaque nos termos aí referidos por um prazo de 10 anos contados da data do destaque anterior.

7 – O condicionamento da construção bem como o ónus do não fracionamento previstos nos nºs 5 e 6 devem ser inscritos no registo predial sobre as parcelas resultantes do destaque, sem o que não pode ser licenciada ou comunicada qualquer obra de construção nessas parcelas.

8 – O disposto no presente artigo não isenta a realização das operações urbanísticas nele previstas da observância das normas legais e regulamentares aplicáveis, designadamente as constantes de planos municipais, intermunicipais ou especiais de ordenamento do território, de servidões ou restrições de utilidade pública, as normas técnicas de construção, as de proteção do património cultural imóvel, e a obrigação de comunicação prévia nos termos do artigo 24º do Decreto-Lei nº 73/2009, de 31 de março, que estabelece o regime jurídico da Reserva Agrícola Nacional.

9 – A certidão emitida pela câmara municipal comprovativa da verificação dos requisitos do destaque constitui documento bastante para efeitos de registo predial da parcela destacada.

10 – Os atos que tenham por efeito o destaque de parcela com descrição predial que se situe em perímetro urbano e fora deste devem observar o disposto nos nºs 4 ou 5, consoante a localização da parcela a destacar, ou, se também ela se situar em perímetro urbano e fora deste, consoante a localização da área maior.

### Artigo 6º-A – Obras de escassa relevância urbanística

1 – São obras de escassa relevância urbanística:

*a)* As edificações, contíguas ou não, ao edifício principal com altura não superior a 2,2 m ou, em alternativa, à cércea do rés do chão do edifício principal com área igual ou inferior a 10 m2 e que não confinem com a via pública;

*b)* A edificação de muros de vedação até 1,8 m de altura que não confinem com a via pública e de muros de suporte de terras até uma altura de 2 m ou que não alterem significativamente a topografia dos terrenos existentes;

*c)* A edificação de estufas de jardim com altura inferior a 3 m e área igual ou inferior a 20 m2;

*d)* As pequenas obras de arranjo e melhoramento da área envolvente das edificações que não afetem área do domínio público;

*e)* A edificação de equipamento lúdico ou de lazer associado a edificação principal com área inferior à desta última;

*f)* A demolição das edificações referidas nas alíneas anteriores;

*g)* A instalação de painéis solares fotovoltaicos ou geradores eólicos associada a edificação principal, para produção de energias renováveis, incluindo de microprodução, que não excedam, no primeiro caso, a área de cobertura da edificação e a cércea desta em 1 m de altura, e, no segundo, a cércea da mesma em 4 m e que o equipamento gerador não tenha raio superior a 1,5 m, bem como de coletores solares térmicos para aquecimento de águas sanitárias que não excedam os limites previstos para os painéis solares fotovoltaicos;

*h)* A substituição dos materiais de revestimento exterior ou de cobertura ou telhado por outros que, conferindo acabamento exterior idêntico ao original, promovam a eficiência energética;

*i)* Outras obras, como tal qualificadas em regulamento municipal.

2 – Excetuam-se do disposto no número anterior as obras e instalações em:

*a)* Imóveis classificados ou em vias de classificação, de interesse nacional ou de interesse público;

*b)* Imóveis situados em zonas de proteção de imóveis classificados ou em vias de classificação;

*c)* Imóveis integrados em conjuntos ou sítios classificados ou em vias de classificação.

3 – O regulamento municipal a que se refere a alínea *i)* do nº 1 pode estabelecer limites além dos previstos nas alíneas *a)* a *c)* do mesmo número.

4 – A descrição predial pode ser atualizada mediante declaração de realização de obras de escassa relevância urbanística nos termos do presente diploma.

5 – A instalação de geradores eólicos referida na alínea *g)* do nº 1 é precedida de notificação à câmara municipal.

6 – A notificação prevista no número anterior destina-se a dar conhecimento à câmara municipal da instalação do equipamento e deve ser instruída com:

*a)* A localização do equipamento;

*b)* A cércea e raio do equipamento;

*c)* O nível de ruído produzido pelo equipamento;

*d)* Termo de responsabilidade onde o apresentante da notificação declare conhecer e cumprir as normas legais e regulamentares aplicáveis à instalação de geradores eólicos.

## Artigo 7º – Operações urbanísticas promovidas pela Administração Pública

1 – Estão igualmente isentas de controlo prévio:

*a)* As operações urbanísticas promovidas pelas autarquias locais e suas associações em área abrangida por plano municipal ou intermunicipal de ordenamento do território;

*b)* As operações urbanísticas promovidas pelo Estado relativas a equipamentos ou infraestruturas destinados à instalação de serviços públicos ou afetos ao uso direto e imediato do público, sem prejuízo do disposto no nº 4;

*c)* As obras de edificação ou demolição promovidas por institutos públicos ou entidades da Administração Pública que tenham por atribuições específicas a salvaguarda do património cultural ou a promoção e gestão do parque habitacional do Estado e que estejam diretamente relacionadas com a prossecução destas atribuições;

*d)* As obras de edificação ou demolição promovidas por entidades públicas que tenham por atribuições específicas a administração das áreas portuárias ou do domínio público ferroviário ou aeroportuário, quando realizadas na respetiva área de jurisdição e diretamente relacionadas com a prossecução daquelas atribuições;

*e)* As obras de edificação ou de demolição e os trabalhos promovidos por entidades concessionárias de obras ou serviços públicos, quando se reconduzam à prossecução do objeto da concessão;

*f)* As operações urbanísticas promovidas por empresas públicas relativamente a parques empresariais e similares, nomeadamente zonas empresariais responsáveis (ZER), zonas industriais e de logística.

2 – A execução das operações urbanísticas previstas no número anterior, com exceção das promovidas pelos municípios, fica sujeita a parecer prévio não vinculativo da câmara municipal, que deve ser emitido no prazo de 20 dias a contar da data da receção do respetivo pedido.

3 – As operações de loteamento e as obras de urbanização promovidas pelas autarquias locais e suas associações em área não abrangida por plano municipal ou intermunicipal de ordenamento do território devem ser previamente autorizadas pela assembleia municipal, depois de submetidas a parecer prévio não vinculativo da Comissão de Coordenação e Desenvolvimento Regional (CCDR), a qual deve pronunciar-se no prazo de 20 dias a contar da receção do respetivo pedido.

4 – As operações de loteamento e as obras de urbanização promovidas pelo Estado devem ser previamente autorizadas pelo ministro da tutela e pelo ministro responsável pelo ordenamento do território, depois de ouvida a câmara municipal, a qual se deve pronunciar no prazo de 20 dias após a receção do respetivo pedido.

5 – As operações de loteamento e as obras de urbanização promovidas pelas autarquias locais e suas associações ou pelo Estado, em área não abrangida por plano de urbanização ou plano de pormenor, são submetidas a discussão pública, nos termos estabelecidos no regime jurídico dos instrumentos de gestão territorial, com as necessárias adaptações, exceto no que se refere aos períodos de anúncio e de duração da discussão pública que são, respetivamente, de 8 e de 15 dias.

6 – A realização das operações urbanísticas previstas neste artigo deve observar as normas legais e regulamentares que lhes forem aplicáveis, designadamente as constantes de instrumento de gestão territorial, do regime jurídico de proteção do património cultural, do regime jurídico aplicável à gestão de resíduos de construção e demolição, e as normas técnicas de construção.

7 – À realização das operações urbanísticas previstas no presente artigo aplica-se o disposto no presente diploma no que se refere ao termo de responsabilidade, à publicitação do início e do fim das operações urbanísticas e ao pagamento de taxas urbanísticas, o qual deve ser realizado por autoliquidação antes do início da obra, nos termos previstos nos regulamentos municipais referidos no artigo 3º.

8 – As operações urbanísticas previstas no presente artigo só podem iniciar-se depois de emitidos os pareceres ou autorizações referidos no presente artigo ou após o decurso dos prazos fixados para a respetiva emissão.

9 – Até cinco dias antes do início das obras que estejam isentas de controlo prévio, nos termos do presente artigo, o interessado deve notificar a câmara municipal dessa intenção, comunicando também a identidade da pessoa, singular ou coletiva, encarregada da execução dos mesmos, para efeitos de eventual fiscalização e de operações de gestão de resíduos de construção e demolição.

## SECÇÃO II – Formas de procedimento

### SUBSECÇÃO I – Disposições gerais

#### Artigo 8º – Procedimento

1 – O controlo prévio das operações urbanísticas obedece às formas de procedimento previstas na presente secção, devendo ainda ser observadas as condições especiais de licenciamento previstas na secção iii do presente capítulo.

2 – Sem prejuízo das competências do gestor de procedimento, a direção da instrução do procedimento compete ao presidente da câmara municipal, podendo ser delegada nos vereadores, com faculdade de subdelegação nos dirigentes dos serviços municipais.

3 – Cada procedimento é acompanhado por gestor de procedimento, a quem compete assegurar o normal desenvolvimento da tramitação pro-

cessual, acompanhando, nomeadamente, a instrução, o cumprimento de prazos, a prestação de informação e os esclarecimentos aos interessados.

4 – O comprovativo eletrónico de apresentação do requerimento de licenciamento, informação prévia ou comunicação prévia contém a identificação do gestor do procedimento, bem como a indicação do local, do horário e da forma pelo qual pode ser contactado.

5 – Em caso de substituição do gestor de procedimento, é notificada ao interessado a identidade do novo gestor, bem como os elementos referidos no número anterior.

### Artigo 8º-A – Tramitação do procedimento através de sistema eletrónico

1 – A tramitação dos procedimentos previstos no presente diploma é realizada informaticamente através de plataforma eletrónica, nos termos a regulamentar em portaria dos membros do Governo responsáveis pelas áreas da modernização administrativa, das autarquias locais e do ordenamento do território.

2 – A tramitação dos procedimentos previstos no presente diploma na plataforma eletrónica referida no número anterior permite, nos termos a fixar na portaria aí referida, nomeadamente[1]:

*a)* A entrega de requerimentos e comunicações;

*b)* A consulta pelos interessados do estado dos procedimentos;

*c)* A submissão dos procedimentos a consulta por entidades externas ao município;

*d)* A obtenção de comprovativos automáticos de submissão de requerimentos e comunicações e de ocorrência de deferimento tácito, quando decorridos os respetivos prazos legais;

*e)* A disponibilização de informação relativa aos procedimentos de comunicação prévia para efeitos de registo predial e matricial.

3 – No caso de instalação ou alteração de estabelecimentos abrangidos pelo Decreto-Lei nº 48/2011, de 1 de abril, alterado pelo Decreto-Lei nº 141/2012, de 11 de julho, ou pelo Decreto-Lei nº 169/2012, de 1 de agosto, que envolvam operações urbanísticas sujeitas aos procedimentos previstos no artigo 4º do presente decreto-lei, tais procedimentos, bem como os

[1] A Portaria nº 216-A/2008, de 3 de março, regulamenta o funcionamento do sistema informático previsto no nº 2 do artigo 8º-A do Decreto-Lei nº 555/99, de 16 de dezembro.

documentos necessários à sua instrução, podem ser iniciados através do balcão eletrónico previsto nos referidos diplomas, adiante designado por «Balcão do Empreendedor».

4 – A integração da plataforma eletrónica referida no nº 1 com o balcão único eletrónico dos serviços a que se referem os artigos 5º e 6º do Decreto-Lei nº 92/2010, de 26 de julho, com o «Balcão do Empreendedor» e com todas as entidades externas com competências para intervir e se pronunciar no âmbito dos procedimentos regulados pelo presente diploma é regulada por portaria dos membros do Governo responsáveis pelas áreas da economia, da administração local, da modernização administrativa e do ordenamento do território, tendo em conta, na interoperabilidade com sistemas externos às integrações já presentes no SIRJUE, as plataformas já existentes na Administração Pública, nomeadamente a plataforma de interoperabilidade da administração pública e o previsto no regulamento nacional da interoperabilidade digital.

5 – A apresentação de requerimentos deve assegurar que o acesso à plataforma pelos seus utilizadores é feito mediante mecanismos de autenticação proporcional às operações em causa, havendo lugar a autenticação nos termos definidos na portaria referida no número anterior.

6 – Nas situações de inexistência ou indisponibilidade do sistema informático, os procedimentos podem decorrer com recurso a outros suportes digitais, ou com recurso ao papel.

7 – Nos casos previstos no número anterior, o processo administrativo ou os seus elementos entregues através de outros suportes digitais ou em papel são obrigatoriamente integrados no sistema informático pelos serviços requeridos, após a cessação da situação de inexistência ou indisponibilidade do sistema informático.

**Artigo 9º – Requerimento e comunicação**

1 – Salvo disposição em contrário, os procedimentos previstos no presente diploma iniciam-se através de requerimento ou comunicação apresentados com recurso a meios eletrónicos e através do sistema previsto no artigo anterior, dirigidos ao presidente da câmara municipal, dos quais devem constar a identificação do requerente ou comunicante, incluindo o domicílio ou sede, bem como a indicação da qualidade de titular de qualquer direito que lhe confira a faculdade de realizar a operação urbanística.

2 – Do requerimento ou comunicação consta igualmente a indicação do pedido ou objeto em termos claros e precisos, identificando o tipo de operação urbanística a realizar por referência ao disposto no artigo 2º, bem como a respetiva localização.

3 – Quando respeite a mais de um dos tipos de operações urbanísticas referidos no artigo 2º diretamente relacionadas, devem ser identificadas todas as operações abrangidas, aplicando-se neste caso a forma de procedimento correspondente a cada tipo de operação, sem prejuízo da tramitação e apreciação conjunta.

4 – O pedido ou comunicação é acompanhado dos elementos instrutórios previstos em portaria aprovada pelos ministros responsáveis pelas obras públicas e pelo ordenamento do território, para além dos documentos especialmente referidos no presente diploma[1].

5 – *[Revogado]*.

6 – Com a apresentação de requerimento ou comunicação, ou nas situações referidas no nº 6 do artigo anterior, quando cesse a inexistência ou indisponibilidade, é emitido comprovativo eletrónico.

7 – No requerimento inicial pode o interessado solicitar a indicação das entidades que, nos termos da lei, devam emitir parecer, autorização ou aprovação relativamente ao pedido apresentado, sendo-lhe prestada tal informação no prazo de 15 dias, através do sistema informático a que se refere o artigo anterior, sem prejuízo do disposto no artigo 121º.

8 – O disposto no número anterior não se aplica nos casos de rejeição liminar do pedido, nos termos do disposto no artigo 11º.

9 – O gestor do procedimento regista no processo a junção subsequente de quaisquer novos documentos e a data das consultas a entidades exteriores ao município e da receção das respetivas respostas, quando for caso disso, bem como a data e o teor das decisões dos órgãos municipais.

10 – A substituição do requerente ou comunicante, do titular do alvará de construção ou do título de registo emitidos pelo Instituto da Construção e do Imobiliário, I. P. (InCI, I. P.)[2], do responsável por qualquer dos proje-

[1] A Portaria nº 113/2015, de 22 de abril, identifica os elementos instrutórios dos procedimentos previstos no Regime Jurídico da Urbanização e Edificação (RJUE), aprovado pelo Decreto-Lei nº 555/99, de 16 de dezembro, alterado e republicado pelo Decreto-Lei nº 136/2014, de 9 de setembro.

[2] Atualmente, Instituto dos Mercados Públicos, do Imobiliário e da Construção, I. P., abreviadamente designado por IMPIC, I. P., cuja orgânica foi aprovada pelo Decreto-Lei nº

tos apresentados, do diretor de obra ou do diretor de fiscalização de obra deve ser comunicada ao gestor do procedimento para que este proceda ao respetivo averbamento no prazo de 15 dias a contar da data da substituição.

11 – Cabe ao gestor do procedimento verificar a adequação das habilitações do titular do alvará de construção ou do título de registo emitidos pelo InCI, I. P., à natureza e à estimativa de custo da operação urbanística.

## Artigo 10º [1]– Termo de responsabilidade

1 – O requerimento ou comunicação é sempre instruído com declaração dos autores dos projetos, da qual conste que foram observadas na elaboração dos mesmos as normas legais e regulamentares aplicáveis, designadamente as normas técnicas de construção em vigor, e do coordenador dos projetos, que ateste a compatibilidade entre os mesmos.

2 – Das declarações mencionadas no número anterior deve, ainda, constar referência à conformidade do projeto com os planos municipais ou intermunicipais de ordenamento do território aplicáveis à pretensão, bem como com a licença de loteamento, quando exista.

3 – Sem prejuízo do disposto no número seguinte e em legislação especial, só podem subscrever projetos os técnicos legalmente habilitados que se encontrem inscritos em associação pública de natureza profissional e que façam prova da validade da sua inscrição aquando da apresentação do requerimento inicial.

4 – Os técnicos cuja atividade não esteja abrangida por associação pública podem subscrever os projetos para os quais possuam habilitação adequada, nos termos do disposto no regime da qualificação profissional exigível aos técnicos responsáveis pela elaboração e subscrição de projetos ou em legislação especial relativa a organismo público legalmente reconhecido.

232/2015, de 13 de outubro , e que tem por missão regular e fiscalizar o setor da construção e do imobiliário, dinamizar, supervisionar e regulamentar as atividades desenvolvidas neste setor, produzir informação estatística e análises setoriais e assegurar a atuação coordenada dos organismos estatais no setor, bem como a regulação dos contratos públicos.

[1] A Lei nº 31/2009, de 3 de julho, alterada pelas Leis nºs 40/2015, de 1 de junho, e 25/2018, de 14 de junho, e a Portaria nº 1379/2009, de 30 de outubro, estabelecem o regime jurídico da qualificação profissional exigível aos técnicos responsáveis pela elaboração e subscrição de projetos, pela fiscalização de obra e pela direção de obra, que não esteja sujeita a legislação especial, e os deveres que lhes são aplicáveis

5 – Os autores e coordenador dos projetos devem declarar, nomeadamente nas situações previstas no artigo 60º, quais as normas técnicas ou regulamentares em vigor que não foram observadas na elaboração dos mesmos, fundamentando as razões da sua não observância.

6 – Sempre que forem detetadas irregularidades nos termos de responsabilidade, no que respeita às normas legais e regulamentares aplicáveis e à conformidade do projeto com os planos municipais ou intermunicipais de ordenamento do território ou licença de loteamento, quando exista, devem as mesmas ser comunicadas à associação pública de natureza profissional onde o técnico está inscrito ou ao organismo público legalmente reconhecido no caso dos técnicos cuja atividade não esteja abrangida por associação pública.

### Artigo 11º – Saneamento e apreciação liminar

1 – Compete ao presidente da câmara municipal, por sua iniciativa ou por indicação do gestor do procedimento, decidir as questões de ordem formal e processual que possam obstar ao conhecimento de qualquer pedido ou comunicação apresentados no âmbito do presente diploma.

2 – No prazo de oito dias a contar da apresentação do requerimento, o presidente da câmara municipal profere despacho:

*a)* De aperfeiçoamento do pedido, sempre que o requerimento não contenha a identificação do requerente, do pedido ou da localização da operação urbanística a realizar, bem como no caso de faltar documento instrutório exigível que seja indispensável ao conhecimento da pretensão e cuja falta não possa ser oficiosamente suprida;

*b)* De rejeição liminar, oficiosamente ou por indicação do gestor do procedimento, quando da análise dos elementos instrutórios resultar que o pedido é manifestamente contrário às normas legais ou regulamentares aplicáveis;

*c)* De extinção do procedimento, nos casos em que a operação urbanística em causa está isenta de controlo prévio ou sujeita a comunicação prévia exceto se o interessado estiver a exercer a faculdade prevista no nº 6 do artigo 4º.

3 – No caso previsto na alínea *a)* do número anterior, o requerente é notificado, por uma única vez, para no prazo de 15 dias corrigir ou completar o pedido, ficando suspensos os termos ulteriores do procedimento, sob pena de rejeição liminar.

4 – *[Revogado].*

5 – Não ocorrendo rejeição liminar ou convite para corrigir ou completar o pedido ou comunicação, no prazo previsto no nº 2, presume-se que o requerimento ou comunicação se encontram corretamente instruídos.

6 – Sem prejuízo do disposto nos números anteriores, o gestor do procedimento deve dar a conhecer ao presidente da câmara municipal, até à decisão final, qualquer questão que prejudique o desenvolvimento normal do procedimento ou impeça a tomada de decisão sobre o objeto do pedido, nomeadamente a ilegitimidade do requerente e a caducidade do direito que se pretende exercer.

7 – Salvo no que respeita às consultas a que se refere o artigo 13º, se a decisão final depender da decisão de uma questão que seja da competência de outro órgão administrativo ou dos tribunais, deve o presidente da câmara municipal suspender o procedimento até que o órgão ou o tribunal competente se pronunciem, notificando o requerente desse ato, sem prejuízo do disposto no nº 2 do artigo 31º do Código do Procedimento Administrativo.

8 – Sem prejuízo do disposto no número anterior, o interessado pode requerer a continuação do procedimento em alternativa à suspensão, ficando a decisão final condicionada, na sua execução, à decisão que vier a ser proferida pelo órgão administrativo ou tribunal competente.

9 – Havendo rejeição do pedido ou comunicação, nos termos do presente artigo, o interessado que apresente novo pedido ou comunicação para o mesmo fim está dispensado de juntar os documentos utilizados anteriormente que se mantenham válidos e adequados.

10 – O presidente da câmara municipal pode delegar nos vereadores, com faculdade de subdelegação, ou nos dirigentes dos serviços municipais, as competências referidas nos nºs 1, 2 e 7.

11 – *[Revogado]*.

### Artigo 12º – Publicidade do pedido

O pedido de licenciamento ou a comunicação prévia de operação urbanística devem ser publicitados sob forma de aviso, segundo o modelo aprovado por portaria do membro do Governo responsável pelo ordenamento do território, a colocar no local de execução da operação de forma visível da via pública, no prazo de 10 dias a contar da apresentação do requerimento inicial ou comunicação[1].

[1] A Portaria nº 228/2015, de 3 de agosto, aprova os modelos de alvarás e de avisos de publicitação de operações urbanísticas, nos termos do Regime Jurídico da Urbanização e Edificação (RJUE).

**Artigo 12º-A – Suspensão do procedimento**

Nas áreas a abranger por novas regras urbanísticas constantes de instrumento de gestão territorial diretamente vinculativo dos particulares ou sua revisão, aplica-se o disposto no regime jurídico dos instrumentos de gestão territorial em matéria de suspensão de procedimentos.

**Artigo 13º – Disposições gerais sobre a consulta a entidades externas**

1 – A consulta às entidades que, nos termos da lei, devam emitir parecer, autorização ou aprovação sobre o pedido, que não respeitem a aspetos relacionados com a localização, é promovida pelo gestor do procedimento, e é efetuada em simultâneo, através da plataforma eletrónica referida no nº 1 do artigo 8º-A.

2 – É dispensada a consulta a entidades externas em procedimentos relativos a operações urbanísticas que já tenham sido objeto de apreciação favorável no âmbito do procedimento de informação prévia, de aprovação de operações de loteamento urbano ou de aprovação de planos de pormenor, com exceção dos planos de salvaguarda que estabeleçam a necessidade dessa consulta.

3 – Nos casos previstos no artigo seguinte, o gestor do procedimento comunica o pedido, com a identificação das entidades a consultar, à CCDR.

4 – As entidades exteriores ao município pronunciam-se exclusivamente no âmbito das suas atribuições e competências.

5 – As entidades consultadas devem pronunciar-se no prazo de 20 dias a contar da data de disponibilização do processo.

6 – Considera-se haver concordância daquelas entidades com a pretensão formulada se os respetivos pareceres, autorizações ou aprovações não forem recebidos dentro do prazo fixado no número anterior.

7 – Os pareceres das entidades exteriores ao município só têm caráter vinculativo quando tal resulte da lei, desde que se fundamentem em condicionamentos legais ou regulamentares e sejam recebidos dentro do prazo previsto no nº 5.

8 – Constam de diploma próprio os projetos, estudos e certificações técnicas que carecem de consulta, de aprovação ou de parecer, interno ou externo, bem como as condições a que deve obedecer a sua elaboração.

9 – Os projetos de arquitetura e os de especialidades, bem como os pedidos de autorização de utilização, quando acompanhados por termo de responsabilidade subscrito por técnico autor de projeto legalmente habi-

litado nos termos da lei da qualificação profissional exigível aos técnicos responsáveis pela elaboração e subscrição de projetos, fiscalização de obra e direção de obra que ateste o cumprimento das normas legais e regulamentares aplicáveis, incluindo a menção a plano municipal ou intermunicipal de ordenamento do território em vigor ou licença de loteamento, ficam dispensados da apresentação na câmara municipal de consultas, certificações, aprovações ou pareceres externos, sem prejuízo da necessidade da sua obtenção quando legalmente prevista.

10 – A realização de vistoria, certificação, aprovação ou parecer, pelo município ou por entidade exterior, sobre a conformidade da execução dos projetos das especialidades e outros estudos com o projeto aprovado ou apresentado é dispensada mediante emissão de termo de responsabilidade por técnico legalmente habilitado para esse efeito, de acordo com o respetivo regime legal, que ateste essa conformidade.

11 – *[Revogado[1]]*

12 – No termo do prazo fixado para a promoção das consultas, o interessado pode solicitar a passagem de certidão dessa promoção, a qual é emitida pela câmara municipal no prazo de oito dias e, se esta for negativa, promover diretamente as consultas que não hajam sido realizadas, nos termos do artigo 13º-B, ou pedir ao tribunal administrativo que intime a câmara municipal, nos termos do artigo 112º.

13 – Para efeitos do número anterior, e nos termos a regulamentar na portaria a que se refere o nº 4 do artigo 8º-A, o interessado pode:

*a)* Obter comprovativo eletrónico da promoção ou não promoção da consulta das entidades externas pela câmara municipal;

*b)* Promover diretamente a consulta das entidades externas.

## Artigo 13º-A [2] – Parecer, aprovação ou autorização em razão da localização

1 – A consulta de entidades da administração central, direta ou indireta, do setor empresarial do Estado, bem como de entidades concessionárias que exerçam poderes de autoridade, que se devam pronunciar sobre a operação urbanística em razão da localização, é efetuada através de uma

[1] Revogado pelo Decreto-Lei nº 97/2017, de 10 de agosto, alterado pela Lei nº 59/2018, de 21 de agosto.

[2] Retificado pela Declaração de Retificação nº 46-A/2014, de 10 de novembro.

única entidade coordenadora, a CCDR territorialmente competente, a qual emite uma decisão global e vinculativa de toda a administração[1].

2 – A CCDR identifica, no prazo de cinco dias a contar da receção dos elementos através do sistema previsto no artigo 8º-A, as entidades que nos termos da lei devam emitir parecer, aprovação ou autorização de localização, promovendo dentro daquele prazo a respetiva consulta, a efetivar em simultâneo e com recurso ao referido sistema informático.

3 – As entidades consultadas devem pronunciar-se no prazo de 20 dias, sendo este prazo imperativo.

4 – *[Revogado]*.

5 – Os prazos referidos nos números anteriores suspendem-se, por uma única vez, nas seguintes situações:

*a)* Quando as entidades consultadas verificarem que existem omissões ou irregularidades no requerimento e nos elementos instrutórios cuja junção é obrigatória e requererem à CCDR, no prazo de 8 dias, que convide o requerente a supri-las, no prazo de 15 dias, retomando o seu curso com a receção pela entidade consultada dos elementos adicionais solicitados ou com o indeferimento do requerimento de aperfeiçoamento pela CCDR;

*b)* Quando as entidades consultadas estejam, por força de compromissos assumidos no âmbito de tratados internacionais, ou de obrigação decorrente da legislação comunitária, sujeitas à obtenção de parecer prévio de entidade sediada fora do território nacional, devendo essa circunstância ser comunicada à CCDR e não podendo a suspensão ter uma duração superior a 20 dias.

6 – Caso não existam posições divergentes entre as entidades consultadas, a CCDR toma a decisão final no prazo de cinco dias a contar do fim do prazo previsto no nº 3.

7 – Caso existam pareceres negativos das entidades consultadas, a CCDR promove uma reunião, preferencialmente por videoconferência, a realizar no prazo de 10 dias a contar do último parecer recebido dentro do prazo fixado nos termos do nº 3, com todas as entidades e com o requerente, tendo em vista obter uma solução concertada que permita ultrapassar as objeções formuladas, e toma decisão final vinculativa no prazo de 10 dias.

[1] A Portaria nº 349/2008, de 5 de maio, estabelece o procedimento de decisão das entidades da administração central, direta ou indireta, sobre operação urbanística em razão da localização, previsto no artigo 13º-A do Regime Jurídico da Urbanização e Edificação.

8 – Na conferência decisória referida no número anterior, as entidades consultadas são representadas por pessoas com poderes para as vincular.

9 – Não sendo possível obter a posição de todas as entidades, por motivo de falta de comparência de algum representante ou por ter sido submetida a apreciação alguma questão nova, os trabalhos da conferência podem ser suspensos por um período máximo de cinco dias.

10 – Quando a CCDR não adote posição favorável a uma operação urbanística por esta ser desconforme com instrumento de gestão territorial, pode a CCDR, quando a operação se revista de especial relevância regional ou local, por sua iniciativa ou a solicitação do município, respetivamente, propor ao Governo a aprovação em resolução do Conselho de Ministros da alteração, suspensão ou ratificação, total ou parcial, de plano da sua competência relativamente ao qual a desconformidade se verifica.

11 – Quando a decisão seja proferida em conferência decisória, os pareceres emitidos têm natureza não vinculativa, independentemente da sua classificação em legislação especial.

12 – O procedimento de decisão da administração central previsto nos números anteriores é objeto de portaria dos membros do Governo responsáveis pelo ordenamento do território e pela administração local.

13 – A CCDR comunica ao município a decisão da conferência decisória no prazo de cinco dias após a sua realização.

14 – Caso a CCDR não cumpra o prazo previsto no número anterior, considera-se que as consultas tiveram um sentido favorável.

**Artigo 13º-B – Consultas prévias**

1 – Sem prejuízo do disposto no número seguinte, o interessado na consulta a entidades externas pode solicitar previamente os pareceres, autorizações ou aprovações legalmente exigidos junto das entidades competentes, entregando-os com o requerimento inicial, caso em que não há lugar a nova consulta desde que, até à data da apresentação de tal pedido ou comunicação na câmara municipal, não haja decorrido mais de dois anos desde a emissão dos pareceres, autorizações ou aprovações emitidos ou desde que, caso tenha sido esgotado este prazo, não se tenham verificado alterações dos pressupostos de facto ou de direito em que os mesmos se basearam.

2 – As comunicações prévias de operações urbanísticas são sempre precedidas das consultas às entidades externas a que haja lugar.

3 – Para os efeitos dos números anteriores, na falta de pronúncia da entidade consultada no prazo legal, o requerimento inicial ou a comunicação prévia podem ser instruídos com prova da solicitação das consultas e declaração do requerente ou comunicante de que os mesmos não foram emitidos dentro daquele prazo.

4 – Nos procedimentos de controlo prévio, com exceção das comunicações prévias, não tendo o interessado promovido todas as consultas necessárias, o gestor do procedimento promove as consultas a que haja lugar, de acordo com o previsto no artigo 13º.

5 – A utilização da plataforma eletrónica referida no nº 1 do artigo 8º-A pelo interessado para os efeitos previstos no nº 1 faz-se em termos a regulamentar na portaria a que se refere o mesmo número.

## SUBSECÇÃO II – Informação prévia

### Artigo 14º – Pedido de informação prévia

1 – Qualquer interessado pode pedir à câmara municipal, a título prévio, informação sobre a viabilidade de realizar determinada operação urbanística ou conjunto de operações urbanísticas diretamente relacionadas, bem como sobre os respetivos condicionamentos legais ou regulamentares, nomeadamente relativos a infraestruturas, servidões administrativas e restrições de utilidade pública, índices urbanísticos, cérceas, afastamentos e demais condicionantes aplicáveis à pretensão.

2 – O interessado pode, em qualquer circunstância, designadamente quando o pedido respeite a operação de loteamento em área não abrangida por plano de pormenor, ou a obra de construção, ampliação ou alteração em área não abrangida por plano de pormenor ou operação de loteamento, requerer que a informação prévia contemple especificamente os seguintes aspetos, em função da informação pretendida e dos elementos apresentados:

*a)* A volumetria, alinhamento, cércea e implantação da edificação e dos muros de vedação;

*b)* Projeto de arquitetura e memória descritiva;

*c)* Programa de utilização das edificações, incluindo a área total de construção a afetar aos diversos usos e o número de fogos e outras unidades de utilização, com identificação das áreas acessórias, técnicas e de serviço;

*d)* Infraestruturas locais e ligação às infraestruturas gerais;

*e)* Estimativa de encargos urbanísticos devidos;

*f)* Áreas de cedência destinadas à implantação de espaços verdes, equipamentos de utilização coletiva e infraestruturas viárias.

3 – Quando o interessado não seja o proprietário do prédio, o pedido de informação prévia inclui a identificação daquele bem como dos titulares de qualquer outro direito real sobre o prédio, através de certidão emitida pela conservatória do registo predial.

4 – No caso previsto no número anterior, a câmara municipal deve notificar o proprietário e os demais titulares de qualquer outro direito real sobre o prédio da abertura do procedimento.

**Artigo 15º - Consultas no âmbito do procedimento de informação prévia**

1 – No âmbito do procedimento de informação prévia há lugar a consultas externas, nos termos dos artigos 13º a 13º-B, às entidades cujos pareceres, autorizações ou aprovações condicionem, nos termos da lei, a informação a prestar, sempre que tal consulta seja exigível num eventual pedido de licenciamento ou com a apresentação de comunicação prévia.

2 – A pronúncia das entidades referidas no número anterior não incide sobre avaliação de impacte ambiental.

Artigo 16º – Deliberação

1 – A câmara municipal delibera sobre o pedido de informação prévia no prazo de 20 dias ou, no caso previsto no nº 2 do artigo 14º, no prazo de 30 dias contados a partir:

*a)* Da data da receção do pedido ou dos elementos solicitados nos termos do nº 3 do artigo 11º; ou

*b)* Da data da receção do último dos pareceres, autorizações ou aprovações emitidos pelas entidades exteriores ao município, quando tenha havido lugar a consultas; ou ainda

*c)* Do termo do prazo para a receção dos pareceres, autorizações ou aprovações, sempre que alguma das entidades consultadas não se pronuncie até essa data.

2 – Os pareceres, autorizações ou aprovações emitidos pelas entidades exteriores ao município são obrigatoriamente notificados ao requerente juntamente com a informação prévia aprovada pela câmara municipal, dela fazendo parte integrante.

3 – A câmara municipal indica sempre, na informação favorável, o procedimento de controlo prévio a que se encontra sujeita a realização da

operação urbanística projetada, de acordo com o disposto na secção i do capítulo ii do presente diploma.

4 – No caso de a informação ser desfavorável, dela deve constar a indicação dos termos em que a mesma, sempre que possível, pode ser revista por forma a serem cumpridas as prescrições urbanísticas aplicáveis, designadamente as constantes de plano municipal ou intermunicipal de ordenamento do território ou de operação de loteamento.

**Artigo 17º – Efeitos**

1 – A informação prévia favorável vincula as entidades competentes na decisão sobre um eventual pedido de licenciamento e no controlo sucessivo de operações urbanísticas sujeitas a comunicação prévia.

2 – Quando seja proferida nos termos dos nºs 2 e 3 do artigo 14º, ou respeite a área sujeita a plano de pormenor ou a operação de loteamento, tem por efeito a sujeição da operação urbanística em causa ao regime da comunicação prévia, a efetuar nos exatos termos em que foi apreciada, e dispensa a realização de novas consultas externas.

3 – O pedido de licenciamento ou a apresentação de comunicação prévia a que se refere o número anterior deve ser efetuado no prazo de um ano após a decisão favorável do pedido de informação prévia e é sempre acompanhado de declaração dos autores e coordenador dos projetos de que aquela respeita os limites constantes da informação prévia favorável.

4 – Decorrido o prazo fixado no número anterior, o particular pode requerer ao presidente da câmara a declaração de que se mantêm os pressupostos de facto e de direito que levaram à anterior decisão favorável, devendo o mesmo decidir no prazo de 20 dias e correndo novo prazo de um ano para efetuar a apresentação dos pedidos de licenciamento ou de comunicação prévia se os pressupostos se mantiverem ou se o presidente da câmara municipal não tiver respondido no prazo legalmente previsto.

5 – Não se suspendem os procedimentos de licenciamento ou comunicação prévia requeridos ou apresentados com suporte em informação prévia nas áreas a abranger por novas regras urbanísticas, constantes de plano municipal, intermunicipal ou especial de ordenamento do território ou sua revisão, a partir da data fixada para o início da discussão pública e até à data da entrada em vigor daquele instrumento.

## SUBSECÇÃO III - Licença

### Artigo 18º - Âmbito

1 - Obedece ao procedimento regulado na presente subsecção a apreciação dos pedidos relativos às operações urbanísticas previstas no nº 2 do artigo 4º.

2 - *[Revogado]*.

### Artigo 19º

*[Revogado]*.

### Artigo 20º - Apreciação dos projetos de obras de edificação

1 - A apreciação do projeto de arquitetura, no caso de pedido de licenciamento relativo a obras previstas nas alíneas *c)* a *f)* do nº 2 do artigo 4º, incide sobre a sua conformidade com planos municipais ou intermunicipais de ordenamento no território, planos especiais de ordenamento do território, medidas preventivas, área de desenvolvimento urbano prioritário, área de construção prioritária, servidões administrativas, restrições de utilidade pública e quaisquer outras normas legais e regulamentares relativas ao aspeto exterior e a inserção urbana e paisagística das edificações, bem como sobre o uso proposto.

2 - Para os efeitos do número anterior, a apreciação da inserção urbana das edificações é efetuada na perspetiva formal e funcional, tendo em atenção o edificado existente, bem como o espaço público envolvente e as infraestruturas existentes e previstas.

3 - A câmara municipal delibera sobre o projeto de arquitetura no prazo de 30 dias contado a partir:

*a)* Da data da receção do pedido ou dos elementos solicitados nos termos do nº 3 do artigo 11º; ou

*b)* Da data da receção do último dos pareceres, autorizações ou aprovações emitidos pelas entidades exteriores ao município, quando tenha havido lugar a consultas; ou ainda

*c)* Do termo do prazo para a receção dos pareceres, autorizações ou aprovações, sempre que alguma das entidades consultadas não se pronuncie até essa data.

4 - O interessado deve apresentar os projetos das especialidades e outros estudos necessários à execução da obra no prazo de seis meses a

contar da notificação do ato que aprovou o projeto de arquitetura caso não tenha apresentado tais projetos com o requerimento inicial.

5 – O presidente da câmara pode prorrogar o prazo referido no número anterior, por uma só vez e por período não superior a três meses, mediante requerimento fundamentado apresentado antes do respetivo termo.

6 – A falta de apresentação dos projetos das especialidades e outros estudos no prazo estabelecido no nº 4 ou naquele que resultar da prorrogação concedida nos termos do número anterior implica a suspensão do processo de licenciamento pelo período máximo de seis meses, findo o qual é declarada a caducidade após audiência prévia do interessado.

7 – *[Revogado].*

8 – As declarações de responsabilidade dos autores dos projetos de arquitetura, no que respeita aos aspetos interiores das edificações, bem como dos autores dos projetos das especialidades e de outros estudos nos termos do nº 4 do artigo 10º, constituem garantia bastante do cumprimento das normas legais e regulamentares aplicáveis, excluindo a sua apreciação prévia, salvo quando as declarações sejam formuladas nos termos do nº 5 do artigo 10º.

**Artigo 21º – Apreciação dos projetos de loteamento, de obras de urbanização e trabalhos de remodelação de terrenos**

A apreciação dos projetos de loteamento, obras de urbanização e dos trabalhos de remodelação de terrenos pela câmara municipal incide sobre a sua conformidade com planos municipais ou intermunicipais de ordenamento do território, planos especiais de ordenamento do território, medidas preventivas, área de desenvolvimento urbano prioritário, área de construção prioritária, servidões administrativas, restrições de utilidade pública e quaisquer outras normas legais e regulamentares aplicáveis, bem como sobre o uso e a integração urbana e paisagística.

**Artigo 22º – Consulta pública**

1 – Os municípios podem determinar, através de regulamento municipal, a prévia sujeição a discussão pública do licenciamento de operações de loteamento com significativa relevância urbanística.

2 – A consulta prevista no número anterior tem sempre lugar quando a operação de loteamento exceda algum dos seguintes limites:

*a)* 4 ha;

*b)* 100 fogos;

*c)* 10 % da população do aglomerado urbano em que se insere a pretensão.

**Artigo 23º – Deliberação final**

1 – A câmara municipal delibera sobre o pedido de licenciamento:

*a)* No prazo de 45 dias, no caso de operação de loteamento;

*b)* No prazo de 30 dias, no caso de obras de urbanização;

*c)* No prazo de 45 dias, no caso de obras previstas nas alíneas *c)* a *f)* do nº 2 do artigo 4º;

*d)* *[Revogada]*.

2 – *[Revogado]*.

3 – Os prazos previstos nas alíneas *a)* e *b)* do nº 1 contam-se a partir:

*a)* Da data da receção do pedido ou dos elementos solicitados nos termos do nº 3 do artigo 11º;

*b)* Da data da receção do último dos pareceres, autorizações ou aprovações emitidos pelas entidades exteriores ao município, quando tenha havido lugar a consultas; ou ainda

*c)* Do termo do prazo para a receção dos pareceres, autorizações ou aprovações, sempre que alguma das entidades consultadas não se pronuncie até essa data.

4 – O prazo previsto na alínea *c)* do nº 1 conta-se:

*a)* Da data da apresentação dos projetos das especialidades e outros estudos ou da data da aprovação do projeto de arquitetura se o interessado os tiver apresentado juntamente com o requerimento inicial; ou

*b)* Quando haja lugar a consulta de entidades externas, a partir da data da receção do último dos pareceres, autorizações ou aprovações; ou ainda

*c)* Do termo do prazo para a receção dos pareceres, autorizações ou aprovações, sempre que alguma das entidades consultadas não se pronuncie até essa data.

5 – Quando o pedido de licenciamento de obras de urbanização seja apresentado em simultâneo com o pedido de licenciamento de operação de loteamento, o prazo previsto na alínea *b)* do nº 1 conta-se a partir da deliberação que aprove o pedido de loteamento.

6 – No caso das obras previstas nas alíneas *c)* a *e)* do nº 2 do artigo 4º, a câmara municipal pode, a requerimento do interessado, aprovar uma licença parcial para construção da estrutura, imediatamente após a entrega de todos os projetos das especialidades e outros estudos e desde que se

mostrem aprovado o projeto de arquitetura e prestada caução para demolição da estrutura até ao piso de menor cota em caso de indeferimento.

7 – Nos casos referidos no número anterior, o deferimento do pedido de licença parcial dá lugar à emissão de alvará.

**Artigo 24º – Indeferimento do pedido de licenciamento**

1 – O pedido de licenciamento é indeferido quando:

*a)* Violar plano municipal e intermunicipal de ordenamento do território, plano especial de ordenamento do território, medidas preventivas, área de desenvolvimento urbano prioritário, área de construção prioritária, servidão administrativa, restrição de utilidade pública ou quaisquer outras normas legais e regulamentares aplicáveis;

*b)* Existir declaração de utilidade pública para efeitos de expropriação que abranja o prédio objeto do pedido de licenciamento, salvo se tal declaração tiver por fim a realização da própria operação urbanística;

*c)* Tiver sido objeto de parecer negativo ou recusa de aprovação ou autorização de qualquer entidade consultada nos termos do presente diploma cuja decisão seja vinculativa para os órgãos municipais.

2 – Quando o pedido de licenciamento tiver por objeto a realização das operações urbanísticas referidas nas alíneas *a)* a *e)* e *i)* do nº 2 do artigo 4º, o indeferimento pode ainda ter lugar com fundamento em[1]:

*a)* A operação urbanística afetar negativamente o património arqueológico, histórico, cultural ou paisagístico, natural ou edificado;

*b)* A operação urbanística constituir, comprovadamente, uma sobrecarga incomportável para as infraestruturas ou serviços gerais existentes ou implicar, para o município, a construção ou manutenção de equipamentos, a realização de trabalhos ou a prestação de serviços por este não previstos, designadamente quanto a arruamentos e redes de abastecimento de água, de energia elétrica ou de saneamento;

c) A operação urbanística implicar a demolição de fachadas revestidas a azulejos, a remoção de azulejos de fachada, independentemente da sua confrontação com a via pública ou logradouros, salvo em casos devidamente justificados, autorizados pela Câmara Municipal em razão da ausência ou diminuto valor patrimonial relevante destes[2].

[1] Redação da Lei nº 79/2017, de 18 de agosto.

[2] Aditado pela Lei nº 79/2017, de 18 de agosto.

3 – *[Revogado]*.

4 – Quando o pedido de licenciamento tiver por objeto a realização das obras referidas nas alíneas *c)* e *d)* do nº 2 do artigo 4º, pode ainda ser indeferido quando a obra seja suscetível de manifestamente afetar o acesso e a utilização de imóveis classificados de interesse nacional ou interesse público, a estética das povoações, a sua adequada inserção no ambiente urbano ou a beleza das paisagens, designadamente em resultado da desconformidade com as cérceas dominantes, a volumetria das edificações e outras prescrições expressamente previstas em regulamento.

5 – O pedido de licenciamento das obras referidas na alínea *c)* do nº 2 do artigo 4º deve ser indeferido na ausência de arruamentos ou de infraestruturas de abastecimento de água e saneamento ou se a obra projetada constituir, comprovadamente, uma sobrecarga incomportável para as infraestruturas existentes.

6 – *[Revogado]*.

**Artigo 25º – Reapreciação do pedido**

1 – Quando exista projeto de decisão de indeferimento com os fundamentos referidos na alínea *b)* do nº 2 e no nº 5 do artigo anterior, pode haver deferimento do pedido desde que o requerente, na audiência prévia, se comprometa a realizar os trabalhos necessários ou a assumir os encargos inerentes à sua execução, bem como os encargos de funcionamento das infraestruturas por um período mínimo de 10 anos.

2 – *[Revogado]*.

3 – Em caso de deferimento nos termos do nº 1, o requerente deve, antes da emissão do alvará, celebrar com a câmara municipal contrato relativo ao cumprimento das obrigações assumidas e prestar caução adequada, beneficiando de redução proporcional ou isenção das taxas por realização de infraestruturas urbanísticas, nos termos a fixar em regulamento municipal.

4 – A prestação da caução referida no número anterior bem como a execução ou manutenção das obras de urbanização que o interessado se compromete a realizar ou a câmara municipal entenda indispensáveis devem ser mencionadas expressamente como condição do deferimento do pedido.

5 – À prestação da caução referida no nº 3 aplica-se, com as necessárias adaptações, o disposto no artigo 54º.

6 – Os encargos a suportar pelo requerente ao abrigo do contrato referido no nº 3 devem ser proporcionais à sobrecarga para as infraestruturas existentes resultante da operação urbanística.

**Artigo 26º – Licença**

A deliberação final de deferimento do pedido de licenciamento consubstancia a licença para a realização da operação urbanística.

**Artigo 27º – Alterações à licença**

1 – A requerimento do interessado, podem ser alterados os termos e condições da licença.

2 – A alteração da licença de operação de loteamento é precedida de consulta pública quando a mesma esteja prevista em regulamento municipal ou quando sejam ultrapassados alguns dos limites previstos no nº 2 do artigo 22º.

3 – Sem prejuízo do disposto no artigo 48º, a alteração da licença de operação de loteamento não pode ser aprovada se ocorrer oposição escrita dos titulares da maioria da área dos lotes constantes do alvará, devendo, para o efeito, o gestor de procedimento proceder à sua notificação para pronúncia no prazo de 10 dias.

4 – A alteração à licença obedece ao procedimento estabelecido na presente subsecção, com as especialidades constantes dos números seguintes.

5 – É dispensada a consulta às entidades exteriores ao município desde que o pedido de alteração se conforme com os pressupostos de facto e de direito dos pareceres, autorizações ou aprovações que hajam sido emitidos no procedimento.

6 – No procedimento de alteração são utilizados os documentos constantes do processo que se mantenham válidos e adequados, promovendo a câmara municipal, quando necessário, a atualização dos mesmos.

7 – A alteração da licença dá lugar a aditamento ao alvará, que, no caso de operação de loteamento, deve ser comunicado oficiosamente à conservatória do registo predial competente para efeitos de averbamento, contendo a comunicação os elementos em que se traduz a alteração.

8 – As alterações à licença de loteamento, com ou sem variação do número de lotes, que se traduzam na variação das áreas de implantação, de construção ou variação do número de fogos até 3 %, desde que observem os parâmetros urbanísticos ou utilizações constantes de plano municipal ou intermunicipal de ordenamento do território, são aprovadas por simples deliberação da câmara municipal, com dispensa de quaisquer outras formalidades, sem prejuízo das demais disposições legais e regulamentares aplicáveis.

9 – Excetuam-se do disposto nos nºs 3 a 6 as alterações às condições da licença que se refiram ao prazo de conclusão das operações urbanísticas

licenciadas ou ao montante da caução para garantia das obras de urbanização, que se regem pelos artigos 53º, 54º e 58º.

### SUBSECÇÃO IV - Autorização

**Artigo 28º**

*[Revogado].*

**Artigo 29º**

*[Revogado].*

**Artigo 30º**

*[Revogado].*

**Artigo 31º**

*[Revogado].*

**Artigo 32º**

*[Revogado].*

**Artigo 33º**

*[Revogado].*

### SUBSECÇÃO V - Comunicação prévia

**Artigo 34º - Âmbito**

1 - Obedece ao procedimento regulado na presente subsecção a realização das operações urbanísticas referidas no nº 4 do artigo 4º.

2 - A comunicação prévia consiste numa declaração que, desde que corretamente instruída, permite ao interessado proceder imediatamente à realização de determinadas operações urbanísticas após o pagamento das taxas devidas, dispensando a prática de quaisquer atos permissivos.

3 - O pagamento das taxas a que se refere o número anterior faz-se por autoliquidação nos termos e condições definidos nos regulamentos municipais previstos no artigo 3º, não podendo o prazo de pagamento ser inferior a 60 dias, contados do termo do prazo para a notificação a que se refere o nº 2 do artigo 11º.

4 – As operações urbanísticas realizadas ao abrigo de comunicação prévia observam as normas legais e regulamentares aplicáveis, designadamente as relativas às normas técnicas de construção e o disposto nos instrumentos de gestão territorial.

5 – Sempre que seja obrigatória a realização de consultas externas nos termos previstos na lei, a comunicação prévia pode ter lugar quando tais consultas já tenham sido efetuadas no âmbito de pedido de informação prévia, de aprovação de planos de pormenor ou de operações de loteamento urbano, ou se o interessado instruir a comunicação prévia com as consultas por ele promovidas nos termos do artigo 13º-B.

**Artigo 35º – Regime da comunicação prévia**

1 – A comunicação prévia é dirigida ao presidente da câmara municipal e efetuada através da plataforma eletrónica referida no nº 1 do artigo 8º-A nos termos a regulamentar na portaria a que se refere o mesmo número.

2 – Na comunicação prévia o interessado indica o prazo de execução das obras, sem prejuízo do disposto nos artigos 71º e 72º.

3 – *[Revogado]*.

4 – Os elementos instrutórios da comunicação prévia são regulados por portaria dos membros do Governo responsáveis pelas áreas do ordenamento do território e da administração local, neles se incluindo obrigatoriamente o termo de responsabilidade subscrito por técnico legalmente habilitado que ateste o cumprimento das normas legais e regulamentares aplicáveis.

5 – As operações urbanísticas objeto de comunicação prévia são disponibilizadas diariamente através da plataforma eletrónica referida no nº 1 do artigo 8º-A que emite o comprovativo eletrónico da sua apresentação.

6 – O comunicante pode solicitar aos serviços municipais que seja emitida, sem dependência de qualquer despacho, certidão na qual conste a identificação da operação urbanística objeto de comunicação prévia bem como a data da sua apresentação.

7 – É aplicável à comunicação prévia o disposto na alínea *a)* do nº 2 e no nº 3 do artigo 11º, com as devidas adaptações, sendo o despacho notificado ao interessado nos termos do disposto no artigo 121º.

8 – Sem prejuízo do disposto nos números anteriores, a câmara municipal deve, em sede de fiscalização sucessiva, inviabilizar a execução das operações urbanísticas objeto de comunicação prévia e promover as medidas necessárias à reposição da legalidade urbanística, quando verifique que não

foram cumpridas as normas e condicionantes legais e regulamentares, ou que estas não tenham sido precedidas de pronúncia, obrigatória nos termos da lei, das entidades externas competentes, ou que com ela não se conformem.

9 – O dever de fiscalização previsto no número anterior caduca 10 anos após a data de emissão do título da comunicação prévia.

**Artigo 36º**

*[Revogado].*

**Artigo 36º-A**

*[Revogado].*

## SUBSECÇÃO VI – Procedimentos especiais

**Artigo 37º**

*[Revogado].*

**Artigo 38º – Empreendimentos turísticos**

1 – Os empreendimentos turísticos estão sujeitos ao regime jurídico das operações de loteamento nos casos em que se pretenda efetuar a divisão jurídica do terreno em lotes.

2 – Nas situações referidas no número anterior não é aplicável o disposto no artigo 41º, podendo a operação de loteamento realizar-se em áreas em que o uso turístico seja compatível com o disposto nos instrumentos de gestão territorial válidos e eficazes.

**Artigo 39º – Dispensa de autorização prévia de localização**

Sempre que as obras se situem em área que nos termos de plano de urbanização, plano de pormenor ou licença ou comunicação prévia de loteamento em vigor esteja expressamente afeta ao uso proposto, é dispensada a autorização prévia de localização que, nos termos da lei, devesse ser emitida por parte de órgãos da administração central, sem prejuízo das demais autorizações ou aprovações exigidas por lei relativas a servidões administrativas ou restrições de utilidade pública.

**Artigo 40º**

*[Revogado].*

## SECÇÃO III – Condições especiais de licenciamento ou comunicação prévia

### SUBSECÇÃO I – Operações de loteamento

**Artigo 41º – Localização**

As operações de loteamento só podem realizar-se em áreas situadas dentro do perímetro urbano e em terrenos já urbanizados ou cuja urbanização se encontre programada em plano municipal ou intermunicipal de ordenamento do território.

**Artigo 42º – Parecer da CCDR**

1 – O licenciamento de operação de loteamento que se realize em área não abrangida por qualquer plano municipal ou intermunicipal de ordenamento do território está sujeito a parecer prévio favorável da CCDR ao qual se aplica, com as necessárias adaptações, o disposto nos nºs 5 e 6 do artigo 13º.

2 – O parecer da CCDR destina-se a avaliar a operação de loteamento do ponto de vista do ordenamento do território e a verificar a sua articulação com os instrumentos de desenvolvimento territorial previstos na lei.

3 – O parecer da CCDR caduca no prazo de dois anos, salvo se, dentro desse prazo, for licenciada a operação de loteamento, ou, uma vez esgotado, não existirem alterações nos pressupostos de facto e de direito em que se fundamentou o parecer.

4 – A apresentação de requerimento nos termos referidos no artigo 112º suspende a contagem do prazo referido no número anterior.

**Artigo 43º – Áreas para espaços verdes e de utilização coletiva, infraestruturas e equipamentos**

1 – Os projetos de loteamento devem prever áreas destinadas à implantação de espaços verdes e de utilização coletiva, infraestruturas viárias e equipamentos.

2 – Os parâmetros para o dimensionamento das áreas referidas no número anterior são os que estiverem definidos em plano municipal ou intermunicipal de ordenamento do território[1].

[1] Para efeitos do disposto no nº 2 do artigo 43º do Regime Jurídico da Urbanização e Edificação e por força do nº 3 do artigo 6º da Lei nº 60/2007, de 4 de setembro, no caso de os planos

3 – Para aferir se o projeto de loteamento respeita os parâmetros a que alude o número anterior consideram-se quer as parcelas de natureza privada a afetar àqueles fins quer as parcelas a ceder à câmara municipal nos termos do artigo seguinte.

4 – Os espaços verdes e de utilização coletiva, infraestruturas viárias e equipamentos de natureza privada constituem partes comuns dos lotes resultantes da operação de loteamento e dos edifícios que neles venham a ser construídos e regem-se pelo disposto nos artigos 1420º a 1438º-A do Código Civil.

**Artigo 44º - Cedências**

1 – O proprietário e os demais titulares de direitos reais sobre o prédio a lotear cedem gratuitamente ao município as parcelas para implantação de espaços verdes públicos e equipamentos de utilização coletiva e as infraestruturas que, de acordo com a lei e a licença ou comunicação prévia, devam integrar o domínio municipal.

2 – Para os efeitos do número anterior, o requerente deve assinalar as áreas de cedência ao município em planta a entregar com o pedido de licenciamento ou comunicação prévia.

3 – As parcelas de terreno cedidas ao município integram-se no domínio municipal com a emissão do alvará ou, nas situações previstas no artigo 34º, através de instrumento notarial próprio a realizar no prazo de 20 dias após a receção da comunicação prévia, devendo a câmara municipal definir, no alvará ou no instrumento notarial, as parcelas afetas aos domínios público e privado do município.

4 – Se o prédio a lotear já estiver servido pelas infraestruturas a que se refere a alínea *h)* do artigo 2º ou não se justificar a localização de qualquer equipamento ou espaço verde públicos no referido prédio ou ainda nos casos referidos no nº 4 do artigo anterior, não há lugar a qualquer cedência para esses fins, ficando, no entanto, o proprietário obrigado ao pagamento de uma compensação ao município, em numerário ou em espécie, nos termos definidos em regulamento municipal.

5 – O proprietário e demais titulares de direitos reais sobre prédio a sujeitar a qualquer operação urbanística que nos termos de regulamento municipal seja considerada como de impacte relevante ficam também sujeitos às cedências e compensações previstas para as operações de loteamento.

municipais serem omissos, é aplicável a Portaria nº 216-B/2008, de 3 de março, retificada pela Declaração de Retificação nº 24/2008, de 2 de maio.

**Artigo 45º - Reversão**

1 - O cedente tem o direito de reversão sobre as parcelas cedidas nos termos do artigo anterior sempre que estas sejam afetas a fins diversos daqueles para que hajam sido cedidas.

2 - Para os efeitos previstos no número anterior, considera-se que não existe alteração de afetação sempre que as parcelas cedidas sejam afetas a um dos fins previstos no nº 1 do artigo anterior, independentemente das especificações eventualmente constantes do documento que titula a transmissão.

3 - Ao exercício do direito de reversão previsto no número anterior aplica-se, com as necessárias adaptações, o disposto no Código das Expropriações.

4 - Em alternativa ao exercício do direito referido no nº 1 ou no caso do nº 10, o cedente pode exigir ao município uma indemnização, a determinar nos termos estabelecidos no Código das Expropriações com referência ao fim a que se encontre afeta a parcela, calculada à data em que pudesse haver lugar à reversão.

5 - As parcelas que, nos termos do nº 1, tenham revertido para o cedente ficam sujeitas às mesmas finalidades a que deveriam estar afetas aquando da cedência, salvo quando se trate de parcela a afetar a equipamento de utilização coletiva, devendo nesse caso ser afeta a espaço verde, procedendo-se ainda ao averbamento desse facto no respetivo alvará ou à sua integração na comunicação prévia.

6 - Os direitos previstos nos nºs 1, 3 e 4 podem ser exercidos pelos proprietários de, pelo menos, um terço dos lotes constituídos em consequência da operação de loteamento.

7 - Havendo imóveis construídos na parcela revertida, o tribunal pode ordenar a sua demolição, a requerimento do cedente, nos termos estabelecidos nos artigos 37º e seguintes da Lei nº 15/2002, de 22 de fevereiro.

8 - O município é responsável pelos prejuízos causados aos proprietários dos imóveis referidos no número anterior, nos termos estabelecidos na Lei nº 67/2007, de 31 de dezembro, alterada pela Lei nº 31/2008, de 17 de julho, em matéria de atos ilícitos.

9 - A demolição prevista no nº 7 não prejudica os direitos legalmente estabelecidos de realojamento dos ocupantes.

10 - O direito de reversão previsto no nº 1 não pode ser exercido quando os fins das parcelas cedidas sejam alterados ao abrigo do disposto no nº 1 do artigo 48º.

### Artigo 46º - Gestão das infraestruturas e dos espaços verdes e de utilização coletiva

1 - A gestão das infraestruturas e dos espaços verdes e de utilização coletiva pode ser confiada a moradores ou a grupos de moradores das zonas loteadas e urbanizadas, mediante a celebração com o município de acordos de cooperação ou de contratos de concessão do domínio municipal.

2 - Os acordos de cooperação podem incidir, nomeadamente, sobre os seguintes aspetos:

*a)* Limpeza e higiene;

*b)* Conservação de espaços verdes existentes;

*c)* Manutenção dos equipamentos de recreio e lazer;

*d)* Vigilância da área, por forma a evitar a sua degradação.

3 - Os contratos de concessão devem ser celebrados sempre que se pretenda realizar investimentos em equipamentos de utilização coletiva ou em instalações fixas e não desmontáveis em espaços verdes, ou a manutenção de infraestruturas.

### Artigo 47º - Contrato de concessão

1 - Os princípios a que devem subordinar-se os contratos administrativos de concessão do domínio municipal a que se refere o artigo anterior são estabelecidos em diploma próprio, no qual se fixam as regras a observar em matéria de prazo de vigência, conteúdo do direito de uso privativo, obrigações do concessionário e do município em matéria de realização de obras, prestação de serviços e manutenção de infraestruturas, garantias a prestar e modos e termos do sequestro e rescisão.

2 - A utilização das áreas concedidas nos termos do número anterior e a execução dos contratos respetivos estão sujeitas a fiscalização da câmara municipal, nos termos a estabelecer no diploma aí referido.

3 - Os contratos referidos no número anterior não podem, sob pena de nulidade das cláusulas respetivas, proibir o acesso e utilização do espaço concessionado por parte do público, sem prejuízo das limitações a tais acesso e utilização que sejam admitidas no diploma referido no nº 1.

### Artigo 48º - Execução de instrumentos de gestão territorial e outros instrumentos urbanísticos

1 - As operações de loteamento com as condições definidas na licença ou comunicação prévia podem ser alteradas por iniciativa da câmara muni-

cipal desde que tal alteração se mostre necessária à execução de plano municipal ou intermunicipal de ordenamento do território ou área de reabilitação urbana.

2 – A deliberação da câmara municipal que determine as alterações referidas no número anterior é devidamente fundamentada e implica a emissão de novo alvará e a publicação e submissão a registo deste, a expensas do município.

3 – A deliberação referida no número anterior é precedida da audiência prévia do titular do alvará e demais interessados, que dispõem do prazo de 30 dias para se pronunciarem sobre o projeto de decisão.

4 – A pessoa coletiva que aprovar os instrumentos referidos no nº 1 que determinem direta ou indiretamente os danos causados ao titular do alvará e demais interessados, em virtude do exercício da faculdade prevista no nº 1, é responsável pelos mesmos nos termos do regime geral aplicável às situações de indemnização pelo sacrifício.

5 – Sem prejuízo do disposto no número anterior, nas situações de afetação das condições da licença ou comunicação prévia que, pela sua gravidade ou intensidade, eliminem ou restrinjam o seu conteúdo económico, o titular do alvará e demais interessados têm direito a uma indemnização correspondente ao valor económico do direito eliminado ou da parte do direito que tiver sido restringido.

6 – Enquanto não forem alteradas as condições das operações de loteamento nos termos previstos no nº 1, as obras de construção, de alteração ou de ampliação, na área abrangida por aquelas operações de loteamento, não têm que se conformar com planos municipais ou intermunicipais de ordenamento do território ou áreas de reabilitação urbana posteriores à licença ou comunicação prévia da operação de loteamento.

### Artigo 48º-A[1] – Alterações à operação de loteamento objeto de comunicação prévia

Sem prejuízo do disposto no artigo anterior, a alteração de operação de loteamento objeto de comunicação prévia só pode ser apresentada se for demonstrada a não oposição dos titulares da maioria dos lotes constantes da comunicação.

[1] Retificado pela Declaração de Retificação nº 46-A/2014, de 10 de novembro.

### Artigo 49º - Negócios jurídicos

1 - Nos títulos de arrematação ou outros documentos judiciais, bem como nos instrumentos relativos a atos ou negócios jurídicos de que resulte, direta ou indiretamente, a constituição de lotes nos termos da alínea *i)* do artigo 2º, sem prejuízo do disposto nos artigos 6º e 7º, ou a transmissão de lotes legalmente constituídos, devem constar o número do alvará ou da comunicação prévia, a data de emissão do título, a data de caducidade e a certidão do registo predial.

2 - Não podem ser realizados atos de primeira transmissão de imóveis construídos nos lotes ou de frações autónomas desses imóveis sem que seja exibida, perante a entidade que celebre a escritura pública ou autentique o documento particular, certidão emitida pela câmara municipal, comprovativa da receção provisória das obras de urbanização ou certidão, emitida pela câmara municipal, comprovativa de que a caução a que se refere o artigo 54º é suficiente para garantir a boa execução das obras de urbanização.

3 - Caso as obras de urbanização sejam realizadas nos termos dos artigos 84º e 85º, os atos referidos no número anterior podem ser efetuados mediante a exibição de certidão, emitida pela câmara municipal, comprovativa da conclusão de tais obras, devidamente executadas em conformidade com os projetos aprovados.

4 - A exibição das certidões referidas nos nºs 2 e 3 é dispensada sempre que o alvará de loteamento tenha sido emitido ao abrigo dos Decretos-Leis nºs 289/73, de 6 de junho, e 400/84, de 31 de dezembro.

### Artigo 50º

*[Revogado].*

### Artigo 51º - Informação registral

1 - O conservador do registo predial remete mensalmente à CCDR, até ao dia 15 de cada mês, cópia dos elementos respeitantes a operações de loteamento e respetivos anexos cujos registos tenham sido requeridos no mês anterior.

2 - *[Revogado].*

### Artigo 52º - Publicidade à alienação

Na publicidade à alienação de lotes de terreno, de edifícios ou frações autónomas neles construídos, em construção ou a construir, é obrigatório mencionar o número do alvará de loteamento ou da comunicação prévia e a data da sua emissão ou receção pela câmara municipal, bem como o respetivo prazo de validade.

## SUBSECÇÃO II - Obras de urbanização

### Artigo 53º - Condições e prazo de execução

1 - Com a deliberação prevista no artigo 26º ou através de regulamento municipal nas situações previstas no artigo 34º, o órgão competente para o licenciamento das obras de urbanização estabelece:

*a)* As condições a observar na execução das mesmas, onde se inclui o cumprimento do disposto no regime da gestão de resíduos de construção e demolição nelas produzidos, e o prazo para a sua conclusão;

*b)* O montante da caução destinada a assegurar a boa e regular execução das obras;

*c)* As condições gerais do contrato de urbanização a que se refere o artigo 55º, se for caso disso.

2 - Nas situações previstas no artigo 34º, o prazo de execução é o fixado pelo interessado, não podendo, no entanto, ultrapassar os limites fixados mediante regulamento municipal.

3 - O prazo estabelecido nos termos da alínea *a)* do nº 1 e do nº 2 pode ser prorrogado a requerimento fundamentado do interessado, por uma única vez e por período não superior a metade do prazo inicial, quando não seja possível concluir as obras dentro do prazo para o efeito estabelecido.

4 - Quando a obra se encontre em fase de acabamentos, pode ainda o presidente da câmara municipal, a requerimento fundamentado do interessado, conceder nova prorrogação, mediante o pagamento de um adicional à taxa referida no nº 2 do artigo 116º, de montante a fixar em regulamento municipal.

5 - O prazo referido no nº 2 pode ainda ser prorrogado em consequência de alteração da licença ou da comunicação prévia.

6 - A prorrogação do prazo nos termos referidos nos números anteriores não dá lugar à emissão de novo alvará nem à apresentação de nova comunicação prévia, devendo ser averbada no alvará ou comunicação existentes.

7 - As obras de urbanização com as condições definidas na licença ou comunicação prévia podem ser alteradas por iniciativa da câmara municipal, nos termos e com os fundamentos estabelecidos no artigo 48º.

### Artigo 54º – Caução

1 – O requerente ou comunicante presta caução destinada a garantir a boa e regular execução das obras de urbanização.

2 – A caução referida no número anterior é prestada a favor da câmara municipal, mediante garantia bancária autónoma à primeira solicitação, hipoteca sobre bens imóveis propriedade do requerente, depósito em dinheiro ou seguro-caução, devendo constar do próprio título que a mesma está sujeita a atualização nos termos do nº 4 e se mantém válida até à receção definitiva das obras de urbanização.

3 – O montante da caução é igual ao valor constante dos orçamentos para execução dos projetos das obras a executar, eventualmente corrigido pela câmara municipal com a emissão da licença, a que pode ser acrescido um montante, não superior a 5 % daquele valor, destinado a remunerar encargos de administração caso se mostre necessário aplicar o disposto nos artigos 84º e 85º.

4 – O montante da caução deve ser:

*a)* Reforçado, precedendo deliberação fundamentada da câmara municipal, tendo em atenção a correção do valor dos trabalhos por aplicação das regras legais e regulamentares relativas a revisões de preços dos contratos de empreitada de obras públicas, quando se mostre insuficiente para garantir a conclusão dos trabalhos, em caso de prorrogação do prazo de conclusão ou em consequência de acentuada subida no custo dos materiais ou de salários;

*b)* Reduzido, nos mesmos termos, em conformidade com o andamento dos trabalhos a requerimento do interessado, que deve ser decidido no prazo de 15 dias.

5 – O conjunto das reduções efetuadas ao abrigo do disposto na alínea *b)* do número anterior não pode ultrapassar 90 % do montante inicial da caução, sendo o remanescente libertado com a receção definitiva das obras de urbanização.

6 – O reforço ou a redução da caução, nos termos do nº 4, não dá lugar à emissão de novo alvará ou a nova comunicação.

### Artigo 55º – Contrato de urbanização

1 – Quando a execução de obras de urbanização envolva, em virtude de disposição legal ou regulamentar ou por força de convenção, mais de um responsável, a realização das mesmas pode ser objeto de contrato de urbanização.

2 – São partes no contrato de urbanização, obrigatoriamente, o município e o proprietário e outros titulares de direitos reais sobre o prédio e, facultativamente, as empresas que prestem serviços públicos, bem como outras entidades envolvidas na operação de loteamento ou na urbanização dela resultante, designadamente interessadas na aquisição dos lotes.

3 – O contrato de urbanização estabelece as obrigações das partes contratantes relativamente à execução das obras de urbanização e as responsabilidades a que ficam sujeitas, bem como o prazo para cumprimento daquelas.

4 – Quando haja lugar à celebração de contrato de urbanização, a ele se fará menção no alvará ou comunicação.

5 – Juntamente com o requerimento inicial, comunicação e a qualquer momento do procedimento até à aprovação das obras de urbanização, o interessado pode apresentar proposta de contrato de urbanização.

**Artigo 56º – Execução por fases**

1 – O interessado pode requerer a execução por fases das obras de urbanização, identificando as obras incluídas em cada fase, o orçamento correspondente e os prazos dentro dos quais se propõe requerer a respetiva licença.

2 – O requerimento referido no número anterior deve ser preferencialmente apresentado com o pedido de licenciamento de loteamento ou, quando as obras de urbanização não se integrem em operação de loteamento, com o pedido de licenciamento das mesmas, podendo, contudo, ser apresentado em qualquer momento do procedimento, desde que não tenha ainda sido proferida decisão final.

3 – Cada fase deve ter coerência interna e corresponder a uma zona da área a lotear ou a urbanizar que possa funcionar autonomamente.

4 – O requerimento é decidido no prazo de 30 dias a contar da data da sua apresentação.

5 – Admitida a execução por fases, o alvará abrange apenas a primeira fase das obras de urbanização, implicando cada fase subsequente um aditamento ao alvará.

6 – Quando se trate de operação efetuada ao abrigo de comunicação prévia, o interessado identifica na comunicação as fases em que pretende proceder à execução das obras de urbanização, aplicando-se, com as necessárias adaptações, o disposto nos nºs 1, 2 e 3.

## SUBSECÇÃO III - Obras de edificação

### Artigo 57º - Condições de execução

1 - A câmara municipal fixa as condições a observar na execução da obra com o deferimento do pedido de licenciamento das operações urbanísticas e, no caso das obras sujeitas a comunicação prévia, através de regulamento municipal, devendo salvaguardar o cumprimento do disposto no regime da gestão de resíduos de construção e demolição.

2 - As condições relativas à ocupação da via pública ou à colocação de tapumes e vedações são estabelecidas mediante proposta do requerente, a qual, nas situações previstas no nº 4 do artigo 4º, deve acompanhar a comunicação prévia, não podendo a câmara municipal alterá-las senão com fundamento na violação de normas legais ou regulamentares aplicáveis ou na necessidade de articulação com outras ocupações previstas ou existentes.

3 - No caso previsto no artigo 113º, as condições a observar na execução das obras são aquelas que forem propostas pelo requerente.

4 - A comunicação prévia para obras em área abrangida por operação de loteamento não pode ter lugar antes da receção provisória das respetivas obras de urbanização ou da prestação de caução a que se refere o artigo 54º.

5 - O disposto no artigo 43º e nos nºs 1 a 3 do artigo 44º aplica-se aos procedimentos de licenciamento ou de comunicação prévia de obras quando respeitem a edifícios contíguos e funcionalmente ligados entre si que determinem, em termos urbanísticos, impactes semelhantes a uma operação de loteamento, nos termos a definir por regulamento municipal.

6 - O disposto no nº 4 do artigo 44º é aplicável aos procedimentos de licenciamento e de comunicação prévia de obras quando a operação contemple a criação de áreas de circulação viária e pedonal, espaços verdes e equipamento de uso privativo.

7 - *[Revogado]*.

### Artigo 58º [1] - Prazo de execução

1 - A câmara municipal fixa, com o deferimento do pedido de licenciamento das obras referidas nas alíneas *c)* a *f)* do nº 2 do artigo 4º, o prazo

[1] O Decreto-Lei nº 120/2013, de 21 de agosto, aprovou o regime excecional de extensão de prazos previstos para a execução de obras, a caducidade de licença ou admissão de comunicação prévia e a apresentação de requerimento do respetivo alvará de licenciamento ou de autorização de utilização, previstos nos artigos 58º, 59º, 71º e 76º do Decreto-Lei nº 555/99, de 16 de dezembro.

de execução da obra, em conformidade com a programação proposta pelo requerente.

2 – Nas situações previstas no nº 4 do artigo 4º, o prazo de execução é o fixado pelo interessado, não podendo, no entanto, ultrapassar os limites fixados mediante regulamento municipal.

3 – Os prazos referidos nos números anteriores começam a contar da data de emissão do respetivo alvará, da data do pagamento ou do depósito das taxas ou da caução nas situações previstas no artigo 113º, ou da data em que a comunicação prévia se encontre titulada nos termos do nº 2 do artigo 74º.

4 – O prazo para a conclusão da obra pode ser alterado por motivo de interesse público, devidamente fundamentado, no ato de deferimento a que se refere o nº 1, e, no caso de comunicação prévia, até ao termo do prazo previsto no nº 2 do artigo 11º.

5 – Quando não seja possível concluir as obras no prazo previsto, este pode ser prorrogado, a requerimento fundamentado do interessado, por uma única vez e por período não superior a metade do prazo inicial, salvo o disposto nos números seguintes.

6 – Quando a obra se encontre em fase de acabamentos, pode o presidente da câmara municipal, a requerimento fundamentado do interessado, conceder nova prorrogação, mediante o pagamento de um adicional à taxa referida no nº 1 do artigo 116º, de montante a fixar em regulamento municipal.

7 – O prazo estabelecido nos termos dos números anteriores pode ainda ser prorrogado em consequência da alteração da licença, bem como da apresentação de alteração aos projetos apresentados com a comunicação prévia.

8 – A prorrogação do prazo nos termos referidos nos números anteriores não dá lugar à emissão de novo alvará nem à apresentação de nova comunicação, devendo apenas ser nestes averbada.

9 – No caso previsto no artigo 113º, o prazo para a conclusão da obra é aquele que for proposto pelo requerente.

**Artigo 59º – Execução por fases**

1 – O requerente pode optar pela execução faseada da obra, devendo para o efeito, em caso de operação urbanística sujeita a licenciamento, identificar no projeto de arquitetura os trabalhos incluídos em cada uma das fases e indicar os prazos, a contar da data de aprovação daquele pro-

jeto, em que se propõe requerer a aprovação dos projetos das especialidades e outros estudos relativos a cada uma dessas fases, podendo a câmara municipal fixar diferentes prazos por motivo de interesse público devidamente fundamentado.

2 – Cada fase deve corresponder a uma parte da edificação passível de utilização autónoma.

3 – Nos casos referidos no nº 1, o requerimento referido no nº 4 do artigo 20º deverá identificar a fase da obra a que se reporta.

4 – A falta de apresentação do requerimento referido no número anterior dentro dos prazos previstos no nº 1 implica a caducidade do ato de aprovação do projeto de arquitetura e o arquivamento oficioso do processo.

5 – *[Revogado]*.

6 – Admitida a execução por fases, o alvará abrange apenas a primeira fase das obras, implicando cada fase subsequente um aditamento ao alvará.

7 – Quando se trate de operação urbanística sujeita a comunicação prévia, o interessado identifica na comunicação as fases em que pretende proceder à execução da obra, aplicando-se com as necessárias adaptações o disposto nos nºs 1 e 2.

**Artigo 60º – Edificações existentes**

1 – As edificações construídas ao abrigo do direito anterior e as utilizações respetivas não são afetadas por normas legais e regulamentares supervenientes.

2 – A licença de obras de reconstrução ou de alteração das edificações não pode ser recusada com fundamento em normas legais ou regulamentares supervenientes à construção originária, desde que tais obras não originem ou agravem desconformidade com as normas em vigor ou tenham como resultado a melhoria das condições de segurança e de salubridade da edificação.

3 – O disposto no número anterior aplica-se em sede de fiscalização sucessiva de obras sujeitas a comunicação prévia.

4 – Sem prejuízo do disposto nos números anteriores, a lei pode impor condições específicas para o exercício de certas atividades em edificações já afetas a tais atividades ao abrigo do direito anterior, bem como condicionar a execução das obras referidas no número anterior à realização dos trabalhos acessórios que se mostrem necessários para a melhoria das condições de segurança e salubridade da edificação.

### Artigo 61º - Identificação do diretor de obra

O titular da licença de construção e apresentante da comunicação prévia ficam obrigados a afixar numa placa em material imperecível no exterior da edificação ou a gravar num dos seus elementos externos a identificação do diretor de obra.

## SUBSECÇÃO IV - Utilização de edifícios ou suas frações

### Artigo 62º - Âmbito

1 - A autorização de utilização de edifícios ou suas frações autónomas na sequência de realização de obra sujeita a controlo prévio destina-se a verificar a conclusão da operação urbanística, no todo ou em parte, e a conformidade da obra com o projeto de arquitetura e arranjos exteriores aprovados e com as condições do respetivo procedimento de controlo prévio, assim como a conformidade da utilização prevista com as normas legais e regulamentares que fixam os usos e utilizações admissíveis, podendo contemplar utilizações mistas.

2 - No caso dos pedidos de autorização de utilização, de alteração de utilização ou de alguma informação constante de licença de utilização que já tenha sido emitida, que não sejam precedidos de operações urbanísticas sujeitas a controlo prévio, a autorização de utilização de edifícios ou suas frações autónomas destina-se a verificar a conformidade da utilização prevista com as normas legais e regulamentares que fixam os usos e utilizações admissíveis, bem como a idoneidade do edifício ou sua fração autónoma para o fim pretendido, podendo contemplar utilizações mistas.

### Artigo 63º - Instrução do pedido

1 - O pedido de autorização de utilização deve ser instruído com as telas finais, acompanhadas de termo de responsabilidade subscrito pelo diretor de obra ou pelo diretor de fiscalização de obra, no qual aqueles devem declarar que a obra está concluída e que foi executada de acordo com os projetos de arquitetura e especialidades, bem como com os arranjos exteriores aprovados e com as condições do respetivo procedimento de controlo prévio e que as alterações efetuadas ao projeto estão em conformidade com as normas legais e regulamentares que lhe são aplicáveis.

2 - O pedido de autorização de utilização pode ainda ser instruído com termo de responsabilidade subscrito por pessoa legalmente habilitada a ser

autor de projeto, nos termos do regime jurídico que define a qualificação profissional exigível aos técnicos responsáveis pela elaboração e subscrição de projetos, pela fiscalização de obra e pela direção de obra.

3 – O pedido de autorização de utilização, bem como as suas alterações, é apresentado através da plataforma eletrónica referida no nº 1 do artigo 8º-A, podendo ser utilizado o «Balcão do Empreendedor», para os pedidos relativos à instalação de estabelecimento e respetivas alterações de utilização, nos termos a regulamentar na portaria a que se refere o nº 4 do artigo 8º-A.

**Artigo 64º – Concessão da autorização de utilização**

1 – A autorização de utilização é concedida no prazo de 10 dias a contar da receção do requerimento, com base nos termos de responsabilidade referidos no artigo anterior, salvo na situação prevista no número seguinte.

2 – O presidente da câmara municipal, oficiosamente ou a requerimento do gestor do procedimento e no prazo previsto no número anterior, determina a realização de vistoria, a efetuar nos termos do artigo seguinte, quando se verifique alguma das seguintes situações:

*a)* O pedido de autorização de utilização não estar instruído com os termos de responsabilidade previsto no artigo anterior;

*b)* Existirem indícios sérios, nomeadamente com base nos elementos constantes do processo ou do livro de obra, a concretizar no despacho que determina a vistoria, de que a obra se encontra em desconformidade com o respetivo projeto ou condições estabelecidas;

*c)* Tratando-se da autorização prevista no nº 2 do artigo 62º, existam indícios sérios de que o edifício, ou sua fração autónoma, não é idóneo para o fim pretendido.

3 – Quando o pedido de autorização de utilização for instruído com termo de responsabilidade referido no nº 2 do artigo anterior, é dispensada a realização de vistoria municipal, bem como a apresentação na câmara municipal de certificações, aprovações e pareceres externos, bastando a comunicação da conclusão dos trabalhos, acompanhada de declaração subscrita pelo autor do projeto e pelo diretor de obra ou diretor de fiscalização de obra, de que tais elementos foram obtidos.

4 – Não sendo determinada a realização de vistoria no prazo referido no nº 1, o requerente pode solicitar a emissão do alvará de autorização de utilização, a emitir no prazo de cinco dias, mediante a apresentação do comprovativo do requerimento da mesma nos termos do artigo 63º.

### Artigo 65º – Realização da vistoria

1 – A vistoria realiza-se no prazo de 15 dias a contar da decisão do presidente da câmara referida no nº 2 do artigo anterior, decorrendo sempre que possível em data a acordar com o requerente.

2 – A vistoria é efetuada por uma comissão composta, no mínimo, por três técnicos, a designar pela câmara municipal, dos quais pelo menos dois devem ter habilitação legal para ser autor de projeto, correspondente à obra objeto de vistoria, segundo o regime da qualificação profissional dos técnicos responsáveis pela elaboração e subscrição de projetos.

3 – A data da realização da vistoria é notificada pela câmara municipal ao requerente da autorização de utilização, o qual pode fazer-se acompanhar dos autores dos projetos e do técnico responsável pela direção técnica da obra, que participam, sem direito a voto, na vistoria.

4 – As conclusões da vistoria são obrigatoriamente seguidas na decisão sobre o pedido de autorização.

5 – No caso da imposição de obras de alteração decorrentes da vistoria, a emissão da autorização requerida depende da verificação da adequada realização dessas obras, mediante nova vistoria a requerer pelo interessado, a qual deve decorrer no prazo de 15 dias a contar do respetivo requerimento.

6 – Não sendo a vistoria realizada nos prazos referidos nos nºs 1 ou 5, o requerente pode solicitar a emissão do título de autorização de utilização, mediante a apresentação do comprovativo do requerimento da mesma nos termos do artigo 63º ou do número anterior, o qual é emitido no prazo de cinco dias e sem a prévia realização de vistoria.

### Artigo 66º – Propriedade horizontal

1 – No caso de edifícios constituídos em regime de propriedade horizontal, a autorização pode ter por objeto o edifício na sua totalidade ou cada uma das suas frações autónomas.

2 – A autorização de utilização só pode ser concedida autonomamente para uma ou mais frações autónomas quando as partes comuns dos edifícios em que se integram estejam também em condições de serem utilizadas.

3 – Caso o interessado não tenha ainda requerido a certificação pela câmara municipal de que o edifício satisfaz os requisitos legais para a sua constituição em regime de propriedade horizontal, tal pedido pode integrar o requerimento de autorização de utilização.

4 – O disposto nos nºs 2 e 3 é aplicável, com as necessárias adaptações, aos edifícios compostos por unidades suscetíveis de utilização independente que não estejam sujeitos ao regime da propriedade horizontal.

## SECÇÃO IV – Validade e eficácia dos atos de licenciamento e autorização de utilização e efeitos da comunicação prévia

### SUBSECÇÃO I – Validade

**Artigo 67º – Requisitos**

A validade das licenças ou das autorizações de utilização depende da sua conformidade com as normas legais e regulamentares aplicáveis em vigor à data da sua prática, sem prejuízo do disposto no artigo 60º.

**Artigo 68º – Nulidades**

Sem prejuízo da possibilidade de atribuição de efeitos jurídicos a situações de facto decorrentes de atos nulos nos termos gerais de direito, bem como do disposto no artigo 70º, são nulas as licenças, as autorizações de utilização e as decisões relativas a pedidos de informação prévia previstos no presente diploma que:

*a)* Violem o disposto em plano municipal ou intermunicipal de ordenamento do território, plano especial de ordenamento do território, medidas preventivas ou licença ou comunicação prévia de loteamento em vigor;

*b)* *[Revogada]*;

*c)* Não tenham sido precedidas de consulta das entidades cujos pareceres, autorizações ou aprovações sejam legalmente exigíveis, bem como quando não estejam em conformidade com esses pareceres, autorizações ou aprovações.

**Artigo 69º[1] – Participação, ação administrativa e declaração de nulidade**

1 – Os factos geradores das nulidades previstas no artigo anterior e quaisquer outros factos de que possa resultar a invalidade dos atos administrativos previstos no presente diploma devem ser participados, por quem deles tenha conhecimento, ao Ministério Público, para efeitos de propo-

[1] Redação da Lei nº 118/2019, de 17 de setembro.

situra da competente ação administrativa e respetivos meios processuais acessórios.

2 – Quando tenha por objeto atos de licenciamento ou autorizações de utilização com fundamento em qualquer das invalidades previstas no artigo anterior, a citação ao titular da licença ou da autorização de utilização para contestar a ação referida no número anterior tem os efeitos previstos no artigo 103º para o embargo, sem prejuízo do disposto no número seguinte

3 – O tribunal pode, oficiosamente ou a requerimento dos interessados, autorizar o prosseguimento total ou parcial dos trabalhos, caso da ação administrativa resultem indícios de ilegalidade da sua interposição ou da sua improcedência total ou parcial, ou adotar medidas cautelares alternativas, adicionais ou preventivas, nos termos do artigo 120º do Código de Processo nos Tribunais Administrativos, devendo o juiz decidir esta questão, quando a ela houver lugar, no prazo de 10 dias, tendo o recurso da decisão caráter urgente e os efeitos previstos no nº 4 do artigo 115º.

4 – A possibilidade de o órgão que emitiu o ato ou deliberação declarar a nulidade caduca no prazo de 10 anos, caducando também o direito de propor a ação prevista no nº 1 se os factos que determinaram a nulidade não forem participados ao Ministério Público nesse prazo, exceto relativamente a monumentos nacionais e respetiva zona de proteção.

**Artigo 70º – Responsabilidade civil da Administração**

1 – O município responde civilmente nos termos gerais por ações e omissões cometidas em violação do estabelecido no presente decreto-lei.

2 – O disposto no número anterior inclui a responsabilidade por prejuízos resultantes de operações urbanísticas executadas com base em atos de controlo prévio ilegais, nomeadamente em caso de revogação, anulação ou declaração de nulidade de licenças ou autorizações de utilização, sempre que a causa de revogação, anulação ou declaração de nulidade resulte de uma conduta ilícita dos titulares dos seus órgãos ou dos seus funcionários e agentes.

3 – Para efeitos do disposto no número anterior são solidariamente responsáveis:

*a)* O titular do órgão administrativo singular que haja praticado os atos ao abrigo dos quais foram executadas ou desenvolvidas as operações urbanísticas referidas sem que tivesse sido promovida a consulta de entidades externas ou em desrespeito do parecer, autorização ou aprovação emitidos, quando vinculativos;

*b)* Os membros dos órgãos colegiais que tenham votado a favor dos atos referidos na alínea anterior;

*c)* Os trabalhadores que tenham prestado informação favorável à prática do ato de controlo prévio ilegal, em caso de dolo ou culpa grave;

*d)* Os membros da câmara municipal quando não promovam as medidas necessárias à reposição da legalidade, nos termos do disposto no nº 8 do artigo 35º, em caso de dolo ou culpa grave.

4 – Quando a ilegalidade que fundamenta a revogação, anulação ou declaração de nulidade de ato administrativo resulte de parecer vinculativo, autorização ou aprovação legalmente exigível, a entidade que o emitiu responde solidariamente com o município, que tem sobre aquela direito de regresso nos termos gerais de direito.

5 – Impende sobre os titulares dos órgãos municipais o dever de desencadear procedimentos disciplinares aos trabalhadores sempre que se verifique alguma das situações referidas no artigo 101º.

## SUBSECÇÃO II – Caducidade e revogação da licença e autorização de utilização e cessação de efeitos da comunicação prévia

### Artigo 71º [1] – Caducidade

1 – A licença ou comunicação prévia para a realização de operação de loteamento caduca se:

*a)* Não for apresentada a comunicação prévia para a realização das respetivas obras de urbanização no prazo de um ano a contar da notificação do ato de licenciamento ou, na hipótese de comunicação prévia, não for apresentada comunicação prévia para a realização de obras de urbanização no prazo de um ano a contar da data daquela; ou se

*b)* Não for requerido o alvará a que se refere o nº 3 do artigo 76º no prazo de um ano a contar da comunicação prévia das respetivas obras de urbanização;

*c)* Não forem concluídas as obras de edificação previstas na operação de loteamento no prazo fixado para esse efeito, nos termos da alínea *g)* do nº 1 do artigo 77º.

[1] Retificado pela Declaração de Retificação nº 46-A/2014, de 10 de novembro.

2 – A licença ou comunicação prévia para a realização de operação de loteamento que não exija a realização de obras de urbanização, bem como a licença para a realização das operações urbanísticas previstas nas alíneas *b)* a *e)* do nº 2 e no nº 4 do artigo 4º, caducam, no caso da licença, se no prazo de um ano a contar da notificação do ato de licenciamento não for requerida a emissão do respetivo alvará ou, no caso da comunicação prévia e sendo devida, não ocorra o pagamento das taxas no prazo previsto para o efeito, determinando, em qualquer dos casos, a imediata cessação da operação urbanística.

3 – Para além das situações previstas no número anterior, a licença ou a comunicação prévia para a realização das operações urbanísticas referidas no número anterior, bem como a licença ou a comunicação prévia para a realização de operação de loteamento que exija a realização de obras de urbanização, caducam ainda:

*a)* Se as obras não forem iniciadas no prazo de 12 meses a contar da data de emissão do alvará ou do pagamento das taxas no caso de comunicação prévia, ou nos casos previstos no artigo 113º;

*b)* Se as obras estiverem suspensas por período superior a seis meses, salvo se a suspensão decorrer de facto não imputável ao titular da licença ou da comunicação prévia;

*c)* Se as obras estiverem abandonadas por período superior a seis meses;

*d)* Se as obras não forem concluídas no prazo fixado na licença ou comunicação prévia, ou suas prorrogações, contado a partir da data de emissão do alvará ou do pagamento das taxas no caso da comunicação prévia.

*e)* *[Revogada].*

4 – Para os efeitos do disposto na alínea *c)* do número anterior, presumem-se abandonadas as obras ou trabalhos sempre que:

*a)* Se encontrem suspensos sem motivo justificativo registado no respetivo livro de obra;

*b)* Decorram na ausência do diretor da obra;

*c)* Se desconheça o paradeiro do titular da respetiva licença ou comunicação prévia sem que este haja indicado à câmara municipal procurador bastante que o represente.

5 – As caducidades previstas no presente artigo devem ser declaradas pela câmara municipal, verificadas as situações previstas no presente artigo, após audiência prévia do interessado.

6 – Os prazos a que se referem os números anteriores contam-se de acordo com o disposto no artigo 279º do Código Civil.

7 – Tratando-se de licença para a realização de operação de loteamento ou de obras de urbanização, a caducidade pelos motivos previstos na alínea *c)* do nº 1 e nos nºs 3 e 4 observa os seguintes termos:

*a)* A caducidade não produz efeitos relativamente aos lotes para os quais já haja sido deferido pedido de licenciamento para obras de edificação ou já tenha sido apresentada comunicação prévia da realização dessas obras;

*b)* A caducidade não produz efeitos relativamente às parcelas cedidas para implantação de espaços verdes públicos e equipamentos de utilização coletiva e infraestruturas que sejam indispensáveis aos lotes referidos no número anterior e sejam identificadas pela Câmara Municipal na declaração prevista no nº 5;

*c)* Nas situações previstas na alínea *c)* do nº 1, a caducidade não produz efeitos, ainda, quanto à divisão ou reparcelamento fundiário resultante da operação de loteamento, mantendo-se os lotes constituídos por esta operação, a respetiva área e localização e extinguindo-se as demais especificações relativas aos lotes, previstas na alínea *e)* do nº 1 do artigo 77º.

**Artigo 72º – Renovação**

1 – O titular de licença ou comunicação prévia que haja caducado pode requerer nova licença ou apresentar nova comunicação prévia.

2 – No caso referido no número anterior, serão utilizados no novo processo os elementos que instruíram o processo anterior desde que o novo requerimento seja apresentado no prazo de 18 meses a contar da data da caducidade ou, se este prazo estiver esgotado, não existirem alterações de facto e de direito que justifiquem nova apresentação.

3 – *[Revogado].*

**Artigo 73º – Revogação**

1 – Sem prejuízo do que se dispõe no número seguinte, a licença ou as autorizações de utilização só podem ser revogadas nos termos estabelecidos na lei para os atos constitutivos de direitos.

2 – Nos casos a que se refere o nº 2 do artigo 105º, a licença pode ser revogada pela câmara municipal decorrido o prazo de seis meses a contar do termo do prazo estabelecido de acordo com o nº 1 do mesmo artigo.

## SUBSECÇÃO III – Títulos das operações urbanísticas

### Artigo 74º [1] – Título da licença, da comunicação prévia e da autorização de utilização

1 – As operações urbanísticas objeto de licenciamento são tituladas por alvará, cuja emissão é condição de eficácia da licença.

2 – A comunicação prévia relativa a operações urbanísticas é titulada pelo comprovativo eletrónico da sua apresentação emitido pela plataforma eletrónica referida no nº 1 do artigo 8º-A, acompanhado do documento comprovativo do pagamento das taxas e, no caso de operações de loteamento, é titulada, ainda, por documento comprovativo da prestação de caução e da celebração do instrumento notarial a que se refere o nº 3 do artigo 44º ou por declaração da câmara municipal relativa à sua inexigibilidade.

3 – A autorização de utilização dos edifícios é titulada por alvará.

### Artigo 75º – Competência

Compete ao presidente da câmara municipal emitir o alvará para a realização das operações urbanísticas, podendo delegar esta competência nos vereadores, com faculdade de subdelegação, ou nos dirigentes dos serviços municipais.

### Artigo 76º – Requerimento

1 – O interessado deve, no prazo de um ano a contar da data da notificação do ato de licenciamento ou da autorização de utilização, requerer a emissão do respetivo alvará, apresentando para o efeito os elementos previstos em portaria aprovada pelo membro do Governo responsável pelo ordenamento do território.

2 – Pode ainda o presidente da câmara municipal, a requerimento fundamentado do interessado, conceder prorrogação, por uma única vez, do prazo previsto no número anterior.

3 – No caso de operação de loteamento que exija a realização de obras de urbanização, é emitido um único alvará, que deve ser requerido no prazo de um ano a contar da comunicação prévia das obras de urbanização.

[1] A Portaria nº 228/2015, de 3 de agosto, aprova os modelos de alvarás e de avisos de publicitação de operações urbanísticas, nos termos do Regime Jurídico da Urbanização e Edificação (RJUE).

4 – Sem prejuízo do disposto nos artigos 64º e 65º, o alvará é emitido no prazo de 30 dias a contar da apresentação do requerimento previsto nos números anteriores ou da receção dos elementos a que se refere o nº 3 do artigo 11º desde que se mostrem pagas as taxas devidas.

5 – O requerimento de emissão de alvará só pode ser indeferido com fundamento na caducidade, suspensão, revogação, anulação ou declaração de nulidade da licença, na caducidade ou cassação do título da comunicação prévia nos termos do artigo 79º, ou na falta de pagamento das taxas referidas no número anterior.

6 – O alvará obedece a um modelo-tipo a estabelecer por portaria aprovada pelo membro do Governo responsável pelo ordenamento do território.

**Artigo 77º – Especificações**

1 – O alvará de licença de operação de loteamento ou de obras de urbanização deve conter, nos termos da licença, a especificação dos seguintes elementos, consoante forem aplicáveis:

*a)* Identificação do titular do alvará;

*b)* Identificação do prédio objeto da operação de loteamento ou das obras de urbanização;

*c)* Identificação dos atos dos órgãos municipais relativos ao licenciamento da operação de loteamento e das obras de urbanização;

*d)* Enquadramento da operação urbanística em plano municipal ou intermunicipal de ordenamento do território em vigor, bem como na respetiva unidade de execução, se a houver;

*e)* Número de lotes e indicação da área, localização, finalidade, área de implantação, área de construção, número de pisos e número de fogos de cada um dos lotes, com especificação dos fogos destinados a habitações a custos controlados, quando previstos;

*f)* Cedências obrigatórias, sua finalidade e especificação das parcelas a integrar no domínio municipal;

*g)* Prazo máximo para a conclusão das operações de edificação previstas na operação de loteamento, o qual deve observar o prazo previsto no instrumento de programação da execução do plano territorial de âmbito municipal ou intermunicipal aplicável e não pode ser superior a 10 anos;

*h)* Prazo para a conclusão das obras de urbanização;

*i)* Montante da caução prestada e identificação do respetivo título.

2 – O alvará a que se refere o número anterior deve conter, em anexo, as plantas representativas dos elementos referidos nas alíneas *e)* e *f)*.

3 – As especificações do alvará a que se refere o nº 1 vinculam a câmara municipal, o proprietário do prédio, bem como os adquirentes dos lotes.

4 – O alvará de licença para a realização das operações urbanísticas a que se referem as alíneas *b)* a *g)* e *l)* do artigo 2º deve conter, nos termos da licença, os seguintes elementos, consoante sejam aplicáveis:

*a)* Identificação do titular da licença;

*b)* Identificação do lote ou do prédio onde se realizam as obras ou trabalhos;

*c)* Identificação dos atos dos órgãos municipais relativos ao licenciamento das obras ou trabalhos;

*d)* Enquadramento das obras em operação de loteamento ou plano municipal ou intermunicipal de ordenamento do território em vigor, no caso das obras previstas nas alíneas *b)*, *c)* e *e)* do artigo 2º;

*e)* Os condicionamentos a que fica sujeita a licença;

*f)* As cérceas e o número de pisos acima e abaixo da cota de soleira;

*g)* A área de construção e a volumetria dos edifícios;

*h)* O uso a que se destinam as edificações;

*i)* O prazo de validade da licença, o qual corresponde ao prazo para a conclusão das obras ou trabalhos.

5 – O alvará de autorização de utilização relativo à utilização de edifício ou de sua fração deve conter a especificação dos seguintes elementos:

*a)* Identificação do titular da autorização;

*b)* Identificação do edifício ou fração autónoma;

*c)* O uso a que se destina o edifício ou fração autónoma.

6 – O alvará a que se refere o número anterior deve ainda mencionar, quando for caso disso, que o edifício a que respeita preenche os requisitos legais para a constituição da propriedade horizontal.

7 – No caso de substituição do titular de alvará de licença, o substituto deve disso fazer prova junto do presidente da câmara para que este proceda ao respetivo averbamento no prazo de 15 dias a contar da data da substituição.

8 – A titularidade do alvará de autorização de utilização de edifícios ou frações autónomas é transmitida automaticamente com a propriedade a que respeita.

**Artigo 78º – Publicidade**

1 – O titular do alvará deve promover, no prazo de 10 dias após a emissão do alvará, a afixação no prédio objeto de qualquer operação urbanís-

tica de um aviso, visível do exterior, que deve permanecer até à conclusão das obras.

2 – A emissão do alvará de licença de loteamento deve ainda ser publicitada pela câmara municipal, no prazo estabelecido no nº 1, através de:

*a)* Publicação de aviso em boletim municipal e na página da Internet do município ou, quando estes não existam, através de edital a afixar nos paços do concelho e nas sedes das juntas de freguesia abrangidas;

*b)* Publicação de aviso num jornal de âmbito local, quando o número de lotes seja inferior a 20, ou num jornal de âmbito nacional, nos restantes casos.

3 – Compete ao membro do Governo responsável pelo ordenamento do território aprovar, por portaria, o modelo do aviso referido no nº 1.

4 – O aviso previsto no número anterior deve mencionar, consoante os casos, as especificações previstas nas alíneas *a)* a *g)* do nº 1 e *a)* a *c)* e *f)* a *i)* do nº 4 do artigo 77º.

5 – O disposto nos números anteriores aplica-se, com as necessárias adaptações, às situações objeto de comunicação prévia.

**Artigo 79º – Cassação**

1 – O alvará ou o título da comunicação prévia é cassado pelo presidente da câmara municipal quando:

*a)* A licença caduque, seja revogada, anulada ou declarada nula;

*b)* A comunicação prévia caduque, não cumpra as normas legais ou regulamentares aplicáveis, não tenha sido antecedida dos pareceres, autorizações ou aprovações legalmente exigidos ou não se conforme com os mesmos.

2 – A cassação do alvará ou do título da comunicação prévia de loteamento é comunicada pelo presidente da câmara municipal à conservatória do registo predial competente, para efeitos de anotação à descrição ou de cancelamento do correspondente registo.

3 – Com a comunicação referida no número anterior, o presidente da câmara municipal dá igualmente conhecimento à conservatória do registo predial dos lotes que se encontrem na situação referida no nº 7 do artigo 71º, requerendo a esta o cancelamento parcial do correspondente registo nos termos da alínea *g)* do nº 2 do artigo 101º do Código do Registo Predial e indicando as descrições a manter.

4 – O alvará cassado é apreendido pela câmara municipal, na sequência de notificação ao respetivo titular.

5 – O título da comunicação prévia é cassado através do averbamento da cassação à informação constante da plataforma eletrónica referida no nº 1 do artigo 8º-A.

## CAPÍTULO III – Execução e fiscalização

### SECÇÃO I – Início dos trabalhos

**Artigo 80º – Início dos trabalhos**

1 – A execução das obras e trabalhos sujeitos a licença nos termos do presente diploma só pode iniciar-se depois de emitido o respetivo alvará, com exceção das situações referidas no artigo seguinte e salvo o disposto no artigo 113º.

2 – As obras e os trabalhos sujeitos ao regime da comunicação prévia podem iniciar-se nos termos do disposto no nº 2 do artigo 34º.

3 – As obras e trabalhos referidos no artigo 7º só podem iniciar-se depois de emitidos os pareceres ou autorizações aí referidos ou após o decurso dos prazos fixados para a respetiva emissão.

4 – No prazo de 60 dias a contar do início dos trabalhos relativos às operações urbanísticas referidas nas alíneas *c)* a *e)* do nº 2 do artigo 4º deve o promotor da obra apresentar na câmara municipal cópia das especialidades e outros estudos.

**Artigo 80º-A – Informação sobre o início dos trabalhos e o responsável pelos mesmos**

1 – Até cinco dias antes do início dos trabalhos, o promotor informa a câmara municipal dessa intenção, comunicando também a identidade da pessoa, singular ou coletiva, encarregada da execução dos mesmos.

2 – A pessoa encarregada da execução dos trabalhos está obrigada à execução exata dos projetos e ao respeito pelas condições do licenciamento ou comunicação prévia.

**Artigo 81º – Demolição, escavação e contenção periférica**

1 – Quando o procedimento de licenciamento haja sido precedido de informação prévia favorável que vincule a câmara municipal, pode o presidente da câmara municipal, a pedido do interessado, permitir a execução de trabalhos de demolição ou de escavação e contenção

periférica até à profundidade do piso de menor cota, logo após o saneamento referido no artigo 11º, desde que seja prestada caução para reposição do terreno nas condições em que se encontrava antes do início dos trabalhos.

2 – Nas obras sujeitas a licença nos termos do presente diploma, a decisão referida no número anterior pode ser proferida em qualquer momento após a aprovação do projeto de arquitetura.

3 – Para os efeitos dos números anteriores, o requerente deve apresentar, consoante os casos, o plano de demolições, o projeto de estabilidade ou o projeto de escavação e contenção periférica até à data da apresentação do pedido referido no mesmo número.

4 – O presidente da câmara decide sobre o pedido previsto no nº 1 no prazo de 15 dias a contar da data da sua apresentação.

5 – É título bastante para a execução dos trabalhos de demolição, escavação ou contenção periférica a notificação do deferimento do respetivo pedido, que o requerente, a partir do início da execução dos trabalhos por ela abrangidos, deverá guardar no local da obra.

**Artigo 82º – Ligação às redes públicas**

1 – Os alvarás a que se referem os nºs 1 e 4 do artigo 77º e a notificação referida no nº 5 do artigo anterior constituem título bastante para instruir os pedidos de ligação dos sistemas de água, de saneamento, de gás, de electricidade e de telecomunicações, podendo os requerentes optar, mediante autorização das entidades gestoras, pela realização das obras indispensáveis à sua concretização nas condições regulamentares e técnicas definidas por aquelas entidades.

2 – No caso de obras sujeitas a comunicação prévia, constitui título bastante para os efeitos previstos no número anterior a apresentação dos documentos referidos no nº 2 do artigo 74º.

3 – Até à apresentação do alvará de autorização de utilização, as ligações referidas no número anterior são efetuadas pelo prazo fixado no alvará respetivo ou no título da comunicação prévia, e apenas podem ser prorrogadas pelo período correspondente à prorrogação daquele prazo, salvo nos casos em que aquele alvará não haja sido emitido por razões exclusivamente imputáveis à câmara municipal.

4 – No caso de obras sujeitas a comunicação prévia, se for necessária a compatibilização de projetos com as infraestruturas existentes ou a sua

realização no caso de inexistência, estas serão promovidas pela entidade prestadora ou pelo requerente, nos termos da parte final do nº 1.

## SECÇÃO II – Execução dos trabalhos

### Artigo 83º – Alterações durante a execução da obra

1 – Podem ser realizadas em obra alterações ao projeto, mediante comunicação prévia nos termos previstos no artigo 35º, desde que essa comunicação seja efetuada com a antecedência necessária para que as obras estejam concluídas antes da apresentação do requerimento a que se refere o nº 1 do artigo 63º.

2 – Podem ser efetuadas sem dependência de comunicação prévia à câmara municipal as alterações em obra que não correspondam a obras que estivessem sujeitas a controlo prévio.

3 – As alterações em obra ao projeto inicialmente aprovado ou apresentado que envolvam a realização de obras de ampliação ou de alterações à implantação das edificações estão sujeitas ao procedimento previsto nos artigos 27º ou 35º, consoante os casos.

4 – Nas situações previstas nos números anteriores, apenas são apresentados os elementos instrutórios que sofreram alterações.

### Artigo 84º – Execução das obras pela câmara municipal

1 – Sem prejuízo do disposto no presente diploma em matéria de suspensão, caducidade das licenças, autorizações ou comunicação prévia ou de cassação dos respetivos títulos, a câmara municipal, para salvaguarda do património cultural, da qualidade do meio urbano e do meio ambiente, da segurança das edificações e do público em geral ou, no caso de obras de urbanização, também para proteção de interesses de terceiros adquirentes de lotes, pode promover a realização das obras por conta do titular do alvará ou do apresentante da comunicação prévia quando, por causa que seja imputável a este último:

*a)* Não tiverem sido iniciadas no prazo de um ano a contar da data da emissão do alvará ou do título da comunicação prévia;

*b)* Permanecerem interrompidas por mais de um ano;

*c)* Não tiverem sido concluídas no prazo fixado ou suas prorrogações, nos casos em que a câmara municipal tenha declarado a caducidade;

*d)* Não hajam sido efetuadas as correções ou alterações que hajam sido intimadas nos termos do artigo 105º.

2 – A execução das obras referidas no número anterior e o pagamento das despesas suportadas com as mesmas efetuam-se nos termos dos artigos 107º e 108º.

3 – A câmara municipal pode ainda acionar as cauções referidas nos artigos 25º e 54º.

4 – Logo que se mostre reembolsada das despesas efetuadas nos termos do presente artigo, a câmara municipal procede ao levantamento do embargo que possa ter sido decretado ou, quando se trate de obras de urbanização, emite oficiosamente alvará, competindo ao presidente da câmara dar conhecimento das respetivas deliberações, quando seja caso disso, à Direção-Geral do Território, para efeitos cadastrais, e à conservatória do registo predial.

**Artigo 85º [1] – Execução das obras de urbanização por terceiro**

1 – Qualquer adquirente dos lotes, de edifícios construídos nos lotes ou de frações autónomas dos mesmos tem legitimidade para requerer a autorização judicial para promover diretamente a execução das obras de urbanização quando, verificando-se as situações previstas no nº 1 do artigo anterior, a câmara municipal não tenha promovido a sua execução.

2 – O requerimento é instruído com os seguintes elementos:

*a)* Cópia do alvará ou do título da comunicação prévia, nos termos do nº 2 do artigo 74º;

*b)* Orçamento, a preços correntes do mercado, relativo à execução das obras de urbanização em conformidade com os projetos aprovados e condições fixadas no licenciamento;

*c)* Quaisquer outros elementos que o requerente entenda necessários para o conhecimento do pedido.

3 – Antes de decidir, o tribunal notifica a câmara municipal, o titular do alvará ou o apresentante da comunicação prévia para responderem no prazo de 30 dias e ordena a realização das diligências que entenda úteis para o conhecimento do pedido, nomeadamente a inspeção judicial do local.

4 – Se deferir o pedido, o tribunal fixa especificadamente as obras a realizar e o respetivo orçamento e determina que a caução a que se refere o artigo 54º fique à sua ordem, a fim de responder pelas despesas com as obras até ao limite do orçamento.

[1] Redação do artigo 7º do Decreto-Lei nº 214-G/2015, de 2 de outubro.

5 – Na falta ou insuficiência da caução, o tribunal determina que os custos sejam suportados pelo município, sem prejuízo do direito de regresso deste sobre o titular do alvará ou o apresentante da comunicação prévia.

6 – O processo a que se referem os números anteriores é urgente e isento de custas.

7 – Da sentença cabe recurso nos termos gerais.

8 – Compete aos tribunais administrativos de círculo onde se localiza o prédio no qual se devam realizar as obras de urbanização conhecer os pedidos previstos no presente artigo.

9 – A câmara municipal emite oficiosamente alvará para execução de obras por terceiro, competindo ao seu presidente dar conhecimento das respetivas deliberações à Direção-Geral do Território, para efeitos cadastrais, e à conservatória do registo predial, quando:

*a)* Tenha havido receção provisória das obras; ou

*b)* Seja integralmente reembolsada das despesas efetuadas, caso se verifique a situação prevista no nº 5.

## SECÇÃO III – Conclusão e receção dos trabalhos

### Artigo 86º – Limpeza da área e reparação de estragos

1 – Concluída a obra, o dono da mesma é obrigado a proceder ao levantamento do estaleiro, à limpeza da área, de acordo com o regime da gestão de resíduos de construção e demolição nela produzidos, e à reparação de quaisquer estragos ou deteriorações que tenha causado em infraestruturas públicas.

2 – O cumprimento do disposto no número anterior é condição da emissão do alvará de autorização de utilização ou da receção provisória das obras de urbanização, salvo quando tenha sido prestada, em prazo a fixar pela câmara municipal, caução para garantia da execução das operações referidas no mesmo número.

### Artigo 87º – Receção provisória e definitiva das obras de urbanização

1 – É da competência da câmara municipal deliberar sobre a receção provisória e definitiva das obras de urbanização após a sua conclusão e o decurso do prazo de garantia, respetivamente, mediante requerimento do interessado.

2 – A receção é precedida de vistoria, a realizar por uma comissão da qual fazem parte o interessado ou um seu representante e, pelo menos, dois representantes da câmara municipal.

3 – À receção provisória e definitiva, bem como às respetivas vistorias, é aplicável, com as necessárias adaptações, o regime aplicável à receção provisória e definitiva das empreitadas de obras públicas.

4 – Em caso de deficiência das obras de urbanização, como tal assinaladas no auto de vistoria, se o titular das obras de urbanização não reclamar ou vir indeferida a sua reclamação e não proceder à sua correção no prazo para o efeito fixado, a câmara municipal procede em conformidade com o disposto no artigo 84º.

5 – O prazo de garantia das obras de urbanização é de cinco anos.

**Artigo 88º – Obras inacabadas**

1 – Quando as obras já tenham atingido um estado avançado de execução mas a licença ou comunicação prévia haja caducado, pode ser requerida a concessão de licença especial para a sua conclusão, desde que não se mostre aconselhável a demolição da obra, por razões ambientais, urbanísticas, técnicas ou económicas.

2 – *[Revogado]*.

3 – *[Revogado]*.

4 – *[Revogado]*.

## SECÇÃO IV – Utilização e conservação do edificado

**Artigo 89º[1] – Dever de conservação**

1 – As edificações devem ser objeto de obras de conservação pelo menos uma vez em cada período de oito anos, devendo o proprietário, independentemente desse prazo, realizar todas as obras necessárias à manutenção da sua segurança, salubridade e arranjo estético.

2 – Sem prejuízo do disposto no número anterior, a câmara municipal pode a todo o tempo, oficiosamente ou a requerimento de qualquer interessado, determinar a execução das obras necessárias à correção de más condições de segurança ou de salubridade ou das obras de conservação necessárias à melhoria do arranjo estético.

[1] Redação do Decreto-Lei nº 66/2019, de 21 de maio, aprovado no uso da autorização legislativa concedida pela Lei nº 71/2018, de 31 de dezembro.

3 – A câmara municipal pode, oficiosamente ou a requerimento de qualquer interessado, ordenar a demolição total ou parcial das construções que ameacem ruína ou ofereçam perigo para a saúde pública e para a segurança das pessoas.

4 – A notificação dos atos referidos nos números anteriores é acompanhada da indicação dos elementos instrutórios necessários para a execução daquelas obras, incluindo a indicação de medidas urgentes, quando sejam necessárias, bem como o prazo em que os mesmos devem ser submetidos, sob pena de o notificando incorrer em incumprimento do ato, designadamente para os efeitos previstos nos artigos 91º e 100º

5 – Os atos referidos nos números anteriores são eficazes a partir da sua notificação ao proprietário, sendo o registo predial da intimação para a execução de obras ou para a demolição promovido oficiosamente para efeitos de averbamento, servindo de título para o efeito a certidão passada pelo município competente.

6 – O registo referido no número anterior é cancelado através da exibição de certidão emitida pela câmara municipal que ateste a conclusão das obras ou o cumprimento da ordem de demolição, consoante o caso, ou pela junção da autorização de utilização emitida posteriormente.

**Artigo 89º-A – Proibição de deterioração**

1 – O proprietário não pode, dolosamente, provocar ou agravar uma situação de falta de segurança ou de salubridade, provocar a deterioração do edifício ou prejudicar o seu arranjo estético.

2 – Presume-se, salvo prova em contrário, existir violação pelo proprietário do disposto no número anterior nas seguintes situações:

*a)* Quando o edifício, encontrando-se total ou parcialmente devoluto, tenha apenas os vãos do piso superior ou dos pisos superiores desguarnecidos;

*b)* Quando estejam em falta elementos decorativos, nomeadamente cantarias ou revestimento azulejar relevante, em áreas da edificação que não sejam acessíveis pelos transeuntes, sendo patente que tal falta resulta de atuação humana.

3 – A proibição constante do nº 1 é aplicável, além do proprietário, a qualquer pessoa singular ou coletiva.

## Artigo 90º[1] – Vistoria prévia

1 – As deliberações referidas nos nºs 2 e 3 do artigo 89º são precedidas de vistoria a realizar por três técnicos a nomear pela câmara municipal, dois dos quais com habilitação legal para ser autor de projeto, correspondentes à obra objeto de vistoria, segundo o regime da qualificação profissional dos técnicos responsáveis pela elaboração e subscrição de projetos.

2 – Do ato que determinar a realização da vistoria e respetivos fundamentos é notificado o proprietário do imóvel, mediante carta registada expedida com, pelo menos, sete dias de antecedência, ou, não sendo esta possível em virtude do desconhecimento da identidade ou do paradeiro do proprietário, mediante edital, nos termos estabelecidos no Código do Procedimento Administrativo, sendo, para este efeito, obrigatória a afixação de um edital no imóvel.

3 – Até à véspera da vistoria, o proprietário pode indicar um perito para intervir na realização da vistoria e formular quesitos a que deverão responder os técnicos nomeados.

4 – Da vistoria é imediatamente lavrado auto, do qual constam obrigatoriamente a identificação do imóvel, a descrição do estado do mesmo e as obras preconizadas e, bem assim, as respostas aos quesitos que sejam formuladas pelo proprietário.

5 – A descrição do estado do imóvel, a que se refere o número anterior, inclui a identificação do seu estado de conservação, apurado através da determinação do nível de conservação do imóvel de acordo com o disposto no artigo 5º do Decreto-Lei nº 266-B/2012, de 31 de dezembro, e na respetiva regulamentação.

6 – O auto referido no nº 4 é assinado por todos os técnicos e pelo perito que hajam participado na vistoria e, se algum deles não quiser ou não puder assiná-lo, faz-se menção desse facto.

7 – Quando o proprietário não indique perito até à data referida no nº 3, a vistoria é realizada sem a presença deste, sem prejuízo de, em eventual impugnação administrativa ou contenciosa da deliberação em causa, o proprietário poder alegar factos não constantes do auto de vistoria, quando prove que não foi regularmente notificado nos termos do nº 2.

[1] Redação do Decreto-Lei nº 66/2019, de 21 de maio, aprovado no uso da autorização legislativa concedida pela Lei nº 71/2018, de 31 de dezembro.

8 – As formalidades previstas no presente artigo podem ser preteridas quando exista risco iminente de desmoronamento ou grave perigo para a saúde pública, nos termos previstos na lei para o estado de necessidade.

9 – Aplica-se à vistoria o disposto no artigo 95º, com as devidas adaptações.

### Artigo 90º-A[1] – Obras determinadas pela câmara municipal

1 – Após a entrega dos elementos referidos no nº 4 do artigo 89º, é verificada a sua conformidade com os termos da intimação e com as normas legais e regulamentares em vigor.

2 – A entrega dos elementos referidos no nº 4 do artigo 89º vale como comunicação prévia.

3 – Durante a execução da obra, a comissão de vistorias que tiver efetuado a vistoria referida no artigo 90º, ou quem a substitua, acompanha periodicamente o andamento dos trabalhos, para garantia do cumprimento integral da notificação inicial, inscrevendo no livro de obra a data e as conclusões das visitas.

4 – A comissão verifica igualmente, com o proprietário, a necessidade de se proceder a alterações aos trabalhos inicialmente previstos, em função de alterações supervenientes detetadas durante a execução da obra e imprevisíveis aquando daquela notificação.

### Artigo 91º[2] – Obras coercivas

1 – Quando o proprietário não iniciar as obras que lhe sejam determinadas nos termos do artigo 89º, não apresentar os elementos instrutórios no prazo fixado para o efeito, ou estes forem objeto de rejeição, ou não concluir aquelas obras dentro dos prazos que para o efeito lhe forem fixados, pode a câmara municipal tomar posse administrativa do imóvel para lhes dar execução imediata.

2 – À execução coerciva das obras referidas no número anterior, incluindo todos os atos preparatórios necessários, como sejam levantamentos, sondagens, realização de estudos ou projetos, aplica-se, com as devidas adaptações, o disposto nos artigos 107º, 108º e 108º-B.

[1] Aditado pelo Decreto-Lei nº 66/2019, de 21 de maio, aprovado no uso da autorização legislativa concedida pela Lei nº 71/2018, de 31 de dezembro.

[2] Redação do pelo Decreto-Lei nº 66/2019, de 21 de maio, aprovado no uso da autorização legislativa concedida pela Lei nº 71/2018, de 31 de dezembro.

### Artigo 92º – Despejo administrativo

1 – A câmara municipal pode ordenar o despejo sumário dos prédios ou parte de prédios nos quais haja de realizar-se as obras referidas nos nºs 2 e 3 do artigo 89º, sempre que tal se mostre necessário à execução das mesmas.

2 – O despejo referido no número anterior pode ser determinado oficiosamente ou, quando o proprietário pretenda proceder às mesmas, a requerimento deste.

3 – A deliberação que ordene o despejo é eficaz a partir da sua notificação aos ocupantes.

4 – O despejo deve executar-se no prazo de 45 dias a contar da sua notificação aos ocupantes, salvo quando houver risco iminente de desmoronamento ou grave perigo para a saúde pública, em que poderá executar-se imediatamente.

5 – Ao despejo de ocupante titular de contrato de arrendamento aplica-se o disposto no Decreto-Lei nº 157/2006, de 8 de agosto.

## SECÇÃO V – Fiscalização

## SUBSECÇÃO I – Disposições gerais

### Artigo 93º – Âmbito

1 – A realização de quaisquer operações urbanísticas está sujeita a fiscalização administrativa, independentemente de estarem isentas de controlo prévio ou da sua sujeição a prévio licenciamento, comunicação prévia ou autorização de utilização.

2 – A fiscalização administrativa destina-se a assegurar a conformidade daquelas operações com as disposições legais e regulamentares aplicáveis e a prevenir os perigos que da sua realização possam resultar para a saúde e segurança das pessoas.

### Artigo 94º – Competência

1 – Sem prejuízo das competências atribuídas por lei a outras entidades, a fiscalização prevista no artigo anterior compete ao presidente da câmara municipal, com a faculdade de delegação em qualquer dos vereadores.

2 – Os atos praticados pelo presidente da câmara municipal no exercício dos poderes de fiscalização previstos no presente diploma e que envolvam

um juízo de legalidade de atos praticados pela câmara municipal respetiva, ou que suspendam ou ponham termo à sua eficácia, podem ser por esta revogados ou suspensos.

3 – No exercício da atividade de fiscalização, o presidente da câmara municipal é auxiliado por funcionários municipais com formação adequada, a quem incumbe preparar e executar as suas decisões.

4 – O presidente da câmara municipal pode ainda solicitar colaboração de quaisquer autoridades administrativas ou policiais.

5 – A câmara municipal pode contratar com empresas privadas habilitadas a efetuar fiscalização de obras a realização das inspeções a que se refere o artigo seguinte, bem como as vistorias referidas no artigo 64º.

6 – A celebração dos contratos referidos no número anterior depende da observância das regras constantes de decreto regulamentar, de onde constam o âmbito das obrigações a assumir pelas empresas, o respetivo regime da responsabilidade e as garantias a prestar.

**Artigo 95º [1] – Inspeções**

1 – Os fiscais municipais ou os trabalhadores das empresas privadas a que se refere o nº 5 do artigo anterior, podem realizar inspeções aos locais onde se desenvolvam atividades sujeitas a fiscalização nos termos do presente diploma, sem dependência de prévia notificação.

2 – Os fiscais municipais e os trabalhadores das empresas mencionados no número anterior podem fazer-se acompanhar de elementos das forças de segurança e do serviço municipal de proteção civil, sempre que haja fundadas dúvidas ou possa estar em causa a segurança de pessoas, bens e animais.

3 – Na inspeção de operações urbanísticas sujeitas a fiscalização nos termos do presente diploma é necessária a obtenção de prévio mandado judicial para a entrada no domicílio de qualquer pessoa sem o seu consentimento.

4 – O mandado previsto no número anterior é requerido pelo presidente da câmara municipal junto dos tribunais administrativos e segue os termos previstos no código do processo nos tribunais administrativos para os processos urgentes.

[1] Redação do artigo 7º do Decreto-Lei nº 214-G/2015, de 2 de outubro, e do artigo 2º do Decreto-Lei nº 121/2018, de 28 de dezembro.

5 – Para as operações urbanísticas em curso, a falta de consentimento decorre de ser vedado o acesso ao local por parte do proprietário, locatário, usufrutuário, superficiário, ou de quem se arrogue de outros direitos sobre o imóvel, ainda que por intermédio de alguma das demais pessoas mencionadas no nº 2 do artigo 102º-B, ou de ser comprovadamente inviabilizado o contacto pessoal com as pessoas antes mencionadas.

6 – Para as operações urbanísticas concluídas, a falta de consentimento decorre de o proprietário não facultar o acesso ao local, quando regularmente notificado.

7 – A entrada e a permanência no domicílio devem respeitar o princípio da proporcionalidade, ocorrer pelo tempo estritamente necessário à atividade de inspeção, incidir sobre o local onde se realizam ou realizaram operações urbanísticas e a prova a recolher deve limitar-se à atividade sujeita a inspeção.

### Artigo 96º – Vistorias

1 – Para além dos casos especialmente previstos no presente diploma, o presidente da câmara municipal pode ordenar a realização de vistorias aos imóveis em que estejam a ser executadas operações urbanísticas quando o exercício dos poderes de fiscalização dependa da prova de factos que, pela sua natureza ou especial complexidade, impliquem uma apreciação valorativa de caráter pericial.

2 – As vistorias ordenadas nos termos do número anterior regem-se pelo disposto no artigo 90º e as suas conclusões são obrigatoriamente seguidas na decisão a que respeita.

### Artigo 97º [1] – Livro de obra

1 – Todos os factos relevantes relativos à execução de obras licenciadas ou objeto de comunicação prévia devem ser registados pelo respetivo diretor de obra no livro de obra, a conservar no local da sua realização para consulta pelos funcionários municipais responsáveis pela fiscalização de obras.

2 – São obrigatoriamente registados no livro de obra, para além das respetivas datas de início e conclusão, todos os factos que impliquem a sua paragem ou suspensão, bem como todas as alterações feitas ao projeto licenciado ou comunicado.

[1] A Portaria nº 1268/2008, de 6 de novembro, define o modelo e requisitos do livro de obra e fixa as características do livro de obra eletrónico.

3 – O modelo e demais registos a inscrever no livro de obra são definidos por portaria dos membros do Governo responsáveis pelas obras públicas e pelo ordenamento do território, a qual fixa igualmente as características do livro de obra eletrónico.

## SUBSECÇÃO II – Sanções

### Artigo 98º [1/2]– Contraordenações[3/4]

1 – Sem prejuízo da responsabilidade civil, criminal ou disciplinar, são puníveis como contraordenação:

*a)* A realização de quaisquer operações urbanísticas sujeitas a prévio licenciamento sem o respetivo alvará de licenciamento, exceto nos casos previstos nos artigos 81º e 113º;

*b)* A realização de quaisquer operações urbanísticas em desconformidade com o respetivo projeto ou com as condições do licenciamento ou da comunicação prévia;

*c)* A execução de trabalhos em violação do disposto no nº 2 do artigo 80º-A;

*d)* A ocupação de edifícios ou suas frações autónomas sem autorização de utilização ou em desacordo com o uso fixado no respetivo alvará ou comunicação prévia, salvo se estes não tiverem sido emitidos no prazo legal por razões exclusivamente imputáveis à câmara municipal;

[1] O artigo 7º da Lei nº 1-A/2020, de 19 de março, na redação que lhe foi conferida pela Lei nº 4- A/2020, de 6 de abril, estabeleceu um regime excecional de suspensão de prazos perante a situação da pandemia da doença COVID-19, com a consequente suspensão de todos os prazos para a prática de atos em procedimentos contraordenacionais, e ficando também suspensos os prazos para a prática de atos pelos particulares em quaisquer procedimentos administrativos.

[2] O regime geral das contraordenações foi aprovado pelo Decreto-Lei nº 433/82, de 27 de outubro, alterado e republicado pelo Decreto-Lei nº 244/95, de 14 de setembro, e alterado pelo Decreto-Lei nº 323/2001, de 17 de dezembro, e pela Lei nº 109/2001, de 24 de dezembro.

[3] O regime aplicável às contraordenações ambientais e do ordenamento do território consta da Lei nº 50/2006, de 29 de agosto, alterada pelas Leis nºs 89/2009, de 31 de agosto, e 114/2015, de 28 de agosto, pelo Decreto-Lei nº 42-A/2016, de 12 de agosto, e pela Lei nº 25/2019, de 26 de março.

[4] O artigo 4º, nº 1, alínea *l)*, do Estatuto dos Tribunais Administrativos e Fiscais (ETAF) determina que compete aos tribunais da jurisdição administrativa a apreciação de litígios que tenham por objeto questões relativas a “impugnações judiciais de decisões da Administração Pública que apliquem coimas no âmbito do ilícito de mera ordenação social por violação de normas de direito administrativo em matéria de urbanismo (...)”.

*e)* As falsas declarações dos autores e coordenador de projetos no termo de responsabilidade relativamente à observância das normas técnicas gerais e específicas de construção, bem como das disposições legais e regulamentares aplicáveis ao projeto;

*f)* As falsas declarações no termo de responsabilidade do diretor de obra e do diretor de fiscalização de obra ou de outros técnicos relativamente:

*i)* À conformidade da execução da obra com o projeto aprovado e com as condições da licença ou da comunicação prévia apresentada;

*ii)* À conformidade das alterações efetuadas ao projeto com as normas legais e regulamentares aplicáveis;

*g)* A subscrição de projeto da autoria de quem, por razões de ordem técnica, legal ou disciplinar, se encontre inibido de o elaborar;

*h)* O prosseguimento de obras cujo embargo tenha sido legitimamente ordenado;

*i)* A não afixação ou a afixação de forma não visível do exterior do prédio, durante o decurso do procedimento de licenciamento ou autorização, do aviso que publicita o pedido de licenciamento ou autorização;

*j)* A não manutenção de forma visível do exterior do prédio, até à conclusão da obra, do aviso que publicita o alvará ou a comunicação prévia;

*l)* A falta do livro de obra no local onde se realizam as obras;

*m)* A falta dos registos do estado de execução das obras no livro de obra;

*n)* A não remoção dos entulhos e demais detritos resultantes da obra nos termos do artigo 86º;

*o)* A ausência de requerimento a solicitar à câmara municipal o averbamento de substituição do requerente, do autor de projeto, de diretor de obra ou diretor de fiscalização de obra, do titular do alvará de construção ou do título de registo emitido pelo InCI, I. P., bem como do titular de alvará de licença ou apresentante da comunicação prévia;

*p)* A ausência do número de alvará de loteamento ou da comunicação prévia nos anúncios ou em quaisquer outras formas de publicidade à alienação dos lotes de terreno, de edifícios ou frações autónomas nele construídos;

*q)* A não comunicação à câmara municipal dos negócios jurídicos de que resulte o fracionamento ou a divisão de prédios rústicos no prazo de 20 dias a contar da data de celebração;

*r)* A realização de operações urbanísticas sujeitas a comunicação prévia sem que esta tenha ocorrido;

*s)* A não conclusão das operações urbanísticas referidas nos nºs 2 e 3 do artigo 89º nos prazos fixados para o efeito;

*t)* A deterioração dolosa da edificação pelo proprietário ou por terceiro ou a violação grave do dever de conservação.

2 – A contraordenação prevista nas alíneas *a)* e *r)* do número anterior é punível com coima graduada de (euro) 500 até ao máximo de (euro) 200 000, no caso de pessoa singular, e de (euro) 1500 até (euro) 450 000, no caso de pessoa coletiva.

3 – A contraordenação prevista na alínea *b)* do nº 1 é punível com coima graduada de (euro) 1500 até ao máximo de (euro) 200 000, no caso de pessoa singular, e de (euro) 3000 até (euro) 450 000, no caso de pessoa coletiva.

4 – A contraordenação prevista nas alíneas *c)*, *d)*, *s)* e *t)* do nº 1 é punível com coima graduada de (euro) 500 até ao máximo de (euro) 100 000, no caso de pessoa singular, e de (euro) 1500 até (euro) 250 000, no caso de pessoa coletiva.

5 – As contraordenações previstas nas alíneas *e)* a *h)* do nº 1 são puníveis com coima graduada de (euro) 1500 até ao máximo de (euro) 200 000.

6 – As contraordenações previstas nas alíneas *i)* a *n)* e *p)* do nº 1 são puníveis com coima graduada de (euro) 250 até ao máximo de (euro) 50 000, no caso de pessoa singular, e de (euro) 1000 até (euro) 100 000, no caso de pessoa coletiva.

7 – A contraordenação prevista nas alíneas *o)* e *q)* do nº 1 é punível com coima graduada de (euro) 100 até ao máximo de (euro) 2500, no caso de pessoa singular, e de (euro) 500 até (euro) 10 000, no caso de pessoa coletiva.

8 – Quando as contraordenações referidas no nº 1 sejam praticadas em relação a operações urbanísticas que hajam sido objeto de comunicação prévia nos termos do presente diploma, os montantes máximos das coimas referidos nos nºs 3 a 5 anteriores são agravados em (euro) 50 000 e os das coimas referidas nos nºs 6 e 7 em (euro) 25 000.

9 – A tentativa e a negligência são puníveis.

10 – A competência para determinar a instauração dos processos de contraordenação, para designar o instrutor e para aplicar as coimas pertence ao presidente da câmara municipal, podendo ser delegada em qualquer dos seus membros.

11 – O produto da aplicação das coimas referidas no presente artigo reverte para o município, inclusive quando as mesmas sejam cobradas em juízo.

12 [1]- Após o decurso dos prazos do recurso de impugnação judicial e de pagamento voluntário da coima, segue-se o regime de execução de obrigações pecuniárias, previsto no artigo 179º do Código de Procedimento Administrativo.

**Artigo 99º – Sanções acessórias**

1 – As contraordenações previstas no nº 1 do artigo anterior podem ainda determinar, quando a gravidade da infração o justifique, a aplicação das seguintes sanções acessórias:

*a)* A apreensão dos objetos pertencentes ao agente que tenham sido utilizados como instrumento na prática da infração;

*b)* A interdição do exercício no município, até ao máximo de quatro anos, da profissão ou atividade conexas com a infração praticada;

*c)* A privação do direito a subsídios outorgados por entidades ou serviços públicos.

2 – As sanções previstas no nº 1, bem como as previstas no artigo anterior, quando aplicadas a empresas de construção, empreiteiros ou construtores, são comunicadas ao InCI, I. P.

3 – As sanções aplicadas ao abrigo do disposto nas alíneas *e)*, *f)* e *g)* do nº 1 do artigo anterior aos autores dos projetos, responsáveis pela direção técnica da obra ou a quem subscreva o termo de responsabilidade previsto no artigo 63º são comunicadas à respetiva ordem ou associação profissional, quando exista.

4 – A interdição de exercício de atividade prevista na alínea *b)* do nº 1, quando aplicada a pessoa coletiva, estende-se a outras pessoas coletivas constituídas pelos mesmos sócios.

**Artigo 100º – Responsabilidade criminal**

1 – O desrespeito dos atos administrativos que determinem qualquer das medidas de tutela da legalidade urbanística previstas no presente diploma constitui crime de desobediência, nos termos do artigo 348º do Código Penal.

2 – As falsas declarações ou informações prestadas pelos responsáveis referidos nas alíneas *e)* e *f)* do nº 1 do artigo 98º, nos termos de responsa-

[1] Aditado pela Lei nº 118/2019, de 17 de setembro.

bilidade ou no livro de obra integram o crime de falsificação de documentos, nos termos do artigo 256º do Código Penal.

**Artigo 100º-A – Responsabilidade civil dos intervenientes nas operações urbanísticas**

1 – As pessoas jurídicas que violem, com dolo ou negligência, por ação ou omissão, os deveres inerentes ao exercício da atividade a que estejam obrigados por contrato ou por norma legal ou regulamentar aplicável são responsáveis pelo ressarcimento dos danos causados a terceiros e pelos custos e encargos das medidas específicas de reconstituição da situação que existiria caso a ordem jurídica urbanística não tivesse sido violada.

2 – Relativamente a operações urbanísticas sujeitas a controlo prévio que tenham sido desenvolvidas em violação das condições previstas na licença, comunicação prévia ou autorização, consideram-se solidariamente responsáveis os empreiteiros, os diretores da obra e os responsáveis pela fiscalização, sem prejuízo da responsabilidade dos promotores e dos donos da obra, nos termos gerais.

3 – Relativamente a operações urbanísticas sujeitas a controlo prévio que tenham sido realizadas sem tal controlo ou estejam em desconformidade com os seus pressupostos ou com qualquer das condições previstas na lei para a isenção de controlo prévio, consideram-se solidariamente responsáveis os promotores e donos da obra, os responsáveis pelos usos e utilizações existentes, bem como os empreiteiros e os diretores da obra.

4 – No caso de operações urbanísticas incompatíveis com os instrumentos de gestão territorial aplicáveis são solidariamente responsáveis:

*a)* Os autores e coordenadores dos projetos e dos demais documentos técnicos;

*b)* Os diretores da obra;

*c)* Os responsáveis pela fiscalização.

5 – Consideram-se promotores, para os efeitos do disposto nos nºs 2 e 3:

*a)* A pessoa jurídica, pública ou privada, seja ou não proprietária dos terrenos relativamente aos quais se refere a operação urbanística, que é responsável pela sua execução ou desenvolvimento;

*b)* O proprietário do imóvel no qual foram executadas ou desenvolvidas operações urbanísticas, quando tenha tido conhecimento das obras, trabalhos, edificações, usos e utilizações ilícitos, presumindo-se tal conhecimento, salvo prova em contrário, quando o proprietário tenha permitido, por qualquer ato, ao responsável direto da violação o acesso à utilização do imóvel.

6 – Considera-se empreiteiro, para os efeitos do disposto nos nºs 2 e 3, a pessoa jurídica, pública ou privada, que exerce a atividade de execução das obras de edificação e urbanização e se encontre devidamente habilitada pelo InCI, I. P.

7 – As pessoas coletivas são responsáveis pelas infrações cometidas pelos seus órgãos, funcionários e agentes.

8 – Todos os intervenientes na realização de operações urbanísticas respondem solidariamente quando se verifique a impossibilidade de determinar o autor do dano ou, havendo concorrência de culpas, não seja possível precisar o grau de intervenção de cada interveniente no dano produzido.

9 – A aprovação do projeto ou o exercício da fiscalização municipal não isentam os técnicos responsáveis pela sua fiscalização ou direção, da responsabilidade pela condução dos trabalhos em estrita observância pelas condições da licença ou da comunicação prévia.

**Artigo 101º – Responsabilidade dos funcionários e agentes da Administração Pública**

Os funcionários e agentes da Administração Pública que deixem de participar infrações às entidades fiscalizadoras ou prestem informações falsas ou erradas sobre as infrações à lei e aos regulamentos de que tenham conhecimento no exercício das suas funções incorrem em responsabilidade disciplinar, punível com pena de suspensão a demissão.

**Artigo 101º-A – Legitimidade para a denúncia**

1 – Qualquer pessoa tem legitimidade para comunicar à câmara municipal, ao Ministério Público, às ordens ou associações profissionais, ao InCI, I. P., ou a outras entidades competentes a violação das normas do presente diploma.

2 – Não são admitidas denúncias anónimas.

## SUBSECÇÃO III – Medidas de tutela da legalidade urbanística

### Artigo 102º – Reposição da legalidade urbanística

1 – Os órgãos administrativos competentes estão obrigados a adotar as medidas adequadas de tutela e restauração da legalidade urbanística quando sejam realizadas operações urbanísticas:

*a)* Sem os necessários atos administrativos de controlo prévio;

*b)* Em desconformidade com os respetivos atos administrativos de controlo prévio;

*c)* Ao abrigo de ato administrativo de controlo prévio revogado ou declarado nulo;

*d)* Em desconformidade com as condições da comunicação prévia;

*e)* Em desconformidade com as normas legais ou regulamentares aplicáveis.

2 – As medidas a que se refere o número anterior podem consistir:

*a)* No embargo de obras ou de trabalhos de remodelação de terrenos;

*b)* Na suspensão administrativa da eficácia de ato de controlo prévio;

*c)* Na determinação da realização de trabalhos de correção ou alteração, sempre que possível;

*d)* Na legalização das operações urbanísticas;

*e)* Na determinação da demolição total ou parcial de obras;

*f)* Na reposição do terreno nas condições em que se encontrava antes do início das obras ou trabalhos;

*g)* Na determinação da cessação da utilização de edifícios ou suas frações autónomas.

3 – Independentemente das situações previstas no nº 1, a câmara municipal pode:

*a)* Determinar a execução de obras de conservação necessárias à correção de más condições de segurança ou salubridade ou à melhoria do arranjo estético;

*b)* Determinar a demolição, total ou parcial, das construções que ameacem ruína ou ofereçam perigo para a saúde pública e segurança das pessoas.

4 – *[Revogado]*.

5 – *[Revogado]*.

6 – *[Revogado]*.

7 – *[Revogado]*.

8 – *[Revogado]*.

## Artigo 102º-A – Legalização

1 – Quando se verifique a realização de operações urbanísticas ilegais nos termos do nº 1 do artigo anterior, se for possível assegurar a sua conformidade com as disposições legais e regulamentares em vigor, a câmara municipal notifica os interessados para a legalização das operações urbanísticas, fixando um prazo para o efeito.

2 – O procedimento de legalização deve ser instruído com os elementos exigíveis em função da pretensão concreta do requerente, com as especificidades constantes dos números seguintes.

3 – A câmara municipal pode solicitar a entrega dos documentos e elementos, nomeadamente os projetos das especialidade e respetivos termos de responsabilidade ou os certificados de aprovação emitidos pelas entidades certificadoras competentes, que se afigurem necessários, designadamente, para garantir a segurança e saúde públicas.

4 – Para efeitos do disposto no número anterior, é dispensada, nos casos em que não haja obras de ampliação ou de alteração a realizar, a apresentação dos seguintes elementos:

*a)* Calendarização da execução da obra;

*b)* Estimativa do custo total da obra;

*c)* Documento comprovativo da prestação de caução;

*d)* Apólice de seguro de construção;

*e)* Apólice de seguro que cubra a responsabilidade pela reparação dos danos emergentes de acidentes de trabalho;

*f)* Títulos habilitantes para o exercício da atividade de construção válidos à data da construção da obra;

*g)* Livro de obra;

*h)* Plano de segurança e saúde.

5 – Pode ser dispensado o cumprimento de normas técnicas relativas à construção cujo cumprimento se tenha tornado impossível ou que não seja razoável exigir, desde que se verifique terem sido cumpridas as condições técnicas vigentes à data da realização da operação urbanística em questão, competindo ao requerente fazer a prova de tal data.

6 – O interessado na legalização da operação urbanística pode solicitar à câmara municipal informação sobre os termos em que esta se deve processar, devendo a câmara municipal fornecer essa informação no prazo máximo de 15 dias.

7 – Os municípios aprovam os regulamentos necessários para concretizar e executar o disposto no presente artigo, devendo, designadamente,

concretizar os procedimentos em função das operações urbanísticas e pormenorizar, sempre que possível, os aspetos que envolvam a formulação de valorações próprias do exercício da função administrativa, em especial os morfológicos e estéticos.

8 – Nos casos em que os interessados não promovam as diligências necessárias à legalização voluntária das operações urbanísticas, a câmara municipal pode proceder oficiosamente à legalização, exigindo o pagamento das taxas fixadas em regulamento municipal.

9 – A faculdade concedida no número anterior apenas pode ser exercida quando estejam em causa obras que não impliquem a realização de cálculos de estabilidade.

10 – Caso o requerente, tendo sido notificado para o pagamento das taxas devidas, não proceda ao respetivo pagamento, é promovido o procedimento de execução fiscal do montante liquidado.

11 – A legalização oficiosa tem por único efeito o reconhecimento de que as obras promovidas cumprem os parâmetros urbanísticos previstos nos instrumentos de gestão territorial aplicáveis, sendo efetuada sob reserva de direitos de terceiros.

**Artigo 102º-B – Embargo**

1 – Sem prejuízo das competências atribuídas por lei a outras entidades, o presidente da câmara municipal é competente para embargar obras de urbanização, de edificação ou de demolição, bem como quaisquer trabalhos de remodelação de terrenos, quando estejam a ser executadas:

*a)* Sem a necessária licença ou comunicação prévia;

*b)* Em desconformidade com o respetivo projeto ou com as condições do licenciamento ou comunicação prévia, salvo o disposto no artigo 83º; ou

c) Em violação das normas legais e regulamentares aplicáveis.

2 – A notificação é feita ao responsável pela direção técnica da obra, bem como ao titular do alvará de licença ou apresentante da comunicação prévia e, quando possível, ao proprietário do imóvel no qual estejam a ser executadas as obras ou seu representante, sendo suficiente para obrigar à suspensão dos trabalhos qualquer dessas notificações ou a de quem se encontre a executar a obra no local.

3 – Após o embargo, é de imediato lavrado o respetivo auto, que contém, obrigatória e expressamente, a identificação do funcionário municipal responsável pela fiscalização de obras, das testemunhas e do notificado, a

data, a hora e o local da diligência e as razões de facto e de direito que a justificam, o estado da obra e a indicação da ordem de suspensão e proibição de prosseguir a obra e do respetivo prazo, bem como as cominações legais do seu incumprimento.

4 – O auto é redigido em duplicado e assinado pelo funcionário e pelo notificado, ficando o duplicado na posse deste.

5 – No caso de a ordem de embargo incidir apenas sobre parte da obra, o respetivo auto faz expressa menção de que o embargo é parcial e identifica claramente qual é a parte da obra que se encontra embargada.

6 – O auto de embargo é notificado às pessoas identificadas no nº 2 e disponibilizado no sistema informático referido no artigo 8º-A, no prazo de cinco dias úteis.

7 – No caso de as obras estarem a ser executadas por pessoa coletiva, o embargo e o respetivo auto são ainda comunicados para a respetiva sede social ou representação em território nacional.

8 – O embargo, assim como a sua cessação ou caducidade, é objeto de registo na conservatória do registo predial, mediante comunicação do despacho que o determinou, procedendo-se aos necessários averbamentos.

**Artigo 103º – Efeitos do embargo**

1 – O embargo obriga à suspensão imediata, no todo ou em parte, dos trabalhos de execução da obra.

2 – Tratando-se de obras licenciadas ou objeto de comunicação prévia, o embargo determina também a suspensão da eficácia da respetiva licença ou, no caso de comunicação prévia, a imediata cessação da operação urbanística, bem como, no caso de obras de urbanização, a suspensão de eficácia da licença de loteamento urbano a que a mesma respeita ou a cessação das respetivas obras.

3 – É interdito o fornecimento de energia elétrica, gás e água às obras embargadas, devendo para o efeito ser notificado o ato que o ordenou às entidades responsáveis pelos referidos fornecimentos.

4 – O embargo, ainda que parcial, suspende o prazo que estiver fixado para a execução das obras no respetivo alvará de licença ou estabelecido na comunicação prévia.

**Artigo 104º – Caducidade do embargo**

1 – A ordem de embargo caduca logo que for proferida uma decisão que defina a situação jurídica da obra com caráter definitivo ou no termo do prazo que tiver sido fixado para o efeito.

2 – Na falta de fixação de prazo para o efeito, a ordem de embargo caduca se não for proferida uma decisão definitiva no prazo de seis meses, prorrogável uma única vez por igual período.

**Artigo 105º – Trabalhos de correção ou alteração**

1 – Nas situações previstas nas alíneas *b)* e *c)* do nº 1 do artigo 102º, o presidente da câmara municipal pode ainda, quando for caso disso, ordenar a realização de trabalhos de correção ou alteração da obra, fixando um prazo para o efeito, tendo em conta a natureza e o grau de complexidade dos mesmos.

2 – Decorrido o prazo referido no número anterior sem que aqueles trabalhos se encontrem integralmente realizados, a obra permanece embargada até ser proferida uma decisão que defina a sua situação jurídica com caráter definitivo.

3 – Tratando-se de obras de urbanização ou de outras obras indispensáveis para assegurar a proteção de interesses de terceiros ou o correto ordenamento urbano, a câmara municipal pode promover a realização dos trabalhos de correção ou alteração por conta do titular da licença ou do apresentante da comunicação prévia, nos termos dos artigos 107º e 108º.

4 – A ordem de realização de trabalhos de correção ou alteração suspende o prazo que estiver fixado no respetivo alvará de licença ou estabelecido na comunicação prévia pelo período estabelecido nos termos do nº 1.

5 – O prazo referido no nº 1 interrompe-se com a apresentação de pedido de alteração à licença ou comunicação prévia, nos termos, respetivamente, dos artigos 27º e 35º.

**Artigo 106º – Demolição da obra e reposição do terreno**

1 – O presidente da câmara municipal pode igualmente, quando for caso disso, ordenar a demolição total ou parcial da obra ou a reposição do terreno nas condições em que se encontrava antes da data de início das obras ou trabalhos, fixando um prazo para o efeito.

2 – A demolição pode ser evitada se a obra for suscetível de ser licenciada ou objeto de comunicação prévia ou se for possível assegurar a sua

conformidade com as disposições legais e regulamentares que lhe são aplicáveis mediante a realização de trabalhos de correção ou de alteração.

3 – A ordem de demolição ou de reposição a que se refere o nº 1 é antecedida de audição do interessado, que dispõe de 15 dias a contar da data da sua notificação para se pronunciar sobre o conteúdo da mesma.

4 – Decorrido o prazo referido no nº 1 sem que a ordem de demolição da obra ou de reposição do terreno se mostre cumprida, o presidente da câmara municipal determina a demolição da obra ou a reposição do terreno por conta do infrator.

**Artigo 107º[1] – Posse administrativa e execução coerciva**

1 – Sem prejuízo da responsabilidade criminal, em caso de incumprimento de qualquer das medidas de tutela da legalidade urbanística previstas nos artigos anteriores o presidente da câmara pode determinar a posse administrativa do imóvel onde está a ser realizada a obra, por forma a permitir a execução coerciva de tais medidas.

2 – O ato administrativo que tiver determinado a posse administrativa é notificado ao dono da obra e aos demais titulares de direitos reais sobre o imóvel por carta registada com aviso de receção.

3 – Sempre que não seja possível a notificação postal referida no número anterior, designadamente em virtude do desconhecimento da identidade ou do paradeiro do proprietário, esta é efetuada por edital, nos termos estabelecidos no Código do Procedimento Administrativo, sendo, para este efeito, obrigatória a afixação de um edital no imóvel.

4 – A posse administrativa é realizada pelos funcionários municipais responsáveis pela fiscalização de obras, mediante a elaboração de um auto onde, para além de se identificar o ato referido no número anterior, é especificado o estado em que se encontra o terreno, a obra e as demais construções existentes no local, bem como os equipamentos que ali se encontrarem.

5 – Tratando-se da execução coerciva de uma ordem de embargo, os funcionários municipais responsáveis pela fiscalização de obras procedem à selagem do estaleiro da obra e dos respetivos equipamentos.

6 – Em casos devidamente justificados, o presidente da câmara pode autorizar a transferência ou a retirada dos equipamentos do local de rea-

[1] Enumeração e redação do Decreto-Lei nº 66/2019, de 21 de maio, aprovado no uso da autorização legislativa concedida pela Lei nº 71/2018, de 31 de dezembro.

lização da obra, por sua iniciativa ou a requerimento do dono da obra ou do seu empreiteiro.

7 – O dono da obra ou o seu empreiteiro devem ser notificados sempre que os equipamentos sejam depositados noutro local.

8 – A posse administrativa do terreno e dos equipamentos mantém-se pelo período necessário à execução coerciva da respetiva medida de tutela da legalidade urbanística, caducando no termo do prazo fixado para a mesma.

9 – *[Revogado]*.

10 – Tratando-se de execução coerciva de uma ordem de demolição ou de trabalhos de correção ou alteração de obras, estas devem ser executadas no mesmo prazo que havia sido concedido para o efeito ao seu destinatário, contando-se aquele prazo a partir da data de início da posse administrativa.

11 – O prazo referido no número anterior pode ser prorrogado nos termos em que seja admissível no regime das empreitadas de obras públicas, previstos no Código dos Contratos Públicos.

12 – O prazo referido no nº 10 suspende-se, com o limite de 150 dias, pelo período em que decorrerem os procedimentos de contratação legalmente devidos relativos à intervenção, entre a decisão de contratar e o começo de execução do contrato ou, no caso das empreitadas, o início dos trabalhos.

**Artigo 108º[1] – Despesas realizadas com a execução coerciva**

1 – As quantias relativas às despesas realizadas nos termos do artigo anterior, incluindo os custos com o realojamento dos inquilinos a que haja lugar, bem como quaisquer indemnizações ou sanções pecuniárias que a Administração tenha de suportar para o efeito, são de conta do infrator.

2 – Quando, no prazo de 20 dias a contar da notificação para o efeito, efetuada nos termos do artigo anterior, aquelas quantias não forem pagas voluntariamente nem tenha sido proposta pelo devedor, em alternativa para extinção da dívida, a dação em cumprimento ou em função do cumprimento ou ainda a consignação de rendimentos do imóvel nos termos da lei, as referidas quantias são cobradas judicialmente em processo de execução fiscal, servindo de título executivo a certidão, passada pelos serviços competentes, comprovativa das despesas efetuadas.

[1] Enumeração e redação do Decreto-Lei nº 66/2019, de 21 de maio, aprovado no uso da autorização legislativa concedida pela Lei nº 71/2018, de 31 de dezembro.

3 – Em alternativa à cobrança judicial da dívida em processo de execução fiscal, e em função de um juízo de proporcionalidade, a câmara municipal pode optar pelo arrendamento forçado, nos termos do presente decreto-lei, notificando o proprietário nos termos previstos no artigo anterior, devendo esta notificação conter ainda o local, o dia e a hora do ato de transmissão da posse.

4 – O crédito referido no nº 1 goza de privilégio imobiliário sobre o lote ou terrenos onde se situa a edificação, graduado a seguir aos créditos referidos na alínea *b)* do artigo 748º do Código Civil.

**Artigo 108º-A**

*[Revogado].*

**Artigo 108º-B[1] – Arrendamento forçado**

1 – Findo o prazo previsto no nº 2 do artigo 108º sem que se encontrem liquidadas as quantias devidas pelo proprietário, o município, em alternativa à cobrança judicial da dívida em processo de execução fiscal, pode optar pelo ressarcimento através do arrendamento forçado, sendo lavrado auto de posse do imóvel para esse efeito.

2 – O auto é notificado ao proprietário, bem como aos demais titulares de direitos reais, sendo eficaz a partir da data do ato de transmissão da posse.

3 – Ao arrendamento forçado aplicam-se, em tudo quanto não estiver especialmente previsto no presente artigo, os artigos 656º e seguintes do Código Civil, quanto à relação entre o município e o proprietário do imóvel.

4 – O arrendamento forçado está sujeito a inscrição no registo predial, servindo de título para o efeito, certidão passada pelo município competente, onde conste a indicação do valor total da dívida, e implica o cancelamento do registo referido no artigo 89º, caso este ainda não tenha sido cancelado.

5 – A câmara municipal procede ao arrendamento forçado do imóvel mediante procedimento concursal ou através da aplicação de regulamento municipal para a atribuição de fogos.

[1] Aditado pelo Decreto-Lei nº 66/2019, de 21 de maio, aprovado no uso da autorização legislativa concedida pela Lei nº 71/2018, de 31 de dezembro.

6 – Em caso de celebração de novo contrato de arrendamento no prédio urbano ou nas frações autónomas intervencionadas, a renda a praticar não pode ser inferior a 80 % do valor mediano das rendas por m2 de novos contratos de arrendamento de alojamentos familiares no município respetivo, de acordo com a última atualização divulgada pelo Instituto Nacional de Estatística, I. P. (INE, I. P.).

7 – Quando a atualização divulgada pelo INE, I. P., se reporte a nível de unidade territorial para fins estatísticos superior ao concelho, deve ser considerado o valor relativo à unidade territorial para fins estatísticos de menor amplitude em que o município esteja integrado.

8 – Durante a vigência do arrendamento forçado, a câmara municipal pode executar as obras de conservação e ou de reparação necessárias, cumprindo as seguintes regras:

*a)* A escolha do empreiteiro para a realização das obras, quando as mesmas não sejam executadas por administração direta, é precedida, se outro procedimento mais exigente não resultar da lei, do pedido de três orçamentos para o efeito, com base num caderno de encargos que defina os trabalhos a realizar e o tipo de materiais a utilizar, sendo escolhida a proposta de preço mais baixo;

*b)* Apurada a conta final da empreitada, ou calculado o custo total da intervenção em caso de administração direta, é esse valor adicionado ao valor da dívida ainda existente, sendo dado conhecimento ao proprietário desse facto, nos termos previstos no artigo 107º.

9 – A câmara municipal procede à prestação anual de contas, operando a atualização do valor em dívida correspondente, notificando o proprietário, nos termos previstos no artigo 107º.

10 – O registo referido no nº 4 é cancelado apenas através da exibição de certidão passada pela câmara municipal que ateste a inexistência de dívida.

11 – O proprietário interessado em retomar a posse do imóvel deve manifestar por escrito essa intenção, com 120 dias de antecedência e, havendo montantes em dívida ainda por liquidar, a comunicação por escrito é acompanhada com comprovativo do seu pagamento integral.

12 – Encontrando-se liquidada a totalidade da dívida e caso o proprietário não retome a posse no prazo de 20 dias, ou, sendo desconhecido o seu proprietário, a partir daquela data, pode a câmara municipal disponibilizar o imóvel para arrendamento, nos termos previstos anteriormente, com as seguintes especificações:

*a)* O valor das rendas é depositado em conta bancária aberta especificamente para o efeito, caso o proprietário não tenha procedido à indicação de conta bancária para o efeito;

*b)* A câmara municipal pode ressarcir-se das despesas realizadas para fazer face aos encargos de gestão e manutenção do imóvel que comprovadamente realizar durante o período em que durar o arrendamento, sendo emitida certidão comprovativa para o efeito, pelos serviços municipais competentes.»

**Artigo 109º – Cessação da utilização**

1 – Sem prejuízo do disposto nos nºs 1 e 2 do artigo 2º do Decreto-Lei nº 281/99, de 26 de julho, o presidente da câmara municipal é competente para ordenar e fixar prazo para a cessação da utilização de edifícios ou de suas frações autónomas quando sejam ocupados sem a necessária autorização de utilização ou quando estejam a ser afetos a fim diverso do previsto no respetivo alvará.

2 – Quando os ocupantes dos edifícios ou suas frações não cessem a utilização indevida no prazo fixado, pode a câmara municipal determinar o despejo administrativo, aplicando-se, com as devidas adaptações, o disposto no artigo 92º.

3 – O despejo determinado nos termos do número anterior deve ser sobrestado quando, tratando-se de edifício ou sua fração que estejam a ser utilizados para habitação, o ocupante mostre, por atestado médico, que a execução do mesmo põe em risco de vida, por razão de doença aguda, a pessoa que se encontre no local.

4 – Na situação referida no número anterior, o despejo não pode prosseguir enquanto a câmara municipal não providencie pelo realojamento da pessoa em questão, a expensas do responsável pela utilização indevida, nos termos do artigo anterior.

## CAPÍTULO IV – Garantias dos particulares

**Artigo 110º – Direito à informação**

1 – Qualquer interessado tem o direito de ser informado pela respetiva câmara municipal:

*a)* Sobre os instrumentos de desenvolvimento e de gestão territorial em vigor para determinada área do município, bem como das demais condições gerais a que devem obedecer as operações urbanísticas a que se refere o presente diploma;

*b)* Sobre o estado e andamento dos processos que lhes digam diretamente respeito, com especificação dos atos já praticados e do respetivo conteúdo, e daqueles que ainda devam sê-lo, bem como dos prazos aplicáveis a estes últimos.

2 – As informações previstas no número anterior devem ser prestadas independentemente de despacho e no prazo de 15 dias.

3 – Os interessados têm o direito de consultar os processos que lhes digam diretamente respeito, nomeadamente por via eletrónica, e de obter as certidões ou reproduções autenticadas dos documentos que os integram, mediante o pagamento das importâncias que forem devidas.

4 – O acesso aos processos e passagem de certidões deve ser requerido por escrito, salvo consulta por via eletrónica, e é facultado independentemente de despacho e no prazo de 10 dias a contar da data da apresentação do respetivo requerimento.

5 – A câmara municipal fixa, no mínimo, um dia por semana para que os serviços municipais competentes estejam especificadamente à disposição dos cidadãos para a apresentação de eventuais pedidos de esclarecimento ou de informação ou reclamações.

6 – Os direitos referidos nos nºs 1 e 3 são extensivos a quaisquer pessoas que provem ter interesse legítimo no conhecimento dos elementos que pretendem e ainda, para defesa de interesses difusos definidos na lei, quaisquer cidadãos no gozo dos seus direitos civis e políticos e as associações e fundações defensoras de tais interesses.

**Artigo 111º – Silêncio da Administração**

Decorridos os prazos fixados para a prática de qualquer ato especialmente regulado no presente diploma sem que o mesmo se mostre praticado, observa-se o seguinte:

*a)* Tratando-se de ato que devesse ser praticado por qualquer órgão municipal no âmbito do procedimento de licenciamento, o interessado pode recorrer ao processo regulado no artigo 112º;

*b)* *[Revogada]*;

*c)* Tratando-se de qualquer outro ato, considera-se tacitamente deferida a pretensão, com as consequências gerais.

### Artigo 112º [1] – Intimação judicial para a prática de ato legalmente devido

1 – No caso previsto na alínea *a)* do artigo anterior, o interessado pode deduzir junto dos tribunais administrativos um pedido de intimação dirigido à interpelação da entidade competente para o cumprimento do dever de decisão.

2 – O requerimento de intimação deve ser instruído com cópia do requerimento apresentado.

3 – O prazo para a contestação da entidade requerida é de 14 dias e, apresentada a contestação ou decorrido o respetivo prazo, o processo é concluso ao juiz para decisão no prazo de 5 dias.

4 – A intimação pode ser rejeitada por falta de preenchimento dos pressupostos para a constituição do dever de decisão, por violação de disposições legais ou regulamentares.

5 – O processo pode terminar por inutilidade superveniente da lide se for provada a prática do ato pretendido dentro do prazo da contestação.

6 – Na decisão, o juiz estabelece prazo não inferior a 30 dias para o cumprimento do dever de decisão e fixa sanção pecuniária compulsória, nos termos previstos no Código de Processo nos Tribunais Administrativos.

7 – Ao pedido de intimação é aplicável o disposto no Código de Processo nos Tribunais Administrativos quanto aos processos urgentes.

8 – O recurso da decisão tem efeito meramente devolutivo.

9 – Decorrido o prazo fixado pelo tribunal sem que se mostre praticado o ato devido, o interessado pode prevalecer-se do disposto no artigo 113º, com exceção do disposto no número seguinte.

10 – Na situação prevista no número anterior, tratando-se de aprovação do projeto de arquitetura, o interessado pode juntar os projetos das especialidades e outros estudos ou, caso já o tenha feito no requerimento inicial, inicia-se a contagem do prazo previsto na alínea *c)* do nº 1 do artigo 23º.

### Artigo 113º – Deferimento tácito

1 – Nas situações referidas no nº 9 do artigo anterior, o interessado pode iniciar e prosseguir a execução dos trabalhos de acordo com o requerimento apresentado nos termos do nº 4 do artigo 9º ou dar de imediato utilização à obra.

2 – O início dos trabalhos ou da utilização depende do prévio pagamento das taxas que se mostrem devidas nos termos do presente diploma.

[1] Redação do artigo 7º do Decreto-Lei nº 214-G/2015, de 2 de outubro.

3 – Quando a câmara municipal se recuse a liquidar ou a receber as taxas devidas, o interessado pode proceder ao depósito do respetivo montante em instituição de crédito à ordem da câmara municipal, ou, quando não esteja efetuada a liquidação, provar que se encontra garantido o seu pagamento mediante caução, por qualquer meio em direito admitido, por montante calculado nos termos do regulamento referido no artigo 3º.

4 – Para os efeitos previstos no número anterior, devem ser afixados nos serviços de tesouraria da câmara municipal o número e a instituição bancária em que a mesma tenha conta e onde seja possível efetuar o depósito, bem como a indicação do regulamento municipal no qual se encontram previstas as taxas a que se refere o nº 2.

5 – Caso a câmara municipal não efetue a liquidação da taxa devida nem dê cumprimento ao disposto no número anterior, o interessado pode iniciar os trabalhos ou dar de imediato utilização à obra, dando desse facto conhecimento à câmara municipal e requerendo ao tribunal administrativo de círculo da área da sede da autarquia que intime esta a emitir o alvará de licença ou autorização de utilização.

6 – Ao pedido de intimação referido no número anterior aplica-se o disposto no nº 7 do artigo anterior.

7 – A certidão da sentença transitada em julgado que haja intimado à emissão do alvará de licença ou autorização de utilização substitui, para todos os efeitos legais, o alvará não emitido.

8 – Nas situações referidas no presente artigo, a obra não pode ser embargada por qualquer autoridade administrativa com fundamento na falta de licença.

### Artigo 114º – Impugnação administrativa

1 – Os pareceres expressos que sejam emitidos por órgãos da administração central no âmbito dos procedimentos regulados no presente diploma podem ser objeto de impugnação administrativa autónoma.

2 – A impugnação administrativa de quaisquer atos praticados ou pareceres emitidos nos termos do presente diploma deve ser decidida no prazo de 30 dias, findo o qual se considera deferida.

### Artigo 115º – Ação administrativa especial

1 – A ação administrativa especial dos atos previstos no artigo 106º tem efeito suspensivo.

2 – Com a citação da petição de recurso, a autoridade administrativa tem o dever de impedir, com urgência, o início ou a prossecução da execução do ato recorrido.

3 – A todo o tempo e até à decisão em 1ª instância, o juiz pode conceder o efeito meramente devolutivo à ação, oficiosamente ou a requerimento do recorrido ou do Ministério Público, caso do mesmo resultem indícios da ilegalidade da sua interposição ou da sua improcedência.

4 – Da decisão referida no número anterior cabe recurso com efeito meramente devolutivo, que sobe imediatamente, em separado.

## CAPÍTULO V – Taxas inerentes às operações urbanísticas

### Artigo 116º – Taxa pela realização, manutenção e reforço de infraestruturas urbanísticas

1 – A emissão dos alvarás de licença e autorização de utilização previstas no presente diploma estão sujeitas ao pagamento das taxas a que se refere a alínea *b)* do artigo 6º da Lei nº 53-E/2006, de 29 de dezembro, alterada pelas Leis nºs 64-A/2008, de 31 de dezembro, e 117/2009, de 29 de dezembro.

2 – A emissão do alvará de licença e a comunicação prévia de loteamento estão sujeitas ao pagamento das taxas a que se refere a alínea *a)* do artigo 6º da Lei nº 53-E/2006, de 29 de dezembro, alterada pelas Leis nºs 64-A/2008, de 31 de dezembro, e 117/2009, de 29 de dezembro.

3 – A emissão do alvará de licença e a comunicação prévia de obras de construção ou ampliação em área não abrangida por operação de loteamento estão igualmente sujeitas ao pagamento da taxa referida no número anterior.

4 – A emissão do alvará de licença parcial a que se refere o nº 6 do artigo 23º está também sujeita ao pagamento da taxa referida no nº 1, não havendo lugar à liquidação da mesma aquando da emissão do alvará definitivo.

5 – Os projetos de regulamento municipal da taxa pela realização, manutenção e reforço de infraestruturas urbanísticas devem ser acompanhados da fundamentação do cálculo das taxas previstas, tendo em conta, designadamente, os seguintes elementos:

*a)* Programa plurianual de investimentos municipais na execução, manutenção e reforço das infraestruturas gerais, que pode ser definido por áreas geográficas diferenciadas;

*b)* Diferenciação das taxas aplicáveis em função dos usos e tipologias das edificações e, eventualmente, da respetiva localização e correspondentes infraestruturas locais.

6 – *[Revogado]*.

**Artigo 117º – Liquidação das taxas**

1 – O presidente da câmara municipal, com o deferimento do pedido de licenciamento, procede à liquidação das taxas, em conformidade com o regulamento aprovado pela assembleia municipal.

2 – O pagamento das taxas referidas nos nºs 2 a 4 do artigo anterior pode, por deliberação da câmara municipal, com faculdade de delegação no presidente e de subdelegação deste nos vereadores ou nos dirigentes dos serviços municipais, ser fracionado até ao termo do prazo de execução fixado no alvará, desde que seja prestada caução nos termos do artigo 54º.

3 – Da liquidação das taxas cabe reclamação graciosa ou impugnação judicial, nos termos e com os efeitos previstos no Código de Procedimento e de Processo Tributário.

4 – A exigência, pela câmara municipal ou por qualquer dos seus membros, de mais-valias não previstas na lei ou de quaisquer contrapartidas, compensações ou donativos confere ao titular da licença ou comunicação prévia para a realização de operação urbanística, quando dê cumprimento àquelas exigências, o direito a reaver as quantias indevidamente pagas ou, nos casos em que as contrapartidas, compensações ou donativos sejam realizados em espécie, o direito à respetiva devolução e à indemnização a que houver lugar.

5 – Nos casos de autoliquidação previstos no presente diploma, as câmaras municipais devem obrigatoriamente disponibilizar os regulamentos e demais elementos necessários à sua efetivação, podendo os requerentes usar do expediente previsto no nº 3 do artigo 113º.

## CAPÍTULO VI – Disposições finais e transitórias

**Artigo 118º – Conflitos decorrentes da aplicação dos regulamentos municipais**

1 – Para a resolução de conflitos na aplicação dos regulamentos municipais previstos no artigo 3º podem os interessados requerer a intervenção de uma comissão arbitral.

2 – Sem prejuízo do disposto no nº 5, a comissão arbitral é constituída por um representante da câmara municipal, um representante do interessado e um técnico designado por cooptação, especialista na matéria sobre que incide o litígio, o qual preside.

3 – Na falta de acordo, o técnico é designado pelo presidente do tribunal administrativo de círculo competente na circunscrição administrativa do município.

4 – À constituição e funcionamento das comissões arbitrais aplica-se o disposto na lei sobre a arbitragem voluntária.

5 – As associações públicas de natureza profissional e as associações empresariais do setor da construção civil podem promover a criação de centros de arbitragem institucionalizada para a realização de arbitragens no âmbito das matérias previstas neste artigo, nos termos da lei.

**Artigo 119º - Relação dos instrumentos de gestão territorial, das servidões e restrições de utilidade pública e de outros instrumentos relevantes**

1 – As câmaras municipais devem manter atualizada a relação dos instrumentos de gestão territorial e as servidões administrativas e restrições de utilidade pública especialmente aplicáveis na área do município, nomeadamente:

*a)* Os referentes a programa e plano regional de ordenamento do território, planos especiais de ordenamento do território, planos municipais e intermunicipais de ordenamento do território, medidas preventivas, áreas de desenvolvimento urbano prioritário, áreas de construção prioritária, áreas de reabilitação urbana e alvarás de loteamento em vigor;

*b)* Zonas de proteção de imóveis classificados ou em vias de classificação, reservas arqueológicas de proteção e zonas especiais de proteção de parque arqueológico a que se refere a Lei nº 107/2001, de 8 de setembro, e o Decreto-Lei nº 309/2009, de 23 de outubro;

*c)* *[Revogada]*;

*d)* Zonas de proteção a edifícios e outras construções de interesse público a que se referem os Decretos-Leis nºs 40 388, de 21 de novembro de 1955, e 309/2009, de 23 de outubro;

*e)* Imóveis ou elementos naturais classificados como de interesse municipal a que se refere a Lei nº 107/2001, de 8 de setembro, e o Decreto-Lei nº 309/2009, de 23 de outubro;

*f)* Zonas terrestres de proteção das albufeiras, lagoas ou lagos de águas públicas a que se refere o Decreto-Lei nº 107/2009, de 15 de maio;

*g)* Zonas terrestres de proteção dos estuários a que se refere o Decreto-Lei nº 129/2008, de 21 de julho;

*h)* Áreas integradas no domínio hídrico público ou privado a que se referem as Leis nºs 54/2005, de 15 de novembro, e Lei nº 58/2005, de 29 de dezembro;

*i)* Áreas classificadas a que se refere o Decreto-Lei nº 142/2008, de 24 de julho;

*j)* Áreas integradas na Reserva Agrícola Nacional a que se refere o Decreto-Lei nº 73/2009, de 31 de março;

*l)* Áreas integradas na Reserva Ecológica Nacional a que se refere o Decreto-Lei nº 166/2008, de 22 de agosto;

*m)* Zonas de proteção estabelecidas pelo Decreto-Lei nº 173/2006, de 24 de agosto.

2 – As câmaras municipais mantêm igualmente atualizada a relação dos regulamentos municipais referidos no artigo 3º, dos programas de ação territorial em execução, bem como das unidades de execução delimitadas.

3 – A informação referida nos números anteriores deve ser disponibilizada no sítio da Internet do município.

4 – Para efeitos do disposto no Decreto-Lei nº 151-B/2013, de 31 de outubro, alterado pelo Decreto-Lei nº 47/2014, de 24 de março, que aprova o regime de avaliação de impacte ambiental, sempre que esteja em causa a realização de operação urbanística sujeita a avaliação de impacte ambiental (AIA), não pode ser emitida licença ou apresentada comunicação prévia ao abrigo do presente decreto-lei sem previamente ter sido emitida declaração de impacte ambiental (DIA) favorável ou condicionalmente favorável ou, no caso de o procedimento de AIA ter decorrido em fase de estudo prévio ou de anteprojeto, emitida decisão favorável sobre a conformidade do projeto de execução com a DIA.

### Artigo 120º –Dever de informação

1 – As câmaras municipais e as comissões de coordenação e desenvolvimento regional têm o dever de informação mútua sobre processos relativos a operações urbanísticas, o qual deve ser cumprido mediante comunicação a enviar no prazo de 20 dias a contar da data de receção do respetivo pedido.

2 – Não sendo prestada a informação prevista no número anterior, as entidades que a tiverem solicitado podem recorrer ao processo de intimação regulado nos artigos 104º e seguintes da Lei nº 15/2002, de 22 de fevereiro, alterada pela Lei nº 63/2011, de 14 de dezembro.

**Artigo 121º – Regime das notificações e comunicações**

As notificações e comunicações referidas no presente diploma e dirigidas aos requerentes efetuam-se através do sistema eletrónico a que se refere o artigo 8º-A, por correio eletrónico ou outro meio de transmissão eletrónica de dados, salvo quando estes não forem possíveis ou se mostrarem inadequados.

**Artigo 122º – Legislação subsidiária**

A tudo o que não esteja especialmente previsto no presente diploma aplica-se subsidiariamente o Código do Procedimento Administrativo.

**Artigo 123º – Relação das disposições legais referentes à construção**

Até à codificação das normas técnicas de construção, compete aos membros do Governo responsáveis pelas obras públicas e pelo ordenamento do território promover a publicação da relação das disposições legais e regulamentares a observar pelos técnicos responsáveis dos projetos de obras e sua execução, devendo essa relação constar dos sítios na Internet dos ministérios em causa.

**Artigo 124º – Depósito legal dos projetos**

O Governo regulamentará, no prazo de seis meses a contar da data de entrada em vigor do presente diploma, o regime do depósito legal dos projetos de urbanização e edificação.

**Artigo 125º – Alvarás anteriores**

As alterações aos alvarás emitidos ao abrigo da legislação agora revogada e dos Decretos-Leis nºs 166/70, de 15 de abril, 46 673, de 29 de novembro de 1965, 289/73, de 6 de junho, e 400/84, de 31 de dezembro, regem-se pelo disposto no presente diploma.

**Artigo 126º – Elementos estatísticos**

1 – A câmara municipal envia mensalmente para o Instituto Nacional de Estatística os elementos estatísticos identificados em portaria dos

membros do Governo responsáveis pela administração local e pelo ordenamento do território.

2 – Os suportes a utilizar na prestação da informação referida no número anterior serão fixados pelo Instituto Nacional de Estatística, após auscultação das entidades envolvidas.

**Artigo 127º – Regiões Autónomas**

O regime previsto neste diploma é aplicável às Regiões Autónomas, sem prejuízo do diploma legal que procede às necessárias adaptações.

**Artigo 128º**

*[Revogado].*

**Artigo 129º – Revogações**

São revogados:

*a)* O Decreto-Lei nº 445/91, de 20 de novembro;

*b)* O Decreto-Lei nº 448/91, de 29 de novembro;

*c)* O Decreto-Lei nº 83/94, de 14 de março;

*d)* O Decreto-Lei nº 92/95, de 9 de maio;

*e)* Os artigos 9º, 10º e 165º a 168º do Regulamento Geral das Edificações Urbanas, aprovado pelo Decreto-Lei nº 38 382, de 7 de agosto de 1951.

**Artigo 130º – Entrada em vigor**

O presente diploma entra em vigor 120 dias após a data da sua publicação.

# VII. Reabilitação Urbana

## Regime Jurídico da Reabilitação Urbana

## Decreto-Lei nº 307/2009, de 23 de outubro, alterado pela Lei nº 32/2012, de 14 de agosto, pelo Decreto-Lei nº 136/2014, de 9 de setembro, pelo Decreto-Lei nº 88/2017, de 27 de julho, e pelo Decreto-Lei nº 66/2019, de 21 de maio

### PARTE I – Disposições gerais

**Artigo 1º [1]– Objeto**

O presente decreto-lei estabelece o regime jurídico da reabilitação urbana.

**Artigo 2º [2] – Definições**

Para efeitos de aplicação do presente decreto-lei, entende-se por:

*a)* «Acessibilidade» o conjunto das condições de acesso e circulação em edifícios, bem como em espaços públicos, permitindo a movimentação livre, autónoma e independente a qualquer pessoa, em especial às pessoas com mobilidade condicionada;

*b)* «Área de reabilitação urbana» a área territorialmente delimitada que, em virtude da insuficiência, degradação ou obsolescência dos edifícios, das infraestruturas, dos equipamentos de utilização coletiva e dos

[1] Redação da Lei nº 32/2012, de 14 de agosto.

[2] Redação da Lei nº 32/2012, de 14 de agosto.

espaços urbanos e verdes de utilização coletiva, designadamente no que se refere às suas condições de uso, solidez, segurança, estética ou salubridade, justifique uma intervenção integrada, através de uma operação de reabilitação urbana aprovada em instrumento próprio ou em plano de pormenor de reabilitação urbana;

*c)* «Edifício» a construção permanente, dotada de acesso independente, coberta, limitada por paredes exteriores ou paredes meeiras que vão das fundações à cobertura, destinada a utilização humana ou a outros fins;

*d)* «Imóvel devoluto» o edifício ou a fração que assim for considerado nos termos dos artigos 2º e 3º do Decreto-Lei nº 159/2006, de 8 de agosto;

*e)* «Entidade gestora» a entidade responsável pela gestão e coordenação da operação de reabilitação urbana relativa a uma área de reabilitação urbana;

*f)* «Fração» a parte autónoma de um edifício que reúna os requisitos estabelecidos no artigo 1415º do Código Civil, esteja ou não o mesmo constituído em regime de propriedade horizontal;

*g)* «Habitação» a unidade na qual se processa a vida de um agregado residente no edifício, a qual compreende o fogo e as suas dependências;

*h)* «Operação de reabilitação urbana» o conjunto articulado de intervenções visando, de forma integrada, a reabilitação urbana de uma determinada área;

*i)* «Reabilitação de edifícios» a forma de intervenção destinada a conferir adequadas características de desempenho e de segurança funcional, estrutural e construtiva a um ou a vários edifícios, às construções funcionalmente adjacentes incorporadas no seu logradouro, bem como às frações eventualmente integradas nesse edifício, ou a conceder-lhes novas aptidões funcionais, determinadas em função das opções de reabilitação urbana prosseguidas, com vista a permitir novos usos ou o mesmo uso com padrões de desempenho mais elevados, podendo compreender uma ou mais operações urbanísticas;

*j)* «Reabilitação urbana» a forma de intervenção integrada sobre o tecido urbano existente, em que o património urbanístico e imobiliário é mantido, no todo ou em parte substancial, e modernizado através da realização de obras de remodelação ou beneficiação dos sistemas de infraestruturas urbanas, dos equipamentos e dos espaços urbanos ou verdes de utilização coletiva e de obras de construção, reconstrução, ampliação, alteração, conservação ou demolição dos edifícios;

*k)* «Unidade de intervenção» a área geograficamente delimitada a sujeitar a uma intervenção específica de reabilitação urbana, no âmbito de uma operação de reabilitação urbana sistemática aprovada através de instrumento próprio, com identificação de todos os prédios abrangidos, podendo corresponder à totalidade ou a parte da área abrangida por aquela operação ou, em casos de particular interesse público, a um edifício.

**Artigo 3º – Objetivos**

A reabilitação urbana deve contribuir, de forma articulada, para a prossecução dos seguintes objetivos:

*a)* Assegurar a reabilitação dos edifícios que se encontram degradados ou funcionalmente inadequados;

*b)* Reabilitar tecidos urbanos degradados ou em degradação;

*c)* Melhorar as condições de habitabilidade e de funcionalidade do parque imobiliário urbano e dos espaços não edificados;

*d)* Garantir a proteção e promover a valorização do património cultural;

*e)* Afirmar os valores patrimoniais, materiais e simbólicos como fatores de identidade, diferenciação e competitividade urbana;

*f)* Modernizar as infra-estruturas urbanas;

*g)* Promover a sustentabilidade ambiental, cultural, social e económica dos espaços urbanos;

*h)* Fomentar a revitalização urbana, orientada por objetivos estratégicos de desenvolvimento urbano, em que as ações de natureza material são concebidas de forma integrada e ativamente combinadas na sua execução com intervenções de natureza social e económica;

*i)* Assegurar a integração funcional e a diversidade económica e sócio-cultural nos tecidos urbanos existentes;

*j)* Requalificar os espaços verdes, os espaços urbanos e os equipamentos de utilização coletiva;

*k)* Qualificar e integrar as áreas urbanas especialmente vulneráveis, promovendo a inclusão social e a coesão territorial;

*l)* Assegurar a igualdade de oportunidades dos cidadãos no acesso às infraestruturas, equipamentos, serviços e funções urbanas;

*m)* Desenvolver novas soluções de acesso a uma habitação condigna;

*n)* Recuperar espaços urbanos funcionalmente obsoletos, promovendo o seu potencial para atrair funções urbanas inovadoras e competitivas;

*o)* Promover a melhoria geral da mobilidade, nomeadamente através de uma melhor gestão da via pública e dos demais espaços de circulação;

*p)* Promover a criação e a melhoria das acessibilidades para cidadãos com mobilidade condicionada;

*q)* Fomentar a adoção de critérios de eficiência energética em edifícios públicos e privados.

**Artigo 4º – Princípios gerais**

A política de reabilitação urbana obedece aos seguintes princípios:

*a)* Princípio da responsabilização dos proprietários e titulares de outros direitos, ónus e encargos sobre os edifícios, conferindo-se à sua iniciativa um papel preponderante na reabilitação do edificado e sendo-lhes, nessa medida, imputados os custos inerentes a esta atividade;

*b)* Princípio da subsidiariedade da ação pública, garantindo que as ações de reabilitação urbana relativas a espaços privados são diretamente promovidas por entidades públicas apenas na medida em que os particulares, quer isoladamente quer em cooperação com aquelas, não as assegurem ou não possam assegurá-las;

*c)* Princípio da solidariedade intergeracional, assegurando a transmissão às gerações futuras de espaços urbanos corretamente ordenados e conservados;

*d)* Princípio da sustentabilidade, garantindo que a intervenção assente num modelo financeiramente sustentado e equilibrado e contribuindo para valorizar as áreas urbanas e os edifícios intervencionados através de soluções inovadoras e sustentáveis do ponto de vista sócio-cultural e ambiental;

*e)* Princípio da integração, preferindo a intervenção em áreas cuja delimitação permita uma resposta adequada e articulada às componentes morfológica, económica, social, cultural e ambiental do desenvolvimento urbano;

*f)* Princípio da coordenação, promovendo a convergência, a articulação, a compatibilização e a complementaridade entre as várias ações de iniciativa pública, entre si, e entre estas e as ações de iniciativa privada;

*g)* Princípio da contratualização, incentivando modelos de execução e promoção de operações de reabilitação urbana e de operações urbanísticas tendentes à reabilitação urbana baseados na concertação entre a iniciativa pública e a iniciativa privada;

*h)* Princípio da proteção do existente, permitindo a realização de intervenções no edificado que, embora não cumpram o disposto em todas as disposições legais e regulamentares aplicáveis à data da intervenção, não agravam a desconformidade dos edifícios relativamente a estas disposições ou têm como resultado a melhoria das condições de segurança e salubridade da edificação ou delas resulta uma melhoria das condições de desempenho e segurança funcional, estrutural e construtiva da edificação e o sacrifício decorrente do cumprimento daquelas disposições seja desproporcionado em face da desconformidade criada ou agravada pela realização da intervenção;

*i)* Princípio da justa ponderação, promovendo uma adequada ponderação de todos os interesses relevantes em face das operações de reabilitação urbana, designadamente os interesses dos proprietários ou de outros titulares de direitos sobre edifícios objeto de operações de reabilitação;

*j)* Princípio da equidade, assegurando a justa repartição dos encargos e benefícios decorrentes da execução das operações de reabilitação urbana.

### Artigo 5º – Dever de promoção da reabilitação urbana

Incumbe ao Estado, às Regiões Autónomas e às autarquias locais assegurar, no quadro do presente decreto-lei e dos demais regimes jurídicos aplicáveis, a promoção das medidas necessárias à reabilitação de áreas urbanas que dela careçam.

### Artigo 6º – Dever de reabilitação de edifícios

1 – Os proprietários de edifícios ou frações têm o dever de assegurar a sua reabilitação, nomeadamente realizando todas as obras necessárias à manutenção ou reposição da sua segurança, salubridade e arranjo estético, nos termos previstos no presente decreto-lei.

2 – Os proprietários e os titulares de outros direitos, ónus e encargos sobre edifício ou frações não podem, dolosa ou negligentemente, provocar ou agravar uma situação de falta de segurança ou de salubridade, provocar a sua deterioração ou prejudicar o seu arranjo estético.

## PARTE II – Regime da reabilitação urbana em áreas de reabilitação urbana

## CAPÍTULO I – Disposições gerais

### Artigo 7º [1] – Áreas de reabilitação urbana

1 – A reabilitação urbana em áreas de reabilitação urbana é promovida pelos municípios, resultando da aprovação:

[1] Redação da Lei nº 32/2012, de 14 de agosto.

*a)* Da delimitação de áreas de reabilitação urbana; e

*b)* Da operação de reabilitação urbana a desenvolver nas áreas delimitadas de acordo com a alínea anterior, através de instrumento próprio ou de um plano de pormenor de reabilitação urbana.

2 – A aprovação da delimitação de áreas de reabilitação urbana e da operação de reabilitação urbana pode ter lugar em simultâneo.

3 – A aprovação da delimitação de áreas de reabilitação urbana pode ter lugar em momento anterior à aprovação da operação de reabilitação urbana a desenvolver nessas áreas.

4 – A cada área de reabilitação urbana corresponde uma operação de reabilitação urbana.

**Artigo 8º – Operações de reabilitação urbana**

1 – Os municípios podem optar pela realização de uma operação de reabilitação urbana:

*a)* Simples; ou

*b)* Sistemática.

2 – A operação de reabilitação urbana simples consiste numa intervenção integrada de reabilitação urbana de uma área, dirigindo-se primacialmente à reabilitação do edificado, num quadro articulado de coordenação e apoio da respetiva execução.

3 – A operação de reabilitação urbana sistemática consiste numa intervenção integrada de reabilitação urbana de uma área, dirigida à reabilitação do edificado e à qualificação das infraestruturas, dos equipamentos e dos espaços verdes e urbanos de utilização coletiva, visando a requalificação e revitalização do tecido urbano, associada a um programa de investimento público.

4 – As operações de reabilitação urbana simples e sistemática são enquadradas por instrumentos de programação, designados, respetivamente, de estratégia de reabilitação urbana ou de programa estratégico de reabilitação urbana.

5 – O dever de reabilitação que impende sobre os proprietários e titulares de outros direitos, ónus e encargos sobre edifícios ou frações compreendidos numa área de reabilitação urbana é densificado em função dos objetivos definidos na estratégia de reabilitação urbana ou no programa estratégico de reabilitação urbana.

**Artigo 9º – Entidade gestora**

As operações de reabilitação urbana são coordenadas e geridas por uma entidade gestora.

**Artigo 10º – Tipos de entidade gestora**

1 – Podem revestir a qualidade de entidade gestora:

*a)* O município;

*b)* Uma empresa do setor empresarial local.

2 – Quando a empresa referida na alínea *b)* do número anterior tenha por objeto social exclusivo a gestão de operações de reabilitação urbana, adota a designação de sociedade de reabilitação urbana.

3 – O tipo de entidade gestora é adotado, de entre os referidos no nº 1, na estratégia de reabilitação urbana ou no programa estratégico de reabilitação urbana.

**Artigo 11º – Modelos de execução das operações de reabilitação urbana**

1 – Para efeitos do presente regime, podem ser adotados os seguintes modelos de execução das operações de reabilitação urbana:

*a)* Por iniciativa dos particulares;

*b)* Por iniciativa das entidades gestoras.

2 – Nos casos referidos na alínea *a)* do número anterior, a execução das operações de reabilitação urbana pode desenvolver-se através da modalidade de execução pelos particulares com o apoio da entidade gestora ou através da modalidade de administração conjunta.

3 – Nos casos referidos na alínea *b)* do nº 1, a execução das operações de reabilitação urbana pode desenvolver-se através das seguintes modalidades:

*a)* Execução direta pela entidade gestora;

*b)* Execução através de administração conjunta;

*c)* Execução através de parcerias com entidades privadas.

4 – As parcerias com entidades privadas referidas na alínea *c)* do número anterior concretizam-se através de:

*a)* Concessão da reabilitação;

*b)* Contrato de reabilitação urbana.

5 – As parcerias com entidades privadas só podem ser adotadas no âmbito de operações de reabilitação urbana sistemática, no âmbito de unidade de intervenção ou de execução.

## CAPÍTULO II – Regime das áreas de reabilitação urbana

### SECÇÃO I – Disposição geral

**Artigo 12º – Objeto das áreas de reabilitação urbana**

1 – As áreas de reabilitação urbana incidem sobre espaços urbanos que, em virtude da insuficiência, degradação ou obsolescência dos edifícios, das infraestruturas urbanas, dos equipamentos ou dos espaços urbanos e verdes de utilização coletiva, justifiquem uma intervenção integrada.

2 – As áreas de reabilitação urbana podem abranger, designadamente, áreas e centros históricos, património cultural imóvel classificado ou em vias de classificação e respetivas zonas de proteção, áreas urbanas degradadas ou zonas urbanas consolidadas.

### SECÇÃO II – Delimitação de áreas de reabilitação urbana

**Artigo 13º [1] – Aprovação e alteração**

1 – A delimitação das áreas de reabilitação urbana é da competência da assembleia municipal, sob proposta da câmara municipal.

2 – A proposta de delimitação de uma área de reabilitação urbana é devidamente fundamentada e contém:

*a)* A memória descritiva e justificativa, que inclui os critérios subjacentes à delimitação da área abrangida e os objetivos estratégicos a prosseguir;

*b)* A planta com a delimitação da área abrangida;

*c)* O quadro dos benefícios fiscais associados aos impostos municipais, nos termos da alínea *a)* do artigo 14º.

3 – Para os efeitos previstos no número anterior, pode a câmara municipal encarregar uma entidade de entre as mencionadas na alínea *b)* do nº 1 do artigo 10º da preparação do projeto de delimitação das áreas de reabilitação urbana, estabelecendo previamente os respetivos objetivos.

4 – O ato de aprovação da delimitação da área de reabilitação urbana integra os elementos referidos no nº 2 e é publicado através de aviso na 2ª série do Diário da República e divulgado na página eletrónica do município.

5 – Simultaneamente com o envio para publicação do aviso referido no número anterior, a câmara municipal remete ao Instituto da Habitação e

[1] Redação da Lei nº 32/2012, de 14 de agosto.

da Reabilitação Urbana, I. P., por meios eletrónicos, o ato de aprovação da delimitação da área de reabilitação urbana.

6 – O disposto no presente artigo é aplicável à alteração da delimitação de uma área de reabilitação urbana.

### Artigo 14º [1] – Efeitos

A delimitação de uma área de reabilitação urbana:

*a)* Obriga à definição, pelo município, dos benefícios fiscais associados aos impostos municipais sobre o património, designadamente o imposto municipal sobre imóveis (IMI) e o imposto municipal sobre as transmissões onerosas de imóveis (IMT), nos termos da legislação aplicável;

*b)* Confere aos proprietários e titulares de outros direitos, ónus e encargos sobre os edifícios ou frações nela compreendidos o direito de acesso aos apoios e incentivos fiscais e financeiros à reabilitação urbana, nos termos estabelecidos na legislação aplicável, sem prejuízo de outros benefícios e incentivos relativos ao património cultural.

### Artigo 15º [2] – Âmbito temporal

No caso da aprovação da delimitação de uma área de reabilitação urbana não ter lugar em simultâneo com a aprovação da operação de reabilitação urbana a desenvolver nessa área, aquela delimitação caduca se, no prazo de três anos, não for aprovada a correspondente operação de reabilitação.

## SECÇÃO III – Operações de reabilitação urbana

### Artigo 16º [3]– Aprovação das operações de reabilitação urbana

As operações de reabilitação urbana são aprovadas através de instrumento próprio ou de plano de pormenor de reabilitação urbana, que contêm:

*a)* A definição do tipo de operação de reabilitação urbana; e

*b)* A estratégia de reabilitação urbana ou o programa estratégico de reabilitação urbana, consoante a operação de reabilitação urbana seja simples ou sistemática.

[1] Redação da Lei nº 32/2012, de 14 de agosto.
[2] Redação da Lei nº 32/2012, de 14 de agosto.
[3] Redação da Lei nº 32/2012, de 14 de agosto.

**Artigo 17º [1]– Aprovação de operações de reabilitação urbana através de instrumento próprio**

1 – A aprovação de operações de reabilitação urbana através de instrumento próprio é da competência da assembleia municipal, sob proposta da câmara municipal.

2 – A câmara municipal pode encarregar uma entidade de entre as mencionadas na alínea *b)* do nº 1 do artigo 10º da preparação do projeto de operação de reabilitação urbana, estabelecendo previamente os respetivos objetivos e os prazos para a conclusão dos trabalhos.

3 – O projeto de operação de reabilitação urbana é remetido ao Instituto da Habitação e da Reabilitação Urbana, I. P., por meios eletrónicos, para emissão de parecer não vinculativo no prazo de 15 dias.

4 – Simultaneamente com a remessa a que se refere o número anterior, o projeto de operação de reabilitação urbana é submetido a discussão pública, a promover nos termos previstos no regime jurídico dos instrumentos de gestão territorial (RJIGT), aprovado pelo Decreto-Lei nº 380/99, de 22 de setembro, alterado pelos Decretos-Leis nºs 53/2000, de 7 de abril, e 310/2003, de 10 de dezembro, pelas Leis nºs 58/2005, de 29 de dezembro, e 56/2007, de 31 de agosto, pelos Decretos-Leis nºs 316/2007, de 19 de setembro, 46/2009, de 20 de fevereiro, 181/2009, de 7 de agosto, e 2/2011, de 6 de janeiro, para a discussão pública dos planos de pormenor.

5 – O ato de aprovação de operação de reabilitação urbana integra os elementos previstos no artigo anterior e é publicado através de aviso na 2ª série do Diário da República e divulgado na página eletrónica do município.

6 – O procedimento previsto no presente artigo pode ocorrer simultaneamente com a elaboração, alteração ou revisão de instrumentos de gestão territorial de âmbito municipal, sendo, nessas circunstâncias, submetido ao respetivo processo de acompanhamento, participação e aprovação pela assembleia municipal.

**Artigo 18º [2]– Aprovação de operações de reabilitação urbana através de plano de pormenor de reabilitação urbana**

A aprovação de operações de reabilitação urbana pode ter lugar através de um plano de pormenor de reabilitação urbana, nos termos regulados na secção seguinte.

[1] Redação da Lei nº 32/2012, de 14 de agosto.
[2] Redação da Lei nº 32/2012, de 14 de agosto.

**Artigo 19º [1]– Efeito**

A aprovação de uma operação de reabilitação urbana obriga a respetiva entidade gestora a promovê-la, no quadro do presente decreto-lei.

**Artigo 20º [2]– Âmbito temporal**

1 – A operação de reabilitação urbana aprovada através de instrumento próprio vigora pelo prazo fixado na estratégia de reabilitação urbana ou no programa estratégico de reabilitação urbana, com possibilidade de prorrogação, não podendo, em qualquer caso, vigorar por prazo superior a 15 anos a contar da data da referida aprovação.

2 – A prorrogação prevista no número anterior é aprovada pela assembleia municipal, sob proposta da câmara municipal.

3 – A operação de reabilitação urbana aprovada através de plano de pormenor de reabilitação urbana vigora pelo prazo de execução do mesmo, não podendo, em qualquer caso, vigorar por prazo superior a 15 anos a contar da data da referida aprovação.

4 – O disposto nos números anteriores não obsta a que, findos aqueles prazos, possa ser aprovada nova operação de reabilitação urbana que abranja a mesma área.

**Artigo 20º-A [3]– Acompanhamento e avaliação da operação de reabilitação urbana**

1 – A entidade gestora elabora anualmente um relatório de monitorização de operação de reabilitação em curso, o qual deve ser submetido à apreciação da assembleia municipal.

2 – A cada cinco anos de vigência da operação de reabilitação urbana, a câmara municipal deve submeter à apreciação da assembleia municipal um relatório de avaliação da execução dessa operação, acompanhado, se for caso disso, de uma proposta de alteração do respetivo instrumento de programação.

3 – Os relatórios referidos nos números anteriores e os termos da sua apreciação pela assembleia municipal são obrigatoriamente objeto de divulgação na página eletrónica do município.

[1] Redação da Lei nº 32/2012, de 14 de agosto.

[2] Redação da Lei nº 32/2012, de 14 de agosto.

[3] Aditado pela Lei nº 32/2012, de 14 de agosto.

### Artigo 20º-B [1] – Alteração do tipo de operação de reabilitação urbana e dos instrumentos de programação

1 – À alteração do tipo de operação de reabilitação urbana aprovada através de instrumento próprio é aplicável o disposto no artigo 17º, não havendo lugar a discussão pública se se tratar de alteração de operação de sistemática para simples.

2 – Os instrumentos de programação podem ser alterados a todo o tempo.

3 – A alteração dos instrumentos de programação é da competência da assembleia municipal, sob proposta da câmara municipal.

4 – O ato de aprovação da alteração dos instrumentos de programação é publicado através de aviso na 2ª série do Diário da República e divulgado na página eletrónica do município.

## SECÇÃO IV – Planos de pormenor de reabilitação urbana

### Artigo 21º – Regime jurídico aplicável aos planos de pormenor de reabilitação urbana

1 – O plano de pormenor de reabilitação urbana obedece ao disposto no RJIGT, com as especificidades introduzidas pelo presente decreto-lei.

2 – Sempre que a área de intervenção do plano de pormenor de reabilitação urbana contenha ou coincida com património cultural imóvel classificado ou em vias de classificação, e respetivas zonas de proteção, que determine, nos termos da Lei nº 107/2001, de 8 de setembro, a elaboração de um plano de pormenor de salvaguarda do património cultural, cabe ao plano de pormenor de reabilitação urbana a prossecução dos seus objetivos e fins de proteção, dispensando a elaboração daquele.

3 – Nos casos previstos no número anterior e na parte que respeita ao património cultural imóvel classificado ou em vias de classificação e respetivas zonas de proteção, o plano de pormenor de reabilitação urbana obedece ainda ao disposto nos nºs 1 e 3 do artigo 53º da Lei nº 107/2001, de 8 de setembro.

### Artigo 22º – Objeto dos planos de pormenor de reabilitação urbana

O plano de pormenor de reabilitação urbana estabelece a estratégia integrada de atuação e as regras de uso e ocupação do solo e dos edifí-

[1] Aditado pela Lei nº 32/2012, de 14 de agosto.

cios necessárias para promover e orientar a valorização e modernização do tecido urbano e a revitalização económica, social e cultural na sua área de intervenção.

### Artigo 23º - Âmbito territorial dos planos de pormenor de reabilitação urbana

1 - O plano de pormenor de reabilitação urbana incide sobre uma área do território municipal que, em virtude da insuficiência, degradação ou obsolescência dos edifícios, das infraestruturas, dos equipamentos de utilização coletiva e dos espaços urbanos e verdes de utilização coletiva, designadamente no que se refere às suas condições de uso, solidez, segurança, estética ou salubridade, justifique uma intervenção integrada.

2 - Caso a área de intervenção do plano de pormenor de reabilitação urbana contenha ou coincida, ainda que parcialmente, com área previamente delimitada como área de reabilitação urbana em instrumento próprio, esta considera-se redelimitada de acordo com a área de intervenção do plano.

3 - No caso previsto no número anterior, quando a área de intervenção do plano de pormenor não abranger integralmente a área previamente delimitada como área de reabilitação urbana em instrumento próprio, deve proceder-se à redelimitação ou revogação da área não abrangida pela área de intervenção do plano em simultâneo com o ato de aprovação deste instrumento de gestão territorial.

### Artigo 24º - Conteúdo material dos planos de pormenor de reabilitação urbana

1 - Além do conteúdo material próprio dos planos de pormenor nos termos do artigo 91º do RJIGT, o plano de pormenor de reabilitação urbana deve adotar um conteúdo material específico adaptado à finalidade de promoção da reabilitação urbana na sua área de intervenção, estabelecendo nomeadamente:

*a)* A delimitação das unidades de execução, para efeitos de programação da execução do plano;

*b)* A identificação e articulação, numa perspetiva integrada e sequenciada, dos principais projetos e ações a desenvolver em cada unidade de execução;

*c)* Os princípios e as regras de uso do solo e dos edifícios, com vista à:

*i)* Valorização e proteção dos bens patrimoniais, culturais, naturais e paisagísticos existentes na sua área de intervenção;

*ii)* Sua adequação à estratégia de revitalização económica, social e cultural da sua área de intervenção, em articulação com as demais políticas urbanas do município;

*d)* A identificação e classificação sistemática dos edifícios, das infraestruturas urbanas, dos equipamentos e dos espaços urbanos e verdes de utilização coletiva de cada unidade de execução, estabelecendo as suas necessidades e finalidades de reabilitação e modernização ou prevendo a sua demolição, quando aplicável.

2 – Sem prejuízo do disposto na alínea *a)* do número anterior, a delimitação ou a redelimitação das unidades de execução, mesmo que constantes do plano de pormenor de reabilitação urbana, pode ser feita na fase de execução do plano, por iniciativa da entidade gestora ou dos proprietários.

3 – Os planos de pormenor de reabilitação urbana cuja área de intervenção contenha ou coincida com património cultural imóvel classificado ou em vias de classificação, e respetivas zonas de proteção, prosseguem os objetivos e fins dos planos de pormenor de salvaguarda de património cultural, tendo também para aquelas áreas o conteúdo deste plano, consagrando as regras e os princípios de salvaguarda e valorização do património classificado ou em vias de classificação e respetivas zonas de proteção estabelecidos na Lei nº 107/2001, de 8 de setembro, e respetiva legislação de desenvolvimento.

### Artigo 25º [1]– Conteúdo documental dos planos de pormenor de reabilitação urbana

1 – Para além do disposto no artigo 92º do RJIGT, o plano de pormenor de reabilitação urbana é acompanhado pelos instrumentos de programação da operação de reabilitação urbana a que se refere o nº 4 do artigo 8º.

2 – Às alterações do tipo de operação de reabilitação urbana é aplicável o disposto no nº 1 do artigo 20º-B.

3 – As alterações à estratégia de reabilitação urbana ou ao programa estratégico de reabilitação urbana que não impliquem alteração do plano de pormenor de reabilitação urbana seguem o procedimento regulado nos nºs 2, 3 e 4 do artigo 20º-B.

[1] Redação da Lei nº 32/2012, de 14 de agosto.

## Artigo 26º - Elaboração dos planos de pormenor de reabilitação urbana

1 - A elaboração do plano de pormenor de reabilitação urbana compete à câmara municipal, por iniciativa própria ou mediante proposta apresentada pelos interessados, sendo determinada por deliberação, a publicar e divulgar nos termos do nº 1 do artigo 74º do RJIGT.

2 - Na deliberação referida no número anterior, a câmara municipal define os termos de referência do plano de pormenor, os quais integram, sempre que a prevista área de intervenção do plano abranja uma área de reabilitação urbana já delimitada em instrumento próprio, a estratégia de reabilitação urbana ou o programa estratégico de reabilitação urbana em causa.

3 - A câmara municipal pode, na deliberação referida no nº 1, encarregar uma entidade de entre as mencionadas na alínea *b)* do nº 1 do artigo 10º da preparação do projeto do plano de pormenor e dos elementos que o acompanham.

4 - Nas situações em que já exista estratégia de reabilitação urbana ou programa estratégico de reabilitação urbana em vigor, que abranjam a totalidade da área de intervenção do plano, e se mantenham os objetivos e ações neles definidos, não há lugar a participação pública preventiva prevista no nº 2 do artigo 77º do RJIGT.

## Artigo 27º - Acompanhamento da elaboração dos planos de pormenor de reabilitação urbana

1 - Ao acompanhamento dos planos de pormenor de reabilitação urbana aplica-se o disposto no artigo 75º-C do RJIGT.

2 - Na conferência de serviços, as entidades da administração central, direta e indireta, que devam pronunciar-se sobre o plano de pormenor de reabilitação urbana em razão da localização ou da tutela de servidões administrativas e de restrições de utilidade pública devem indicar expressamente, sempre que se pronunciem desfavoravelmente, as razões da sua discordância e quais as alterações necessárias para viabilização das soluções do plano.

3 - A pronúncia favorável das entidades referidas no número anterior ou o acolhimento das suas propostas de alteração determinam a dispensa de consulta dessas entidades em sede de controlo prévio das operações urbanísticas conformes com o previsto no plano.

**Artigo 28º [1] – Regime dos planos de pormenor de reabilitação urbana em áreas que contêm ou coincidem com património cultural imóvel classificado ou em vias de classificação e respetivas zonas de proteção**

1 – No caso previsto no nº 2 do artigo 21º, a administração do património cultural competente colabora, em parceria, com o município na elaboração do plano de pormenor de reabilitação urbana, nos termos do nº 1 do artigo 53º da Lei nº 107/2001, de 8 de setembro, devendo ser ouvida na definição dos termos de referência do plano no que diz respeito ao património cultural imóvel classificado ou em vias de classificação, e respetivas zonas de proteção, e devendo prestar o apoio técnico necessário nos trabalhos de preparação e conceção do projeto do plano para as mesmas áreas.

2 – Os termos da colaboração da administração do património cultural podem ser objeto de um protocolo de parceria a celebrar com a câmara municipal competente, sem prejuízo do acompanhamento obrigatório do plano de pormenor de reabilitação urbana.

3 – A pronúncia da administração do património cultural no que diz respeito ao património cultural imóvel classificado ou em vias de classificação, e respetivas zonas de proteção, é obrigatória e vinculativa, devendo, em caso de pronúncia desfavorável, ser indicadas expressamente as razões da sua discordância e, sempre que possível, quais as alterações necessárias para viabilização das soluções do plano de pormenor de reabilitação urbana.

4 – A vigência do plano de pormenor de reabilitação urbana determina a dispensa de consulta da administração do património cultural em sede de controlo prévio das operações urbanísticas conformes com o previsto no plano, nos termos do nº 2 do artigo 54º da Lei nº 107/2001, de 8 de setembro.

5 – *[Revogado]*.

6 – Em qualquer caso, não pode ser efetuada a demolição total ou parcial de património cultural imóvel classificado ou em vias de classificação sem prévia e expressa autorização da administração do património cultural competente, aplicando-se as regras constantes do artigo 49º da Lei nº 107/2001, de 8 de setembro, salvo quando esteja em causa património cultural imóvel cuja demolição total ou parcial tenha sido objeto de pronúncia favorável por parte da referida administração em sede de elaboração do correspondente plano de pormenor de reabilitação urbana.

[1] Redação da Lei nº 32/2012, de 14 de agosto.

## CAPÍTULO III – Planeamento das operações de reabilitação urbana

### SECÇÃO I – Operações de reabilitação urbana simples

**Artigo 29º – Execução das operações de reabilitação urbana simples**

Sem prejuízo dos deveres de gestão cometidos à entidade gestora, nos termos do presente decreto-lei, as ações de reabilitação de edifícios tendentes à execução de uma operação de reabilitação urbana simples devem ser realizadas preferencialmente pelos respetivos proprietários e titulares de outros direitos, ónus e encargos.

**Artigo 30º – Estratégia de reabilitação urbana**

1 – As operações de reabilitação urbana simples são orientadas por uma estratégia de reabilitação urbana.

2 – A estratégia de reabilitação urbana deve, sem prejuízo do tratamento de outras matérias que sejam tidas como relevantes:

*a)* Apresentar as opções estratégicas de reabilitação da área de reabilitação urbana, compatíveis com as opções de desenvolvimento do município;

*b)* Estabelecer o prazo de execução da operação de reabilitação urbana;

*c)* Definir as prioridades e especificar os objetivos a prosseguir na execução da operação de reabilitação urbana;

*d)* Determinar o modelo de gestão da área de reabilitação urbana e de execução da respetiva operação de reabilitação urbana;

*e)* Apresentar um quadro de apoios e incentivos às ações de reabilitação executadas pelos proprietários e demais titulares de direitos e propor soluções de financiamento das ações de reabilitação;

*f)* Explicitar as condições de aplicação dos instrumentos de execução de reabilitação urbana previstos no presente decreto-lei;

*g)* Identificar, caso o município não assuma diretamente as funções de entidade gestora da área de reabilitação urbana, quais os poderes delegados na entidade gestora, juntando cópia do ato de delegação praticado pelo respetivo órgão delegante, bem como, quando as funções de entidade gestora sejam assumidas por uma sociedade de reabilitação urbana, quais os poderes que não se presumem delegados;

*h)* Mencionar, se for o caso, a necessidade de elaboração, revisão ou alteração de plano de pormenor de reabilitação urbana e definir os objetivos específicos a prosseguir através do mesmo.

## SECÇÃO II – Operações de reabilitação urbana sistemática

### SUBSECÇÃO I – Disposições gerais

**Artigo 31º – Execução das operações de reabilitação urbana sistemática**

Sem prejuízo dos deveres de reabilitação de edifícios que impendem sobre os particulares e da iniciativa particular na promoção da reabilitação urbana, nos termos do presente decreto-lei, as intervenções tendentes à execução de uma operação de reabilitação urbana sistemática devem ser ativamente promovidas pelas respetivas entidades gestoras.

**Artigo 32º [1]– Aprovação de operação de reabilitação urbana como causa de utilidade pública**

A aprovação de uma operação de reabilitação urbana sistemática constitui causa de utilidade pública para efeitos da expropriação ou da venda forçada dos imóveis existentes na área abrangida, bem como da constituição sobre os mesmos das servidões, necessárias à execução da operação de reabilitação urbana.

### SUBSECÇÃO II – Planeamento e programação

**Artigo 33º – Programa estratégico de reabilitação urbana**

1 – As operações de reabilitação urbana sistemáticas são orientadas por um programa estratégico de reabilitação urbana.

2 – O programa estratégico de reabilitação urbana deve, sem prejuízo do tratamento de outras matérias que sejam tidas como relevantes:

*a)* Apresentar as opções estratégicas de reabilitação e de revitalização da área de reabilitação urbana, compatíveis com as opções de desenvolvimento do município;

*b)* Estabelecer o prazo de execução da operação de reabilitação urbana;

*c)* Definir as prioridades e especificar os objetivos a prosseguir na execução da operação de reabilitação urbana;

*d)* Estabelecer o programa da operação de reabilitação urbana, identificando as ações estruturantes de reabilitação urbana a adotar, distinguindo, nomeadamente, as que têm por objeto os edifícios, as infraestruturas urba-

[1] Redação da Lei nº 32/2012, de 14 de agosto.

nas, os equipamentos, os espaços urbanos e verdes de utilização coletiva, e as atividades económicas;

*e)* Determinar o modelo de gestão da área de reabilitação urbana e de execução da respetiva operação de reabilitação urbana;

*f)* Apresentar um quadro de apoios e incentivos às ações de reabilitação executadas pelos proprietários e demais titulares de direitos e propor soluções de financiamento das ações de reabilitação;

*g)* Descrever um programa de investimento público onde se discriminem as ações de iniciativa pública necessárias ao desenvolvimento da operação;

*h)* Definir o programa de financiamento da operação de reabilitação urbana, o qual deve incluir uma estimativa dos custos totais da execução da operação e a identificação das fontes de financiamento;

*i)* Identificar, caso não seja o município a assumir diretamente as funções de entidade gestora da área de reabilitação urbana, quais os poderes que são delegados na entidade gestora, juntando cópia do ato de delegação praticado pelo respetivo órgão delegante, bem como, quando as funções de entidade gestora sejam assumidas por uma sociedade de reabilitação urbana, quais os poderes que não se presumem delegados;

*j)* Mencionar, se for o caso, a necessidade de elaboração, revisão ou alteração de plano de pormenor de reabilitação urbana e definir os objetivos específicos a prosseguir através do mesmo.

3 – O programa estratégico de reabilitação urbana pode prever unidades de execução ou intervenção da operação de reabilitação urbana e definir os objetivos específicos a prosseguir no âmbito de cada uma delas.

**Artigo 34º [1]– Unidades de execução ou de intervenção**

1 – No âmbito das operações de reabilitação urbana sistemática em áreas de reabilitação urbana que correspondem à área de intervenção de plano de pormenor de reabilitação urbana podem ser delimitadas unidades de execução, nos termos previstos no RJIGT, com as especificidades introduzidas pelo presente decreto-lei.

2 – No âmbito das operações de reabilitação urbana sistemática aprovadas através de instrumento próprio, podem ser delimitadas unidades de intervenção, que consistem na fixação em planta cadastral dos limites físi-

[1] Redação da Lei nº 32/2012, de 14 de agosto.

cos do espaço urbano a sujeitar a intervenção, com identificação de todos os prédios abrangidos, podendo corresponder à totalidade ou a parte da área abrangida por aquela operação ou, em casos de particular interesse público, a um edifício.

3 – A delimitação de unidades de intervenção é facultativa, não sendo condição da execução da operação de reabilitação urbana, sem prejuízo de poder constituir, nos termos definidos no presente decreto-lei, um pressuposto do recurso a determinadas modalidades de execução de operações de reabilitação urbana sistemática em parceria com entidades privadas.

4 – As unidades de intervenção devem ser delimitadas de forma a assegurar um desenvolvimento urbano harmonioso, a justa repartição de benefícios e encargos pelos proprietários abrangidos e a coerência na intervenção, bem como a possibilitar uma intervenção integrada em vários imóveis que permita uma utilização racional dos recursos disponíveis e a criação de economias de escala.

5 – O ato de delimitação de unidades de intervenção inclui um programa de execução, que deve, nomeadamente:

*a)* Explicar sumariamente os fundamentos subjacentes à ponderação dos diversos interesses públicos e privados relevantes;

*b)* Identificar os edifícios a reabilitar, o seu estado de conservação e a extensão das intervenções neles previstas;

*c)* Identificar os respetivos proprietários e titulares de outros direitos, ónus e encargos, ou mencionar, se for o caso, que os mesmos são desconhecidos;

*d)* Definir e calendarizar as várias ações de reabilitação urbana a adotar no âmbito da unidade de intervenção, distinguindo, nomeadamente, as que têm por objeto os edifícios, as infra-estruturas urbanas, os equipamentos, os espaços urbanos e verdes de utilização coletiva e as atividades económicas;

*e)* Concretizar o financiamento da operação de reabilitação urbana no âmbito da unidade de execução;

*f)* Especificar o regime de execução da operação de reabilitação urbana a utilizar na unidade de intervenção.

6 – A delimitação de unidades de intervenção é da competência:

*a)* Da entidade gestora, no caso de se pretender efetuar a delimitação de unidades de intervenção nos termos previstos no programa estratégico de reabilitação urbana;

*b)* Da câmara municipal, sob proposta da entidade gestora se esta for distinta do município, nos demais casos.

**Artigo 35º – Iniciativa dos proprietários na delimitação de unidades de intervenção ou de execução**

1 – Os proprietários de edifícios ou frações inseridos em área de reabilitação urbana, no âmbito de operações de reabilitação urbana sistemáticas, podem propor a delimitação de unidades de intervenção ou de execução relativamente à área abrangida pelos edifícios ou frações de que são titulares, através da apresentação, ao órgão competente para a aprovação da delimitação, de requerimento instruído com o projeto de delimitação da unidade de intervenção ou de execução e com o projeto de programa de execução.

2 – A delimitação das unidades de execução, no caso previsto no número anterior, segue o procedimento estabelecido no RJIGT, com as necessárias adaptações.

3 – A delimitação das unidades de intervenção, no caso previsto no nº 1, segue o procedimento estabelecido no artigo anterior, com as necessárias adaptações.

4 – A delimitação de unidades de intervenção ou de execução por iniciativa dos proprietários constitui a entidade gestora no dever de ponderar a execução da operação nos termos do regime da administração conjunta.

## CAPÍTULO IV – Entidade gestora

**Artigo 36º – Poderes das entidades gestoras**

1 – O município, nos termos do nº 1 do artigo 10º, pode optar entre assumir diretamente a gestão de uma operação de reabilitação urbana ou definir como entidade gestora uma empresa do setor empresarial local.

2 – No caso de a entidade gestora ser uma empresa do setor empresarial local, tal como previsto na alínea *b)* do nº 1 do artigo 10º, o município delega nesta poderes que lhe são cometidos, nos termos do presente decreto-lei.

3 – Os atos de delegação de poderes previstos no número anterior devem acompanhar a estratégia de reabilitação urbana ou do programa estratégico de reabilitação urbana, sem prejuízo do disposto no número seguinte.

4 – Se a entidade gestora revestir a natureza de sociedade de reabilitação urbana, presumem-se delegados os poderes previstos no nº 1 do

artigo 45º e nas alíneas *a)* e *c)* a *e)* do nº 1 do artigo 54º, salvo indicação em contrário constante da estratégia de reabilitação urbana ou do programa estratégico de reabilitação urbana.

5 – As empresas do setor empresarial local delegatárias consideram-se investidas nas funções de entidade gestora e nos poderes que lhes sejam delegados, nos termos do presente artigo, a partir do início da vigência da área de reabilitação urbana.

6 – A empresa do setor empresarial local delegatária está sujeita ao poder da entidade delegante de emitir diretrizes ou instruções relativamente às operações de reabilitação urbana, bem como de definir as modalidades de verificação do cumprimento das ordens ou instruções emitidas.

7 – Nos casos de participação do Estado no capital social de sociedade de reabilitação urbana, nos termos do nº 2 do artigo seguinte, os poderes previstos no número anterior são exercidos em termos a estabelecer em protocolo entre o Estado e o município em causa.

8 – O disposto no nº 1 não prejudica a aplicação do nº 1 do artigo 79º.

**Artigo 37º [1]– Entidades gestoras de tipo empresarial**

1 – É aplicável às empresas do setor empresarial local a que se refere a alínea *b)* do nº 1 do artigo 10º o regime jurídico da atividade empresarial local e das participações locais, aprovado pela Lei nº 50/2012, de 31 de agosto, com exceção do disposto nos nºs 1 e 2 do artigo 20º, no artigo 32º e no nº 1 do artigo 62º daquele diploma.

2 – Em caso de excecional interesse público, é admitida a participação de capitais do Estado nas sociedades de reabilitação urbana.

3 – As empresas a que se referem os números anteriores podem assumir as funções de entidade gestora em mais do que uma operação de reabilitação urbana sistemática e cumular a gestão de uma ou mais operações de reabilitação urbana simples.

4 – No caso de a câmara municipal pretender designar uma empresa municipal para assumir a qualidade de entidade gestora de uma operação de reabilitação urbana, deve proceder à respetiva designação aquando do ato de aprovação da operação de reabilitação urbana.

5 – Se as obras de execução da operação de reabilitação urbana incidirem sobre bens do domínio municipal, público ou privado, o município é

[1] Redação da Lei nº 32/2012, de 14 de agosto, e do Decreto-Lei nº 88/2017, de 27 de julho.

representado pela entidade gestora no que respeita ao exercício dos direitos relativos àqueles bens.

### Artigo 38º [1]– Extinção das sociedades de reabilitação urbana

As sociedades de reabilitação urbana devem ser extintas sempre que:

*a)* Estiverem concluídas todas as operações de reabilitação urbana a seu cargo;

*b)* Ocorrer a caducidade da delimitação da área ou de todas as áreas de reabilitação urbana em que a sociedade de reabilitação urbana opera;

*c)* Ocorrer a caducidade da operação de reabilitação urbana ou de todas as operações de reabilitação urbana a seu cargo.

## CAPÍTULO V – Modelos de execução das operações de reabilitação urbana

### Artigo 39º – Execução por iniciativa dos particulares

1 – A execução da operação de reabilitação urbana, na componente da reabilitação do edificado, deve ser promovida pelos proprietários ou titulares de outros direitos, ónus ou encargos relativos aos imóveis existentes na área abrangida pela operação.

2 – Para o efeito do disposto no número anterior, podem ser utilizadas as modalidades previstas no nº 2 do artigo 11º.

### Artigo 40º – Administração conjunta

1 – A entidade gestora pode executar a operação de reabilitação urbana, ou parte dela, em associação com os proprietários e titulares de outros direitos, ónus e encargos relativos aos imóveis existentes na área abrangida pela operação de reabilitação urbana.

2 – O regime jurídico aplicável à administração conjunta é aprovado através de decreto regulamentar, no prazo máximo de 90 dias contado da data de entrada em vigor do presente decreto-lei.

### Artigo 41º – Execução por iniciativa da entidade gestora

1 – A execução da operação de reabilitação urbana pode ser promovida pela entidade gestora, nos termos do nº 3 do artigo 11º.

[1] Redação da Lei nº 32/2012, de 14 de agosto.

2 – As entidades gestoras podem recorrer a parcerias com entidades privadas, nomeadamente sob as seguintes formas:

*a)* Concessão de reabilitação urbana;

*b)* Contrato de reabilitação urbana.

**Artigo 42º – Concessão de reabilitação urbana**

1 – Para promover operações de reabilitação urbana sistemática o município pode concessionar a reabilitação nos termos previstos no RJIGT, para a execução de planos municipais de ordenamento do território, quer por sua iniciativa quer a solicitação da entidade gestora.

2 – A concessão de reabilitação urbana é feita no âmbito das unidades de intervenção ou das unidades de execução.

3 – A concessão é precedida de procedimento adjudicatório, devendo o respetivo caderno de encargos especificar as obrigações mínimas do concedente e do concessionário ou os respetivos parâmetros, a concretizar nas propostas.

4 – A formação e execução do contrato de concessão regem-se pelo disposto no Código dos Contratos Públicos.

**Artigo 43º [1]– Contrato de reabilitação urbana**

1 – A entidade gestora de uma operação de reabilitação urbana sistemática pode celebrar contratos de reabilitação urbana com entidades públicas ou privadas, mediante os quais estas se obriguem a proceder à elaboração, coordenação e execução de projetos de reabilitação numa ou em várias unidades de intervenção ou de execução.

2 – O contrato de reabilitação urbana pode prever a transferência para a entidade contratada dos direitos de comercialização dos imóveis reabilitados e de obtenção dos respetivos proventos, bem como, nomeadamente, a aquisição do direito de propriedade ou a constituição do direito de superfície sobre os bens a reabilitar por esta, ou a atribuição de um mandato para a venda destes bens por conta da entidade gestora.

3 – O contrato de reabilitação urbana está sujeito a registo, dependendo o seu cancelamento da apresentação de declaração, emitida pela entidade gestora, que autorize esse cancelamento.

[1] Redação da Lei nº 32/2012, de 14 de agosto.

4 – O contrato de reabilitação urbana deve regular, designadamente:

*a)* A transferência para a entidade contratada da obrigação de aquisição dos prédios existentes na área em questão sempre que tal aquisição se possa fazer por via amigável;

*b)* A preparação dos processos expropriativos que se revelem necessários para aquisição da propriedade pela entidade gestora;

*c)* A repartição dos encargos decorrentes das indemnizações devidas pelas expropriações;

*d)* A obrigação de preparar os projetos de operações urbanísticas a submeter a controlo prévio, de os submeter a controlo prévio, de promover as operações urbanísticas compreendidas nas ações de reabilitação e de requerer as respetivas autorizações de utilização;

*e)* Os prazos em que as obrigações das partes devem ser cumpridas;

*f)* As contrapartidas a pagar pelas partes contratantes, que podem ser em espécie;

*g)* O cumprimento do dever, impendente sobre a entidade contratada, de procurar chegar a acordo com os proprietários interessados na reabilitação do respetivo edifício ou fração sobre os termos da reabilitação dos mesmos, bem como a cessão da posição contratual da entidade gestora a favor da entidade contratada, no caso de aquela ter já chegado a acordo com os proprietários;

*h)* O dever de a entidade gestora ou da entidade contratada proceder ao realojamento temporário ou definitivo dos habitantes dos edifícios ou frações a reabilitar, atento o disposto no artigo 73º;

*i)* As garantias de boa execução do contrato a prestar pela entidade contratada.

5 – A formação e a execução do contrato de reabilitação urbana regem-se pelo disposto no Código dos Contratos Públicos.

6 – *[Revogado]*.

7 – O recurso ao contrato de reabilitação urbana deve ser precedido de negociação prévia, na medida do possível, com todos os interessados envolvidos de modo que estes possam assumir um compromisso com a entidade gestora no sentido da reabilitação dos seus imóveis.

## CAPÍTULO VI – Instrumentos de execução de operações de reabilitação urbana

### SECÇÃO I – Controlo das operações urbanísticas

#### SUBSECÇÃO I – Regime geral

**Artigo 44º – Poderes relativos ao controlo de operações urbanísticas**

1 – A entidade gestora da operação de reabilitação urbana pode exercer, para efeitos de execução da operação de reabilitação urbana e nos termos do disposto nos artigos seguintes, os seguintes poderes:

*a)* Licenciamento e admissão de comunicação prévia de operações urbanísticas e autorização de utilização;

*b)* Inspeções e vistorias;

*c)* Adoção de medidas de tutela da legalidade urbanística;

*d)* Cobrança de taxas;

*e)* Receção das cedências ou compensações devidas.

2 – Quando não seja o município a assumir as funções de entidade gestora da área de reabilitação urbana, a entidade gestora apenas exerce os poderes delegados pelo município, sem prejuízo de poder requerer diretamente ao órgão municipal competente, quando tal se revele necessário, o exercício dos demais.

3 – No caso da delegação de poderes prevista no número anterior, o órgão executivo da entidade gestora pode subdelegar no seu presidente as competências que, de acordo com o disposto no regime jurídico da urbanização e da edificação (RJUE), aprovado pelo Decreto-Lei nº 555/99, de 16 de dezembro, alterado pelo Decreto-Lei nº 177/2001, de 4 de junho, pelas Leis nºs 15/2002, de 22 de fevereiro, e 4-A/2003, de 19 de fevereiro, pelo Decreto-Lei nº 157/2006, de 8 de agosto, pela Lei nº 60/2007, de 4 de setembro, pelos Decretos-Leis nºs 18/2008, de 29 de janeiro, 116/2008, de 4 de julho, e 26/2010, de 30 de março, e pela Lei nº 28/2010, de 2 de setembro, são diretamente cometidas ao presidente da câmara municipal ou neste delegáveis pela câmara municipal.

4 – Os poderes referidos no nº 1 devem ser exercidos em observância do disposto nos artigos constantes da presente secção, nomeadamente no que concerne a consulta a entidades externas, proteção do existente e responsabilidade e qualidade da construção.

## Artigo 45º [1] – Controlo prévio de operações urbanísticas

1 – Aos procedimentos de licenciamento e de comunicação prévia de operações urbanísticas compreendidas nas ações de reabilitação de edifícios ou frações localizados em área de reabilitação urbana aplica-se, em tudo quanto não seja especialmente previsto no presente decreto-lei, o disposto no RJUE.

2 – São delegáveis na entidade gestora da operação de reabilitação urbana, caso esta não seja o município, as competências para a prática, em relação a imóveis localizados na respetiva área de reabilitação urbana, dos atos administrativos inseridos nos procedimentos de licenciamento e de comunicação prévia de operações urbanísticas, e ainda de autorização de utilização, que, nos termos do disposto no RJUE, sejam da competência da câmara municipal ou do seu presidente.

3 – Quando a entidade gestora for uma de entre as mencionadas na alínea *b)* do nº 1 do artigo 10º, todos os elementos constantes dos processos relativos aos procedimentos de licenciamento e de comunicação prévia de operações urbanísticas e de autorização de utilização são disponibilizados ao município por meios eletrónicos.

## Artigo 46º – Inspeções e vistorias

1 – São delegáveis na entidade gestora da operação de reabilitação urbana, caso esta não seja o município, as competências para ordenar e promover, em relação a imóveis localizados na respetiva área de reabilitação urbana, a realização de inspeções e vistorias de fiscalização, nos termos previstos no RJUE.

2 – A entidade gestora tem o dever de comunicar os factos de que toma conhecimento e que sejam puníveis como contraordenação às entidades competentes para aplicar as respetivas coimas.

## Artigo 47º – Medidas de tutela da legalidade urbanística

São delegáveis na entidade gestora da operação de reabilitação urbana, caso esta não seja o município, as competências para ordenar e promover, em relação a imóveis localizados na respetiva área de reabilitação urbana, a adoção de medidas de tutela da legalidade urbanística, nos termos previstos no RJUE.

[1] Redação da Lei nº 32/2012, de 14 de agosto.

**Artigo 48º - Cobrança de taxas e de compensações**

São delegáveis na entidade gestora da operação de reabilitação urbana, caso esta não seja o município, as competências para cobrar as taxas e receber as compensações previstas nos regulamentos municipais em vigor, sem prejuízo do disposto no artigo 67º.

**Artigo 49º - Isenção de controlo prévio**

1 - As operações urbanísticas promovidas pela entidade gestora que se reconduzam à execução da operação de reabilitação urbana, independentemente do tipo de operação de reabilitação urbana, encontram-se isentas de controlo prévio.

2 - A entidade gestora, quando diferente do município, deve informar a câmara municipal até 20 dias antes do início da execução das operações urbanísticas a que se refere o número anterior.

3 - A realização das operações urbanísticas, nos termos do presente artigo, deve observar as normas legais e regulamentares que lhes sejam aplicáveis, designadamente as constantes de instrumentos de gestão territorial, do regime jurídico de proteção do património cultural, do regime jurídico aplicável à gestão de resíduos de construção e demolição e as normas técnicas de construção.

**Artigo 50º - Consulta a entidades externas**

1 - A consulta às entidades que, nos termos da lei, devam emitir parecer, autorização ou aprovação sobre o pedido formulado em procedimentos de licenciamento e comunicação prévia de operações urbanísticas ou de autorização de utilização de edifícios segue o disposto no RJUE, com as especificidades introduzidas pelo presente decreto-lei.

2 - Para efeitos dos procedimentos de licenciamento e comunicação prévia de operações urbanísticas e de autorização de utilização de edifícios, a entidade gestora pode constituir uma comissão de apreciação, composta pelas entidades que, nos termos da lei, devem pronunciar-se sobre os pedidos formulados naqueles procedimentos.

3 - A entidade gestora e o município, quando diferente daquela, podem participar nas reuniões da comissão de apreciação.

4 - A constituição da comissão de apreciação é precedida de solicitação escrita dirigida ao presidente do órgão executivo daquelas entidades, ou ao dirigente máximo do serviço, no caso do Estado, para que designe o respetivo representante.

5 – A competência para emissão, no âmbito da comissão de apreciação, das pronúncias legais a que se alude no nº 1 considera-se delegada no representante designado nos termos do disposto no número anterior.

6 – Os pareceres, autorizações e aprovações que as entidades representadas na comissão de apreciação devam prestar são consignados na ata da reunião da comissão, que os substitui para todos os efeitos, e deve ser assinada por todos os membros presentes na reunião com menção expressa da respetiva qualidade.

7 – A falta de comparência de um dos membros da comissão de apreciação não obsta à apreciação do pedido e à elaboração da ata, considerando-se que as entidades cujo representante tenha faltado nada têm a opor ao deferimento do pedido, salvo se parecer escrito em sentido contrário seja emitido no prazo de 10 dias após a reunião da comissão de apreciação.

8 – Em caso de pronúncia desfavorável, as entidades referidas no nº 1 devem indicar expressamente as razões da sua discordância e, sempre que possível, quais as alterações necessárias para a viabilização do projeto.

**Artigo 51º [1]– Proteção do existente**

1 – A emissão da licença ou a admissão de comunicação prévia de obras de reconstrução ou alteração de edifício inseridas no âmbito de aplicação do presente decreto-lei não podem ser recusadas com fundamento em normas legais ou regulamentares supervenientes à construção originária, desde que tais operações:

*a)* Não originem ou agravem a desconformidade com as normas em vigor; ou

*b)* Tenham como resultado a melhoria das condições de segurança e de salubridade da edificação; e

*c)* Observem as opções de construção adequadas à segurança estrutural e sísmica do edifício.

2 – As obras de ampliação inseridas no âmbito de uma operação de reabilitação urbana podem ser dispensadas do cumprimento de normas legais ou regulamentares supervenientes à construção originária, sempre que da realização daquelas obras resulte uma melhoria das condições de desempenho e segurança funcional, estrutural e construtiva da edificação, sendo observadas as opções de construção adequadas à segurança estru-

[1] Redação da Lei nº 32/2012, de 14 de agosto.

tural e sísmica do edifício, e o sacrifício decorrente do cumprimento das normas legais e regulamentares vigentes seja desproporcionado em face da desconformidade criada ou agravada pela realização daquelas.

3 – O disposto no número anterior é aplicável ao licenciamento ou à admissão de comunicação prévia de obras de construção que visem a substituição de edifícios previamente existentes.

4 – Os requerimentos de licenciamento ou as comunicações prévias devem conter sempre declaração dos autores dos projetos que identifique as normas técnicas ou regulamentares em vigor que não foram aplicadas e, nos casos previstos no nº 2 e no número anterior, a fundamentação da sua não observância.

**Artigo 52º – Indeferimento do pedido de licenciamento ou rejeição da comunicação prévia**

1 – Sem prejuízo do disposto no artigo anterior, e para além dos fundamentos previstos no RJUE, os requerimentos de licenciamento ou as comunicações prévias para a realização de operações urbanísticas em área de reabilitação urbana podem, ainda, ser indeferidos ou rejeitadas quando estas operações sejam suscetíveis de causar um prejuízo manifesto à reabilitação do edifício.

2 – No caso de edifícios compreendidos em área de reabilitação urbana sujeita a operação de reabilitação urbana sistemática, os requerimentos de licenciamento ou as comunicações prévias para a realização de operações urbanísticas podem ainda ser indeferidos ou rejeitadas quando estas operações sejam suscetíveis de causar um prejuízo manifesto à operação de reabilitação urbana da área em que o mesmo se insere.

**Artigo 53º – Responsabilidade e qualidade da construção**

As operações urbanísticas incluídas numa operação de reabilitação urbana devem respeitar o disposto no RJUE, relativamente a responsabilidade e qualidade da construção, nomeadamente no seu artigo 10º, sem prejuízo do disposto no presente decreto-lei e nos regimes jurídicos que regulam a qualificação exigível aos técnicos responsáveis pela coordenação, elaboração e subscrição de projeto, pelo desempenho das funções de direção de fiscalização de obra e de direção de obra, incluindo os deveres e responsabilidades a que estão sujeitos, e ainda o exercício da atividade de construção ou de outras atividades ou profissões envolvidas nas operações urbanísticas de reabilitação urbana.

## SUBSECÇÃO II – Procedimento simplificado de controlo prévio de operações urbanísticas

### Artigo 53º-A [1] – Âmbito

Às operações urbanísticas de reabilitação urbana de edifícios ou frações conformes com o previsto em plano de pormenor de reabilitação urbana e que, nos termos do RJUE, estão sujeitas a comunicação prévia, aplica-se o disposto na subsecção anterior e no respetivo regime subsidiário para o procedimento de comunicação prévia, com as especialidades previstas na presente subsecção.

### Artigo 53º-B [2] – Unidade orgânica flexível

1 – Quando a entidade gestora da operação de reabilitação urbana for o município, pode ser criada uma unidade orgânica flexível, interna ao município e constituída especialmente para apreciar o procedimento simplificado de controlo prévio, nos termos da alínea *a)* do artigo 7º e dos artigos 8º e 10º do Decreto-Lei nº 305/2009, de 23 de outubro.

2 – A unidade orgânica flexível deve integrar técnicos com as competências funcionais necessárias à apreciação de todo o procedimento de comunicação prévia, nomeadamente as necessárias para a análise da conformidade das operações urbanísticas com as normas legais e regulamentares aplicáveis.

3 – O presidente da câmara municipal ou os vereadores, se houver delegação de competências nestes, podem delegar ou subdelegar, consoante os casos, no dirigente responsável pela unidade orgânica flexível a competência para admitir ou rejeitar a comunicação prévia.

### Artigo 53º-C [3] – Apresentação da comunicação prévia

1 – A comunicação prévia é apresentada ao município e é acompanhada dos elementos referidos no nº 4 do artigo 35º do RJUE.

2 – Quando não assuma as funções de entidade gestora da área de reabilitação urbana, o município remete de imediato, por meios eletrónicos,

[1] Aditado pela Lei nº 32/2012, de 14 de agosto.

[2] Aditado pela Lei nº 32/2012, de 14 de agosto.

[3] Aditado pela Lei nº 32/2012, de 14 de agosto, e alterado pelo Decreto-Lei nº 136/2014, de 9 de setembro.

a comunicação referida no número anterior à respetiva entidade gestora, notificando o interessado desse facto no prazo de cinco dias úteis.

3 – O modelo de comunicação prévia a que se refere o nº 1 é aprovado por portaria dos membros do Governo responsáveis pelas áreas das autarquias locais, da economia e do ordenamento do território.

**Artigo 53º-D [1]– Consultas**

1 – Sem prejuízo do disposto no nº 6 do artigo 28º, é dispensada a realização de consultas e a solicitação de qualquer parecer, autorização ou aprovação a entidades externas ou a serviços da organização autárquica municipal.

2 – A entidade gestora pode, a título meramente facultativo e não vinculativo, realizar consultas ou solicitar pareceres às entidades externas ou aos serviços da organização autárquica municipal que considere adequados, para obtenção de esclarecimentos.

3 – *[Revogado]*

**Artigo 53º-E [2]– Rejeição da comunicação prévia**

*[Revogado]*

**Artigo 53º-F [3]– Proteção do existente**

1 – À admissão da comunicação prévia de obras abrangidas pela presente subsecção é aplicável o disposto no nº 1 do artigo 51º.

2 – Sempre que seja dispensado o cumprimento de normas legais e regulamentares em vigor supervenientes à construção originária, a apresentação da comunicação prévia deve ser acompanhada de termo de responsabilidade subscrito pelo técnico autor do projeto legalmente habilitado que comprove que a desconformidade com as normas em vigor não é originada nem agravada pela operação de reabilitação urbana ou que esta melhora as condições de segurança e de salubridade da edificação, e ainda que são observadas as opções de construção adequadas à segurança estrutural e sísmica do edifício.

[1] Aditado pela Lei nº 32/2012, de 14 de agosto, e alterado pelo Decreto-Lei nº 136/2014, de 9 de setembro.

[2] Aditado pela Lei nº 32/2012, de 14 de agosto, e revogado pelo Decreto-Lei nº 136/2014, de 9 de setembro.

[3] Aditado pela Lei nº 32/2012, de 14 de agosto, e alterado pelo Decreto-Lei nº 136/2014, de 9 de setembro.

3 – O termo de responsabilidade subscrito pelo técnico autor do projeto legalmente habilitado, nos termos do número anterior, deve:

*a)* Indicar quais as normas legais ou regulamentares em vigor que o projeto não observa; e

*b)* Fundamentar a não observância dessas normas.

4 – [*Revogado*].

5 – O modelo do termo de responsabilidade referido nos nºs 2 e 3 é aprovado por portaria dos membros do Governo responsáveis pelas áreas das autarquias locais, da economia e do ordenamento do território.

**Artigo 53º-G [1]– Autorização de utilização**

1 – Concluída a operação urbanística, no todo ou em parte, aplica-se à autorização de utilização de edifício ou sua fração, quando legalmente exigida, o disposto nos artigos 62º a 64º do RJUE, com as especialidades previstas no presente artigo.

2 – Os termos de responsabilidade a que se referem os nºs 1 e 2 do artigo 63º do RJUE, devem conter as declarações previstas naquela disposição legal, bem como:

*a)* Identificar o titular da autorização de utilização;

*b)* Identificar o edifício ou a fração autónoma a que respeita;

*c)* Indicar o uso a que se destina o edifício ou a fração autónoma;

*d)* Declarar que estão cumpridos os requisitos legais para a constituição da propriedade horizontal, quando aplicável.

3 – Não sendo determinada a realização da vistoria no prazo de 10 dias úteis a contar da receção do requerimento de autorização de utilização instruído nos termos dos números anteriores, o termo de responsabilidade, acompanhado daquele requerimento e do comprovativo da apresentação de ambos à entidade gestora, vale como autorização de utilização, para os efeitos do disposto no artigo 62º do RJUE, substituindo o alvará de utilização referido no nº 3 do artigo 74º do mesmo regime.

4 – O modelo do termo de responsabilidade referido no nº 2 é aprovado por portaria dos membros do Governo responsáveis pelas áreas das autarquias locais, da economia e do ordenamento do território.

[1] Aditado pela Lei nº 32/2012, de 14 de agosto, e alterado pelo Decreto-Lei nº 136/2014, de 9 de setembro.

## SECÇÃO II – Instrumentos de política urbanística

### Artigo 54º – Instrumentos de execução de política urbanística

1 – A entidade gestora pode utilizar, consoante o tipo da respetiva operação de reabilitação urbana, os seguintes instrumentos de execução:

*a)* Imposição da obrigação de reabilitar e obras coercivas;
*b)* Empreitada única;
*c)* Demolição de edifícios;
*d)* Direito de preferência;
*e)* Arrendamento forçado;
*f)* Servidões;
*g)* Expropriação;
*h)* Venda forçada;
*i)* Reestruturação da propriedade.

2 – Quando não seja o município a assumir diretamente as funções de entidade gestora da área de reabilitação urbana, a entidade gestora apenas pode utilizar os instrumentos de execução cujos poderes hajam sido expressa ou tacitamente delegados pelo município, sem prejuízo de poder requerer diretamente ao órgão municipal competente, quando tal se revele necessário, o exercício dos demais.

3 – Os instrumentos de execução previstos nas alíneas *f)* a *i)* do nº 1 apenas podem ser utilizados nas operações de reabilitação urbana sistemática.

### Artigo 55º–[1] Obrigação de reabilitar e obras coercivas

1 – Caso seja atribuído a um edifício ou fração um nível de conservação 1, 2 ou 3, a entidade gestora pode impor ao respetivo proprietário a obrigação de o reabilitar, determinando a realização e o prazo para a conclusão das obras ou trabalhos necessários à restituição das suas características de desempenho e segurança funcional, estrutural e construtiva, de acordo com critérios de necessidade, adequação e proporcionalidade.

2 – O ato referido no número anterior é eficaz a partir da sua notificação ao proprietário, sendo o registo predial da intimação para a realização das obras de reabilitação promovido oficiosamente para efeitos de averbamento, servindo de título para o efeito a certidão passada pelo município competente.

[1] Redação do Decreto-Lei nº 66/2019, de 21 de maio, aprovado no uso da autorização legislativa concedida pela Lei nº 71/2018, de 31 de dezembro.

3 – O registo referido no número anterior apenas pode ser cancelado através da exibição de certidão passada pela entidade gestora que ateste a conclusão das obras, ou pela exibição de autorização de utilização emitida posteriormente.

4 – Quando o proprietário, incumprindo a obrigação de reabilitar, não iniciar as operações urbanísticas compreendidas na ação de reabilitação que foi determinada, não apresentar os elementos instrutórios ou não concluir essas operações urbanísticas dentro dos prazos que para o efeito sejam fixados, pode a entidade gestora tomar posse administrativa dos edifícios ou frações para dar execução imediata às obras determinadas, incluindo todos os seus atos preparatórios necessários, como sejam levantamentos, sondagens, realização de estudos ou projetos, aplicando-se o disposto nos artigos 107º, 108º e 108º-B do RJUE.

**Artigo 56º – Empreitada única**

1 – A entidade gestora de uma operação de reabilitação urbana pode promover a reabilitação de um conjunto de edifícios através de uma empreitada única.

2 – Salvo oposição dos proprietários, a entidade gestora, em representação daqueles, contrata e gere a empreitada única, a qual pode incluir a elaboração do projeto e a sua execução, podendo igualmente constituir parte de um contrato de reabilitação.

3 – No caso de os proprietários se oporem à representação pela entidade gestora, devem contratar com aquela as obrigações a que ficam adstritos no processo de reabilitação urbana, designadamente quanto à fixação de prazos para efeitos de licenciamento ou comunicação prévia e para execução das obras.

**Artigo 57º – Demolição de edifícios**

1 – A entidade gestora pode ordenar a demolição de edifícios aos quais faltem os requisitos de segurança e salubridade indispensáveis ao fim a que se destinam e cuja reabilitação seja técnica ou economicamente inviável.

2 – Aplica-se à demolição de edifícios, com as necessárias adaptações, o regime estabelecido nos artigos 89º a 92º do RJUE.

3 – Tratando-se de património cultural imóvel classificado ou em vias de classificação, não pode ser efetuada a sua demolição total ou parcial sem prévia e expressa autorização da administração do património cultural

competente, aplicando-se, com as devidas adaptações, as regras constantes do artigo 49º da Lei nº 107/2001, de 8 de setembro.

4 – A aplicação do regime de demolição regulado nos números anteriores não prejudica, caso se trate de imóvel arrendado, a aplicação do Decreto-Lei nº 157/2006, de 8 de agosto, alterado pelo Decreto-Lei nº 306/2009, de 23 de outubro.

**Artigo 58º – Direito de preferência**

1 – A entidade gestora tem preferência nas transmissões a título oneroso, entre particulares, de terrenos, edifícios ou frações situados em área de reabilitação urbana.

2 – Tratando-se de património cultural imóvel classificado ou em vias de classificação ou de imóveis localizados nas respetivas zonas de proteção, o direito de preferência da entidade gestora não prevalece contra os direitos de preferência previstos no nº 1 do artigo 37º da Lei nº 107/2001, de 8 de setembro.

3 – O direito de preferência previsto no nº 1 apenas pode ser exercido caso a entidade gestora entenda que o imóvel deve ser objeto de intervenção no âmbito da operação de reabilitação urbana, discriminando na declaração de preferência, nomeadamente, a intervenção de que o imóvel carece e o prazo dentro do qual pretende executá-la.

4 – O direito de preferência exerce-se nos termos previstos no RJIGT, para o exercício do direito de preferência do município sobre terrenos ou edifícios situados nas áreas do plano com execução programada, podendo ser exercido com a declaração de não aceitação do preço convencionado.

5 – Nos casos previstos na parte final do número anterior, assiste às partes do contrato, primeiro ao vendedor e depois ao comprador:

*a)* O direito de reversão do bem quando não seja promovida a intervenção constante da declaração de preferência, aplicando-se o disposto no Código das Expropriações, com as devidas adaptações;

*b)* O direito de preferência na primeira alienação do bem.

**Artigo 59º** [1]– Arrendamento forçado

1 – Após a conclusão das obras realizadas pela câmara municipal nos termos do disposto no nº 4 do artigo 55º, se o proprietário, no prazo de 20

[1] Redação da Lei nº 32/2012, de 14 de agosto, e do Decreto-Lei nº 66/2019, de 21 de maio, aprovado no uso da autorização legislativa concedida pela Lei nº 71/2018, de 31 de dezembro.

dias, não proceder ao ressarcimento integral das despesas incorridas pela entidade gestora, ou, no mesmo prazo, não propuser outra forma alternativa de extinção da dívida, nomeadamente a dação em cumprimento ou em função do cumprimento, ou ainda a consignação de rendimentos do imóvel, nos termos da lei, pode a entidade gestora optar, em alternativa à cobrança judicial da dívida em processo de execução fiscal, pelo arrendamento forçado, nos termos previstos no RJUE[1].

2 - *[Revogado]*.

3 - O arrendamento previsto neste artigo não afasta o disposto no nº 3 do artigo 73º.

4 - *[Revogado]*.

**Artigo 60º - Servidões**

1 - Podem ser constituídas as servidões administrativas necessárias à reinstalação e funcionamento das atividades localizadas nas zonas de intervenção.

2 - A constituição das servidões rege-se, com as necessárias adaptações, pelo disposto no artigo seguinte.

**Artigo 61º [2] - Expropriação**

1 - Na estrita medida em que tal seja necessário, adequado e proporcional, atendendo aos interesses públicos e privados em presença, podem ser expropriados os terrenos, os edifícios e as frações que sejam necessários à execução da operação de reabilitação urbana.

2 - A entidade gestora pode ainda promover a expropriação por utilidade pública de edifícios e de frações se os respetivos proprietários não cumprirem a obrigação de promover a sua reabilitação, na sequência de notificação emitida nos termos do disposto no nº 1 do artigo 55º, ou responderem à notificação alegando que não podem ou não querem realizar as obras e trabalhos ordenados.

3 - A expropriação por utilidade pública inerente à execução da operação de reabilitação urbana rege-se pelo disposto no Código das Expropriações, com as seguintes especificidades:

[1] Nos termos do artigo 7º do Decreto-Lei nº 66/2019, de 21 de maio, aprovado no uso da autorização legislativa concedida pela Lei nº 71/2018, de 31 de dezembro, o prazo previsto no nº 1 do artigo 59º do Regime Jurídico da Reabilitação Urbana, na redação introduzida pelo mesmo decreto-lei, apenas é aplicável às obras iniciadas após a sua entrada em vigor.

[2] Redação da Lei nº 32/2012, de 14 de agosto.

*a)* A competência para a emissão da resolução de expropriar é da entidade gestora;

*b)* A competência para a emissão do ato administrativo que individualize os bens a expropriar é da câmara municipal ou do órgão executivo da entidade gestora, consoante tenha havido ou não delegação do poder de expropriação;

*c)* As expropriações abrangidas pelo presente artigo possuem caráter urgente.

4 – No caso de a expropriação se destinar a permitir a reabilitação de imóveis para a sua colocação no mercado, os expropriados têm direito de preferência sobre a alienação dos mesmos, mesmo que não haja perfeita identidade entre o imóvel expropriado e o imóvel colocado no mercado.

5 – No caso da existência de mais que um expropriado a querer exercer a preferência, abre-se licitação entre eles, revertendo a diferença entre o preço inicial e o preço final para os expropriados, na proporção das respetivas indemnizações.

**Artigo 62º [1] – Venda forçada**

1 – Se os proprietários não cumprirem a obrigação de reabilitar nos termos do disposto no nº 1 do artigo 55º, ou responderem à respetiva notificação alegando que não podem ou não querem realizar as obras e trabalhos indicados, a entidade gestora pode, em alternativa à expropriação a que se alude no nº 2 do artigo anterior, proceder à venda do edifício ou fração em causa em hasta pública a quem oferecer melhor preço e se dispuser a cumprir a obrigação de reabilitação no prazo inicialmente estabelecido para o efeito, contado da data da arrematação.

2 – Caso haja que proceder à venda forçada de imóveis constituídos em propriedade horizontal, apenas podem ser objeto de venda forçada as frações autónomas, ou partes passíveis de ser constituídas em frações autónomas, necessárias à realização da obrigação de reabilitar, financiando-se as obras do imóvel com a venda forçada destas e mantendo o proprietário o direito de propriedade das demais.

3 – A entidade gestora e o município dispõem de direito de preferência na alienação do imóvel em hasta pública.

4 – Para efeitos do disposto no nº 1, a entidade gestora emite uma resolução de promoção de venda forçada, a qual deve ser fundamentada e noti-

[1] Redação da Lei nº 32/2012, de 14 de agosto.

ficada nos termos previstos no Código das Expropriações para a resolução de expropriar e requerimento da declaração de utilidade pública, com as devidas adaptações, devendo sempre indicar o valor base do edifício ou fração resultante de avaliação promovida nos termos e de acordo com os critérios ali previstos.

5 – Ao proprietário assiste o direito de alienar o edifício ou fração em causa a terceiro no prazo previsto no nº 5 do artigo 11º do Código das Expropriações, bem como o de dizer o que se lhe oferecer sobre a proposta de valor base apresentada, no mesmo prazo, podendo apresentar contraproposta fundamentada em relatório elaborado por perito da sua escolha.

6 – Para efeitos do exercício do direito de alienação do bem, nos termos do número anterior:

*a)* O proprietário informa a entidade gestora da intenção de alienação e, antes de esta ocorrer, da identidade do possível adquirente;

*b)* A entidade gestora deve, no prazo de cinco dias contados a partir da receção da informação prevista na parte final da alínea anterior, notificar o possível adquirente da obrigação de reabilitação do edifício ou fração e do regime aplicável nos termos do presente decreto-lei;

*c)* A alienação do bem só pode ocorrer após o possível adquirente ter sido notificado nos termos da alínea anterior.

7 – Caso o proprietário tenha apresentado contraproposta nos termos previstos no nº 5 com um valor superior ao valor base do edifício ou fração resultante da avaliação, é aplicável o disposto nos nºs 2 a 5 do artigo seguinte, passando o valor base da venda em hasta pública a ser o valor fixado nos termos das referidas disposições.

8 – A entidade gestora pode decidir iniciar o procedimento de venda em hasta pública, quando o proprietário estiver de acordo com o valor proposto pela entidade gestora ou não apresentar contraproposta nos termos previstos no nº 5.

9 – A decisão de início do procedimento de venda em hasta pública é:

*a)* Notificada ao interessado, nos termos previstos no Código das Expropriações para a notificação da declaração de utilidade pública, com as devidas adaptações;

*b)* Publicitada, nos termos previstos no Decreto-Lei nº 280/2007, de 7 de agosto, alterado pelas Leis nºs 55-A/2010, de 31 de dezembro, e 64-B/2011, de 30 de dezembro, para a venda de imóveis do Estado e dos institutos públicos em hasta pública, com as devidas adaptações.

10 – A venda em hasta pública referida no nº 8 segue o procedimento previsto nos artigos 88º e seguintes do Decreto-Lei nº 280/2007, de 7 de agosto, alterado pelas Leis nºs 55-A/2010, de 31 de dezembro, e 64-B/2011, de 30 de dezembro, com as devidas adaptações.

11 – A aquisição do bem em hasta pública, ao abrigo do disposto no presente artigo:

*a)* É titulada pelo auto de arrematação, que constitui título bastante para a inscrição da aquisição em favor do adjudicatário no registo predial;

*b)* Obriga à inscrição, no registo predial, de um ónus de não alienação e oneração, que apenas pode ser cancelado através da exibição de certidão passada pela entidade gestora que ateste a conclusão das obras.

12 – Se o arrematante ou o adquirente, nos termos do nº 5, não começar a reabilitação do edifício ou fração no prazo de seis meses contado da arrematação ou da aquisição, ou, começando-a, não a concluir no prazo estabelecido:

*a)* A entidade gestora deve proceder à expropriação do edifício ou fração ou retomar o procedimento de venda forçada, dando-se conhecimento da decisão ao primitivo proprietário;

*b)* O arrematante ou o adquirente, nos termos do nº 5, inadimplente não tem direito a receber um valor que exceda o montante que haja dispendido na aquisição do edifício ou fração em causa, revertendo o excesso desse valor para o primitivo proprietário.

13 – Se, em qualquer das vendas em hasta pública, não comparecer licitante que arremate, a entidade gestora paga o preço em que o bem foi avaliado e reabilita-o por sua conta, no prazo inicialmente estabelecido para o efeito, contado da data da realização da hasta pública, sob pena de reversão para o primitivo proprietário, aplicando-se, com as devidas adaptações, o Código das Expropriações.

### Artigo 63º [1]– Determinação do montante pecuniário a entregar ao proprietário em caso de venda forçada

1 – Nos casos em que o proprietário esteja de acordo com o valor proposto pela entidade gestora ou não tenha apresentado contraproposta nos termos previstos no nº 5 do artigo anterior, a entidade gestora entrega-lhe o produto da hasta pública, terminado o respetivo procedimento.

[1] Redação da Lei nº 32/2012, de 14 de agosto.

2 – Caso o proprietário tenha apresentado contraproposta, nos termos previstos no nº 5 do artigo anterior, com um valor superior à proposta de valor base apresentada pela entidade gestora, esta promove uma tentativa de acordo sobre o valor base da venda em hasta pública, nos termos previstos no Código das Expropriações para a expropriação amigável, com as necessárias adaptações.

3 – Na falta de acordo, nos termos do número anterior, é aplicável, com as necessárias adaptações, o disposto no Código das Expropriações para a expropriação litigiosa, designadamente sobre a arbitragem, a designação de árbitros, a arguição de irregularidades e o recurso da decisão arbitral.

4 – Os prazos reportados no Código das Expropriações à declaração de utilidade pública consideram-se reportados à resolução de promoção da venda forçada, prevista no nº 4 do artigo anterior.

5 – O proprietário beneficia, relativamente ao valor do bem sujeito a venda forçada, de todas as garantias conferidas ao expropriado, pelo Código das Expropriações, relativamente à justa indemnização, designadamente quanto às formas de pagamento, pagamento dos respetivos juros e atribuição desse valor aos interessados, com as necessárias adaptações.

6 – Fixado o valor base da venda, nos termos dos números anteriores, a entidade gestora pode iniciar o procedimento de venda em hasta pública e, findo este, entrega o produto da venda ao proprietário.

7 – O início das obras de reabilitação do bem não pode ocorrer antes da realização da vistoria ad perpetuam rei memoriam, nos termos previstos no Código das Expropriações, com as necessárias adaptações.

## Artigo 64º – Reestruturação da propriedade

1 – A entidade gestora da operação de reabilitação urbana pode promover a reestruturação da propriedade de um ou mais imóveis, expropriando por utilidade pública da operação de reabilitação urbana, ao abrigo do disposto no artigo 61º, designadamente:

*a)* As faixas adjacentes contínuas, com a profundidade prevista nos planos municipais de ordenamento do território, destinadas a edificações e suas dependências, nos casos de abertura, alargamento ou regularização de ruas, praças, jardins e outros lugares públicos;

*b)* Os terrenos que, após as obras que justifiquem o seu aproveitamento urbano, não sejam assim aproveitados, sem motivo legítimo, no prazo de

12 meses a contar da notificação que, para esse fim, seja feita ao respetivo proprietário;

*c)* Os terrenos destinados a construção adjacentes a vias públicas de aglomerados urbanos quando os proprietários, notificados para os aproveitarem em edificações, o não fizerem, sem motivo legítimo, no prazo de 12 meses a contar da notificação;

*d)* Os prédios urbanos que devam ser reconstruídos ou remodelados, em razão das suas pequenas dimensões, posição fora do alinhamento ou más condições de salubridade, segurança ou estética, quando o proprietário não der cumprimento, sem motivo legítimo, no prazo de 12 meses, à notificação que, para esse fim, lhe seja feita.

2 – Os prazos a que se referem as alíneas *b)*, *c)* e *d)* do número anterior são suspensos com o início do procedimento de licenciamento ou de comunicação prévia, sempre que estes procedimentos sejam aplicáveis, cessando a suspensão caso a realização da operação urbanística não seja licenciada ou admitida.

3 – Nos procedimentos de reestruturação da propriedade que abranjam mais que um edifício ou que um terreno, o procedimento de expropriação deve ser precedido da apresentação aos proprietários de uma proposta de acordo para estruturação da compropriedade sobre o ou os edifícios que substituírem os existentes, bem como de, relativamente aos bens a expropriar que revertam para o domínio público, uma proposta de aquisição por via do direito privado, sem prejuízo do seu caráter urgente.

## SECÇÃO III – Outros instrumentos de política urbanística

### Artigo 65º [1]– Determinação do nível de conservação

1 – A entidade gestora pode requerer a determinação do nível de conservação de um prédio urbano, ou de uma fração, compreendido numa área de reabilitação urbana, ainda que não estejam arrendados, nos termos definidos em diploma próprio.

2 – Caso seja atribuído a um prédio um nível de conservação 1 ou 2, deve ser agravada a taxa do imposto municipal sobre imóveis, nos termos legalmente previstos para os edifícios degradados.

[1] Redação da Lei nº 32/2012, de 14 de agosto.

### Artigo 66º – Identificação de prédios ou frações devolutos

A entidade gestora possui competência para identificar os prédios ou frações que se encontram devolutos, para efeitos de aplicação do disposto no Decreto-Lei nº 159/2006, de 8 de agosto.

### Artigo 67º – Taxas municipais e compensações

1 – Pode ser estabelecido um regime especial de taxas municipais, constante de regulamento municipal, para incentivo à realização das operações urbanísticas ao abrigo do disposto no presente decreto-lei.

2 – Pode também ser estabelecido um regime especial de taxas municipais, constante de regulamento municipal, para incentivo à instalação, dinamização e modernização de atividades económicas, com aplicação restrita a ações enquadradas em operações de reabilitação urbana sistemática.

3 – Pode ainda ser estabelecido, em regulamento municipal, um regime especial de cálculo das compensações devidas ao município pela não cedência de áreas para implantação de infraestruturas urbanas, equipamentos e espaços urbanos e verdes de utilização coletiva, nos termos do disposto nos nºs 4 e 5 do artigo 44º do RJUE.

### Artigo 68º – Fundo de compensação

1 – Quando sejam adotados mecanismos de perequação compensatória no âmbito das operações de reabilitação urbana, podem ser constituídos fundos de compensação com o objetivo de receber e pagar as compensações devidas pela aplicação daqueles mecanismos de compensação.

2 – São delegáveis na entidade gestora, caso esta não seja o município, as competências para constituir e gerir os fundos de compensação a que se refere o número anterior.

## CAPÍTULO VII – Participação e concertação de interesses

### Artigo 69º – Interessados

1 – Sem prejuízo das regras gerais relativas a legitimidade procedimental, previstas no Código do Procedimento Administrativo, consideram-se interessados, no âmbito de procedimentos a que alude o presente decreto-lei cujo objeto é uma fração, um edifício ou um conjunto específico de edifícios, os proprietários e os titulares de outros direitos, ónus e encargos relativos ao edifício ou fração a reabilitar.

2 – São tidos por interessados, para efeitos de aplicação do disposto no número anterior, os que, no registo predial, na matriz predial ou em títulos bastantes de prova que exibam, figurem como titulares dos direitos a que se refere o número anterior ou, sempre que se trate de prédios omissos ou haja manifesta desatualização dos registos e das inscrições, aqueles que pública e notoriamente forem tidos como tais.

3 – São ainda interessados no âmbito dos procedimentos a que se alude no nº 1 aqueles que demonstrem ter um interesse pessoal, direto e legítimo relativamente ao objeto do procedimento e que requeiram a sua intervenção como tal.

**Artigo 70º – Representação de incapazes, ausentes ou desconhecidos**

1 – Havendo interessados incapazes, ausentes ou desconhecidos, sem que esteja organizada a respetiva representação, a entidade gestora pode requerer ao tribunal competente que lhes seja nomeado curador provisório, que é, quanto aos incapazes, na falta de razões ponderosas em contrário, a pessoa a cuja guarda estiverem entregues.

2 – A intervenção do curador provisório cessa logo que se encontre designado o normal representante do incapaz ou do ausente ou passem a ser conhecidos os interessados cuja ausência justificara a curadoria.

**Artigo 71º – Organizações representativas dos interesses locais**

A participação dos interessados nos procedimentos previstos no presente decreto-lei pode ser exercida através de organizações representativas de interesses locais, nomeadamente no âmbito da discussão pública de planos, programas e projetos.

**Artigo 72º – Concertação de interesses**

1 – No âmbito dos procedimentos administrativos previstos no presente decreto-lei deve ser promovida a utilização de mecanismos de negociação e concertação de interesses, nomeadamente nos casos em que os interessados manifestem formalmente perante a entidade gestora vontade e disponibilidade para colaborar e concertar, nessa sede, a definição do conteúdo da decisão administrativa em causa.

2 – A utilização de mecanismos de concertação de interesses deve privilegiar a obtenção de soluções que afetem os direitos dos interessados apenas na medida do que se revelar necessário à tutela dos interesses

públicos subjacentes à reabilitação urbana e que permitam, na medida do possível, a manutenção dos direitos que os mesmos têm sobre os imóveis.

3 – A entidade gestora deve informar os interessados a respeito dos respetivos direitos e deveres na operação de reabilitação urbana, nomeadamente sobre os apoios e incentivos financeiros e fiscais existentes.

### Artigo 73º – Direitos dos ocupantes de edifícios ou frações

1 – Quem, de boa fé, habite em edifícios ou frações que sejam objeto de obras coercivas, nos termos do presente decreto-lei, tem direito a realojamento temporário, a expensas do proprietário, exceto se dispuser no mesmo concelho ou em concelho limítrofe de outra habitação que satisfaça adequadamente as necessidades de habitação do seu agregado.

2 – Quem, de boa fé, habite em edifícios ou frações que sejam objeto de reestruturação da propriedade, expropriação ou venda forçada, nos termos do presente decreto-lei, tem direito a realojamento equivalente, devendo apenas ser constituído como interessado no procedimento de determinação de montante indemnizatório se prescindir desse realojamento.

3 – Os sujeitos referidos nos números anteriores têm preferência nas posteriores alienações ou locações de edifício ou fração objeto da ação de reabilitação realizada nos termos do presente decreto-lei.

4 – O disposto nos números anteriores não prejudica os direitos dos arrendatários previstos na legislação aplicável.

### Artigo 73º-A [1]– Programa de ação territorial

A delimitação da área de reabilitação urbana, o programa estratégico de reabilitação urbana, o programa da unidade de intervenção, a elaboração, revisão ou alteração de plano de pormenor de reabilitação urbana, bem como os termos da sua execução, podem ser, conjunta ou isoladamente, objeto de programa de ação territorial, a celebrar nos termos previstos no RJIGT.

[1] Aditado pela Lei nº 32/2012, de 14 de agosto.

## CAPÍTULO VIII - Financiamento

### Artigo 74º - Apoios do Estado

1 - O Estado pode, nos termos previstos na legislação sobre a matéria, conceder apoios financeiros e outros incentivos aos proprietários e a terceiros que promovam ações de reabilitação de edifícios e, no caso de operações de reabilitação urbana sistemática, de dinamização e modernização das atividades económicas.

2 - O Estado pode também conceder apoios financeiros às entidades gestoras, nos termos previstos em legislação especial.

3 - Em qualquer caso, os apoios prestados devem assegurar o cumprimento das normas aplicáveis a respeito de proteção da concorrência e de auxílios do Estado.

### Artigo 75º - Apoios dos municípios

1 - Os municípios podem, nos termos previstos em legislação e regulamento municipal sobre a matéria, conceder apoios financeiros a intervenções no âmbito das operações de reabilitação urbana.

2 - Os apoios financeiros podem ser atribuídos aos proprietários, às entidades gestoras da operação de reabilitação urbana e a terceiros que promovam ações de reabilitação urbana, incluindo as que se destinam à dinamização e modernização das atividades económicas.

3 - A legislação a que se refere o nº 1 e os apoios prestados devem assegurar o cumprimento das normas aplicáveis a respeito de proteção da concorrência e de auxílios do Estado.

### Artigo 76º - Financiamento das entidades gestoras

1 - As entidades gestoras podem contrair empréstimos a médio e longo prazos destinados ao financiamento das operações de reabilitação urbana, os quais, caso autorizados por despacho do ministro responsável pela área das finanças, não relevam para efeitos do montante da dívida de cada município.

2 - A delimitação de uma área de reabilitação urbana confere ao município o poder de aceitar e sacar letras de câmbio, conceder avales cambiários, subscrever livranças, bem como conceder garantias pessoais e reais, relativamente a quaisquer operações de financiamento promovidas por entidades gestoras no âmbito de uma operação de reabilitação urbana.

### Artigo 77º – Fundos de investimento imobiliário

1 – Para a execução das operações de reabilitação urbana, podem constituir-se fundos de investimento imobiliário, nos termos definidos em legislação especial.

2 – A subscrição de unidades de participação nos fundos referidos no número anterior pode ser feita em dinheiro ou através da entrega de prédios ou frações a reabilitar.

3 – Para o efeito previsto no número anterior, o valor dos prédios ou frações é determinado pela entidade gestora do fundo, dentro dos valores de avaliação apurados por um avaliador independente registado na Comissão do Mercado de Valores Mobiliários e por aquela designado.

4 – A entidade gestora da operação de reabilitação urbana pode participar no fundo de investimento imobiliário.

## PARTE III – Regime especial da reabilitação urbana

### Artigo 77º-A [1]– Âmbito

1 – O regime estabelecido na presente parte aplica-se às operações urbanísticas de reabilitação que cumpram os requisitos previstos no número seguinte e tenham por objeto edifícios ou frações, localizados ou não em áreas de reabilitação urbana:

*a)* Cuja construção, legalmente existente, tenha sido concluída há pelo menos 30 anos; e

*b)* Nos quais, em virtude da sua insuficiência, degradação ou obsolescência, designadamente no que se refere às suas condições de uso, solidez, segurança, estética ou salubridade, se justifique uma intervenção de reabilitação destinada a conferir adequadas características de desempenho e de segurança funcional, estrutural e construtiva.

2 – As operações urbanísticas de reabilitação abrangidas pela presente parte devem, cumulativamente:

*a)* Preservar as fachadas principais do edifício com todos os seus elementos não dissonantes, com possibilidade de novas aberturas de vãos ou modificação de vãos existentes ao nível do piso térreo, nos termos previstos nas normas legais e regulamentares e nos instrumentos de gestão territorial aplicáveis;

[1] Aditado pela Lei nº 32/2012, de 14 de agosto.

*b)* Manter os elementos arquitetónicos e estruturais de valor patrimonial do edifício, designadamente abóbadas, arcarias, estruturas metálicas ou de madeira;

*c)* Manter o número de pisos acima do solo e no subsolo, bem como a configuração da cobertura, sendo admitido o aproveitamento do vão da cobertura como área útil, com possibilidade de abertura de vãos para comunicação com o exterior, nos termos previstos nas normas legais e regulamentares e nos instrumentos de gestão territorial aplicáveis; e

*d)* Não reduzir a resistência estrutural do edifício, designadamente ao nível sísmico, e observar as opções de construção adequadas à segurança estrutural e sísmica do edifício.

3 – O regime estabelecido na presente parte não se aplica às operações urbanísticas realizadas em bens imóveis:

*a)* Individualmente classificados ou em vias de classificação; ou

*b)* Localizados em áreas urbanas de génese ilegal, salvo se estiverem incluídos em áreas de reabilitação urbana.

4 – O regime estabelecido na presente parte aplica-se às operações urbanísticas realizadas em bens imóveis que se localizem em zonas de proteção e não estejam individualmente classificados nem em vias de classificação, salvo quando importem novas aberturas de vãos na fachada ou na cobertura.

**Artigo 77º-B [1]– Regime do controlo prévio de operações urbanísticas**

1 – Sem prejuízo do disposto nos números seguintes, às operações urbanísticas abrangidas pela presente parte aplica-se o procedimento simplificado de controlo prévio, nos termos estabelecidos nos artigos 53º-A a 53º-G e no respetivo regime subsidiário, com as necessárias adaptações, salvo quando estiverem isentas de controlo prévio ao abrigo do presente decreto-lei e do regime jurídico da urbanização e da edificação, aprovado pelo Decreto-Lei nº 555/99, de 16 de dezembro.

2 – Nos casos em que o regime estabelecido na presente parte é aplicável nos termos do nº 4 do artigo anterior, uma vez apresentados ao município a comunicação e demais elementos a que se refere o artigo 53º-C, aquele remete-os de imediato, por meios eletrónicos, à administração do património cultural, para emissão de parecer não vinculativo no prazo de 10 dias úteis.

[1] Aditado pela Lei nº 32/2012, de 14 de agosto.

3 – Decorrido o prazo previsto no número anterior sem que a administração do património cultural se tenha pronunciado, considera-se que a mesma não se opõe à comunicação a que se refere o artigo 53º-C.

## PARTE IV – Disposições sancionatórias

### Artigo 77º-C [1] – Contraordenações

1 – Sem prejuízo da responsabilidade civil, criminal ou disciplinar, é punível como contraordenação:

*a)* A realização de operação urbanística de reabilitação urbana sujeita a comunicação prévia sem que esta haja sido efetuada e admitida;

*b)* A realização de quaisquer operações urbanísticas de reabilitação de edifícios em desconformidade com o respetivo projeto ou com as condições da admissão da comunicação prévia;

*c)* A ocupação de edifícios ou das suas frações autónomas objeto do presente decreto-lei sem autorização de utilização, quando exigida, ou em desacordo com o uso nela fixado;

*d)* As falsas declarações dos autores e coordenadores de projetos no termo de responsabilidade relativamente à observância das normas técnicas gerais e específicas de construção, bem como das disposições legais e regulamentares aplicáveis ao projeto;

*e)* As falsas declarações dos autores e coordenador de projetos no termo de responsabilidade previsto nos nºs 2 e 3 do artigo 53º-F, incluindo quando o mesmo for apresentado ao abrigo das referidas disposições legais nos termos do artigo 77º-B;

*f)* As falsas declarações do diretor de obra, do diretor de fiscalização de obra e de outros técnicos no termo de responsabilidade previsto no nº 2 do artigo 53º-G, incluindo quando o mesmo for apresentado ao abrigo da referida disposição legal nos termos do artigo 77º-B, relativamente:

*i)* À conformidade da execução da obra com o projeto aprovado e com as condições da comunicação prévia admitida;

*ii)* À conformidade das alterações efetuadas ao projeto com as normas legais e regulamentares aplicáveis;

*g)* As falsas declarações do técnico legalmente habilitado no termo de responsabilidade previsto no artigo 81º-A;

[1] Aditado pela Lei nº 32/2012, de 14 de agosto.

*h)* A subscrição de projeto da autoria de quem, por razões de ordem técnica, legal ou disciplinar, se encontre inibido de o elaborar.

2 – A contraordenação prevista na alínea *a)* do número anterior é punível com coima de (euro) 500 a (euro) 200 000, no caso de pessoa singular, e de (euro) 1500 a (euro) 450 000, no caso de pessoa coletiva.

3 – A contraordenação prevista na alínea *b)* do nº 1 é punível com coima de (euro) 3000 a (euro) 200 000, no caso de pessoa singular, e de (euro) 6000 a (euro) 450 000, no caso de pessoa coletiva.

4 – A contraordenação prevista na alínea *c)* do nº 1 é punível com coima de (euro) 500 a (euro) 100 000, no caso de pessoa singular, e de (euro) 1500 a (euro) 250 000, no caso de pessoa coletiva.

5 – As contraordenações previstas nas alíneas *d)* a *h)* do nº 1 são puníveis com coima de (euro) 3000 a (euro) 200 000.

6 – A negligência é punível, sendo os limites mínimos e máximos das coimas reduzidos para metade.

7 – A tentativa é punível com a coima aplicável à contraordenação consumada, especialmente atenuada.

**Artigo 77º-D [1]– Sanções acessórias**

1 – Consoante a gravidade da contraordenação e a culpa do agente, podem ser aplicadas, simultaneamente com a coima, as seguintes sanções acessórias:

*a)* A perda a favor do Estado dos objetos pertencentes ao agente que serviram ou estavam destinados a servir para a prática da infração, ou que por esta foram produzidos;

*b)* A interdição do exercício, até ao máximo de quatro anos, da profissão ou atividade conexas com a infração praticada;

*c)* A privação, até ao máximo de quatro anos, do direito a subsídio ou benefício outorgado ou a outorgar por entidades ou serviços públicos.

2 – As coimas e as sanções acessórias previstas no presente decreto-lei, quando aplicadas a empresário em nome individual ou a sociedade comercial habilitados a exercer a atividade da construção ou a representante legal desta, são comunicadas ao Instituto da Construção e do Imobiliário, I. P.

3 – As sanções aplicadas ao abrigo do disposto nas alíneas *d)* a *h)* do nº 1 do artigo anterior aos autores de projeto, coordenadores de projetos,

[1] Aditado pela Lei nº 32/2012, de 14 de agosto.

responsáveis pela direção técnica da obra ou a quem subscreva o termo de responsabilidade previsto nos nºs 2 e 3 do artigo 53º-F, no nº 2 do artigo 53º-G, em qualquer dos casos incluindo quando o fizer ao abrigo das referidas disposições legais nos termos do artigo 77º-B, e no artigo 81º-A, são comunicadas à respetiva ordem ou associação profissional, quando exista.

4 – A interdição de exercício de atividade prevista na alínea *b)* do nº 1, quando aplicada a pessoa coletiva, estende-se a outras pessoas coletivas constituídas pelos mesmos sócios.

**Artigo 77º-E [1]– Instrução e decisão**

Sem prejuízo das competências atribuídas por lei a outras autoridades policiais e fiscalizadoras, a competência para determinar a instauração dos processos de contraordenação, para designar o instrutor e para aplicar as coimas e as sanções acessórias pertence ao presidente da câmara municipal ou, se houver delegação de competências, aos vereadores.

**Artigo 77º-F [2]– Destino do produto das coimas**

O produto da aplicação das coimas reverte a favor do município, inclusive quando as mesmas sejam cobradas em juízo.

**Artigo 77º-G [3]– Responsabilidade criminal**

1 – O desrespeito dos atos administrativos que determinem qualquer das medidas de tutela da legalidade urbanística previstas no presente decreto-lei é punível nos termos do artigo 348º do Código Penal.

2 – As falsas declarações ou informações prestadas nos termos de responsabilidade ou no livro de obra pelos autores e coordenadores de projetos, diretores de obra e de fiscalização de obra e outros técnicos, referidos nas alíneas *d)* a *g)* do nº 1 do artigo 77º-C, são puníveis nos termos do artigo 256º do Código Penal.

3 – O disposto no número anterior não prejudica a aplicação do artigo 277º do Código Penal.

[1] Aditado pela Lei nº 32/2012, de 14 de agosto.

[2] Aditado pela Lei nº 32/2012, de 14 de agosto.

[3] Aditado pela Lei nº 32/2012, de 14 de agosto.

## PARTE V – Disposições transitórias e finais

### SECÇÃO I – Disposições transitórias

**Artigo 78º – Áreas críticas de recuperação e reconversão urbanística**

1 – As áreas críticas de recuperação e reconversão urbanística criadas ao abrigo do Decreto-Lei nº 794/76, de 5 de novembro, alterado pelos Decretos-Leis nºs 313/80, de 19 de agosto, e 400/84, de 31 de dezembro, podem ser convertidas em uma ou mais áreas de reabilitação urbana, nos termos do presente decreto-lei.

2 – A conversão das áreas críticas de recuperação e reconversão urbanística em áreas de reabilitação urbana opera-se por deliberação da assembleia municipal, sob proposta da câmara municipal, que deve englobar a aprovação da estratégia de reabilitação urbana ou do programa estratégico de reabilitação urbana, nos termos do procedimento previsto no presente decreto-lei.

3 – A conversão pode ser feita através da aprovação de plano de pormenor de reabilitação urbana que inclua na sua área de intervenção a área crítica de recuperação e reconversão urbanística em causa.

4 – A conversão das áreas críticas de recuperação e reconversão urbanística deve ocorrer no prazo de dois anos contado da data de entrada em vigor do presente decreto-lei.

5 – Os decretos de classificação de áreas críticas de recuperação e reconversão urbanística, praticados ao abrigo do Decreto-Lei nº 794/76, de 5 de novembro, alterado pelos Decretos-Leis nºs 313/80, de 19 de agosto, e 400/84, de 31 de dezembro, caducam caso não venha a ser aprovada, nos termos e prazo previstos nos números anteriores, a conversão de área crítica de recuperação e reconversão urbanística em áreas de reabilitação urbana.

6 – O disposto no número anterior não prejudica o exercício dos direitos aos benefícios fiscais, ou outros, entretanto adquiridos.

7 – Nas áreas críticas de recuperação e reconversão urbanística, até à conversão prevista no presente artigo ou à caducidade dos respetivos decretos de classificação, é aplicável o regime previsto no Decreto-Lei nº 794/76, de 5 de novembro, alterado pelos Decretos-Leis nºs 313/80, de 19 de agosto, e 400/84, de 31 de dezembro.

**Artigo 79º [1]– Sociedades de reabilitação urbana constituídas ao abrigo do Decreto-Lei nº 104/2004, de 7 de maio**

1 – As sociedades de reabilitação urbana criadas ao abrigo do Decreto-Lei nº 104/2004, de 7 de maio, prosseguem o seu objeto social até ao momento da sua extinção, que ocorre exclusivamente nos termos do artigo 38º do presente decreto-lei, salvo se forem designadas como entidades gestoras em operações de reabilitação urbana, nos termos do presente decreto-lei.

2 – As empresas a que se refere o número anterior regem-se pelo regime do setor empresarial local ou pelo regime do setor empresarial do Estado, consoante a maioria do capital social seja detida pelo município ou pelo Estado, sem prejuízo do disposto no número seguinte[2].

3 – O disposto nos nºs 1 e 2 do artigo 20º e no artigo 32º do regime jurídico da atividade empresarial local e das participações locais, aprovado pela Lei nº 50/2012, de 31 de agosto, não se aplica às sociedades previstas no nº 1 que mantenham o seu objeto social e que, em virtude de uma alteração no conjunto das participações de natureza pública, passem a integrar o setor empresarial local, designadamente por transferências da entidade titular.

4 – Para efeitos do presente decreto-lei, consideram-se equiparadas às áreas de reabilitação urbana as zonas de intervenção das sociedades de reabilitação urbana, delimitadas nos termos do Decreto-Lei nº 104/2004, de 7 de maio, equiparando-se as unidades de intervenção com documentos estratégicos aprovados ao abrigo do mesmo decreto-lei às unidades de intervenção reguladas no presente decreto-lei.

5 – A reabilitação urbana nas zonas de intervenção referidas no número anterior é prosseguida pelas sociedades de reabilitação urbana já constituídas, que assumem a qualidade de entidade gestora nos termos e para os efeitos do regime aprovado pelo presente decreto-lei, com as seguintes especificidades:

[1] Redação da Lei nº 32/2012, de 14 de agosto, e do Decreto-Lei nº 88/2017, de 27 de julho.

[2] O Decreto-Lei nº 109/2018, de 4 de dezembro, regula a extinção das participações sociais detidas pelo Instituto da Habitação e Reabilitação Urbana, I. P. (IHRU, I. P.), em representação do Estado, nas sociedades de reabilitação urbana (SRU) criadas ao abrigo do Decreto-Lei nº 104/2004, de 7 de maio, a qual é efetivada mediante a cessão das ações de que IHRU, I. P., é titular para o acionista município que detém o restante capital da sociedade, nos termos daquele decreto-lei e no quadro do regime especial constante dos nºs 1 e 3 do artigo 79º do Decreto-Lei nº 307/2009, de 23 de outubro, na sua redação atual.

*a)* A reabilitação urbana nas zonas de intervenção das sociedades de reabilitação urbana é enquadrada pelos instrumentos de programação e de execução aprovados de acordo com o Decreto-Lei nº 104/2004, de 7 de maio, designadamente os documentos estratégicos das unidades de intervenção;

*b)* As sociedades de reabilitação urbana consideram-se investidas nos poderes previstos no nº 1 do artigo 44º e nas alíneas *a)* e *c)* a *e)* do nº 1 do artigo 54º, para a totalidade da zona de intervenção, considerando-se ainda investidas nos poderes previstos nas alíneas *b)* e *f)* a *i)* do artigo 54º nas áreas das unidades de intervenção com documentos estratégicos aprovados;

*c)* Os contratos de reabilitação celebrados ao abrigo do Decreto-Lei nº 104/2004, de 7 de maio, são equiparados aos contratos de reabilitação urbana regulados no presente decreto-lei.

6 – Sem prejuízo do disposto no número anterior, os municípios devem, no prazo de cinco anos contados da entrada em vigor do presente decreto-lei, aprovar a estratégia de reabilitação urbana ou o programa estratégico de reabilitação urbana das zonas de intervenção referidas no nº 3, nos termos do procedimento previsto no presente decreto-lei, e dar o subsequente seguimento ao procedimento, convertendo a zona de intervenção das sociedades de reabilitação urbana constituídas nos termos do Decreto-Lei nº 104/2004, de 7 de maio, em uma ou mais áreas de reabilitação urbana.

7 – Sem prejuízo do termo do prazo estabelecido no número anterior, a conversão da zona de intervenção das sociedades de reabilitação urbana pode ser feita faseadamente, nos casos em que o município opte pela delimitação de mais de uma área de reabilitação urbana.

8 – As áreas da zona de intervenção que, nos termos e prazo previstos no nº 5, não sejam objeto da decisão a que alude o mesmo número deixam de se reger pelo regime estabelecido no presente decreto-lei.

9 – As sociedades de reabilitação urbana referidas no nº 1 podem ser encarregues pela câmara municipal de preparar o projeto de delimitação de áreas de reabilitação urbana, nos termos previstos no nº 3 do artigo 13º, ou de preparar o projeto de plano de pormenor e dos elementos que o acompanham, nos termos previstos no nº 3 do artigo 26º.

**Artigo 80º – Áreas de reabilitação urbana para os efeitos previstos no Regime Extraordinário de Apoio à Reabilitação Urbana, aprovado pela Lei nº 67-A/2007, de 31 de dezembro, ou no artigo 71º do Estatuto dos Benefícios Fiscais.**

A entrada em vigor do presente decreto-lei não prejudica a aplicação do Regime Extraordinário de Apoio à Reabilitação Urbana, aprovado pela Lei nº 67-A/2007, de 31 de dezembro, ou do disposto no artigo 71º do Estatuto dos Benefícios Fiscais.

**Artigo 81º – Planos de pormenor em elaboração**

Os planos de pormenor em elaboração à data da entrada em vigor do presente decreto-lei podem ser aprovados sob a forma de planos de pormenor de reabilitação urbana, devendo a câmara municipal, para o efeito, adaptar o projeto de plano de pormenor às regras estabelecidas no presente decreto-lei.

## SECÇÃO II – Disposições finais

**Artigo 81º-A [1]– Constituição da propriedade horizontal**

1 – O termo de responsabilidade subscrito por técnico legalmente habilitado atestando que estão verificados os requisitos legais para a constituição da propriedade horizontal, acompanhado de comprovativo da sua apresentação ao município ou à entidade referida na alínea *b)* do nº 1 do artigo 10º, quando for aplicável, vale como documento comprovativo de que as frações autónomas satisfazem os requisitos legais, para os efeitos do disposto no artigo 59º do Código do Notariado.

2 – O termo de responsabilidade referido no número anterior deve:

*a)* Identificar o titular da autorização de utilização;

*b)* Identificar o edifício e as frações autónomas, bem como as respetivas áreas;

*c)* Indicar o fim a que se destinam as frações autónomas;

*d)* Declarar que estão cumpridos os requisitos legais para a constituição da propriedade horizontal.

3 – O modelo do termo de responsabilidade referido nos números anteriores é aprovado por portaria dos membros do Governo responsáveis pelas áreas das autarquias locais, da economia e do ordenamento do território.

[1] Aditado pela Lei nº 32/2012, de 14 de agosto.

4 – Quando a entidade gestora for uma de entre as mencionadas na alínea *b)* do nº 1 do artigo 10º, o termo de responsabilidade e o comprovativo da sua apresentação são disponibilizados ao município por meios eletrónicos.

**Artigo 82º – Regiões autónomas**

O presente decreto-lei aplica-se às Regiões Autónomas dos Açores e da Madeira, com as devidas adaptações, nos termos da respetiva autonomia político-administrativa, cabendo a sua execução administrativa aos serviços e organismos das respetivas administrações regionais autónomas com atribuições e competências no âmbito da reabilitação urbana, sem prejuízo das atribuições das entidades de âmbito nacional.

**Artigo 83º – Norma revogatória**

Sem prejuízo do disposto no nº 7 do artigo 78º, são revogados:

*a)* O Decreto-Lei nº 104/2004, de 7 de maio;

*b)* O capítulo xi do Decreto-Lei nº 794/76, de 5 de novembro, alterado pelos Decretos-Leis nºs 313/80, de 19 de agosto, e 400/84, de 31 de dezembro.

**Artigo 84º – Entrada em vigor**

O presente decreto-lei entra em vigor 60 dias após a data da sua publicação.

# Parte II
# Outras Fontes Normativas

## A. Organização Administrativa com Relevância Urbanística

1. Organização e Funcionamento do XXIII Governo Constitucional: Decreto-Lei nº 32/2022, de 9 de maio, alterado pelo Decreto-Lei nº 65/2022, de 28 de setembro. Cf. também a Resolução do Conselho de Ministros nº 42/2022, de 9 de maio, que aprova o Código de Conduta do XXIII Governo Constitucional.

2. Orgânica do Ministério do Ambiente e da Ação Climática: Decreto-Lei nº 17/2014, de 4 de fevereiro, alterado pelo Decreto-Lei nº 102/2015, de 5 de junho, e Decreto-Lei nº 169-B/2019, de 3 de dezembro. Cf. também o Decreto-Lei nº 114/2021, de 15 de dezembro.

3. Direção-Geral do Território: Decreto-Lei nº 7/2012, de 17 de janeiro, Decreto Regulamentar nº 30/2012, de 27 de julho, alterado pelo Decreto-Lei nº 153/2015, de 7 de agosto, e Portaria nº 224/2012, de 27 de julho.

4. Comissões de Coordenação e Desenvolvimento Regional: Decreto-Lei nº 228/2012, de 25 de outubro, alterado pelos Decretos-Leis nºs 68/2014, de 8 de maio, 24/2015, de 6 de fevereiro, e 27/2020, de 17 de junho (este retificado pela Declaração de Retificação nº 123/20, de 26 de junho, e alterado por apreciação parlamentar pela Lei nº 37/2020, de 17 de agosto).

5. Lei-Quadro da Transferência de Competências para as Autarquias Locais e para as Entidades Intermunicipais, Regime Jurídico das Autarquias Locais, Estatuto das Entidades Intermunicipais e Regime Jurídico do Associativismo Autárquico: Lei nº 50/2018, de 16 de agosto, bem como os seguintes diplomas legais que concretizaram a transferência de competências em relação a várias matérias para os órgãos das entidades intermunicipais e para os órgãos dos municípios: Decreto-Lei nº 97/2018, de 27 de novembro (gestão das praias marítimas, fluviais e lacustres integradas no domínio público hídrico do Estado); Decreto-Lei nº 98/2018, de 27 de novembro, retificado pela Declaração de Retificação nº 2/2019, de 24 de janeiro (autorização de exploração das modalidades afins de jogos de fortuna ou azar e outras formas de jogo, nomeadamente rifas, tômbolas,

sorteios, concursos publicitários, concursos de conhecimentos e passatempos); Decreto-Lei nº 99/2018, de 28 de novembro (promoção turística interna sub-regional, em articulação com as entidades regionais de turismo); Decreto-Lei nº 100/2018, de 28 de novembro, retificado pela Declaração de Retificação nº 3/2019, de 25 de janeiro (vias de comunicação); Decreto-Lei nº 101/2018, de 29 de novembro (justiça); Decreto-Lei nº 102/2018, de 29 de novembro (projetos financiados por fundos europeus e programas de captação de investimento); Decreto-Lei nº 103/2018, de 29 de novembro (apoio às equipas de intervenção permanente das associações de bombeiros voluntários e rede dos quartéis de bombeiros voluntários e programas de apoio às corporações de bombeiros voluntários); Decreto-Lei nº 104/2018, de 29 de novembro (instalação e gestão de Lojas de Cidadão e de Espaços Cidadão, instituição e gestão dos Gabinetes de Apoio aos Emigrantes e instituição e gestão dos Centros Locais de Apoio e Integração de Migrantes); Decreto-Lei nº 105/2018, de 29 de novembro (habitação); Decreto-Lei nº 106/2018, de 29 de novembro (gestão do património imobiliário público sem utilização); Decreto-Lei nº 107/2018, de 29 de novembro (estacionamento público); Decreto-Lei nº 20/2019, de 30 de janeiro (proteção e saúde animal e segurança dos alimentos); Decreto-Lei nº 21/2019, de 30 de janeiro, retificado pela Declaração de Retificação nº 10/2019, de 25 de março (educação); Decreto-Lei nº 22/2019, de 30 de janeiro (cultura); Decreto-Lei nº 23/2019, de 30 de janeiro (saúde); Decreto-Lei nº 32/2019, de 4 de março (policiamento de proximidade); Decreto-Lei nº 44/2019, de 1 de abril (proteção civil); Decreto-Lei nº 57/2019, de 30 de abril (transferência de competências dos municípios para os órgãos das freguesias); Decreto-Lei nº 58/2019, de 30 de abril (transporte turístico de passageiros e serviço público de transporte de passageiros regular em vias navegáveis interiores); Decreto-Lei nº 72/2019, de 28 de maio (áreas portuário-marítimas e áreas urbanas de desenvolvimento turístico e económico não afetas à atividade portuária); Decreto-Lei nº 116/2019, de 21 de agosto (regime de cogestão das áreas protegidas); Decreto-Lei nº 55/2020, de 12 de agosto, alterado pelo Decreto-Lei nº 23/2022, de 14 de fevereiro (ação social); Decreto-Lei nº 56/2020, de 12 de agosto: prorroga o prazo da transferência de competências nos domínios da educação e da saúde; Lei nº 73/2013, de 3 de setembro, alterada pela Lei nº 66/2020, de 4 de novembro, e Lei nº 75/2013, de 12 de setembro, alterada pelas Leis nºs 25/2015, de 30 de março, 69/2015, de 16 de julho, 7-A/2016, de 30 de março, 42/2016, de 28 de dezembro, 50/2018, de 16 de agosto, e 66/2020, de 4 de novembro; cf., ainda, a Lei nº 169/99, de 18 de setembro, alterada, por último, pelas Leis nºs 71/2018, de 31 de dezembro, e 69/2021, de 20 de outubro.

6. Reorganização Administrativa Territorial Autárquica e Regime Jurídico de Criação, Modificação e Extinção de Freguesias: Lei nº 39/2021, de 24 de junho, retificada pela Declaração de Retificação nº 20/2021, de 1 de julho (cf., também, sobre a reorganização administrativa de Lisboa, a Lei nº 56/2012, de 8 de novembro, alterada pelas Leis nºs 85/2015, de 7 de agosto, 42/2016, de 28 de dezembro, e 114/2017, de 29 de dezembro).

7. Regime da Organização dos Serviços das Autarquias Locais: Decreto-Lei nº 305/2009, de 23 de outubro, alterado pela Lei nº 71/2018, de 31 de dezembro.

8. Regime jurídico do Sector Público Empresarial e Bases Gerais do Estatuto das Empresas Públicas: Decreto-Lei nº 133/2013, de 3 de outubro, alterado pelas Leis nºs 75-A/2014, de 30 de setembro, e 42/2016, de 28 de dezembro.

9. Regime Jurídico da Atividade Empresarial Local e das Participações Locais: Lei nº 50/2012, de 31 de agosto, alterada pelas Leis nºs 53/2014, de 25 de agosto, 69/2015, de 16 de julho, 7-A/2016, de 30 de março, 42/2016, de 28 de dezembro, 114/2017, de 29 de dezembro, 71/2018, de 31 de dezembro, 2/2020, de 31 de março, e 12/2022, de 27 de junho.

10. Alteração das orgânicas de diversos serviços e organismos da administração direta e indireta do Estado no âmbito da execução do Plano de Recuperação e Resiliência: Decreto-Lei nº 38/2022, de 30 de maio.

## B. Utilização do Solo

1. Regime Jurídico da Rede Natura 2000: Decreto-Lei nº 140/99, de 24 de abril, alterado pelos Decretos-Leis nºs 49/2005, de 24 de fevereiro, e 156-A/2013, de 8 de novembro.

2. Usos ou ações compatíveis com os objetivos de proteção hidrológica e ambiental e de prevenção e redução de riscos naturais de áreas integradas em Reserva Ecológica Nacional: Portaria nº 419/2012, de 20 de dezembro.

3. Regime de Ocupação, Uso e Transformação do Solo na Zona Costeira: Decreto-Lei nº 302/90, de 26 de setembro.

4. Estratégia Nacional para a Gestão Integrada da Zona Costeira: Resolução do Conselho de Ministros nº 82/2009, de 8 de setembro.

5. Regime das Áreas Florestais: Lei nº 33/96, de 17 de agosto (Lei de Bases da Política Florestal).

6. Estratégia Nacional para as Florestas: Resolução do Conselho de Ministros nº 6-B/2015, de 4 de fevereiro.

7. Regime Jurídico da Classificação de Arvoredo de Interesse Público: Lei nº 53/2012, de 5 de setembro.

8. Instituto de Conservação da Natureza e das Florestas, I. P. (ICNF, I. P.): Decreto-Lei nº 43/2019, de 29 de março, alterado pelo Decreto-Lei nº 46/2021, de 11 de junho.

9. Natureza, competências, composição e funcionamento do Conselho Florestal Nacional: Decreto-Lei nº 29/2015, de 10 de fevereiro.

10. Regime Jurídico das Ações de Arborização e Rearborização com Recurso a Espécies Florestais: Decreto-Lei nº 96/2013, de 19 de julho, alterado pela Lei nº 77/2017, de 17 de agosto, e pelos Decretos-Leis nºs 12/2019, de 21 de janeiro, e 32/2020, de 1 de julho.

11. Sistema de Gestão Integrada de Fogos Rurais no Território Continental: Decreto-Lei nº 82/2021, de 13 de outubro, alterado pelos Decretos-Leis nºs 119-A/2021, de 22 de dezembro, e 49/2022, de 19 de julho.

12. Regime Jurídico dos Povoamentos Florestais Percorridos por Incêndios: Decreto-Lei nº 327/90, de 22 de abril, alterado pela Lei nº 54/91, de 8 de agosto, pelo Decreto-Lei nº 34/99, de 5 de fevereiro, e pelo Decreto-Lei nº 55/2007, de 12 de março.

13. Critérios Aplicáveis à Gestão de Combustível no Âmbito do Sistema Nacional de Defesa da Floresta contra Incêndios: Decreto-Lei nº 10/2018, de 14 de fevereiro.

14. Observatório técnico independente para análise, acompanhamento e avaliação dos incêndios florestais e rurais que ocorram no território nacional: Lei nº 56/2018, de 20 de agosto, alterada pela Lei nº 1/2019, de 9 de janeiro. As Leis nºs 62/2019, de 16 de agosto, e 1/2020, de 14 de janeiro, prorrogaram a vigência do observatório técnico independente para análise, acompanhamento e avaliação dos incêndios florestais e rurais.

15. Estrutura de Missão para a instalação do Sistema de Gestão Integrada de Fogos Rurais: Resolução do Conselho de Ministros nº 157-B/2017, de 27 de outubro, alterada pela Resolução do Conselho de Ministros nº 33/2018, de 13 de março.

16. Medidas de apoio às vítimas dos incêndios florestais ocorridos em Portugal continental entre 17 e 24 de junho e 15 e 16 de outubro de 2017: Lei nº 108/2017, de 23 de novembro, alterada pelas Leis nºs 13/2018, de 9 de março, e 71/2018, de 31 de dezembro (incêndios de Monchique, Silves, Portimão e Odemira, em agosto de 2018).

17. Agência para a Gestão Integrada de Fogos Rurais, I. P.: Decreto-Lei nº 12/2018, de 16 de fevereiro, e Portaria nº 333/2018, de 28 de dezembro.

18. Regime jurídico de reconhecimento das entidades de gestão florestal: Decreto-Lei nº 66/2017, de 12 de junho, alterado pela Lei nº 111/2017, de 19 de dezembro.

19. Zonas de Intervenção Florestal (ZIF): Decreto-Lei nº 127/2005, de 5 de agosto, alterado e republicado pelo Decreto-Lei nº 27/2014, de 18 de fevereiro, e alterado, por último, pelo Decreto-Lei nº 67/2017, de 12 de junho.

20.Fundo Florestal Permanente: Decreto-Lei nº 63/2004, de 22 de março, alterado pelo Decreto-Lei 82-A/2014, de 31 de dezembro; Portaria nº 77/2015, de 16 de março, alterada pela Portaria nº 163/2015, de 2 de junho (Retificada pela Declaração de Retificação nº 25/2015, de 9 de junho), pela Portaria nº 42/2016, de 8 de março, e pela Portaria nº 10-A/2018, de 5 de janeiro.

21. Normas Gerais Aplicáveis à Produção e Comercialização de Materiais Florestais de Reprodução (MFR) Utilizados para Fins Florestais: Decreto-Lei nº 205/2003, de 12 de setembro, alterado pelo Decreto-Lei nº 13/2019, de 21 de janeiro.

22. Condicionalismos à Edificação no Âmbito do Sistema Nacional de Defesa da Floresta contra Incêndios: Decreto-Lei nº 124/2016, de 28 de junho, alterado pelos Decretos-Leis nºs 15/2009, de 14 de janeiro, 17/2009, de 14 de janeiro, 114/2011, de 30 de novembro, 83/2014, de 23 de maio, e 10/2018, de 14 de fevereiro, pela Lei nº 76/2017, de 17 de agosto, e pelo Decreto-Lei nº 14/2019, de 21 de janeiro.

23. Autoridade Nacional de Emergência e Proteção Civil: Decreto-Lei nº 45/2019, de 1 de abril, alterado pelo Decreto-Lei nº 43/2020, de 21 de julho, pela Lei nº 9/2021, de 2 de março, e pelo Decreto-Lei nº 46/2021, de 11 de junho.

24. Regime Jurídico dos Planos de Ordenamento, de Gestão e de Intervenção de Âmbito Florestal: Decreto-Lei nº 16/2009, de 14 de janeiro, alterado pelos Decretos-Leis nºs 114/2010, de 22 de outubro, 27/2014, de 18 de fevereiro, 65/2017, de 12 de junho, e 11/2019, de 21 de janeiro.

25. Regime Jurídico da Reconversão da Paisagem: Decreto-Lei nº 28-A/2020, de 26 de junho, alterado pelo Decreto-Lei nº 16/2022, de 14 de janeiro.

26. Programa de Transformação da Paisagem (PTP): Resolução do Conselho de Ministros nº 49/2020, de 24 de junho, e Resolução do Conselho de Ministros nº 2/2022, de 7 de janeiro.

27. Regime do Manifesto de Corte, Corte Extraordinário, Desbaste ou Arranque de Árvores e da Rastreabilidade do Material Lenhoso: Decreto-Lei nº 31/2020, de 30 de junho.

28. Programa Nacional de Ação do Plano Nacional de Gestão Integrada de Fogos Rurais: Resolução do Conselho de Ministros nº 71-A/2021, de 8 de junho.

## C. Programação e Planeamento Territorial

1. Programa Nacional da Política de Ordenamento do Território e do Urbanismo: Lei nº 99/2019, de 5 de setembro, que aprova a primeira revisão do Programa Nacional da Política do Ordenamento do Território e revoga a Lei nº 58/2007, de 4 de setembro (retificada pela Declaração de Retificação nº 80-A/2007, de 7 de setembro), que tinha aprovado a primeira versão daquele instrumento de programação territorial, e Resolução do Conselho de Ministros nº 48/2020, de 24 de junho (Modelo de Governação para a Execução do Programa Nacional da Política do Ordenamento do Território).

2. Princípios Relativos à Definição das Qualificações Oficiais a Exigir aos Autores de Planos de Urbanização, de Planos de Pormenor e de Projetos de Operações de Loteamento: Decreto-Lei nº 292/95, de 14 de novembro.

3. Constituição, Composição e Funcionamento das Comissões Consultivas da Elaboração e da Revisão do Plano Diretor Intermunicipal (PDIM) e do Plano Diretor Municipal (PDM), nos Termos do Regime Jurídico dos Instrumentos de Gestão Territorial: Portaria nº 277/2015, de 10 de setembro.

4. Conceitos Técnicos nos Domínios do Ordenamento do Território e do Urbanismo a Utilizar nos Instrumentos de Gestão Territorial: Decreto Regulamentar nº 5/2019, de 27 de setembro.

5. Cartografia a Utilizar nos Instrumentos de Gestão Territorial, bem como na Representação de quaisquer Condicionantes: Decreto Regula-

mentar nº 10/2009, de 29 de maio (Retificado pela Declaração de Retificação nº 54/2009, de 28 de julho).

6. Critérios de Classificação e Reclassificação do Solo, bem como Critérios de Qualificação e Categorias do Solo Rústico e Urbano em Função do Uso Dominante Aplicáveis a todo o Território Nacional: Decreto Regulamentar nº 15/2015, de 19 de agosto.

7. Avaliação e Gestão dos Riscos de Inundações e Planos de Gestão dos Riscos de Inundações: Decreto-Lei nº 115/2010, de 22 de outubro; Resolução do Conselho de Ministros nº 51/2016, de 20 de setembro: Aprova os Planos de Gestão dos Riscos de Inundações das seguintes regiões hidrográficas: Minho e Lima (RH1), Cávado, Ave e Leça (RH2), Douro (RH3), Vouga, Mondego e Lis (RH4), Tejo e Ribeiras do Oeste (RH5), Sado e Mira (RH6), e Ribeiras do Algarve (RH8).

8. Avaliação Ambiental de Planos e Programas: Decreto-Lei nº 232/2007, de 15 de junho, alterado pelo Decreto-Lei nº 58/2011, de 4 de maio.

9. Planos de Ordenamento da Orla Costeira (POOC): Decreto-Lei nº 159/2012, de 24 de julho.

10. Planos de Ordenamento dos Estuários: Decreto-Lei nº 129/2008, de 21 de julho.

11. Planos de Ordenamento de Albufeiras de Águas Públicas: Decreto-Lei nº 107/2009, de 15 de maio, alterado pelo Decreto-Lei nº 26/2010, de 20 de março.

12. Planos de Ordenamento, de Gestão e de Intervenção de Âmbito Florestal: Decreto-Lei nº 16/2009, de 14 de janeiro, alterado pelos Decretos-Leis nºs 114/2010, de 22 de outubro, 27/2014, de 18 de fevereiro, 65/2017, de 12 de junho, e 11/2019, de 21 de janeiro, e Portarias nºs 78/2013, de 19 de fevereiro, alterada pela Portaria nº 141/2015, de 21 de maio, e 364/2013, de 20 de dezembro.

13. Planos de Gestão das Regiões Hidrográficas: Lei nº 58/2005, de 29 de dezembro, alterada pelos Decretos-Leis nºs 245/2009, de 22 de setembro, 60/2012, de 14 de março, e 130/2012, de 22 de junho; Resolução do Conselho de Ministros nº 52/2016, de 20 de setembro: Aprova o Plano de Gestão da Região Hidrográfica do Minho e Lima (RH1), o Plano de Gestão da Região Hidrográfica do Cávado, Ave e Leça (RH2), o Plano de Gestão da Região Hidrográfica do Douro (RH3), o Plano de Gestão da Região Hidrográfica do Vouga e Mondego (RH4), o Plano de Gestão da Região Hidrográfica do Tejo e Ribeiras Oeste (RH5), o Plano de Gestão da

Região Hidrográfica do Sado e Mira (RH6), o Plano de Gestão da Região Hidrográfica do Guadiana (RH7) e o Plano de Gestão da Região Hidrográfica das Ribeiras do Algarve (RH8), doravante designada por PGRH das Ribeiras do Algarve.

14. Plano Sectorial da Rede Natura 2000: Resolução do Conselho de Ministros nº 115-A/2008, de 21 de julho.

15. Programas de Reordenamento e Gestão da Paisagem (PRGP) e de Áreas Integradas de Gestão da Paisagem (AIGP): Decreto-Lei nº 28-A/2020, de 26 de junho, alterado pelo Decreto-Lei nº 16/2022, de 14 de janeiro.

16. Elaboração dos Programas Regionais de Ordenamento do Território do Norte e do Centro: Resolução do Conselho de Ministros nº 177/2021, de 17 de dezembro.

17. Plano para a Aquicultura em Águas de Transição para Portugal continental: Resolução do Conselho de Ministros nº 76/2022, de 12 de setembro.

## D. Património Cultural

1. Lei do Património Cultural: Lei nº 107/2001, de 8 de setembro.

2. Planos de Ordenamento de Parque Arqueológico: Decreto-Lei nº 131/2002, de 11 de maio.

3. Procedimento de Classificação de Bens Imóveis de Interesse Cultural e Regime Jurídico das Zonas de Proteção e do Plano de Pormenor de Salvaguarda: Decreto-Lei nº 309/2009, de 23 de outubro, alterado pelos Decretos-Leis nºs 115/2011, de 5 de dezembro, e 265/2012, de 28 de dezembro.

4. Regime Jurídico dos Estudos, Projetos, Relatórios, Obras ou Intervenções sobre Bens Culturais Classificados, ou em Vias de Classificação, de Interesse Nacional, de Interesse Público ou de Interesse Municipal: Decreto-Lei nº 140/2009, de 15 de junho.

5. Fundo de Salvaguarda do Património Cultural: Decreto-Lei nº 138/2009, de 15 de junho, alterado pelos Decretos-Leis nºs 35/2018, de 18 de maio, e 42/2021, de 7 de junho.

6. Restituição dos Bens Culturais Saídos Ilicitamente do Território de um Estado Membro da União Europeia: Lei nº 30/2016, de 23 de agosto.

7. Património Cultural Subaquático: Decreto-Lei nº 164/97, de 27 de junho.

8. Classificação, Inventariação, Exportação, Expedição, Importação e Admissão dos Bens Culturais Móveis: Decreto-Lei nº 148/2015, de 4 de agosto.

## E. Expropriações por Utilidade Pública

Condições de Exercício das Funções de Perito e Árbitro no Âmbito dos Procedimentos para a Declaração de Utilidade Pública e para a Posse Administrativa dos Processos de Expropriação Previstos no Código das Expropriações: Decreto-Lei nº 125/2002, de 10 de maio, alterado pelos Decretos-Leis nºs 12/2007, de 19 de janeiro, e 94/2009, de 27 de abril.

## F. Urbanização e Edificação

1. Funcionamento do Sistema Informático Relativo à Tramitação dos Procedimentos de Controlo Prévio das Operações Urbanísticas: Portaria nº 216-A/2008, de 3 de março.
2. Parâmetros para o Dimensionamento das Áreas Destinadas a Espaços Verdes e de Utilização Coletiva, Infraestruturas Viárias e Equipamentos de Utilização Coletiva: Portaria nº 216-B/2008, de 3 de março (retificada pela Declaração de Retificação nº 24/2008, de 2 de maio).
3. Elementos Instrutórios dos Procedimentos Previstos no Regime Jurídico da Urbanização e Edificação: Portaria nº 113/2015, de 22 de abril.
4. Modelos de Alvarás e de Avisos de Publicitação de Operações Urbanísticas, nos Termos do Regime Jurídico da Urbanização e Edificação: Portaria nº 228/2015, de 3 de agosto.
5. Procedimento de Decisão das Entidades da Administração Central, Direta ou Indireta, sobre Operações Urbanísticas em Razão da Localização: Portaria nº 349/2008, de 5 de maio.
6. Modelo e Requisitos do Livro de Obra e Características do Livro de Obra Eletrónico: Portaria nº 1268/2008, de 6 de novembro.
7. Qualificação Profissional Exigível aos Técnicos Responsáveis pela Elaboração e Subscrição de Projetos, pela Fiscalização de Obra e pela Direcção de Obra: Lei nº 31/2009, de 3 de julho, alterada pelas Leis nºs 40/2015, de 1 de junho, e 25/2018, de 14 de junho, e Portaria nº 1379/2009, de 30 de outubro.

8. Regime da Acessibilidade aos Edifícios e Estabelecimentos que Recebem Público, Via Pública e Edifícios Habitacionais: Decreto-Lei nº 163/2006, de 8 de agosto, alterado pelos Decretos-Leis nºs 136/2014, de 9 de setembro, e 125/2017, de 4 de outubro.

9. Instalações Elétricas Particulares: Decreto-Lei nº 96/2017, de 10 de agosto (Retificado pela Declaração de Retificação nº 29/2017, de 31 de outubro), alterado pela Lei nº 61/2018, de 21 de agosto.

10. Instalações de Gases Combustíveis em Edifícios: Decreto-Lei nº 97/2017, de 10 de agosto, alterado pela Lei nº 59/2018, de 21 de agosto (retificada pela Declaração de Retificação nº 28/2018, de 23 de agosto).

11. Regime Jurídico da Segurança Contra Incêndio em Edifícios: Decreto-Lei nº 220/2008, de 12 de novembro, alterado e republicado pelo Decreto-Lei nº 224/2015, de 9 de outubro (cf. o Acórdão do Tribunal Constitucional nº 319/2018, que declarou a inconstitucionalidade com força obrigatória geral das normas dos nºs 1 a 3 do artigo 16º do Decreto-Lei nº 220/2008, de 12 de novembro, tanto na redação que lhe foi conferida pelo Decreto-Lei nº 224/2015, de 9 de outubro, quanto na sua versão originária), e alterado pelos Decretos-Leis nºs 95/2019, de 18 de julho, 123/2019, de 18 de outubro, e 9/2021, de 29 de janeiro.

12. Credenciação das Entidades, Pareceres, Vistorias e Inspeção de Segurança Contra Incêndios em Edifícios: Portaria nº 64/2009, de 22 de janeiro.

13. Regras Aplicáveis à Intimação para a Execução de Obras de Manutenção, Reabilitação ou Demolição e sua Execução Coerciva: Decreto-Lei nº 66/2019, de 21 de maio.

14. Eficiência Energética: Decreto-Lei nº 68-A/2015, de 30 de abril, alterado pelo Decreto-Lei nº 64/2020, de 10 de setembro (este último transpondo para a ordem jurídica interna a Diretiva (UE) 2018/2002, do Parlamento Europeu e do Conselho, de 11 de dezembro de 2018, que altera a Diretiva 2012/27/UE, do Parlamento Europeu e do Conselho, de 25 de outubro de 2012, relativa à eficiência energética, tendo sido, por sua vez, alterado pelo Decreto-Lei nº 102/2021, de 19 de novembro, que estabelece também os requisitos de acesso e de exercício da atividade dos técnicos do Sistema de Certificação Energética dos Edifícios, e pelo Decreto-Lei nº 71/2022, de 14 de outubro).

## G. Habitação

1. Nova Geração de Políticas de Habitação: Resolução do Conselho de Ministros nº 50-A/2018, de 2 de maio.

2. Lei de Bases da Habitação: Lei nº 83/2019, de 3 de setembro.

3. Novo Regime do Arrendamento Urbano: Lei nº 6/2006, de 27 de fevereiro, alterada por vários diplomas posteriores, o último dos quais a Lei nº 2/2020, de 31 de março.

4. Observatório da Habitação, do Arrendamento e da Reabilitação Urbana para Acompanhamento do Mercado de Arrendamento Urbano Nacional: Lei nº 10/2019, de 7 de fevereiro.

5. Proibição e Punição do Assédio no Arrendamento: Lei nº 12/2019, de 12 de fevereiro.

6. Medidas Destinadas a Corrigir Situações de Desequilíbrio entre Arrendatários e Senhorios, a Reforçar a Segurança e a Estabilidade do Arrendamento Urbano e a Proteger Arrendatários em Situação de Especial Fragilidade: Lei nº 13/2019, de 12 de fevereiro (retificada pela Declaração de Retificação nº 11/2019, de 4 de abril).

7. Programa de Arrendamento Acessível: Decreto-Lei nº 68/2019, de 22 de maio, e Portarias nºs 175/2019, 176/2019 e 177/2019, todas de 6 de junho.

8. Regime Especial dos Contratos de Seguro de Arrendamento Acessível no Âmbito do Programa de Arrendamento Acessível: Decreto-Lei nº 69/2019, de 22 de maio.

9. Plano de Reabilitação de Património Público para Arrendamento Acessível: Decreto-Lei nº 94/2019, de 16 de julho.

10. Direito Real de Habitação Duradoura: Decreto-Lei nº 1/2020, de 9 de janeiro.

11. Lei-quadro da transferência de competências para as autarquias locais e para as entidades intermunicipais, nelas incluindo a habitação (Lei nº 50/2018, de 16 de agosto) e transferência de competências para os órgãos municipais no domínio da habitação (Decreto-Lei nº 105/2018, de 29 de novembro).

12. Agravamento do imposto municipal sobre imóveis relativamente a prédios devolutos em zonas de pressão urbanística: Decreto-Lei nº 67/2019, de 21 de maio.

13. Interpretação autêntica do nº 7 do artigo 1041º do Código Civil, aditado pelo artigo 2º da Lei nº 13/2019, de 12 de fevereiro, que estabelece

medidas destinadas a corrigir situações de desequilíbrio entre arrendatários e senhorios, a reforçar a segurança e a estabilidade do arrendamento urbano e a proteger arrendatários em situação de especial fragilidade: Lei nº 43/2019, de 21 de junho.

14. Acesso a dados por parte de entidades públicas para a confirmação de requisitos de concessão de apoios no âmbito do Programa APOIAR, cujo regulamento foi aprovado em anexo à Portaria nº 271-A/2020, de 24 de novembro, alterado pela Portaria nº 15-B/2021, de 15 de janeiro: Lei nº 10/2021, de 5 de março.

15. Programa Bairros Saudáveis: Resolução do Conselho de Ministros nº 52-A/2020, de 1 de julho, alterada pelas Resoluções do Conselho de Ministros nºs 10-A/2021, de 17 de fevereiro, e 187/2021, de 30 de dezembro.

16. Adequação dos instrumentos criados no âmbito da Nova Geração de Políticas de Habitação e da Lei Orgânica do IHRU, I. P., à lei de bases da habitação, no âmbito do Programa de Estabilização Económica e Social: Decreto-Lei nº 81/2020, de 2 de outubro, alterado pelo Decreto-Lei nº 12/2021, de 10 de março.

17. Realização do inventário do património imobiliário do Estado com aptidão para uso habitacional e criação de uma bolsa de imóveis do Estado para habitação, no âmbito do Programa de Estabilização Económica e Social: Decreto-Lei nº 82/2020, de 2 de outubro.

## H. Reabilitação Urbana

1. Regime excecional e temporário a aplicar à reabilitação de edifícios ou de frações, cuja construção tenha sido concluída há pelo menos 30 anos ou localizados em áreas de reabilitação urbana, sempre que estejam afetos ou se destinem a ser afetos total ou predominantemente ao uso habitacional: Decreto-Lei nº 53/2014, de 8 de abril, alterado pelo Decreto-Lei nº 194/2015, de 14 de setembro.

2. Fundo de Reabilitação e Conservação Patrimonial: Decreto-Lei nº 24/2009, de 21 de janeiro, alterado pela Lei nº 66-B/2013, de 31 de dezembro.

3. Instituto da Habitação e da Reabilitação Urbana, I.P.: Decreto-Lei nº 175/2012, de 2 de agosto, alterado pelos Decretos-Leis nºs 102/2015, de 5 de junho, e 81/2020, de 2 de outubro, e Portaria nº 114-A/2021, de 27 de maio.

4. Processo de Reconversão de Áreas Urbanas de Génese Ilegal: Lei nº 91/95, de 2 de setembro, alterada pela Lei nº 165/99, de 14 de setembro, pela Lei nº 64/2003, de 23 de agosto, pela Lei nº 10/2008, de 20 de fevereiro, pela Lei nº 79/2013, de 26 de dezembro, pela Lei nº 70/2015, de 16 de julho, e pela Lei nº 71/2021, de 4 de novembro.

5. Fundo Nacional de Reabilitação do Edificado: Resolução do Conselho de Ministros nº 48/2016, de 1 de setembro.

6. Extinção das participações sociais detidas pelo Instituto da Habitação e Reabilitação Urbana, I. P., em representação do Estado, nas sociedades de reabilitação urbana criadas ao abrigo do Decreto-Lei nº 104/2004, de 7 de maio: Decreto-Lei nº 209/2018, de 4 de dezembro.

## I. Regime Financeiro e Fiscal

1. Regime Financeiro das Autarquias Locais e das Entidades Intermunicipais: Lei nº 73/2013, de 3 de setembro, alterada pelas Leis nºs 82-D/2014, de 31 de dezembro, 69/2015, de 16 de julho, 132/2015, de 4 de setembro, 7-A/2016, de 30 de março, 42/2016, de 28 de dezembro, 114/2017, de 29 de dezembro, 51/2018, 16 de agosto (Retificada pela Declaração de Retificação nº 35-A/2018, de 12 de outubro), 71/2018, de 31 de dezembro, 2/2020, de 31 de março, e 66/2020, de 4 de novembro.

2. Regime Jurídico da Recuperação Financeira Municipal: Lei nº 53/2014, de 25 de agosto, alterada pelas Leis nºs 69/2015, de 16 de julho, 114/2017, de 29 de dezembro, e 2/2020, de 31 de março.

3. Regime Geral das Taxas das Autarquias Locais: Lei nº 53-E/2006, de 29 de janeiro, alterada pelas Leis nºs 64-A/2008, de 31 de dezembro, e 117/2009, de 29 de dezembro.

## J. Regimes Especiais de Urbanização e de Edificação

1. Sistema da Indústria Responsável, regulando o exercício da atividade industrial, a instalação e exploração de zonas empresariais responsáveis, bem como o processo de acreditação de entidades no âmbito deste Sistema: Decreto-Lei nº 169/2012, de 1 de agosto, alterado pelo Decreto-Lei nº 73/2015, de 11 de maio.

2. Regime Jurídico de Acesso e Exercício de Atividades de Comércio, Serviços e Restauração: Decreto-Lei nº 10/2015, de 16 de janeiro, alterado pelos Decretos-Leis nºs 102/2017, de 23 de agosto, 15/2018, de 27 de março, e 9/2021, de 29 de janeiro.

3. Regime Jurídico do Exercício da Atividade de Construção: Decreto--Lei nº 41/2015, de 3 de junho, alterado pela Lei nº 25/2018, de 14 de junho.

4. Regime Jurídico da Instalação e Modificação dos Estabelecimentos de Comércio a Retalho e dos Conjuntos Comerciais: Decreto-Lei nº 10/2015, de 16 de janeiro, alterado pelos Decretos-Leis nºs 102/2017, de 23 de agosto, 15/2018, de 27 de março, e 9/2021, de 29 de janeiro.

5. Regime Jurídico das Instalações Desportivas de Uso Público: Decreto--Lei nº 141/2009, de 16 de junho, alterado pelos Decretos-Leis nºs 110/2012, de 21 de maio, e 9/2021, de 29 de janeiro.

6. Licenciamento e Fiscalização de Instalações de Armazenamento e Abastecimento de Combustíveis (Postos de Abastecimento de Combustíveis): Decreto-Lei nº 267/2002, de 26 de novembro, alterado pelos Decretos-Leis nºs 389/2007, de 30 de novembro, 31/2008, de 25 de fevereiro, 195/2008, de 6 de outubro, e 217/2012, de 9 de outubro, e Lei nº 15/2015, de 16 de fevereiro.

7. Licenciamento e Fiscalização de Recintos de Espetáculos e Divertimentos Públicos: Decreto-Lei nº 309/2002, de 16 de dezembro, alterado pelos Decretos-Leis nºs 268/2009, de 29 de setembro, 48/2011, de 1 de abril, e 204/2012, de 29 de agosto.

8. Licenciamento de Redes e Estações de Radiocomunicações e Fiscalização da Instalação das Referidas Estações e da Utilização do Espaço Radioelétrico: Decreto-Lei nº 151-A/2000, de 20 de julho, alterado pelos Decretos-Leis nºs 167/2006, de 16 de agosto, e 264/2009, de 28 de setembro, e pelas Leis nºs 20/2012, de 14 de maio, e 82º -B/2014, de 31 de dezembro.

9. Autorização Municipal Inerente à Instalação das Infraestruturas de Suporte das Estações de Radiocomunicações e Respetivos Acessórios: Decreto-Lei nº 11/2003, de 18 de janeiro.

10. Proteção contra a exposição aos campos elétricos e magnéticos derivados de linhas, de instalações e de equipamentos elétricos: Lei nº 30/2010, de 2 de setembro, alterada pela Lei nº 20/2018, de 4 de maio; e Decreto--Lei nº 11/2018, de 15 de fevereiro, que estabelece critérios de minimização e de monitorização da exposição da população a campos magnéticos,

elétricos e eletromagnéticos que devem orientar a fase de planeamento e construção de novas linhas de alta tensão (AT) e muito alta tensão (MAT) e a fase de exploração das mesmas.

11. Regime Jurídico da Instalação, Exploração e Funcionamento de Empreendimentos Turísticos: Decreto-Lei nº 39/2008, de 7 de março, alterado e republicado pelo Decreto-Lei nº 186/2015, de 3 de setembro, e, por último, alterado e republicado pelo Decreto-Lei nº 80/2017, de 30 de junho, e Portaria nº 327/2008, de 28 de abril, alterada pela Portaria nº 309/2015, de 25 de setembro (retificada pela Declaração de Retificação nº 49/2015, de 2 de novembro).

12. Regime Jurídico da Exploração dos Estabelecimentos de Alojamento Local: Decreto-Lei nº 128/2014, de 29 de agosto, alterado pelos Decreto--Lei nº 63/2015, de 23 de abril, pelas Leis nºs 62/2018, de 22 de agosto, 71/2018, de 31 de dezembro, e pelo Decreto-Lei nº 9/2021, de 29 de janeiro.

13. Simplificação do Regime de Acesso e de Exercício de Diversas Atividades Económicas no Âmbito da Iniciativa "Licenciamento Zero": Decreto--Lei nº 48/2011, de 1 de abril, alterado pelos Decretos-Leis nºs 141/2012, de 11 de julho, e 10/2015, de 16 de janeiro.

14. Regime Excecional de Controlo Prévio Relativo à Reconstrução de Edifícios de Habitação Destruídos ou Gravemente Danificados em Resultado de Catástrofe: Decreto-Lei nº 130/2017, de 10 de setembro.

15. Sistema de Certificação Energética de Edifícios: Decreto-Lei nº 101-D/2020, de 7 de dezembro, alterado pelo Decreto-Lei nº 102/2021, de 19 de novembro.

## L. Bens do Domínio Público

1. Regime Jurídico do Licenciamento do Uso Privativo dos Bens do Domínio Público Aeroportuário e do Exercício de Atividades nos Aeroportos e Aeródromos Públicos: Decreto-Lei nº 254/2012, de 28 de novembro, alterado pelo Decreto-Lei nº 108/2013, de 31 de julho.

2. Regime Jurídico do Domínio Público Ferroviário: Decreto-Lei nº 276/2003, de 4 de novembro.

3. Lei da Titularidade dos Recursos Hídricos: Lei nº 54/2005, de 15 de novembro, alterada pelas Leis nºs 4/2006, de 11 de janeiro, 78/2013, de 21 de novembro, 34/2014, de 19 de junho, e 31/2016, de 23 de agosto.

4. Lei da Água: Lei nº 58/2005, de 29 de dezembro, alterada pelos Decretos-Leis nºs 245/2009, de 22 de setembro, 60/2012, de 14 de março, 130/2012, de 22 de junho, e pelas Leis nºs 42/2016, de 28 de dezembro, e 44/2017, de 19 de junho.

5. Regime da Utilização dos Recursos Hídricos: Decreto-Lei nº 226-A/2007, de 31 de maio, alterado pelos Decretos-Leis nºs 391-A/2007, de 21 de dezembro, 93/2008, de 4 de junho, 107/2009, de 15 de maio, 245/2009, de 22 de setembro, 82/2010, de 2 de julho, pela Lei nº 44/2012, de 29 de agosto, e pela Lei nº 12/2018, de 2 de março; Decreto-Lei nº 97/2008, de 11 de junho, alterado pela Lei nº 82-D/2014, de 31 de dezembro, pelo Decreto-Lei nº 42-A/2016, de 12 de agosto, e pelo Decreto-Lei nº 46/2017, de 3 de maio (regime económico e financeiro dos recursos hídricos).

6. Regime Jurídico do Património Imobiliário Público: Decreto-Lei nº 280/2007, de 7 de agosto, alterado pelas Leis nºs 55-A/2010, de 31 de dezembro, 64-B/2011, de 30 de dezembro, 66-B/2012, de 31 de dezembro, pelo Decreto-Lei nº 36/2013, de 11 de março, e pelas Leis nºs 83-C/2013, de 31 de dezembro, e 82-B/2014, de 31 de dezembro.

7. Bases da Política de Ordenamento e Gestão do Espaço Marítimo Nacional: Lei nº 17/2014, de 10 de abril, alterada pela Lei nº 1/2021, de 11 de janeiro.

8. Desenvolvimento das Bases da Política de Ordenamento e Gestão do Espaço Marítimo Nacional: Decreto-Lei nº 38/2015, de 12 de março, alterado pelo Decreto-Lei nº 139/2015, de 30 de julho.

9. Estatuto das Estradas da Rede Rodoviária Nacional: Lei nº 34/2015, de 27 de abril, alterada pela Lei nº 42/2016, de 28 de dezembro.

10. Bases do Regime Jurídico da Revelação e do Aproveitamento dos Recursos Geológicos Existentes no Território Nacional, Incluindo os Localizados no Espaço Marítimo Nacional: Lei nº 54/2015, de 22 de junho.

11. Definição dos Termos da Regularização, entre Entidades Públicas, de Situações Relativas à Transmissão, Uso ou Afetação de Património Imobiliário Público: Decreto-Lei nº 5/2021, de 11 de janeiro.

## M. Contencioso do Urbanismo

1. Estatuto dos Tribunais Administrativos e Fiscais (ETAF): alterado e republicado pelo Decreto-Lei nº 214-G/2015, de 2 de outubro, e alterado, por último, pela Lei nº 114/2019, de 12 de setembro.

2. Código de Processo nos Tribunais Administrativos: alterado e republicado pelo Decreto-Lei nº 214-G/2015, de 2 de outubro, e alterado pelas Leis nºs 118/2019, de 17 de setembro (retificada pela Declaração de Retificação nº 54/2019, de 22 de outubro), 30/2021, de 21 de maio, e 56/2021, de 16 de agosto.

3. Direito de Participação Procedimental e Ação Popular: Lei nº 83/95, de 31 de agosto, alterada pelo Decreto-Lei nº 214-G/2015, de 2 de outubro.

4. Código do Procedimento Administrativo: Decreto-Lei nº 4/2015, de 7 de janeiro, alterado pela Lei nº 72/2020, de 16 de novembro.

5. Resolução dos Conflitos de Jurisdição entre os Tribunais Judiciais e os Tribunais Administrativos e Fiscais e Composição, Competência, Funcionamento e Processo perante o Tribunal dos Conflitos: Lei nº 91/2019, de 4 de setembro.

## N. Diversos

1. Regime Geral das Contraordenações: Decreto-Lei nº 433/82, de 27 de outubro, alterado e republicado pelo Decreto-Lei nº 244/95, de 14 de setembro, e alterado pelo Decreto-Lei nº 323/2001, de 17 de dezembro, e pela Lei nº 109/2001, de 24 de dezembro.

2. Lei-Quadro das Contraordenações Ambientais e do Ordenamento do Território: Lei nº 50/2006, de 29 de agosto, alterada pelas Leis nºs 89/2009, de 31 de agosto, e 114/2015, de 28 de agosto, pelo Decreto-Lei nº 42-A/2016, de 12 de agosto, e pela Lei nº 25/2019, de 26 de março.

3. Cadastro Predial: Decreto-Lei nº 172/95, de 18 de julho, Lei nº 3/2015, de 9 de janeiro, Decreto-Lei nº 85/2017, de 27 de julho, Lei nº 78/2017, de 17 de agosto, Lei nº 65/2019, de 23 de agosto, e Resolução do Conselho de Ministros nº 45/2020, de 16 de junho (Estrutura de Missão para a Expansão do Sistema de Informação Cadastral Simplificada).

4. Sistema Nacional de Informação Geográfica: Decreto-Lei nº 180/2009, de 7 de agosto, alterado pelo Decreto-Lei nº 84/2015, de 21 de maio.

5. Lei de Bases da Política de Ambiente: Lei nº 19/2014, de 14 de abril.

6. Baldios e Demais Meios de Produção Comunitários: Lei nº 75/2017, de 17 de agosto.

7. Agência Portuguesa do Ambiente, I. P.: Decreto-Lei nº 56/2012, de 12 de março, alterado pelo Decreto-Lei nº 55/2016, de 26 de agosto, e pelo Decreto-Lei nº 108/2018, de 3 de dezembro.

8. Regime de Avaliação de Impacte Ambiental: Decreto-Lei nº 151-B/2013, de 31 de outubro, alterado pelos Decretos-Leis nºs 47/2014, de 24 de março, e 179/2015, de 27 de agosto, pela Lei nº 37/2017, de 2 de junho, e pelos Decretos-Leis nºs 152-B/2017, de 11 de dezembro, e 102-D/2020, de 10 de dezembro.

9. Regime de Licenciamento Único de Ambiente: Decreto-Lei nº 75/2015, de 11 de maio, alterado pelos Decretos-Leis nºs 39/2018, de 11 de junho, e 119/2019, de 21 de agosto.

10. Instituto dos Mercados Públicos, do Imobiliário e da Construção, I.P.: Decreto-Lei nº 232/2015, de 13 de outubro.

11. Estratégia Nacional de Conservação da Natureza e Biodiversidade 2030: Resolução do Conselho de Ministros nº 55/2018, de 7 de maio.

12. Regulamento de Segurança de Barragens: Decreto-Lei nº 344/2017, de 15 de outubro, alterado pelo Decreto-Lei nº 21/2018, de 28 de março.

13. Regime de Regularização e de Alteração e ou Ampliação de Estabelecimentos e Explorações de Atividades Industriais, Pecuárias, de Operações de Gestão de Resíduos e de Explorações de Pedreiras Incompatíveis com Instrumentos de Gestão Territorial e ou Condicionantes ao Uso do Solo: Decreto-Lei nº 165/2014, de 5 de novembro, alterado pela Lei nº 21/2016, de 19 de julho.

14. Programa de Captação de Investimento para o Interior (PC2II): Decreto-Lei nº 111/2018, de 11 de dezembro.

15. Procedimento de Identificação e Reconhecimento de Prédio Rústico ou Misto Sem Dono Conhecido e Respetivo Registo: Decreto-Lei nº 15/2019, de 21 de janeiro, e Decreto-Lei nº 149/2019, de 9 de outubro.

16. Carreira Especial de Fiscalização e Respetivo Regime Jurídico, Revisão, por Extinção das Carreiras de Fiscal Municipal, de Fiscal Técnico de Obras, de Fiscal Técnico de Obras Públicas e de Todas as Carreiras de Fiscal Técnico Adjetivadas, e Transição dos Trabalhadores nelas Integrados: Decreto-Lei nº 114/2019, de 20 de agosto.

17. Princípios e Normas a Que Deve Obedecer a Produção Cartográfica no Território Nacional: Decreto-Lei nº 193/95, de 28 de julho, alterado pelos Decretos-Leis nºs 52/96, de 18 de maio, 59/2002, de 15 de março, 202/2007, de 25 de maio, 180/2009, de 7 de agosto, 84/2011, de 20 de junho, 141/2014, de 19 de setembro, e 130/2019, de 30 de agosto.

18. Orgânica da Autoridade Nacional de Emergência e Proteção Civil: Decreto-Lei nº 45/2019, de 1 de abril, alterado pelo Decreto-Lei nº

43/2020, 21 de julho, pela Lei nº 9/2021, de 2 de março, e pelo Decreto-Lei nº 46/2021, de 11 de junho.

19. Regime Jurídico da Estruturação Fundiária: Lei nº 111/2015, de 27 de agosto, alterada pela Lei nº 89/2019, de 3 de setembro.

20. Programa de Apoio ao Emparcelamento Rural Simples, Designado «Emparcelar para Ordenar»: Decreto-Lei nº 29/2020, de 29 de junho.

21. Lei de Bases do Clima: Lei nº 98/2021, de 31 de dezembro.

22. Regime Jurídico das Contraordenações Económicas: Decreto-Lei nº 9/2021, de 29 de janeiro.

23. Regime Geral da Gestão de Resíduos: Decreto-Lei nº 102-D/2020, de 10 de dezembro, alterado pela Lei nº 52/2021, de 10 de agosto.

24. Regime jurídico de produção de água para reutilização, obtida a partir do tratamento de águas residuais, bem como da sua utilização: Decreto-Lei nº 119/2019, de 21 de agosto.

25. Fundo Revive Natureza para a promoção da recuperação de imóveis devolutos inseridos em património natural: Decreto-Lei nº 161/2019, de 25 de outubro, retificado pela Declaração de Retificação nº 60-B/2019, de 23 de dezembro.

26. Plano de Situação de Ordenamento do Espaço Marítimo Nacional para as subdivisões Continente, Madeira e Plataforma Continental Estendida: Resolução do Conselho de Ministros nº 203-A/2019, de 30 de dezembro.

27. Plano Nacional Energia e Clima 2030 (PNEC 2030): Resolução do Conselho de Ministros nº 53/2020, de 10 de julho.

28. Estratégia Nacional para uma Proteção Civil Preventiva 2030: Resolução do Conselho de Ministros nº 112/2021, de 11 de agosto.

29. Regime jurídico de gestão do arvoredo urbano: Lei nº 59/2021, de 18 de agosto.

30. Lei das Comunicações Eletrónicas: Lei nº 16/2022, de 16 de agosto.

# ÍNDICE